拼搏人生

一位中国大学教授的人生经历

〈上册〉

尚德义著

加拿大国际出版社

Canada International Press

书名：拼搏人生：一位中国大学教授的人生经历〈上册〉
作者：尚德义
出版：加拿大国际出版社
www.intlpressca.com
email: service@intlpressca.com
国际书号：978-1-989763-64-3

9 781989 763643

电子书 ISBN:978-1-989763-65-0

Book Name: Struggling of Life: The life Experience of One Professor in Chinese University
Writter: Deyi Shang
Published by: Canada International Press
www.intlpressca.com
email: service@intlpressca.com
ISBN:978-1-989763-64-3
EBook ISBN: 978-1-989763-65-0

客观存在的事实，

将永存于历史的长河中，

不可能被流逝的时光所抹掉。

前言

欢迎读者来阅读本人的回忆录《拼搏人生》上册。

回忆录覆盖的历史跨度之大，记录了作者本人从儿童时起，直至 1996 年出国前后，在中国长期学习、生活和工作经历，以及跌宕起伏的人生旅途。与此同时，这本回忆录也衬托出中华人民共和国成立后近半个世纪的历史长河中，中国历史轨迹和社会演变过程。

此外，这本回忆录也着重描写了作者本人在中国学术和工作生涯中接触的各种各样人和事，以及复杂多变的人生经历中的美和丑，欢乐和忧愁。作者在回忆录的写作中，力求以真实，细腻的手法，描述故事情节的本来面目，以期望引起读者身临其境的感觉和感情上的共鸣。

作者经历：

1943 年，作者出生于中国辽宁省北部一个普通农民家庭。

1950 年，中华人民共和国成立的第 2 年，作者上小学 1 年级。于是，从他小学启蒙时候起就伴随着这个共和国的成长而成长。在他的成长中，长期生活在这个共和国的大地上，允吸着共和国母亲的乳汁，呼吸着共和国的空气，因此，他与祖国的深厚感情是不言而喻的。

在新中国建立之初，1950-1956 年作者完成了他的小学启蒙阶段的学习过程。1956 年，作者进入初中读书。在他的初中时代的 1957 年，中国发生了轰轰烈烈的反右派斗争，以及 1958 年的大跃进运动。1959 年，当作者进入高中读书以后，中国处于 1960-1962 年 3 年自然灾害的经济困难时期。

1962 年，当作者进入大学读书以后，中国社会又经历了急剧而深刻的变革。1966 年发生了史无前例的文化大革命运动。此后，中国经历了 1967 年社会上文革的武斗局面，又迎来了 1968 年武斗的结束。这一年，全国各级革委会相继建立，文化大革命进入到一个相对平静的"抓革命，促生产"新阶段。

1968 年 10 月，作者结束了 6 年的大学阶段，进入鞍山钢铁公司工作，开始他的为期 10 年的工作生涯。前 5 年，作者做过工人，工厂政工组宣传报道人员，工厂保卫科干事。后 5 年，作者成为鞍山钢铁公司设计院的工程设计人员，开始了真正的专业技术工作。

1978 年中国宣布结束文革，进入改革开放阶段。这一年的 5 月初，作者参加了建国后全国首次研究生统考，并以全校第一名的入学考试成绩被录取为东北大学硕士研究生。于是，在文革中工作了十年的作者，以他 35 岁的年龄迎来了他生命中第二个学生阶段。

1981 年，作者研究生毕业后留校任教，登上大学讲台，开始了大学教师的工作经历。从此，作者也开始了他的长期以来朝气蓬勃的科学研究工作。

1986-1987 年，作者第一次出国前往德国克劳斯塔大学深造。这是作者在科学探索领域的重要转折期。在此期间，作者接触到液体膜状沸腾传热传质的研究课题。对于此前从事炉内辐射传热研究的作者，这是一个难度相当大的对流传热研究新课题。在课题研究中，作者通过努力探索，提出了流体边界层速度场最优相似变换理论和模型，以及适合于这一新研究领域的实际流体的变物性理论模型。作者提出这些理论模型的目的旨在使普朗特（Ludwig Prandtl）流体边界层理论得以用于探索实际流体边界层和多相膜流动传热问题的分析和计算，使流体对流传热的研究具有实际应用价值。

从此以后，作者把他在研究生时期开始的炉内辐射传热研究领域，转移到实际流体对流传热的研究领域。与此同时，作者提出的上述两个理论模型，成了深入研究边界层和膜流动传热问题，包括多相膜流动的膜沸腾和膜凝结传热传质问题的重要理论基础。而考虑实际流体各变物性对传热的耦合影响，也确实提高了研究工作的实际应用价值。从此，作者在厚积薄发，脚踏实地科学攀登中，他的科学研究也进入了快车道，并获得了新的进展：

（1）1988 年，作者师从中国工程热物理学科奠基人，中国科学院院士，清华大学王补宣教授，攻读清华大学工程热物理博士学位。通过 3 年不脱产地攻读，于 1991 年成为清华大学授予外校教师第一位博士学位持有者；

（2）1994 年，作者和他的科研团队出色地完成了中国自然科学基金资助的"无相变及有相变的流体自然对流传热"研究课题，并荣获中国国家教委科技进步二等奖；

（3）1996 年，作者的"非牛顿流体幂律流重力下降膜动力学和传热学研究"国际科研合作申请课题，在国际学者激烈竞争中脱颖而出，成为被挪威基金理事所接受的唯一中国学者。与此同时，作者被授予教授级研究学者，并被邀请赴挪威科技大学应用力学系执行国际科研合作项目。

然而，"在科学上是没有平坦的大道的。只有不畏艰险努力攀登的人，才有希望达到光辉的顶点"。这是马克思在《资本论》中说过的话，这其中的"不畏艰险"，既有直面来自科学研究中的种种挑战，也有应对来自工作中的种种掣肘、嫉妒与诽谤。

法国作家拉罗会弗科曾说过："嫉妒是万恶之源。"这是对人们的嫉妒心及其危害最深刻的认识。所谓嫉妒心，来源于个人主义的价值观。因此，在这本回忆录中，作者对极端个人主义价值观和恶意嫉妒进行了鞭挞。

人类，作为世界上一种最高级的动物，难以摆脱与生俱来的个人主义和嫉妒心的困扰。这也是社会矛盾和冲突的一个重要根源。理想的社会是人人消除了个人主义价值观和嫉妒心，但却难以实现。

当时，在文革后取消了阶级斗争的情况下，以及当时所谓"不折腾"的指导方针，削弱了思想教育工作，一定程度上导致社会上滋长一切向钱看，是非不清的风气，以至于曾经被摈弃的某些腐朽思想和势力沉渣泛起。在这样的社会思潮下，一些见风使舵的人物便摇身一变成为了正面人物，甚至成为国家事业单位的领导者。与此同时，在文革前阶级斗争年代里对社会不满，心怀叵测、谨小慎微、如履薄冰的某些人，便"应运而起"，用假面具，趁机骗取党和国家信任走上领导岗位，专门打击兢兢业业，卓有贡献的学者。

本书真实地描写了在中国现实的社会中还有这样的高校黑势力横行霸道、兴风作浪；而在他领导下的群众竟逆来顺受、唯唯诺诺，他的上级领导也严重失察，对这种令人难以容忍的现象不仅置若罔闻，相反，给于这位不学无术、浑浑噩噩，专门打击兢兢业业、卓有贡献的学者的高校黑势力以高度评价。这种颠倒黑白的国家部门领导，助长黑势力的所作所为，令人愤慨和深思。

如果社会上对人们的因个人主义价值观所引起的恶意嫉妒缺乏必要的限制，或者采取某些人的"不折腾"，任其发展，就势必会造成极端自私和恶意嫉妒之流在社会上变本加厉，横行无忌，给别有用心之人，掌握社会话语权的机会，进而修改群体记忆的恶劣局面。

这是一件多么可怕的情景！

在这本回忆录中，作者以自己的亲身遭遇，深入剖析，既有在科学探索中的坚韧顽强，也有对抗高校黑势力的倔强与刚毅。

人生能有几回搏。

而此时，作者仍在科学探索的道路上，继续拼搏前行。

另附中国政府发布的有关法律条文，愿与诸位共勉之：

1. 国务院《中国人权法治化保障的新进展》白皮书中强调：国家"将尊重和保障人权纳入依法治国基本方略。

2. 中华人民共和国高等教育法第十二条规定：国家鼓励和支持高等教育事业的国际交流与合作。

3. 中华人民共和国劳动法第六条规定：国家鼓励和保护劳动者进行科学研究、技术革新和发明创造。

尚德义

2021 年 8 月

作者简历

　　尚德义，清华大学工程热物理专业博士，师从中国工程院院士，中国工程热物理学科奠基人，清华大学王补宣教授，原东北大学教授，现居于加拿大渥太华市。

　　他是在传热传质学和热流体领域有贡献的学者。

　　他创造性提出了流体边界层速度场最佳转换理论和模型（1990，1991，2011）；实际气体和液体温度变物性物理模型（1990，1991，1993）；以及气体混合物温度和浓度变物性加权模型（2008），在对流传热传质研究中具有实际应用价值。

　　1990年，他与他的博士导师王补宣院士共同发表的实际气体自然对流传热系数公式，体现了理论研究的实际应用价值，并被国际学者鉴定为计算实际气体自然对流传热最精确的公式。

　　1994年，他荣获中国教育委员会颁发的科学进步二等奖。

　　1996年，他被挪威研究理事会（Norwegian Research Council）授予教授级科学奖学金，成为享有国际声誉的杰出科学家。

　　1999年，他以杰出科学家的资格被收录于美国出版的世界名人录（Who's Who in the World）。

2008 年，他在"气体-蒸汽混合物膜状凝结"研究中获得了国际性突破，并推翻了国际著名学者，驰名国际传热传质学界数十年的"权威"研究结果。2010 年，受到国际热流体中心（International Thermal Fluids Center）的赞许，并被收录于国际热流体名人录（Who's Who in Thermal Fluids）。

2006，2011，2013，2016，2018 年，他共出版五部斯普林格出版社（Springer）关于传热传质理论和实际应用的英文科学著作。其中，覆盖的研究内容之广，包括无相变或有相变的流体自然，强迫，及混合对流传热和传质。

2015 年，他被任命为纽约科学出版集团（Science Publishing Group）首席客座编辑（lead guest editor），负责 Heat and Mass Transfer Issue (特刊)。

2016 年剑桥大学 Batchelor Prize 奖（流体力学研究世界最高奖）提名人。

2019 年，他应邀赴清华大学热能动力系作"实际流体对流传热理论和计算 - 实际流体理论对流传热学"学术报告。

目录

第一篇

先人长辈

第 1 章浮光掠影话先祖

一、 尚姓起源

据史料记载，尚姓位列中国百家姓第 319 位，是当今中国姓氏排行第一百三十五位的姓氏，尚姓人口约占中国汉族人口的百分之零点一。如今，尚氏族人在全国分布较广，尤以河北、河南、青海等省为多，这三省尚氏约占全国尚氏人口的 60%以上。

根据史料，尚姓的主要来源可以归纳如下：

1. 源于秦代官职

秦始皇统一全国后，设有六个带 "尚" 字的官职，即尚衣、尚食、尚冠、尚席、尚沐、尚书六个官职。这六个官职就是管理服饰、膳食、冠冕、起居、沐浴、书籍的宫廷官吏。他们的后裔，有的以祖先官职为姓，称为尚姓。

2. 源自少数民族及改姓

（1）据《唐书》所载，唐时吐蕃有尚姓，即宣宗时降唐的酋长尚延心一族。

（2）景颇族木染氏汉姓为尚。

（3）今满、蒙古、保安、东乡、土家、朝鲜等民族均有此姓。

（4）出自宇文氏。宇文氏本为东部鲜卑族复姓，其中一支世居松漠。唐朝时有人名宇文可孤，官至神策大将军，初赐姓李氏。后复本姓宇文。以功加检升校尚书右仆射。官居高位，遂以职官命姓为尚氏，称尚可孤。

（5）源于景颇族，出自明朝时期景颇木染氏部落，属于汉化改姓为氏。景颇族尚氏，源出景颇族古老的木染氏部落，后有人在明朝时期的改土归流运动中，流改为汉字单姓尚氏，世代相传至今。

3. 源自姜姓

姜姓的始祖名尚，字子牙，因其祖上伯夷曾辅佐大禹治水有功，被封为吕侯，建立吕国，故又名吕尚，为炎帝后裔。姜子牙是商末周初著名的军事家、政治家，曾垂钓于渭水之滨，被周文王礼聘为辅助大臣。武王伐商时，任统兵师氏（简称师），被尊为师尚父号太公望，又号太师尚父。在牧野会战中，歼敌立功，辅佐周武王推翻了商王朝，是周朝的第一开国功臣，被封于齐，是为齐太公，建都营丘，授以征讨五侯九伯的特权，地位在各封国之上。春秋末年，田氏代齐后，原齐国王族有一支以其字名为氏，称尚姓。他们尊尚父为其得姓始祖。他的一部分后代子孙便以他名字为姓，称为尚姓。作者姓氏源自于此。

二、　先祖尚可喜的戎马一生

据史料和尚氏族人的考证，明清以来，我的尚姓家族最著名的人物当属作者的 12 世先祖，清初 4 位汉王之一，360 年前被清朝册封的平南王尚可喜（1604 年 8 月 25 日－1676 年 12 月 4 日）。

先祖尚可喜祖籍山西平阳府洪洞县。后来，先祖尚可喜的祖父尚继官迁至北直隶真定府衡水县，万历四年（1576 年）举家迁往辽东都司海州卫（今辽宁海城）。

先祖尚可喜的父亲尚学礼，生于明万历二年（1574 年），在辽东巡抚王化贞手下，授千总职，追随明将毛文龙深入敌后，袭击镇江，取得"镇江大捷"。毛文龙开镇东江后，尚学礼多次跟随毛文龙作战，积功至都司。天启四年三月二十四日（1624 年 5 月 11 日），尚学礼在旋城（今辽宁省庄河市境内）巡逻时，遭遇后金军，力战殉国。

先祖尚可喜的长兄尚可进，生于万历二十三年（1596 年），亦为辽东名将，明崇祯六年（1633 年）阵亡于对后金的作战中。

先祖尚可喜十八岁时遭遇后金入侵，辽阳陷落，家人罹难，母亲死于战乱。19 岁的先祖尚可喜随父亲加入明朝东江军。翌年，先祖尚可喜参军随部队进驻明朝在辽东的水师基地皮岛，投入镇守东江的明朝总兵毛文龙的部队，机缘巧合在毛文龙帐下效力，从此开始了整整十年的征战生涯。

崇祯二年（1629 年），督师袁崇焕诛杀毛文龙后，其东江镇与当地人民皆哭泣悲鸣不已。先祖尚可喜因为父亲被后金杀死，所以仍旧在明军中效力。

入伍不久，先祖尚可喜驻守的皮岛发生兵变。兵变的主谋是尚可喜的顶头上司沈世魁。在局面失控的情势下，小军官尚可喜挺身而出，斩杀祸首，力挽狂澜。缘此他很快晋升广鹿岛副将，并把亲眷安置在隔海相望的旅顺。

又过了一些年，后金突袭旅顺。先祖尚可喜率兵援救不及，他的妻妾在内的亲眷不甘被俘，投海殉国。

明朝末年，朝廷和后金在辽东一带交战仍频。在家庭遭受此难的困境中，想必，那个时候的先祖尚可喜，身上不是没有背负国仇家恨的。

而先祖尚可喜的立场，却恰恰在这个时候发生了突兀的转折：曾是皮岛兵变幕后主谋的将官沈世魁，避过风头之后，居然升任皮岛总兵。但接任皮岛总兵的沈世魁排挤原毛文龙旧部，而且，他自然想要同先祖尚可喜算旧账，并于明崇祯七年（1634 年），值先祖尚可喜遭灭门惨祸悲痛欲绝之际，他急急传令先祖尚可喜即赴皮岛，意图诬以罪名，加以谋害。

军令如山，先祖尚可喜冒着狂风暴雨出航，船行阻滞，但沈世魁派来催促的船只却穿梭不断。先祖尚可喜越发觉得其中有诈，于是去派人侦察，终于获知，顶头上司急急传唤，实际是要杀他灭口。

回头望望，沧海茫茫，先祖尚可喜仰天长叹："父母兄弟妻子先后为国丧亡，吾出一生于万死，而嫉妒者反欲置吾于死地耶？"

结局是先祖尚可喜返航广鹿，一面派人赴沈阳向皇太极请降。皇太极闻之，兴奋至极，大呼"天助我也"，并赐尚可喜部名"天助兵"。另一面组织兵力连拔明朝所属辽东五岛，作为归顺后金的晋见礼。先祖尚可喜携麾下诸将、辖下五岛军资器械航海归降。抵达沈阳之日，皇太极出城 30 里相迎，赏赐珍宝无数，发还先前所俘虏的且能找到的先祖尚可喜家族成员共计 27 人（彼时后金所俘 100余人，先祖尚可喜二位夫人乱中自尽）。旋即封总兵官。

2 年后，明崇祯九年（1636 年），皇太极改国号为大清，封先祖尚可喜为智顺王，与孔有德，耿仲明，并称清初"三王"，并将海州赐先祖尚可喜为封地，家口旧部安置于此。受到皇太极极高礼遇。当时，先祖尚可喜 32 岁。

松锦之战中，从攻松山、杏山等地，立下战功。随即，先祖尚可喜率兵征战朝鲜。积弱的朝鲜哪里是游牧骑猎的新兴满洲兵的对手，只好俯首称臣。先祖尚可喜便以战胜者的姿态，乘坐俘来的朝鲜战船，直取皮岛，斩杀了沈世魁，报却赏罚不公、险遭暗算的私仇。

后来，当明朝山海关总兵吴三桂暗通清兵，迎击李自成大顺军于一片石战场的时候，双方杀得难解难分，打着清兵旗号的尚可喜乘虚入关出击，大破闯王队伍，大顺军大将谷可用不敌被杀。论功行赏，吴三桂于是年（顺治元年即 1644 年）官封平西王，得力于先祖尚可喜不少。

顺治六年（1649），时年 45 岁的先祖尚可喜进一步接受清帝更改王位的称号，称平南王，以适应其南下战略。接着，先祖尚可喜和耿仲明合兵两万人作为先头部队，携带家眷家丁超过五万随军，直扑广东，从而开始了史称"两王"入粤的军事行动。

三、　　维护中国统一功不可没

据文献记载，南明灭亡后，平南王尚可喜选址的尚王府于广州。1921 年，尚王府旧址辟建为公园，初名为第一公园，1966 年易名人民公园。

这座传说中的尚王府，虽然早被历史的雨打风吹去，当年却是相当恢弘的。它当初所占范围起码在数百亩以上，东起今天的人民公园，并以今天的人民公园为主，西至迎宾馆及附近地区。可以想见尚王府的大气磅礴，气势恢宏。

由于战乱，当年的尚王府早已不复存在，当年的原物也早已基本上毁灭殆尽，仅在尚王府遗址的广东迎宾馆，尚遗存一段石栏板（见图 1-1 ）和一对石鼓（见图 1-2）。它们分别位于广东迎宾馆六榕树和碧海楼前，见证尚王府当年的辉煌。

中华人民共和国建国后，中国伟大的历史学家，文学家和诗人郭沫若先生曾下榻位于尚王府旧址的广东迎宾馆，并题诗：

尚府楼台几度新，经年乔木更嶙峋。

大同铁塔矜高古，六祖金身隐近邻。

霞鹜齐飞冬日暖，桂兰竞秀晚风熏。

绕梁喜听歌声啭，一曲断机净客尘。

这首收集在一九七九年十月出版的名为《南巡诗草》中的诗，是郭沫若客居广东迎宾馆时写下的。诗中所说的"尚府楼台"，乃指迎宾馆的前身。作者的先祖清初平南王尚可喜的府第。

图1-1　尚王府遗物广东迎宾馆六榕树前石栏板[1]

图1-2 尚王府遗物广东迎宾馆碧海楼前石鼓[2]

1999 年，为了纪念清朝平南王尚可喜，尚氏后人筹款 100 余万元人民币修建陈列室和展览馆。2004 年 9 月 17 日，在海城市召开清平南亲王尚可喜学术研讨会，同时尚可喜纪念馆落成于辽宁海城市八里镇的文安山上。

对于先祖尚可喜的功过是非，人们有着不同的看法，因为先祖尚可喜降清，为汉族士大夫阶级所不齿，民国成立后，先祖尚可喜被打上了汉奸的标签。但是从民族融合和中华民族由汉、满、蒙、回、藏等五十六个民族组成的角度来看，对尚可喜就不能以狭隘的汉族民族主义的价值观进行评判。在这个问题的争论上，应该给予平南王尚可喜予积极的评价。

作为他的第 12 代后人，我百感交集、为先祖尚可喜的戎马一生动容。他在青年时投身明军，在明军中前后服役十一年，为明朝东征西杀，抵御后金，平定叛乱，舍生忘死，立下了汗马功劳，官至广鹿岛副将。在这期间先祖尚可喜是忠于明朝的，并为明朝做出了杰出贡献，功不可没。

然而，他所效力的明帝国竟如此混乱和腐朽不堪，不能见容这位忠心耿耿的将军。先祖背叛明朝，不是主观决定的，而是天下形势促成的，是他的顶头上司，卑鄙的恶意嫉妒者，明朝的无耻小人出于个人的私怨，设局欲置他于死地，逼走了这位明朝的忠臣良将，把这位一心忠于大明王朝的武将推向了后金一边，却使他在清灭明的过程中为清朝出生入死，肝脑涂地，成为清朝的开国功臣，并成为在历史的关键时刻，维护中国统一举足轻重的英雄人物。这位 360 年前的先祖尚可喜能够认清大局，顺应潮流，既能与时同进，又能把握机会，是一位在历史转折关头能掌握自己命运的历史人物。这位先祖在维护中华民族统一的历史进程中的献身精神，英雄气概，和伟大功绩，至今给他的尚家后人树立难以逾越的丰碑，四百年来，这位先祖一直被他的尚家后人引以为傲，敬仰和怀念。

四、 论"三藩之乱"之说之谬误

历史上所谓的"三藩之乱"是指清朝初期由藩镇发起的反清事件。"三藩"是指清初平西王吴三桂、平南王尚可喜、靖南王耿精忠三个藩镇王。实际上，所谓的三藩之乱中，平南王尚可喜并没有参加。因此，所谓的"三藩"之乱，实乃误传，和历史的真实不符。

那么历史的本来面目又是什么样子？为什么历史上有三藩之乱之说？

为回答这样的问题，就让我这位尚家后人，平南王尚可喜的 12 世孙和大家一起简略回顾一下历史吧！

1673 年（康熙十二年）冬，吴三桂在云南起兵反清。同时，耿精忠也在福建起兵呼应。不久，平南王尚可喜的辖区，广东潮州镇总兵刘进忠，广东高雷廉总兵祖泽清举兵造反。他们攻城略地，遥相呼应，声势浩大。不久，云南、贵州、福建、江西、广西等地基本上都落入到吴三桂的掌握中了。叛军进攻之盛，席卷了半个中国。

在平南王尚可喜镇守的广州处于危机的情势之下，平南王尚可喜的长子尚之信在广州发兵围困其父府邸，投降吴三桂叛军。平南王尚可喜不久在忧郁中病逝。

此后不久，尚之信又悔罪自归，受到清廷的谅解，并被清廷袭封为平南亲王，镇守广东。

康熙十九年（1680 年），吴三桂被平定。此时，清廷不顾已经袭封尚之信为平南亲王，镇守广东之旨意和事实，出尔反尔，下旨将尚之信逮问，缚送京城，随即赐死。

吴三桂被平定后，康熙皇帝下诏把尚可喜家族安置在其老家辽宁海城。于是，尚家家族便从广州启程，伴随平南王尚可喜的灵柩北上，沿途各州府县都有当地官府奉旨安排接待回归的尚家家族成员。

平南王尚可喜的灵柩从广州出发，长途跋涉，到达目的地海城之时，经历了一年的时间。当平南王尚可喜的灵柩中途抵达山东省德州时，康熙皇帝亲赴廊坊慰问，并派朝廷大臣亲赴德州代为吊唁，赋予平南王尚可喜身后以极大礼遇，表达对尚家家族的安抚之意。

当这支队伍抵达海城后，平南王尚可喜便被安葬于海城文安山，平南王尚可喜的家族子孙也被安置在海城，并在海城设立尚家家庙，以便世世代代缅怀平南王尚可喜的家训，也以纪念他为清朝的建立，祖国统一事业的不世之功。

此后，平南王尚可喜的后代子孙便在祖国的东北大地繁衍生息，至今已有 300 多年。目前在祖国东北地区的平南王尚可喜的后人估计已有十万多人。

由此可见，史学家所谓的三藩之乱之说与事实大有出入，其主要表现在对平南王尚可喜的定论不符合历史的真实情况，极不公平。而由此导致的社会舆论更是以讹传讹。而所谓的清初三藩之乱，却是跟平南王尚可喜没有半毛钱关系。

既然如此，清初历史上"三藩之乱"之说可以休矣！本来就是二藩之乱，何来三藩之乱？

五、　革命战争中尚姓家族牺牲的烈士

[3]

先祖尚可喜逝世 300 多年以后，在中国近代的革命战争中，尚氏族人的后代子孙，为了迎接新中国的诞生，保卫国家安全付出了巨大牺牲，他们是尚氏家族的骄傲。其中：

1. 东北解放战争中牺牲的尚姓烈士：

辽沈战役纪念馆的烈士名录碑上，记录了从 1945 年到 1948 年东北解放战争中牺牲的烈士，总数 5 万余人，牺牲的尚姓烈士共有 47 人。其中 1946 年牺牲 9 人，1947 年牺牲 21 人，1948 年牺牲 17 人。其中，先祖尚可喜家族在解放战争中牺牲的烈士达到 10 人。

据统计，尚姓占全国人口比例的千分之一，东北解放战争中尚姓烈士占整个烈士的接近千分之一，符合概率分布。尚可喜家族的烈士占尚姓烈士比重为 12.8%，把所有可能分支都计算在内，先祖尚可喜家族的烈士比率达到21.3%。

2. 抗美援朝战争中牺牲的尚姓烈士：

在沈阳的抗美援朝烈士陵园的烈士名录碑上，记录了三年抗美援朝战争中牺牲的烈士有 197653 人，其中尚姓烈士 218 人。其中，先祖尚可喜家族在抗美援朝战争中牺牲的烈士达到 38 人。

抗美援朝战争中牺牲的尚姓烈士占整个烈士的 0.11%，略高于人口比例，但符合概率分布。先祖尚可喜家族的烈士占尚姓烈士比重为 8.3—9.2%，把所有可能分支都计算在内，尚可喜家族的烈士比重为 17.4%。

和全中国牺牲的烈士一样，尚姓家族的烈士抛头颅，洒热血，奋勇杀敌，立下了赫赫战功。他们为了中国革命，国家安定和人民的幸福献出了自己的宝贵生命。他们的英雄业绩可歌可泣，彪柄千秋，值得全世界的尚家后代永世珍重。

参考文献

1. 尚王府遗址广东迎宾馆六榕树楼前的石栏板，广东迎宾馆，广州信息网

https://www.guangzhouinfo.cn/home/article/view/id/2268.html

2. 尚王府遗址广东迎宾馆碧海楼前的石鼓，广东迎宾馆，广州信息网

https://www.guangzhouinfo.cn/home/article/view/id/2268.html

3. 尚德斌整理，关于东北解放战争和抗美援朝战争中牺牲的尚姓烈士

http://blog.sina.com.cn/s/blog_85f282c00102zz32.html

第 2 章 祖父的高风亮节

一、 国仇家恨

记得我刚刚懂事的时候，我家屋内的墙上挂着一幅放大照片。奶奶告诉我："那是你爷爷的照片。"

后来我从奶奶和邻里长辈口中得知，我的爷爷是在家乡远近闻名的有正义感的读书人，很有学问。于是我从小便敬仰这位过早去世的爷爷。可惜，爷爷留下的唯一遗物，这幅放大照片，已于文革中作为四旧对象被销毁了。

爷爷的名字叫尚玉楼，字恩庭。据奶奶生前讲，1931 年 918 事变时，爷爷不愿受日本统治，毅然离开当时做教育工作的沈阳，背井离乡，流亡于天津，7 年后的 1938 年病逝，终年 47 岁。因此，1931 年 9 月 18 日这一天对中国乃至我的家族来说，永远是一个沉痛的日子。

正在沈阳做教育工作，刚刚年满 40 岁的我爷爷，一位手无寸铁的文弱书生，在日本侵略者的铁蹄面前，只有两个选择：1.继续留在沈阳，不得不做亡国奴；2.不当亡国奴，就必须离开沈阳，开始流亡。

皮之不纯，毛将焉附！突如其来的时局变化，国家危机，东北即将沦陷的紧急关头，我爷爷经历了痛苦的思想斗争，最后终于选择了后者。此时的情况万分紧急，爷爷已经来不及向辽北的家人告别，毅然决然的离开即将沦陷的沈阳，离开东北家乡和父老乡亲，背井离乡，踏向通往关内的流亡之路，辗转流落于天津。

日复一日，年复一年远离家乡，远离亲人的流亡生涯使爷爷忧郁成疾，患上了肺结核。在那个时代，医学落后，肺结核还是不治之症。爷爷经历了7年的流亡生涯，以及病痛的折磨，于1938年被病魔夺去了生命，享年仅47岁。

每年的9月18日，对于我的家族，便是我们的家殇纪念日。

每当这个日子的到来之际，作为爷爷的子孙，我的心中便燃起对侵略者的愤怒之火，心潮澎湃，百感交集，祭拜我的爷爷，以及命丧于日本铁蹄之下的千千万万无辜中国民众，以慰他们的在天之灵。

二、 落脚

为了维护国家的稳定，先祖尚可喜晚年时多次上书康熙皇帝，请求撤销藩王。先祖这一深明国家大局的举措，受到康熙皇帝的称赞。于是，在1676年先祖尚可喜逝世后，清朝康熙皇帝下旨将其家族安置于祖籍辽宁海城。从此先祖尚可喜的后代繁衍生息在辽宁乃至东北大地。

在19世纪后半期，时值清朝末期，东北，这一满清龙兴之地，已经废除了汉人不得入内的禁忌。于是，一批批的汉人农民来到这个地广人稀之地，占草开荒。而在此期间，我的曾祖父的父亲带着曾祖父弟兄5人从辽河以西的法库县迁移入昌图县南部落脚，成为当地的开荒者。屈指算来，至今已有150年有余。

虽然正值国力日渐衰弱之时，但此地由于人口稀少，土地肥沃，加之赋税较低，曾祖父一家还算过着小康生活。生于普通农家的爷爷便可以在私学读书，开始接受教育。

三、 追寻祖父的脚步

据奶奶生前讲，爷爷 1938 年病逝于天津，享年 47 岁。

如此推算，爷爷生于 1891 年。爷爷出生的年代，正是中国积贫积弱，丧权辱国的屈辱年代。1894 年，爷爷刚满 3 岁时，举世瞩目的中日甲午战争以清朝的北洋海军全军覆没而告终。接踵而来的是中国遭受割地赔款的屈辱。此时的中国当权者感到，丧权辱国实乃技不如人所致，于是，在甲午战争失败以后便着手开办新学堂。乃至清朝灭亡以后，民国政府便着力发展新学，欲以教育兴国。

爷爷幼年时期，断断续续的读过私塾，读的是四书、五经、论语、春秋等等。1907 年，沈阳成立了当时东北的最高学府-奉天两级师范学堂. 1912 年，奉天两级师范学堂更名为奉天两级师范学校。1918 年，奉天两级师范学校更名为沈阳高等师范学校，是当时中国六大高等师范学校之一。这六大高等师范学校也是当时国内最高学府，而沈阳高等师范学校则是 1928 年成立的东北大学的前身。

按爷爷于 1924 年任昌图县通江口两级小学学校校长的时间来推算，爷爷在沈阳读书的时间应该在 1907 - 1918 年之间。我估计爷爷在沈阳入学的时间最可能是 1912 年。

2013 年，我利用回国探亲的机会，曾去辽宁省档案馆查询过沈阳高等师范学校有关爷爷读书时期的学生档案，期望至少能查到爷爷在校学习的成绩单等数据。由于战乱及档案管理不善，有关档案已经破碎不全，没有看到有关爷爷的部分。还有原因很可能我当时查找的档案时段有误。当时我估计爷爷在沈阳读书的时间是 1920 年左右。而奉天两级师范学校早已在两年前更名为沈阳高等师范学校。这样的错误估计，导致我的这次查询一无所获。

我下次回国探亲时一定继续查找，期望获得一些有关爷爷历史信息的蛛丝马迹。如果爷爷在 1912 年左右入学，爷爷正是 20 岁左右。届时，爷爷是以私塾的资格考入奉天两级师范学堂，或更名后的奉天两级师范学校，这与奶奶的介绍或许正好相符。因此，下次回国探亲时，我就从这个时间段入手去查。为此，也希望爷爷的在天之灵能助我一臂之力。

四、 求学点滴话祖父

奉天两级师范学校校址在沈阳，学校的宗旨是为全省乃至东北培养新学师资。当时正在私塾念书的爷爷在家里和亲友的鼓励下，决心前去应试，择日启程。

我家位于辽北昌图县南部，地邻开原县，距离沈阳 120 公里。和爷爷一同应考的还有他的一位堂兄。

据说，爷爷的这位堂兄相貌堂堂，学识很深，又有一笔好书法。于是，其家人对他自然抱有厚望。和他的堂兄相比，爷爷的性格较为内向，学问程度自然不广为人知。家族和乡里人的舆论天平自然向爷爷的堂兄一边倾斜，以为爷爷堂兄考取的把握大些。

10 天后，赶考返回的哥俩带回来出乎众人预料的消息，爷爷考中了，爷爷堂兄没有考中。

俗话说，人不可貌相，海水不可斗量。爷爷考取了当时东北最高学府之后，这些人才发现，爷爷的学问确实不一般。人的性格各异，有些有学问的人，由于性格原因沉默寡言，虚实不易被察觉。爷爷的学问到底有多深，只有他老人家自己知晓。至于学识同样渊博的爷爷堂兄没有被录取，相信是由于超过了录取的年龄。

20 岁的爷爷考取了奉天两级师范学校，时间是 1912 年。该校于 1918 年更名为沈阳高等师范学校。后者是于 1928 年成立的东北大学（解放后曾一度更名为东北工学院）的前身。我于 1962 年考入东北工学院。就是说，经历了整整半个世纪的风云变幻，爷爷的孙子又进入和他当年读书的同一所学校深造。如今算起来，整整半个世纪之后，我和爷爷竟有校友之缘，这种祖孙间求学史上的惊人巧合令我震撼。这巧合，也是我们祖孙之间的一种缘分吧！

五、 从事教育救国事业

爷爷在奉天两级师范学校毕业后，回到了辽北昌图县家乡从事教育，实践了他教育救国的初衷。据昌图县志记载，民国13年（即1924年）爷爷任昌图县通江口第五完全小学校长。这是当年昌图县仅有的5大完全小学之一。

通江口第五完小的所在地通江口镇，地处辽宁省昌图县西南一隅的辽河左岸。该镇与它的西邻法库县以辽河为界。一个小小的通江口镇，在中国史书却早有记载，盖因于他处于辽宁省的母亲河辽河岸边。通江口第五完小具有悠久的历史。

当时，由于教育在政府和人民心中的威望很高，教师受到社会的尊重。其中，有一件事在我的老家乡间流传。

一年冬季，北方的严冬致使乡间的路况很差。期间，爷爷一位堂哥驾马车去城里送公粮。车辆在行驶中偶遇一光滑路面，一时失控，撞伤了一位老者。重伤的老者没能被抢救过来，最终死去。

此事惊动了县警察局，尚家车夫被警察局抓去，关在大牢里。在这人命关天的事件面前，尚家人都吓坏了。在万般无奈之际，大家都把希望的目光投向了有教职的爷爷。爷爷没有选择，只好亲自到警察局去面见局长，请求警察局看在严冬路况复杂的份上，原谅此次出人预料的突发事故。

昌图县警察局长考虑再三，终于给了爷爷的面子，原谅了肇事的尚家车夫。于是，爷爷终于把本家车夫平安地领了回来。

这件事非同小可，很快在乡间流传开去，尚家人和四邻八村的乡亲都对爷爷的义举交口称赞。从此，乡亲们提到爷爷时，都尊敬地称呼尚八先生。这个称呼，在我幼年时期，时常从家乡长辈的口里听到。

1956 年，13 岁的我在我祖父当过校长的通江口完小，参加全县的初中入学统考。此时，距离我祖父当校长那年已经过去了 33 年。他刚好时年 33 岁。爷爷早已乘鹤西去，此地早已经物是人非了。

在我幼小的时候，奶奶以及本家的长辈经常对我讲，爷爷任校长期间，以严谨的治学态度，廉洁公正的作风，以及高尚的品格，受到上级的认可。于是，任期届满后又被被聘任为昌图县女子师范学校的校长。据说，能够进入这所学堂的学生都出自于"非富即贵"人家的娇小姐，以至于只有品行端正，学识渊博的人被选中这个职位。

昌图县女子师范学校位于昌图老城的西南一隅。我在 1959-1962 年在昌图第一高中读书期间，每当放假回家，或返校时都会路过该校旧址门前。这是一座类似于老北京城四合院的建筑。当时，门楼上方的匾额清清楚楚的刻着昌图县女子师范学校九个大字。

到了 2013 年，距离我读高中时期大约五十年以后，适逢我回国探亲，我曾在昌图城小住。期间，我曾向老家在昌图老城的同学亲友提到昌图女子师范学校旧址时，都说早已经不存在了。这使我不免有些失落之感。

常言说，时过境迁，物是人非，而我见证的却是，时过境迁，物失人非。然而我确信，客观存在的事实，将永存于历史的长河中，不可能被流逝的时光所抹掉。

六、 忧国忧民，英年早逝

爷爷在教育岗位上耕耘了多年，还被推荐到沈阳东北军参谋长杨宇霆将军麾下做一位文职幕僚。

爷爷上任不久，1928 年 6 月 4 日，东北军首领张作霖乘坐从北京驶往沈阳的列车上，在南满铁路交义处的皇姑屯车站三孔桥（现三洞桥）时，火车被预埋的炸药炸毁，张作霖被炸成重伤，送回沈阳后死去。他的儿子张学良继任东北军首领。此事成为东北军衰落的开始，中国的东北从此便厄运连连。

张学良本来就是一位公子哥，军事不精，却擅长吃喝玩乐吸鸦片玩女人。杨宇霆将军本来是张作霖最受信任的幕僚兼好友，为东北军立下了汗马功劳。于是，杨将军出于东北人的义气，从大局着眼对张学良日常的胡作非为，免不了长辈的规劝。

然而，不学无术，胡作非为，又心胸狭隘的张学良不仅不听规劝，却对杨将军产生反感，继而怀恨在心。于是，在 1929 年 1 月 10 日，张作霖死后的第二年，张学良捏造事端，诬陷杨宇庭谋反，设计将其秘密杀害。

随后，胸无点墨，狭隘偏邪的张学良对自己的鲁莽行为又感到后悔，亲自给杨宇霆的妻子和在德国留学的长子写信表示安慰，并隆重安葬了杨宇霆将军。

历史学家认为，这一事件对东北军的影响非同小可，使东北军的上层元老们心生疑惧，产生了离心倾向，削弱了东北军整体的凝聚力和战斗力，于是，给日本关东军不久后制造的 918 事变，进而侵占东北提供了可乘之机。九一八事变后，胡适先生在日记中写道："杨宇霆将军若不死，东北四省不会如此轻易失掉。"

时间临近 1931 年 918 前夕，爷爷在当时东北的政治中心沈阳的所见所闻中已经觉察，霸占东北南满铁路的日本关东军正在虎视眈眈，随时准备借机动手，发动侵略战争。

作为一位有民族觉悟的知识分子，爷爷对这一恶化的时局深感忧虑。据当时在爷爷身边读书的大伯讲，每到晚上，万籁俱寂之时，正是爷爷读报，了解时局进展的时间。期间，爷爷时而伏案奋笔疾书，呼吁民众警惕日本的阴谋和中国亡国的危险，时而停下笔来若有所思，不觉之间，已泪流满面。

1931 年 9 月 18 日夜晚，日本关东军借口炮轰东北军沈阳驻地北大营，挑起了震惊世界的 918 事变。面对日本侵略者的突然袭击，不学无术，胸无大志的东北军统帅张学良毫无斗志，彻底丧失了中国人的骨气。他在东北存亡危机之关头，在杀气腾腾的侵略者面前，竟然命令东北军放下武器，绝不抵抗。结果，东北军一枪未放便把沈阳拱手让给了日本关东军，同时放弃了大量重武器，大炮和几百架飞机，以及当时全国最大的兵工厂。次日，日军侵占沈阳，又陆续侵占了东北三省。1932 年 2 月，东北全境沦陷。

在这国破家亡的大变局下，不愿做亡国奴的爷爷，不得不在 918 事变的当晚紧急离开沈阳，流亡关内。

爷爷在国土沦丧之际，以中国知识分子的拳拳爱国之心和民族正气，发誓不做亡国奴，遂背井离乡，开启他的流亡生涯，直至英年早逝，令其孙辈的我为之动容。

爷爷出生于辽北普通农民家庭，却一生喜好读书，学识渊博。爷爷幼年经历中日甲午战争，腐朽的满清帝国遭受重创。在国家处于风雨飘摇之时，年轻的爷爷考入奉天两级师范学校（现在东北大学前身）。之后爷爷致力于教育救国，培养人才。爷爷的一生为人，品格高尚，光明磊落，办事兢兢业业，忧国忧民，在短暂的一生中，留下了许多不平凡的事迹。作为我国的先辈知识分子，爷爷高尚的民族气节，使他在东北沦陷于日寇的关键时刻，毅然选择决不当亡国奴，毅然背井离乡，选择流亡生涯，展现出一位有骨气的中国爱国知识分子的民族气节。

爷爷一生淡泊名利。听奶奶说，他在流亡天津时，在绥远省和新疆省当政的朋友曾分别请他去做省教育厅长，都被爷爷婉言拒绝。原来，在那兵荒马乱的年代，爷爷早已看淡仕途沉浮，心系被日寇占领的家乡。作为晚辈，爷爷的民族气节和高尚情操使我肃然起敬。

作为一位出生于普通农家的知识分子，爷爷刻苦读书，试图走教育救国之路。然而当时，他的国家正处于政治腐败，强敌入侵的混乱和风雨飘摇之中。爷爷最终报国无门，忧郁成疾，英年早逝于那个悲剧的年代。

第 3 章刻骨铭心忆祖母

一、 奶奶的身世

奶奶一辈子劳动惯了，几乎没有闲着的时候。我整天看到她老人家屋里屋外忙活着，从来舍不得白天花时间和我们后辈唠扯点什么。

只有到了夜深人静，入睡前，奶奶才打开话匣子和妈妈以及在她身边的孙辈们唠唠家常。在我的印象中，有几次奶奶唠得兴致高，才和家人谈起她过往的自己。

奶奶出生于殷实的家庭。她老人家很小的时候，家境很好。奶奶的父母亲有 8 名子女，其中有 6 个儿子，2 个女儿。奶奶是老大，在家里和兄弟姊妹们过着无忧无虑的生活。

然而，奶奶的老爹不善耕作，守着殷实的家业，却不思进取。

奶奶十岁左右，老太爷爷因病去世，于是老太奶奶终日郁郁寡欢，食欲不振，日渐消瘦。

奶奶的父亲是那个封建社会中标准的孝子，见到他老母忧郁得这样，心里很是着急。他想，人生在世最重要的莫过于双亲，若不能伺候好晚年的老母，愧对人生。于是，他停下了手头的一切生计，专门在家侍奉他的老母。

奶奶的父亲天天为他老母准备可口的食品，每顿饭都少不了鸡鸭鱼肉等。奶奶的父亲每顿饭都亲自下厨，而奶奶的奶奶每次用餐都喝的酩酊大醉，免不了要一阵子酒疯。这时候，奶奶的父亲便像绵羊般温顺地侍奉左右，任凭失去理智的母亲打骂，间或拳脚相加。

当奶奶的祖母从醉酒中醒过来，奶奶的父亲便端茶倒水，毕恭毕敬地伺候，博取老太太的欢心，还陪她玩耍，下棋以及做猜石头剪子布等游戏。

多年以后，老太太在无限幸福中度过了她人生的最后时刻。奶奶的父亲隆重地发丧了老太太，同时也耗尽了家庭的所有钱财，一贫如洗了。

奶奶在晚年流着眼泪向她的晚辈讲述她这一幼年时的经历。此时，老人家的心中满含对她父亲感人孝行的景仰，又对其父亲的愚孝所导致的家境衰败深感无奈。

家境衰败使奶奶的父亲在老家东广宁村过不下去了，只好变卖房产，带领家人辗转迁徙，寻找新的落脚之地。最后全家索性西渡辽河，然后转北向荒凉的内蒙方向进发，寻找可以开荒占草之地，以图生计。

横渡辽河时，正值夏季辽河水暴涨期间，一匹托运行李的老马被汹涌的水流冲走。这一突如其来的打击使奶奶的父亲受到惊吓，顿时口眼歪斜，面部麻木，且失去了语言能力。全家费了九牛二虎之力渡过辽河，沿河北上来到了内蒙的地界，眼前便是无边的草原。

一家人在草原的边缘靠水地带租了十几亩田，暂时落脚。

靠着勤劳的双手，一家人总算得以温饱。然而，奶奶的父亲由于中风不语，终日卧床不起，两年后便离开了人世。

奶奶的父亲去世以后，一家人失去了主心骨。从此奶奶的兄弟们便各自出外谋生，一家人也从此分散了。无依无靠的奶奶被她的姨妈收养。她的姨夫便是我爷爷的三伯父，我的三曾祖父。

奶奶从小勤劳手巧，里里外外的活计都能干，不久便成为了她姨家的一位好帮手。她的姨妈和姨夫一家自然对奶奶很满意，并把奶奶视为己出。奶奶成年以后，便由她的姨妈做主，把奶奶许配给本家亲侄，我的爷爷。奶奶和她的姨家姓李。这一门亲事使尚家和李家亲上加亲，皆大欢喜。

奶奶晚年经常和家里晚辈讲述她老人家年轻时的经历。每逢讲到她和我爷爷结婚那天，总是沉浸在幸福的回忆中。

奶奶告诉家人晚辈，她老人家出嫁完全由她的姨家，我的三曾祖父家一手包办。奶奶说她出嫁那天坐"小车子"进爷爷家的门。她所说的小车子就是用马拉的四轮洋车。在当时中国东北农村，乘这种车出嫁，对新娘来讲，是非常风光的。在当时的尚家家族中，奶奶的姨夫家日子也是过的最好的。

奶奶是颇为感恩的人。她在和我们讲述她结婚时的故事时，她的姨和姨夫早已过世，我的爷爷也已英年早逝。与其说是奶奶追忆她老人家年轻时在姨家的那段幸福时段，毋宁说在表达她对爷爷以及她的再生父母，她的姨家双亲难以忘却的思念。

二、 救孙儿于鬼门关

我于1943年阴历6月25日出生。出生后的第一个春节，我就不幸感染上了天花病毒。天花的折磨使我又哭又闹，吃不好，睡不着。生性懦弱的我母亲顿时懵了，只能在心里暗暗叫苦，束手无策。当年已年近花甲的奶奶坐不住了，挺身而出，责无旁贷地承担起挽救孙儿的责任。

奶奶听说离我家 12 里路远的后四方台村有一位叫钱国栋的郎中，医术很高，远近驰名，尤其擅长治疗小儿疾病。她就决心亲自前去请钱郎中给孙子治病。12 里路对于年近花甲，半缠足的奶奶来讲，已经大大超过了旅途的极限了。但奶奶还是咬着牙坚持下来了，直到走到钱郎中家。

谢天谢地，钱郎中终于请来了。我的命运就寄托于这位此地有名的老中医师身上了。

在 1944 年的中国社会，天花是不治之症。人们一旦患上了天花，由于身体抵抗力减弱，很难自愈。倘若侥幸存活，也会落得满脸疤痕（俗称麻子）。

德高望重的钱郎中经过望闻问切，认为我的病很重，必须尽可能保持安静，隔离静养，避免感染。

病源很快找到了，原来我的天花是与我家门对门的东屋邻居，一位比我早出生两个月的本家姐姐传染过来的。这位正在家里经受疾病煎熬的女孩患天花已经一个月有余了。

我们两家合住一所祖上留下来的 5 间草房，草房的中间设有两家的厨房。不消说，这两家对传染病都缺乏防范。而且，我的家人根本没有料到，天花传染得这么快。

钱医生强调：一定要做好隔离措施，屋子地面撒上生石灰消毒，避免感染。同时，一定牢牢捆住婴儿的手脚，以免瘙痒的孩子用手抓伤患部，落下疤痕，只能等待患处水痘自行慢慢干瘪，自然脱落。尽管当时还没有有效药品对付天花，和疾病作斗争还是需要我自己来扛，钱郎中的嘱托却还是极大地帮助了奶奶和妈妈。

奶奶和妈妈轮流看护，轮流睡觉，一刻不敢懈怠。在护理期间，时刻观察我的病情，以至于我的一点哭声都会使妈妈和奶奶心疼。

在妈妈和奶奶的精心护理下，一个月以后，奇迹出现了，我的脸上的水痘开始萎缩，逐渐结痂。之后随着结痂的慢慢脱落，患处的组织逐渐自然更换，最后还没有落下疤痕（麻子），这便是不幸中之万幸。

出生不满周岁的我从鬼门关里奇迹般地回到了阳间。这可乐坏了奶奶。奶奶杀了一只公鸡，忙不迭地烧香，上供，拜佛感谢观世音菩萨和佛陀的保佑。

可是，那位把天花传染给了我的本家姐姐，尽管病情比我轻，但由于她是家中的第三个女孩，当年农村重男轻女风气很重，她家里压根没有给她任何治疗，任其自生自灭。最终小女孩得以存活，却落下了一脸密密麻麻的疤痕。小时候大家很少称呼她的名字，都叫她"老麻子"，她竟能坦然地响应。

虽然我当时并不记事，此事的前前后后也是听我家人说起，我也常常满含深情和热泪想起我幼年受到奶奶的万般呵护。我知道，如果没有奶奶她老人家的细心照料，年幼的我将可能夭折。即使勉强存活下来，也必然会像东屋本家姐姐那样，满脸的疤痕将伴随我的人生。

奶奶是出生不久的我当之无愧的救星。奶奶于 1961 年过世，享年 77 岁。而如今的我也步入人生暮年，然而奶奶和妈妈一直是让我感受家庭温暖最为深刻，最为刻骨铭心的长辈。至今，我对业已过世的奶奶和母亲的怀念和敬意有增无减，以至于每当想起她们，心中的留恋之情久久不能平静。

三、 奶奶与孩童时的我

当时东北地区室内没有暖气，冬天的室内很冷，我和奶奶搂着睡觉才感到暖和些。常常是我一翻身便把被子蹬了。奶奶便把被子重新给我轻轻地盖上，以免我着凉感冒。奶奶花在她孙儿身上的心血，点点滴滴记在了孙儿的心上。

童年的我感受到奶奶的爱不亚于我对母亲的感受。我在懂事后也经常亦步亦趋地跟着奶奶。偶尔奶奶不在身边，我就像丢了魂似的，不知所措。

我 4 岁时的一个情景至今留在我的记忆中。那是 1947 年，奶奶领着我踏着积雪去我家屋后园田北头，自家的土地公公庙烧香上供的情景。

一走出后门，看到没过脚面的积雪，奶奶便抱起我，而我说什么不让奶奶抱着，非要自己走不可。于是，奶奶只好在前面慢慢走，让我在后面跟随，踏着她的脚印行进。由于我人小步子小，奶奶特地把步子迈小一些，以便我能踏着她的脚印走。没走两步，我脚底一滑，一屁股坐在了雪地上，还哇的一声哭了出来。奶奶赶紧回头抱起我，用手抹掉我棉袍上的雪，继续慢慢前行。

到了土地公公庙前，只见小庙里摆着木制的牌位。以我当时的智力，当然不知道这些是何方神圣。现在想起来，这可能是土地公公的牌位。奶奶把带来的馒头供上，把香点着了后插上。上供完毕，奶奶又跪在满是积雪的地面磕了三个头，然后开始祷告。我则规规矩矩地站在奶奶的身旁，听不懂奶奶在祷告什么。现在想来她一定是祷告土地公公保佑全家平安吉祥。这样的小庙，在当时的老家每家都有。

我 6 岁时，中华人民共和国成立了，随即开始了打破封建迷信的热潮，各家的土地公公庙被作为封建迷信的代表，便理所当然地都被扒掉了。

我懂事时就听说，爷爷在世的时候是在外面教书，家里的一切事物处理便都落在了奶奶的身上，奶奶成了实际的当家人。

作为家庭妇女的奶奶很守旧，一心想着过好日子，操持家务。当时父亲兄弟三人中只有大伯父被爷爷带在身边读书。二伯父的书念到 3 年级，奶奶就不让他念了，在家放牛，被村里人称为牛倌。父亲年龄尚小，没有被奶奶分配去干活，但是，书念到 3 年级，奶奶也不让他念了，于是父亲整天在街头玩耍，扔坑，踢毽子，上树掏鸟窝，房檐上掏家雀窝等乡村少年能玩的事，无一没有做过。

我小时候，农村还没有电灯，在东北农村，冬天晚上 7、8 点钟已经黑天了。这时候，在小学读书的我有时需要点上豆油灯做一做功课（后来当我小学 5 年级时，开始点上煤油灯了）。这个时候，奶奶往往坐在距离我一米左右的炕上，注视着她的孙子做作业。

"每行字要排得直，行和行之间要有点距离，字和字之间也要有空隙，不能紧挨着。这样写出来的字才不会难看。"坐在一旁的奶奶不时地叮嘱我。

奶奶没有读过一天书，可以说是目不识丁，没有辅导这位孙儿读书的能力，却能对我写字的毛躁习惯给予纠正。如今回想起来，奶奶当年的指导还是很有见地的。

我在家乡读小学时，功课和作业的压力往往不重，晚上作业很快就完成了。有一次，我听父亲漫不经心地对我说："小的时候我长得也很讨人喜欢，念书也好，很得老师满意。后来你奶奶不让念了，认为念书没有用，而且还费钱。"看来父亲的前途确实是被奶奶耽搁了。在当时的中国农村，由于识字的人不多，像奶奶这种想法的人不在少数。奶奶后来也认识到她当年的想法是错误的，可是世界上没有后悔药，已经来不及了。由于过早地离开了课堂，致使其拥有的可观的天资被无情地磨灭了，我也为自己的父亲感到惋惜。

举世闻名的中国数学家华罗庚说过"聪明在于勤奋，天才在于积累。"

四、 见证奶奶纺线

我小时候，农村还遗留许多中国传统社会的生产项目，比如用猪的胰脏做猪胰子来代替肥皂，以及纺线，织布等昔日中国农村的手工艺。作为传统的农民家庭的一员，这些传统工艺，奶奶都熟练地掌握。至今留给我非常深刻的记忆是奶奶的纺线技能。

儿时的我经历着中国农村面貌的巨大变化。当时农村里人们穿的衣服的布料有土洋之分。从商店买来的布料，来自于纺织厂，以及进口货，因为这种布是洋人发明的，所以叫洋布；另一种是来自于家织的布，叫家织土布。这是用中国农村流传千年的土织布机织出来的。而且织布用的线也是自己生产的。

现在回想起来我还深深地感到，看奶奶纺线，简直是一种难得的艺术享受。

奶奶先将从自家地里摘回的棉花拿到弹花匠那里弹成蓬松的棉絮。在纺线前，奶奶先将一小块棉絮搓成棉条，放在左手拇指和食指中间。纺车上有一根一端尖尖的梃子。奶奶先将棉条的一头缠绕在梃子上，一边把棉条往外拉，一边让纺车向一个方向旋转，右手摇着纺车轮的手柄，左手握棉条往外均匀的拉，有节奏的周而复始，一条长长的棉花线就被拉出来了。不一会儿，我的眼睛看呆了，只见随着纺车的飞转，奶奶的手上魔术般的牵出越来越长的一条线。奶奶纺线是我此生第一次见到的神奇景象。

五、 奶奶的终生遗憾

奶奶生前经常和家人讲起我大姑去世的前前后后。每当这时，奶奶的眼泪总是在眼圈里转，而我听着听着总是为家中亲人辛酸的故事泪流满面。

爷爷奶奶生有三子四女。其中，最年长的是我的大姑。大姑生下来身体就弱，16岁那年就订婚了。没不久，得了一场重感冒。

按现在来讲，孩子得了重感冒，至少要到医院去，打吊针，吃药也是免不了的。可是在那个年月，家里人得了什么病，都要靠自己扛。重感冒是熬过来了，可是大姑的身体每况愈下，吃不下饭，睡不好觉，每天咳嗽不断，而且痰中时常带有血丝。

在病情愈加严重的情况下，我大姑偷偷找了一位乡里的中医大夫瞧病。我大姑为什么要偷偷找医生瞧病呢？因为奶奶从来不找医生看病，也不允许她的子女私自找医生看病。奶奶认为有病可以硬抗，抗到底病就好了。（为何她对孙子如此好，估计也是因为重男轻女，所以能够解释本家姐姐患天花也没能得到适当的治疗和护理。）

我大姑带回来乡里中医大夫开的几付药，偷偷地放在旮旯里，等她妈妈不在家时再偷偷把药煎上。

一天，奶奶在打扫屋子时发现了几包药，急切地问家人："这是谁的药？"

室内一片寂静，无人应答。

"这是谁的药？"奶奶提高了声音。

正在大家都面面相觑之时，躺在炕上的大姑平静地说："是我的。"

这可激怒了奶奶，奶奶严厉地质问："谁让你找医生开药的？"

"是我自己去的。"大姑回答道。

奶奶厉声吼道："你好大的胆子！小小年纪，还没有过门（结婚），就乱花钱？"

此时，大姑早已泪流满面，用她虚弱的声音对奶奶说"妈，你就饶了我这次吧！我再也不吃药了。"一个月后，日渐虚弱的大姑死了。

守在大姑身旁好几昼夜没有合眼的奶奶，终于见到大姑慢慢地，久久地闭上了双眼，身体慢慢地凉了下来。确信女儿永远回不来了，此时的奶奶心如刀绞，如五雷轰顶，直觉得天旋地转，一下子栽倒在地，昏了过去。

大姑刚刚离去，这会儿奶奶又昏厥过去，家里乱作一团。

好大一会，奶奶才慢慢苏醒，睁开了双眼。她带着疑惑的目光自言自语道："人怎么这么容易就死了呢？"。然后，哇的一声捶胸顿足地哭了起来。"都是我害了孩子呀！都是我害了孩子呀！"奶奶撕心裂肺地哭诉，没完没了地叫个不停，任谁都劝不住。

思念大姑的奶奶整日自言自语，追悔自己的过失，每天都要去大姑坟上去看望，絮叨一番，风雨无阻。大姑去世后一个多月，奶奶照例去大姑坟上看望。不料，途中发生的一幕，可把奶奶吓坏了。

大姑的坟地位于村子的西南方向。沿着村子西面不远的一条南北走向的大车道，向南走上几百米，路西面是一片高粱地。这块高粱地的深处便是我大姑的下葬之地。当天刚刚下过一场大雨，奶奶一只手领着7岁的我二伯父，另一只胳膊夹着一迭烧纸顺着高粱地往深处走去。此时，地里的庄稼已经长得一人多高了。母子二人深一脚浅一脚走在泥泞的高粱地的垄沟上。

忽然，奶奶发现一行巨大的脚印向垄沟深处延展。出身在农家，熟悉各种家畜的奶奶断定这不是家畜的脚印。再往前走，这脚印越来越深，似乎这一动物就在不远之处。环顾四周，微风吹过，四周密密麻麻，高过头顶的高粱刷刷作响。这情景顿时使奶奶感到恐怖害怕。

奶奶毕竟是女人，被眼前的情景吓坏了。奶奶攥着二伯父的手在发抖，顿时拉着二伯父飞也似地往回跑。她的半大脚本来就很难跑起来，也不顾了，跌跌撞撞往来的方向跑。好几次跌倒了，还粘了一身泥。爬起来再跑，一边跑，一边想，离开这片该死的高粱地就安全了。等跑到高粱地头。一下子瘫在泥泞的地头上，大口大口喘气。

这次奶奶所受到的惊吓非同小可，躺在自家的炕上病了好几天。从此，奶奶再也不敢到大姑的坟上来了，只能把对大姑的思念永远地记在心里。

听家里长辈人说，那天，高粱地里的蹄印，是我死去的大姑显灵，这是在天堂的女儿可怜她处于极度悲伤中的母亲所发出的一片孝心，以便使母亲知难而退。

如今，日夜思念女儿的奶奶也早已乘鹤西去，这一对互相思念的母女一定早已在天堂中相会了。

在我的家鄉一直流傳著這樣一種風俗：有了婆家的女兒，如果在結婚前過世了，女兒的父母都把親家後來續娶的兒媳認作乾女兒而像親戚一樣來往。

1956年，我的父親背著當年13歲的我的行李，送我去離家70裡路的昌圖站第一初中入學時，在校園裡碰巧遇上了續大姑的兒子。

只見一位高高個子，英俊瀟灑的少年後生向我的父親打招呼："老舅，你怎麼來了？"

父親說："我是送你弟弟上學來了"

這時，父親向我介紹說："這是你大姑的二兒子，王義你表哥"

這時的我發現父親對這位我還沒有見過面的"表哥"如此的熟悉和親切，有些迷惑不解。

過後，父親告訴我"王義是你續大姑的二兒子。你親大姑沒有過門就去世了"

"啊！"我這才恍然大悟。

六、 和奶奶的永别

我出生之前，奶奶的三个儿子就分家单过了。按民间传统，分家的时候，奶奶选择和他老儿子（我的父亲）一家生活，担负起照顾我父母亲这个家的责任。当时刚刚结婚的我的父亲仅有 15，6 岁，还真有点少不更事。

奶奶有 3 个儿子，4 个女儿，共有 20 多位孙儿，孙女，外孙，和外孙女，可算是儿孙满堂。奶奶不乏对她这些后辈的爱。而我从我的婴儿时开始，就在奶奶的身边，更有幸享受着奶奶无尽的亲情呵护和厚爱。

孩提时期的我不幸患上了天花，奶奶请来了郎中，加上精心护理，我的命是奶奶从死神那里夺回来的。

不识字而且没有上过一天学的奶奶原来很不重视子女的学业，曾过早地让她的两个儿子（我的父亲和 2 伯父）缀学务农。后来她深感后悔。于是，奶奶对我的学业非常关心。奶奶希望我好好念书，健康成长，以至于将来考上大学，成为一个有学问的人。

1961 年我上高中 3 年级。那一年 10 月 1 日我利用国庆节 3 天假期回了一趟家探望奶奶，妈妈和家里人。

期间，奶奶曾搬着指头向妈妈念叨"小义明年夏天就要考大学了，如果大学考上的话，再念 5 年时间就出人了。"

我明白奶奶所谓"出人"就是出息个人样的意思，有知识，又能赚钱养家。我这三代人的这个家庭，只有我父亲一个人在生产队挣工分养家，还要供我在外面读高中，经济上很艰难。我深深领会奶奶对我学业和前途的殷切期望。1961 年，中国正处于饥荒时期，人们普遍吃不饱。所以奶奶也急迫的想要改善家里的经济状况。

最让我觉得遗憾的是，奶奶不久后去铁岭县的老姑家串门，不幸病逝在那里，此时距离我考大学仅有半年时间。奶奶去老姑家的时候，我正在高中读书，并不知情。后来，听到进城拉脚的我村刘沛义大哥告诉我这一噩耗，此时，奶奶去世已经 1 个多月了。奶奶的突然去世使我悲痛不已，尤其奶奶临终时我不在她老人家身边，没能向她老人家告别，没能聆听老人家的临终嘱咐，我感到心有不甘。

图 3-1 我的奶奶（1956 年摄，时年 71 岁）

不知为什么，年迈的奶奶当年很想去老姑家串门。1961 年我于昌图老城高中（即昌图第一高中）读高三时，曾在 10 月 1 日国庆节放假时回家看望奶奶和家里人，在家逗留了两天。这期间，我曾力劝奶奶不要出远门。"奶奶！老姑家里这么远，去一趟太劳累了，不要去了！"我对奶奶说。奶奶微微地点点头。

离家返校的时候到了。临行前，我从妈妈为我准备的炒面袋子里舀出满满一大茶缸炒面递给奶奶。"奶奶！你饿的时候冲点炒面吃吧！"家里平时粮食不足，但仍然尽力省吃俭用省下点粮食，为我准备点炒面带到学校，以备不时之需。这在当时是一件很普遍的事情。而我万万没有料到，此次离家竟然是我和奶奶的永别。

七、 奶奶弥留之际的牵挂

两个半月以后，1961 年寒假开始，我决定留在学校用这个寒假准备功课。因为半年后就要高考了，我需要利用这个时间冲刺一番，何况，假期留校期间的伙食还是免费的，可以为家里省出一点粮食。

傍晚时分，我吃过晚饭，从食堂出来，正要准备穿过一条路，向对面的学校大门口走去，结果看到一辆马车驶来，赶车的人正是我村的刘沛义。刘沛义是生产队赶马车拉脚的，我有几次回学校顺便坐他的车，使我省去了 50 里的步行。

"大哥，怎么在这儿看见你了！"我向他打招呼。在中国农村，一个村的人们之间通常亲戚套着亲戚，按辈份我们是同辈，我叫他大哥。

"送货来了！"刘大哥简短地回答道。第二句他说"德义！你奶奶死了！"刘大哥的话犹如晴天霹雳，使我的心里猛然一震。

"是吗？我离家刚刚两个多月的时间。我奶奶是什么时候去世的？"我问。"时间不长。"刘大哥再一次确认了奶奶的死讯。

奶奶的突然去世完全出乎我的预料。本来国庆节假期我回家探亲时，奶奶的身体未见异常，至今也就不到 3 个月的时间，怎么人就没有了呢？我的心里实在难以接受。

第二天我就离校回家了。尽管奶奶如今已经不在了，我回家已经于事无补了，然而，奶奶的突然离世，使我万分悲痛，我无心再留在学校安静地准备功课了。

我回到家里后，母亲把实际情况一五一十地告诉了我。

原来奶奶在我于 10.1 国庆节离家赴学校 1 个半月之后，去了铁岭老姑的家。老姑家孩子多，加上老姑父因肺结核长期在疗养院修养，老姑又要上班又要照顾家务，很多家务忙不过来。劳累一辈子的奶奶责无旁贷地帮老姑承担了许多家务。

奶奶帮老姑洗衣服时，出了许多汗又着凉，得了重感冒，发高烧。77 岁的奶奶，虽然年事已高，身体一直还是不错的，此前也很少生病。然而这次的重感冒却使奶奶就此倒下了，卧床不起。如果奶奶能被送到医院，打上吊瓶，用上药，依奶奶的体质，奶奶被救回来是大概率事件。老姑当时却没有把奶奶送到医院去看医生，全凭奶奶自己来扛，以至于高烧不退，身体迅速垮掉。不久，奶奶就滴水不沾，大部分时间处于昏迷状态了。

奶奶在弥留之际，老姑把大伯父和两个堂哥找来。两位堂哥都已经工作，结婚了。大家就在弥留之际的奶奶身边。处于昏迷中的奶奶猛然在喉咙中发出沙哑的声音，用她最后的气息，撕心裂肺般呼唤着我的乳名"小义呀！你…什么时候…出人哪！出人……"

这沙哑的声音震撼着每一位在场的亲人。

这情景是后来我三姑对我讲的。我三姑告诉我的这些话是她听当时在场的我大伯亲口告诉她的。"昏迷中的母亲临终前突然念叨德义的乳名，问他什么时候能出息。母亲的声音嘶哑而又急切，使我的心蹦蹦直跳。"大伯对三姑说。

如今半个世纪过去了。然而，奶奶临终前刻骨铭心的牵挂，撕心裂肺的呼唤，至今仍然回荡在她这位孙儿的耳边。

我知道，奶奶所说的"出人"是渴望我早点成才。这是她老人家对不在身边的这位孙儿的临终嘱咐和殷切期盼。

第 4 章献给母亲的追思

前天，我的儿子来电话提醒我，再过三天便是我的生日了，问我是愿意在家里过，还是去饭店过生日为好。

儿子也住在渥太华，但由于平时上班，他们夫妇也难得过来一次。届时，一家人可以聚上一聚，在一起吃一吃饭，好不快乐。

今年的生日这天，正好由于是一个周末，这样我们便正好可以利用这个时间一起去饭店庆贺一下，也不失为一种天伦之乐！只是这里这个家独缺我的女儿。女儿家住上海，在那里也有一个大家庭，包括我的女婿，外孙女，以及女儿的公婆。

然而，自从母亲辞世，每到我的生日临近，一种莫名的沉重之感时时涌上心头。1943 年阴历 6 月 25 日，母亲把我带到这个世界，并把我养大成人。母亲抚养我时的含辛茹苦，只有在我当了父亲之后才有了切身的体会。

母亲结婚六年没有怀孕，家人和亲戚就越来越担心母亲可能不能生育。身为长子的我在妈妈结婚的第 7 年才出生。在我出生前的那个时代，农村的"不孝有三，无后为大"的传统思维使母亲承受着与日俱增的的心理压力和精神痛苦。

自从我降生，压在妈妈心里的一块石头才算落了地。

常言说：天有不测风云，人有旦夕祸福。岂料好景不长，我下生刚满 7 个月，家里欢乐的气氛被打破了。我刚刚度过出生后的第一个春节，突然不幸患上了天花，母亲顿时懵了。此时，守在儿子身旁的母亲一筹莫展，只能在心里暗暗叫苦，以泪洗面。父亲一直表现得淡然而无动于衷。"人家也没有显得着急，该出去玩还是照常。"我的妈妈后来回忆父亲当时的情景。

钱郎中终于请来了。我的命运得以有了转机。

得益于钱先生的治疗，妈妈和奶奶每天 24 小时轮流的精心护理，我面部的水痘得以逐渐消退，天花自然结痂并逐渐脱落，终于从死神那里被拉回到了人间。

1956 年，在我 13 岁那年夏天，我考上了离家 70 里路，位于今日昌图县城的昌图第一初级中学。学校的所在地当时称昌图站镇。该镇的名字刚好与镇内的火车站名字相吻合。后来县政府从昌图老城迁来此地。于是，昌图站镇也就更名为昌图城。

上了初中，我从此便离家在外。我在中学和大学的求学时期，每年的寒暑假期总可以回到母亲身边。俗话说，父母在，不远行。然而，我却离家越来越远了。大学毕业参加工作以后，尤其是结了婚有了妻子，生了儿女之后，回到母亲身边和母亲团聚的机会就太少了。

不知从什么时候起，我发现母亲的脸上一下子显得突然苍老，皱纹明显增多了，原来母亲的满头黑发也不知是什么时候突然换成了白发，挺直的身板不知从何时弯了下来，而且越来越厉害。于是，每一次见到母亲，心里都隐约有一种人生苦短之感慨。

图 4-1 年轻时的母亲

我最后一次见到母亲是在 1999

年。当时我刚刚结束了在美国迈阿密大学的研究学者工作后回国，准备接妻子移民登陆加拿大。临行前，我去长春探望母亲。由于行程临近，加上临行前诸多安排，实在忙得不可开交，只在母亲身边呆两天就匆匆离开了她老人家。

以前每次回家探亲离开母亲的时候，母亲都自己走下楼来送一送她的儿子，看着她的儿子渐渐离她远去。可是这一次是被人搀扶着下的楼。临离开母亲的时候，我回头面向母亲正在告别，发现母亲正在深情地凝视着我。那是一双我从摇篮时候起最为熟悉的，饱含母爱和慈祥的眼睛。这双眼睛正流露出又要和儿子长期离别的留恋和忧伤。母亲的深情使我的心里很难受，一行热泪瞬间夺眶而出。此时此刻，我真想陪母亲再多呆几天。可是行程已定，无法更改。

哪曾想，在我依依不舍地告别母亲之际，万万没有料到那一短暂的瞬间竟是和母亲的永别。三年后的 2002 年，母亲永远离开了这个世界。

多少年来，老母亲的面容如梦魂缭绕，时隐时现。有时夜深人静，万籁寂静，耳边却突然传来一个低沉的声音，呼唤我的乳名，将我从沉思中惊醒。

听！那分明是我从婴儿的摇篮中便已熟悉，倍感亲切的声音。这声音是那样清晰，那样的深情，那样的近，分明慈母就在跟前。我不由得一鼓身坐起仔细追寻，这声音却又是那样的遥不可及，那样的远。

我清楚地记得，我接到母亲去世消息的那一天是 2002 年 10 月 11 日。当天，我和往常一样去渥太华大学上班，工作之余，像往常一样打开电子邮箱。突然在女儿的来信中得知老母去世的噩耗。顿时，犹如晴天霹雳，我的眼前一片漆黑，差点栽倒在地。

女儿怕她爸爸伤心过度，在信中尽量用平和的语言传达这一不幸的消息："奶奶平静地走了，走时没有一丝痛苦"。聪明的女儿呀！无非是想尽方法尽量给刚刚失去母亲的老爸一丝安慰。

由于母亲下葬日子紧迫，我无法及时回国和老母的遗容道别，便委托在上海的女儿飞到长春，替我陪伴老母的灵柩转赴辽北老家下葬。那里便是老母的长眠之地。

老母的突然去世使我不由得回想起来，此生我最大的憾事莫过于对母亲的亏欠。我在想，老母的养育之恩，我到底回报了几分？然而，我此生再没有机会报答老母的恩情了。如今我能做的，只是对老母亲永恒的思念。

母亲于1917年出生于一个辽北农民家庭。回顾历史，妈妈出生的这一年特不寻常。

这一年，中国北方的邻国发生了十月革命，建立了世界上第一个社会主义国家——苏联。而那时，一个积贫积弱的中国，正在列强的蹂躏之下呻吟。然而世事难料，时间到了1991年，一个强大的社会主义堡垒轰然瓦解，建立了74年的苏维埃社会主义共和国联盟就此画上了历史的句号。此后过了10多年，我的老母却能以她85岁高龄告别这个世界。与此同时，中国早已摆脱了百年的沧桑，正逐步走向中兴。85岁的高龄如今早已不稀奇。然而，柔弱的老母能活到这个岁数也应该算是一个奇迹。我想，这主要归因于老母的善良的秉性和仁慈的胸襟。

母亲出生在一个小康的农民家庭。我的外祖父是一个老实巴交的农民，靠着祖上留下的十几亩田地，虽然不能大富大贵，却也享受着小康生活。

小时候听母亲讲，出嫁之前，她曾在娘家度过一段温馨的时光，衣食无忧。离母亲老家往西5里路的一个大村落（广宁）是母亲的外祖父家。那是广宁村的一个大家庭，一个大大的院落，院落上方一排五间瓦房，另有东西厢房。院落的入口处是一个大门洞，门洞里雕梁画柱，气魄非凡。这就是东广宁村有名的吴家大院，这里曾经住着妈妈老家的一大家子人。

每年农闲时节，便是姥姥回娘家的时候。届时，姥姥便带着我的母亲去母亲的姥家住上一段时间。母亲告诉他，在那里，她有姥爷，姥姥，舅舅们的呵护，有表兄弟，表姊妹们陪她自由自在地玩耍，捉迷藏，扔沙袋，踢毽子，猜字谜等等，乐此不疲。那是母亲一生中最暇意的时光。

在我的孩提时代，母亲有几次带我去我的外祖父家串门。一次是我时年 80 多岁的外曾祖父重病时，母亲带我在外祖父家住了一个多月，陪伴她的祖父度过其人生最后的时光。我亲眼所见当时已经年近 60 的外祖父对他重病的父亲极尽孝顺。为了曾外祖父的安静，家里人在屋内说话从不大声。年迈的外曾祖父静静地躺在炕上，室内一片寂静。

"孩子他妈，你什么时候回来的？回来前怎么没有知会一声？"。有一天，曾外祖父突然说话了。

"爷爷，我奶奶没有回来，你是看错了！"在室内听得真真切切的母亲告诉他的爷爷，她知道，这是出于昏迷之中的爷爷头脑中的幻觉。

在外祖父家里，我一直感受到一种和睦，仁爱的家庭气氛。

后来，从一位本家的伯父口里得知，我的曾外祖父，外祖父是四邻八村出了名的厚道人。毫不奇怪，母亲的善良和平和的秉性一定来自于她长辈的遗传。在母亲大约 17 岁那年，外祖母病逝了。听母亲说，外祖母去世时享年还不到 40 岁。

我的曾外祖父和外祖父都是单传。由于家庭长期人丁稀少，外祖父母对我母亲疼爱有加。外祖父是一位开通的人，允许母亲到学堂念书。母亲在娘家上过正儿八经的公立小学，这在解放前民风保守的东北农村，母亲是很幸运的了。

由于聪慧和勤奋，仅受过小学教育的母亲读过不少书，学到很多东西。在我的幼小心灵里，对母亲的"知书达理，通古博今"既羡慕又自豪。当时，农村还没有电灯，点的是油灯。为了节省灯油，一家人天黑就就寝了。这时，我会央求妈妈给我讲一个"闲话"（当时的东北口语，即讲故事），以打发漫漫长夜。

妈妈擅长讲历史故事。她讲的历史故事和传说可多了，如水浒传，杨家将，金鞭记，封神演义，响马传等等，都能讲得一套一套的。这些活龙活现的历史故事无不勾起处于孩童时期的我对人生的美好憧憬和正义的无限遐想。这些故事都是她在年轻时从当时流行的历史唱本中读到的。在我读小学的时候，劳累一天的母亲还时常在灯下拿着唱本读给我听，琅琅上口。母亲勤恳阅读的习惯不知不觉地感染了孩提时期的我，使我在上学后很快养成自觉学习的习惯。

母亲在年轻的时候身体就不好，也许这是来自于过早去世的外祖母的遗传。从我记事时起就发现，母亲过分虚弱的身体使她在年轻时受尽了疾病的煎熬，有几次简直和死神擦肩而过。对此，母亲一直叨念，我五岁那年曾救过她一命。

那年夏季的一天，临近中午时分，我正在院外玩耍。忽然东屋大娘（我的堂伯母）喊我，要向我取一泡童子尿给我妈救急。大娘取到尿后，马上奔向屋内。我也急忙跟在大娘后面，奔向妈妈的身边。只见妈妈双目紧闭，不省人事。大娘赶紧撬开妈妈的牙关，慢慢灌下带着她儿子体温的新鲜童子尿。过了好一会，母亲的眼睛慢慢睁开，脸上的肌肉逐渐舒展开来。

刚刚睁开眼睛的妈妈第一眼看到了她的儿子，两颗泪珠随即从眼眶夺路而下。苏醒后的妈妈一定百感交集，她原来以为再也见不到她的儿子了。

后来她老人家向人们提起这事时总是说，"我儿子的童子尿救了我的命"。每当她向我谈起此事，都深有感慨地对我说"你大娘心肠好哇！"

一直以来，每当我捧起母亲的遗像，就被慈母的遗容而感动。慈母的遗容是那样的慈祥，略带忧伤。这慈祥的面容彰显母亲善良的秉性，这是母亲遗留给他的儿子最珍贵的礼物。母亲略带的忧伤衬托出他一生的饱经风霜。每当我捧起母亲的遗像，许多往事总是不由自主地涌上心头。

我的两位堂哥德钧和德臣自小不幸失去了母亲。同样过早失去母爱的老母亲对这两位侄儿深感同情，母亲和父亲把他们留在自己家。从此，母亲把他俩视为自己的亲生儿子，待他们和我没有什么两样。

当时正值解放初期，我家由于家里人口较多，又处于辽北农村，生活比较艰难。然而，一日三餐没有问题，有我们吃的，就有两位兄长吃的。德钧兄后来升学上外地读书了，每逢假期，都回家来探望亲人。一家人团聚的日子，有说有笑，其乐融融。

善良的母亲眼见侄儿成长，心里非常快乐。德钧兄去外地读书后，德臣兄继续和我们生活在一起，在家乡的小学读书。

德臣哥哥是我家的成员这件事，乡亲们没有不知道的。直到德臣哥哥小学毕业后，在外地找到了工作，他才离开我们。

在外面求学的德钧兄免不了遇到经济上的困难和手头拮据。有一次，德钧兄念书急需钱交学费。作为当时的一个农民家庭，我家处于经济拮据是经常的事情。然而母亲却对德钧兄的困难急在心上，她认为，孩子在外面读书，不比在家里，家里的经济拮据可以忍，在外面读书的孩子可没法忍。于是母亲急忙翻箱倒柜，终于翻出来家里唯一一件值钱的东西。那是她当年结婚时外祖父陪送的唯一一枚金戒指。

急得火烧火燎的母亲一狠心，把这枚金戒指交到德钧哥的手上。

"拿着！回去换点钱吧！"母亲对德钧哥说，嘱咐他把这枚戒指拿出去变卖交学费。

这件事，妈妈一直没有向任何人讲过。

1975 年，一直挂念我父母恩情的德钧哥调到吉林省农电局工作。他得知在农村的我家里生活很困难，我的母亲身体欠佳，在一次生病时还咳过血。母亲虚弱的身体，真是令人堪忧。听到这一消息，哥哥很为我的母亲着急，便想办法把我父母亲和弟弟们的户口迁到长春市郊区，以便就近照顾老人家。之后，在德钧哥的鼎力相助下，弟弟找到了工作，家里的经济条件有了大幅度改善，母亲的身体也就逐渐好转，生活得很是快乐。德钧哥对母亲的关怀和照顾，使母亲得以颐养天年，这真是母亲之幸，全家之幸。这也见证了善有善报的博大精深的宇宙固有法则。母亲的善举本来是没有想得到报答，最终却得到了出乎预料地回报。

直到我读上了研究生，有一次回父母家探亲，路过长春时顺路探望德钧兄家，兄弟相谈甚欢，直至深夜。谈话间，德钧哥哥向我谈及此事，我才第一次知道我妈还曾有过一枚金戒指。不消说，妈妈对外祖父送给她的这枚结婚礼物一定非常珍惜。她老人家结婚后一直把它珍藏，没有舍得带在手上。然而，为了资助侄儿的学业，解侄儿的燃眉之急，她却能忍痛割爱。

妈妈对德钧哥哥的情怀深深地感动了我。此后不久，我特意买了一枚金戒指为老母戴上，以表儿子对母亲的一点孝心和敬意。

外祖母过早离世，妈妈曾度过多少孤独痛苦的日子，这使我难以想象。由于妈妈不是一位轻易表露自己情感的人，对于这些，我只能在她略带忧伤的面容中些微察觉。

母亲 18 岁结婚，婚后 6 年才生下第一胎，那就是我。依当时中国农村"不孝有三，无后为大"的舆论习俗，婚后这么多年没有生育，母亲也一定承受了不小的精神压力。自从我降生以来，一家人总算皆大欢喜，此时，过早失去母爱的母亲自然便把她的全部关爱倾注于这个儿子身上。如今，作为他的儿子，我体会到那种刻骨铭心的慈母之爱。

在我的心中，我的母亲，本村公认的最为贤慧的妇女，为人善良，厚道，性格外柔内刚。从我年幼起，母亲就教给我诚实的品格，诚恳地待人态度，对弱者的善良和同情心，对强者不卑不亢。

作为一位有文化的农家妇女，母亲在我还在小学念书的时候，就对我的学习要求很严格。如果儿子的学习那点不如母亲的意，她就用经常挂在嘴边的话教训我："读书不用心，不知书中有黄金。岂知书中黄金贵，后悔读书不用心"，督促我从小就珍惜时间，刻苦学习。有时，年龄尚小的我也有做得过分无理的时候。在这个时候，母亲对我的惩罚很是严厉。

记得小学 2 年级的那个寒假，春节过后，奶奶带我去三姑家探望。三姑家在开原县，邻近我家的昌图县，距离我家 15 里路。见到奶奶和我到来，三姑说不上如何高兴了。三姑把我抱到炕上面坐下，抚摸着我的头，问寒问暖。吃饭时。三姑拿出家里舍不得吃的咸鸭蛋给奶奶和我煮上。我最喜欢吃三姑煮的咸鸭蛋了，因为我家那里地势高，没有水塘，不易养鸭。三姑对我慈母一般的爱使我感到温暖异常。

三姑家有 4 个儿子，其中大儿子李恩祥表哥比我仅大一岁。由于年龄相仿，我们哥俩最合得来，以至于我每次去三姑家总是和大表哥玩的很开心，流连忘返。而这一次由于贪玩，回来之晚，竟然错过了开学日期整整一周时间，这可惹下了大麻烦。

我的班主任老师是治学严厉的傅永海老师，同学都很惧怕他。"开学一个星期了才去上学，傅老师肯定不会轻饶的。"我思量着。

我感到再也无法面对老师和同学了。为了回避这一尴尬的局面，我觉得，三十六计，走为上策，不再去上学是一个最好的办法。

"不上学也挺好，自由自在。"想到这里，我打定主意，找个地方去玩耍。于是我三口并做两口，赶忙吃完早饭，轻轻放下碗筷，伺机神不知鬼不觉地悄悄溜走。然而我没有想到，母亲早已经注意到我了。

"上学去！"母亲命令道。

母亲连说三遍，没有发现我有任何动静，仍然在那里磨磨蹭蹭，根本没有上学去的打算。

这可把母亲气坏了，母亲随手拿起早已准备在她身旁的一根一米长的藤条，不由分说往我的胳膊上抽。

"去不去上学？"母亲打一下，问一句。藤条抽打在我的胳膊上，使我感到钻心的疼。母亲的暴怒把我吓坏了。在母亲的威逼下，我只好背起书包乖乖地上学去了。

母亲的这一次严厉管教使我终生难忘。从那以后，我读书可以说是兢兢业业，不敢懈怠。从小学到中学，从中学到大学，以至于从大学直到攻读博士学位，我再也没有由于怠于学习让妈妈和老师操过心。

1978年，我以名列前茅的成绩考上了东北大学研究生。1991年，在东北大学副教授的岗位上，我不脱产地攻下了清华大学的博士学位。博士导师在对我的论文评语中写道："论文的深度，超出了通常的博士学位论文"。1994年，我的国家自然科学基金课题研究获得了中国国家教委科技进步二等奖，同年，我被评为正教授。1999年，我被美国出版的世界名人录作为杰出科学家收录其中。2006至2018年12年里，我在国际顶尖的Springer出版社陆续出版了五本英文科学著作。2008年，我在"含有非凝结气体的气体混合物膜状凝结传热传质"研究中，推翻了被国际传热学界长期公认为权威的相关研究结果，获得了国际性的研究突破。与此同时，我提出的计算实际气体自然对流传热系数公式，被国际研究学者应用并被鉴定为是国际上计算实际气体自然对流传热最精确的公式。2014 年，我被美国纽约出版集团任命为主任客座编辑，负责"传热传质特刊"的编辑。目前，我正在开创一个新的学科领域"实际气体理论对流传热学"。

如今我回想起我的学习和科学研究生涯，无限感慨的是，当年如果没有母亲及时的严厉管教，我的人生走向不知是一个什么模样！

如今，母亲已经远离他的儿子去到另一个世界，而他的儿子也已步入晚年。作为父亲，我也早已儿女成双，儿女也已经长大成人，他们都有了自己的家庭。然而，时至今日，我对老母的怀念却与日俱增。

图 4-2 晚年时的父亲和母亲

在老母病危时，我正在远隔万里的加拿大。

当有人关心地问她"你想不想你的大儿子？"

"不想！"老母说。

后来得知母亲临终的话，我心如刀绞。

知母莫如子。作为母亲的长子，我仿佛揣测到处于弥留之际的老母的良苦用心。

我想，老母无非是想尽量减轻尚在万里之外奔波中的儿子思母的痛苦。

处于弥留之际的母亲何尝不想能见到他日夜思念的儿子一面？母亲在说这样违心的话时，正在忍受何等难以想象的内心痛苦？

每当我想到这里，我就陷入对慈母的终生负罪感之中，不由得鼻子发酸，难以抑制的泪水奔流而出。

老母啊！儿子此生陪伴您的时间太少了，这是做儿子的最大遗憾。如今，儿子只能用无穷的追思来弥补了。

时间的无情流逝，永远割不断儿子对您的无尽思念。

第 5 章终生难忘话兄长

2005 年，哥哥因病突然离世。我当时在加拿大，与哥哥分别才有两年。

听到哥哥逝世的噩耗，我顿时感到天旋地转，整个身心陷入极度的悲痛和失落之中。随着时光的流逝，我也已步入老年，然而，对哥哥的思念却与日俱增。白日的喧嚣散去，深夜来临，我往往从朦胧之中一觉醒来，哥哥的音容笑貌总是在冥冥之中浮现在我的眼前。只见哥哥正在深情地注视着我，兄弟之间谈笑甚欢。此情此景，哥哥分明就在我的身边。

2003 年，我曾回国去北京眼科医院治疗眼疾。期间，去老家长春探望父母时，曾在哥哥家小住，我白天跑医院，晚间便是和哥哥面对面谈天说地的时间。

多年来，我们哥俩天各一方，难得有相聚的机会。此次相见，我们都感到重逢时刻的无比珍贵，正如唐朝大诗人杜甫当年与友人卫八处士重逢时所描述的那样"人生不相见，动如参与商。今夕复何夕，共此灯烛光。"

如今，重温杜甫的诗句，回忆起我们兄弟当年重逢时的情景，我深感我的人生行踪的飘忽不定，致使我们弟兄二人如传说中的参商二星，难得相见。至今，我仍然清楚记得我们兄弟二人重逢时在灯光下，彻夜畅谈时的情景。此时，我对自己的漂泊的人生感慨万端，更对我们的暂短相聚无限地珍重和留恋。

兄弟俩心有灵犀，我们的谈话随机而自然。我们从家庭至亲的变化，谈到人生岁月的沉浮，从儿时的家乡，涉猎到广阔的天涯，从弟兄间离别伤感，直到重逢的喜悦。哥哥天性聪明，思维敏捷，见多识广，阅历深厚，聆听哥哥饱含深情的娓娓之谈，是一次难得的精神洗涤和亲情享受，令弟弟陶醉其间。不觉之间，弟兄间的促膝长谈已过深夜，我们哥俩同声感叹无情的时间为什么流逝得这样快！

年长我十岁的哥哥，思维之成熟，阅历之深，永远是我尊敬的师长。哥哥深厚的兄弟之情，溢于言表，在弟弟的心中产生了深深的共鸣，且久久不能平复。彼时，我何曾料到？那次在哥哥家小住时，我们兄弟那几日的重逢竟然是我和哥哥的永别之日。

两年之后，在万里之外的加拿大，我突然得到哥哥离世的噩耗，这使我无论如何难以面对。哥哥的离去，才使我真正感受到，什么是莫名的孤独和寂寞。如今，与我天人两隔的这位兄长，一直令我魂牵梦萦。

我和哥哥都属于中国刚解放就进学校教育的一代。然而，哥哥却一直是我人生的引路人。1950年，我读小学一年级，哥哥已经从家乡附近的双楼台高级小学跳级考取了辽北闻名的铁岭一中。当我于1956年从小学毕业考上初中，哥哥已经在北京中关村完成了他的电力高等学校的深造，前去吉林电力学院任教。一路走来，哥哥一直是我人生奋斗中追寻的榜样。

我在读小学一年级的时候，也许是年龄小，懂事较晚的原因，很长一段时间都处于朦胧状态，以至于我一度全然不知为什么学习，更不知学习是怎么一回事。于是，上课时我的精神老是溜号。越是老师讲到兴头上，我越是觉得没有意思。那个时候，在课堂上的我，精神总是处于无所事事的状况，动不动就打瞌睡，以至于我的数学平时考试免不了经常得鸭蛋（零分）。这一考试成绩竟成了我家邻居并与我同班的一位本家姐姐的日常笑料。

"老婶！你家小义今天又得了一个鸭蛋！"放学后一进院子，这位小姐姐就扯着嗓子向我妈妈报告。那时，我的学习便成了妈妈的一块心病，但妈妈对此也是爱莫能助。

那年夏天，在铁岭一中读书的哥哥放暑假回来。没曾想，哥哥回来使我的学习发生了根本性的改变。

一个晚上，一家人吃过饭正在窗前乘凉。至今我还清楚记得，哥哥坐在窗台上，妈妈在靠近窗台的炕上坐着，而我站在紧贴窗台的石阶上。闲聊间，妈妈把我的学习情况告诉了哥哥，问哥哥有无办法开导弟弟一下。

哥哥面带微笑地望了我一眼，然后，用他那通俗平缓的语言，把一年级小学生所涉及的算术知识，从数数 1，2，3……，加减法运算方法讲给我听，引导我由浅入深地思考。

难以置信的是，哥哥这个晚上的辅导非同小可，哥哥由浅入深，通俗地讲解如有神助，使我不由得眼前一亮，茅塞顿开。如今回想起来，哥哥在辅导中，仿佛施了魔法似的，给我处于朦胧中的头脑注入了清新的空气，竟然使我对数学的理解产生了突变。从此，我的学习便奇迹般地走入了正确轨道，从此，我的数学成绩在班里一直表现很优秀，以至我竟然成了班主任傅永海老师最为喜欢的学生。

从此，我的学业再没有使妈妈操心。

如今，我深深感到我后来能在学业上陆续地进步，以至于后来在科学探索之路上也能略施拳脚，做出自己的贡献，与哥哥在我幼年时期那次奇迹般启蒙教导密切相关。

1956 年夏天，我从家乡附近的广宁完小毕业，考上了昌图第一初中。同一时刻，哥哥从北京电力高等学校毕业，分配于吉林电力学院任教。任教之前，哥哥特地回昌图县长岭子村老家看望奶奶以及他的叔叔和婶婶——我的父母。

当时，东北农村文化之落后，以至于我们的家乡极少有在外攻读的子弟。然而，我的哥哥，却惊人地完成了他的高等教育。彼时，风华正茂，才气横溢的哥哥无疑是我们家族，乃至附近乡邻中最优秀的人才。

对于哥哥惊人的进步，最高兴的莫过于奶奶了。

哥哥是奶奶的长孙，幼年丧母，因此，从哥哥小时候起，奶奶就没少为她的这位长孙操心。而且，依哥哥自幼就超乎寻常的聪明，更很讨奶奶喜欢。当年奶奶已经 71 岁了，其他的孙子还都小，自然对哥哥抱有最高的期许。如今，哥哥已经长大成人，踌躇满志，前程似锦，奶奶她老人家自然乐得合不上嘴了。此后，奶奶便拿哥哥的榜样随时来鞭策我，而我也自然以哥哥为榜样随时激励自己。

哥哥自幼就以他聪颖的天资，浓厚的亲情，博得长辈的喜欢和交口称赞。而我的父母，作为哥哥的至亲长辈，更把幼年丧母的哥哥视为己出。有什么话，他们都愿意和哥哥说，有什么好吃的东西，也都想着哥哥。这些点点滴滴，自然都记在哥哥心里。

几十年以后，我们弟兄俩的儿女都已长大。有一次我从国外回来，去长春探望父母和哥哥，久别重逢的兄弟，又欢聚一堂。我和哥哥又天南海北地唠起来，有说不完的话。

如今，妈妈和哥哥都已相继逝去。然而，每当我想起这一幕感人的故事，顿时热泪盈眶，不胜感慨。

1962 年，我由昌图县第一高中考上了沈阳市东北工学院。我在校读书期间，有一次，哥哥利用上沈阳出差的机会，专程来学校看我。

常言说，有朋自远方来，不亦乐乎！况且是我亲爱的哥哥。

哥哥的到来，令我为之激动。那时，正值中国三年困难时期还没有过去，哥哥特意领我去沈阳太原街上的一个饭店吃了一顿饭，解解馋。至今半个世纪过去了，我对此情此景仍然记忆犹新。如今，我真希望时间可以倒流，重温那兄弟的真情和幸福的时光。

在沈阳读书期间，我也曾利用假期专程赴长春拜访我的哥哥。那时，哥哥已经结婚了，我第一次见到我的大嫂。

早就听说大嫂非常漂亮，这次是亲眼所见。这是一位集美貌和聪明为一身，年龄不满三十岁的嫂嫂。嫂嫂言语温和，乐观风趣，言谈中，闪烁着聪慧，和善的目光。我为哥哥的幸福家庭感到高兴。

不久他们的三位女儿相继出生。三位侄女也都接受了爸爸和妈妈两个家族的遗传基因，个个聪明又漂亮。大女儿小梅性格宁静，又不失风度，二女儿二丫活泼风趣，思绪细腻，充满孝心，又善解人意，三女儿三丫由于年龄最小，幼时免不了爱撒娇，长大后却出落得成为一位聪慧，善良，具有关爱和责任心的女孩。哥哥的家庭是我见证的其乐融融又有风趣的幸福家庭。

图 5-1 和德钧兄嫂在一起（左起：德举弟，大嫂，德钧哥，我，世华）

怎奈天有不测风云，不久前，我的大侄女英年早逝。得知这个消息，我顿时懵了，心如刀绞。悲痛之余，只能抱怨命运的无常。

性格刚强的哥哥，外表展现出来的刚强都是掩饰他从不轻易表露的内在的温情。然而有一次，他破例亲口告诉我，他从来都把我当成他的亲弟弟。哥哥亲口对我表达的肺腑之言，使我至为感动。其实，与德钧哥哥心有灵犀的这位堂弟，对哥哥何尝不拥有同样的情义？

"投我以木瓜，报之以琼琚。匪报也，永以为好也。"这是我当年中学语文课本诗经中的一段话。意思是，你赠给我果子，我回赠你美玉。表现的是人类对他人对自己的情意的珍视，体现了一种人类至亲间的高尚情感。如今哥哥虽然离我去另一个世界，哥哥的亲情厚德，我和我的后代都不敢忘怀。倘若我一息尚存，哥哥就永远活在我的心中。

第二篇

小学启蒙

第 6 章童年的记忆点滴

一、 大鱼抱胖小

人们常说，童年是一本精彩的书。身在童年时的我并没有觉察到它的魅力，但如今再次翻开它时，感到十分的快乐，却又带着一点留恋和向往。

童年的记忆是时断时续的。

1943 年 6 月 25 日（农历）一个普通男孩悄然诞生于辽北。这就是我，母亲结婚 6 年来的第一个降生的孩子。

当时的国人对结婚的新娘的祝愿无一不是早生贵子，平安幸福之类的吉祥话，而且早生贵子这一祝愿无疑被放在首位。想来这也是母亲和她的亲人们当年的共同愿望。

然而，母亲结婚六年以来没有怀过孕，以至于家人和亲戚越来越怀疑母亲是否有生育能力。

孟子"不孝有三，无后为大"这一名言已经在中国民间流传了几千年，而且，在我妈妈结婚的时候，它早已牢记在国人的心坎里，融在他们的血液中了。尤其在解放前的中国农村，结婚多年尚未有怀孕的妇女更是承受着与日俱增的精神压力。加之父亲的脾气不好，性格简单粗暴，动不动就发脾气，有时还无缘无故动手打人，母亲当年在家里着实受了不少窝囊气。

于是，在结婚后漫长的时间里，妈妈时刻盼望她的孩子的到来。为此目的，在解放前的日子里，妈妈没少烧香拜佛，祈求神灵早日赐给她一个孩子。妈妈的盼子心切与日俱增，几乎要盼疯了。

在妈妈结婚后的第 7 年，身为长子的我终于在妈妈的日日期盼下降生了。从此，压在妈妈心头上的一块石头才算落了地。

听妈妈讲，在婴儿时期的我，长得很受人喜爱。一头乌黑的头发，浓而细长的眉毛，一对乌亮乌亮晶莹透澈的大眼睛很是讨人喜欢。

在当时的中国农村，谁家生了个孩子，消息会很快在乡间传开，更何况我妈妈结婚后的第 7 年才生下第一胎，以至于在我刚刚满月的时候，前来看望我的邻里和乡亲便络绎不绝。

我本家的一位叫德庆的小男孩，是我的本家兄长，当年有五岁左右。在我满月的时候，德庆随他母亲，我的堂伯母来串门看望新降生的婴儿。这位年长我 5 岁的兄长，刚进门，一眼见到襁褓中的我，突然"哇！"的一声叫了起来"大鱼抱胖小呀！"

小男孩的叫声引起了满屋的人哄堂大笑。

原来这位德庆哥吃惊地发现我好像他在年画里见到的怀抱鲤鱼的俊男孩，却在匆忙中把话说颠倒了，逗得在场的大人们大笑一场。

于是，我的乳名除了奶奶给起的"小义"外，又平添了一个昵称"小胖子"。

二、 儿时的记忆

在我的孩提时代，家里冬天取暖仅靠家里的火炕散发的有限热量。由于东北的冬天很冷很冷，以至于每天早晨醒来，窗玻璃和窗纸上总是覆盖着厚厚的一层霜。这时候，我总是盖着厚厚的被子，躺在炕上不愿意起来，因为我感觉屋内远不如被子里面暖和。

我躺在炕上，在被子里就可以感觉室内之冷。我呼吸时呼出的气体刚离开嘴边就变成了一股白色的"烟雾"，这是高浓度的水蒸气在寒冷的空气中迅速冰化后形成的自然景观。

此时的我，躺在被窝里睁大眼睛，盯着窗玻璃上结成的冰霜花纹，心里突发奇想。在那里我发现有天空，森林，动物，人群有机地呈现在画面上，形成了一幅千姿百态的自然景观，而我正置身其间，流连忘返。

母亲 17 岁时，我姥姥因病去世，享年仅 40 岁。过早失去亲人的母亲的悲伤可想而知了。姥姥去世一年之后，姥爷续弦。续姥姥过门的第二年，我的妈妈就出嫁了。

续姥姥过门时还很年轻，比妈妈还小一岁。妈妈为了避免尴尬，见面时始终不以妈来称呼续姥姥。直至婚后生下了我，妈妈在和续姥姥见面时便称呼"他姥姥"。显然，"他"便是指她的儿子我了。从此，妈妈避免了在面见她的后母时，称呼上的尴尬局面。

妈妈娘家的屯子叫李家店，妈妈 19 岁那年，嫁到她老家南面 4 里路远的长岭子村。我的父亲是爷爷奶奶的老幺，兄弟中排行老三。比妈妈小三岁的父亲，结婚时才 16 岁，按今天的标准，还是个孩子。

爷爷去世的当年，16 岁的父亲草草地和我的母亲结了婚。当年，只上过小学三年级的父亲连庄稼活也没有认真练过，在本村俗称"半拉子庄稼人"。由于父亲在人生成长的关键时刻，悠闲惯了，导致在价值观上也缺乏男人的担当。这样也注定了他老人家一生的无所作为。

尽管如此，我从小便察觉我的父亲本来是一个有很高天资的人。我读小学 3 年级时，一天晚上借着家里油灯的光亮费劲地画着一幅学校老师布置的画。那一天难得看见父亲心情很好。只见父亲凑过来看儿子画画。看着看着，父亲突然拿起笔来在一张废纸上也画了起来。这时迟，那时快，只见父亲三下五除二勾出来一个活脱脱的猫头鹰来，令我惊讶不已。

我很喜欢父亲的作品，用剪刀把猫秃鹰剪了下来，夹在我的画本里。

上世纪九十年代，在东北大学当教授的我，一次回长春探望父母。期间，我问父亲"您现在还能画那只猫头鹰吗？"

"忘了！不能画了！"父亲摇了摇头。

我4，5岁光景。当时的我还没有能力独立离开过家门，去外村走走。一天，正在屋外玩耍的我忽然听到大门口外面的喧闹之声。只见十几个大人一边走过一边吆喝着："上付家油坊看剧去呀！"。所谓的"付家油坊"，指的是付家油坊村，距离我家的长岭子村有3里路远。

我第一次听到"看剧"这个词，感到很好奇，索性跑出院外，跟在大人后面走出村子，辗转来到大人所说的付家油坊村西头的一个空场。只见空场的周围站满了人，中间几个化了妆的人又唱又跳，好不热闹。我听不懂他们在唱什么，说什么，总之认为这就是大人说的演剧吧！

看着看着，我忽然觉得心里没有底了。我站在后面一个高岗上，前面没有一个我认识的人。没有出过家门的我已经迷路了。

"看完剧，我可得怎么回家呀？我还能再见到妈妈和奶奶了吗？"我开始问自己。想到这里，我的心里越来越发慌了。

惊慌失措的我慌忙地爬下高岗，走向人群寻找我们来的时候我曾经跟随的人。然而，人群中个个都是陌生的面孔。此时，幼小的我惊恐万分，近于绝望了。

果真天无绝人之路。正在频临绝望之际的我突然听到后面有人咳嗽一声。我下意识的一回头，猛然见到一位熟悉的面孔。啊！这位就是刚才从我家门口走过，吆喝着去付家油坊看剧的一伙人中的一位。此人的浓眉大眼和满脸的络腮胡子，使我看过一眼就不会忘记。

我不敢惊动此人，只能静静地站在原地向他这边不时用眼睛瞄着。再过了好大一会，剧终于演完了。只见络腮胡子移动脚步，汇合其他一起来的伙伴离开剧场。我赶忙跟随这些人的脚步，向前走去。害羞的我不好意思紧随其后，而是拉开约 10 几米的距离。走了好一会，回到了我家的村子。

我担心奶奶和妈妈会责备我私自离家，回到家里，没有把这件事告诉她们，而是不声不响地装得像个没事人一样。

三、 旧地重游

2013 年我携妻子回国探亲期间，曾在弟弟的陪同下回我的老家长岭子村给我的父母，爷爷奶奶扫墓。他们的坟地在村子以东两里路的地方。那是我幼年时颇为熟悉的地方。那一片区域是农田，本村的土地最肥沃的地方，村里人把这一大片土地叫下洼子。

下洼子区域的东面有一条小河沟，冬天枯水季节，小河沟可以跳过去，然而到了夏天时，充沛的雨水就使小河沟便成了一条小河. 这时节这里便成了我和童年伙伴们洗澡摸鱼的地方。

我现在还记得，有一次我在小河里洗澡的时候，脚下踩上了一条鱼。我把鱼捉出来，这条小鱼有半尺多长。

在河边上无所事事的高殿文看见我手上捉了一条鱼，走了过来对我说，"把鱼交给我保存吧！我把它放在水洼里。"此时，拿着鱼在手的我正在找人帮忙，于是便把鱼交给他保管。可是，高殿文把鱼拿在手里并没有抓得够紧，鱼在他的手里一个打挺，哧溜一下挣脱了，扑通一声落入水中逃生了。只留下目瞪口呆的高殿文还傻愣愣地站在那里。

夏天的时候，小河边上长满了青草，那是我小时候放猪的地方。离开小河再远一点，和青草相连的地方长满了柳条。这大片的柳条地本来法定上是小河流域的无主之地，但按惯例归我的一位三堂伯父家所有，因为紧靠这大片的柳条地的岸上的农田属于他家。

因此，在农闲时三堂伯父时常拿着一把镰刀来护林。每逢见到我们在河边草地上放猪，他便大声嚷嚷一遍"看好猪，不要让它进树林子！"三堂伯父耳朵有点背，我们说话他听不清，于是，除了嚷嚷一阵子，也不愿意和我们多说话。

现在这里气候变得干燥，缺乏水分的滋养。再加上附近土地的过度开垦，昔日的小溪如今早已经干枯，溪边的水草和柳条早已不见踪影，代之以荒草一片。然而，原来小溪流域的岸边还隐约可见。我的父母，爷爷奶奶的坟就在那岸边。

爷爷奶奶的坟原来在村西的高岗地上。文革前有一次政府号召平整土地，爷爷奶奶的坟就在这次行动中给平了，也没有留下遗骨。我的母亲和父亲于二十一世纪初分别于长春病逝。按中国农村叶落归根的习俗，二弟把二老安葬于辽宁省的长岭子村老家。经村里本家弟兄的安排，二老的坟安葬在旧时小河沟的岸边。爷爷奶奶的坟也就立在在我父母的坟的旁边。此时的爷爷奶奶的坟里已经没有了遗骨，是衣冠冢了。

四、 石头舅舅对我的预测

我4岁那年，妈妈带着我去姥家串门。姥家当时有两位子女，其中，庆贤舅舅比我大4岁，香珍小姨比我大2岁，都是妈妈的继母所生。妈妈结婚前一年，姥姥就去世了。

一到我的姥家，我一眼看到，我的续姥姥长得很年轻，而且小舅舅和小姨长得都很好看。小舅舅和小姨都长得白白净净，亮晶晶的大眼睛，衣服穿得干干净净，声音清脆悦耳。我的姥爷当年也就50多岁左右，中等个，瘦瘦的身躯，显得很精神。姥爷人很老实，心地善良，从来不发脾气，也不太爱说话。

姥家院子西厢房住着一位妈妈的寡居堂伯母。妈妈的这位堂伯母有一个儿子，小名叫石头，自小双目失明。石头舅舅师从一位老先生学周易预测。妈妈说，这位石头舅舅虽然没有念过书，但是从他师傅那里学了很多知识，学问不浅，而且挂算得很灵。妈妈想把我领去见一见我的堂舅，顺便请他给我预测一番。

一天吃过早饭，妈妈便带着我去她堂伯母家串门。

来到妈妈的堂伯母家，妈妈让我先给我大姥姥请安，再让我给我的石头舅舅请安。四岁的我听从妈妈的教导，上前一一行礼问候。

寒暄之后，妈妈对石头舅舅说："石头弟弟，今天特意请你给你外甥预测一下，看一下他以后的前途！"

"三姐，请你把外甥的生辰八字告诉我。"石头舅舅亲切地对我妈说。我妈妈在堂姐妹中排行老三。

石头舅舅听过妈妈报上我的生辰八字，开启了他的预测程序。这位舅舅用手指掐算了一番，然后一阵沉吟。最后，慢条斯理地对我妈妈讲述他的预测结果。

"三姐，我这位外甥一生的大运特好，如果他想办的事，总会是心想事成。"石头舅舅满心欢喜地告诉他的堂姐。

听了石头舅舅的话，母亲的心里自然很是高兴。然而为了儿子的一生命运之事，他也请他的石头弟弟和盘托出哪怕什么不详的预测结果。

"石头弟弟，不管好的坏的，你就什么都告诉我吧！"妈妈对石头舅舅说。

听了我妈妈的话，石头舅舅接着说："然而，我这位外甥的人生命途多舛，有时在涉及人生关键的事情上，明明万事俱备，唾手可得，却在冥冥之中枝节横生，遭遇坎坷而功亏一篑。这一点要告诉外甥，请他在他的人生旅途的关键时刻能有所警惕。"

听了石头舅舅后面的话，母亲又为儿子的命途多舛而担心。

我的一生中，妈妈有几次当着家人的面提到石头舅舅在我四岁时给我的预测。至今回想起来我对此还记忆犹新。如今，我不得不承认，石头舅舅对我人生的预测太准了，他早就看出了我的起起伏伏的一生。

实际上，人类社会是复杂，变幻莫测的。人的一生受社会的影响也必然是复杂的。人生的沉浮如波浪式的起伏，有高潮也有低潮，这或许就是人生的常态。风平浪静的人生根本不会存在，也不值得向往。波澜壮阔的历程，起伏跌宕的曲折生涯也许才是常理，值得追求的人生。

五、 治疗眼疾

大约从我上小学后，我的眼睛就经常流泪。那时候农村人缺乏卫生常识，流泪时，我就用手去擦眼泪。久而久之，眼睛的炎症越来越厉害，眼睛发痒，流泪的频率更多。时间一长，眼睛越来越红，越发骚痒，出门时怕见风，因为一见风就流泪。于是，周边的人就干脆把我的这种眼病称作"漏风眼"。

起初，家里人认为扛一扛就好，希望再过一阵子，或许情况就会减轻，问题最终会自然解除。

可是，年复一年，眼疾不仅没有减轻，相反越来越重了。

这时，妈妈和奶奶慌了。在当时缺医少药的东北农村，到哪里去找人治疗眼病呢？这个问题难坏了妈妈和奶奶。

听说，离我家20里路远的通江口附近有一位外号叫周眼睛的郎中治疗眼疾有一套，而且名声很响。于是，我妈决定领我前去碰一碰运气。

一天，适逢天气晴朗，我妈领着我向20里路远的通江口的方向出发了。

原来，我妈只听说周眼睛郎中在通江口地区，并不知他的确切地址。只因为我的眼疾成了老大难，必须出去碰一碰运气，而且再不可耽搁下去了。如此说来，母子此行也只能是边走边打听。

通江口位于我家的正西方向。母子走出5里路，经过东广宁村，我妈的舅舅和舅妈家就在该村。此时母亲决定先到她的舅舅家再打听一下周眼睛的进一步信息。

妈妈的舅舅家自然是妈妈非常熟悉的地方，因为这里是她的母亲的娘家，在妈妈尚在幼年的时候，她的妈妈每年必定带她来这里住上一段时间。因此可以说，妈妈对这里的一草一木都十分的熟悉。

到妈妈的舅舅家里，妈妈就像回到家里一样的高兴，而他的舅舅，舅妈遇见了久别的亲人，也感到喜悦异常。

一提到周眼睛，妈妈的舅舅告诉她"周眼睛这个人早已经去世了。"这使妈妈感到失望，但也庆幸她舅舅告诉她这一消息，使我们少走许多冤枉路。

一天，我家前院老房家来了一位远房亲戚，一位江湖郎中，据说此人擅长治疗眼病。听到这个消息，奶奶就带我前去找这位郎中。

这位郎中像模象样地检查了我的眼睛，说我的眼疾是沙眼。随后，他拿出两瓶无色的药水让我回去往眼睛上滴。

回来后，按郎中的嘱咐每天都往眼睛上滴几次药水。一个月过去了，不仅没见一点效果，而且眼疾加重了，两只眼睛全红了，而且还有疼痛的感觉。

看来我的眼疾成了一个老大难了。对此，全家人也都失去了信心。

我 9 岁那年夏天，适逢家住开原县城的大伯父来我家做客看望我的奶奶。和父亲以及二伯父不同，大伯父跟在爷爷身边上过学，是有文化的人。他就是两位堂哥德钧和德臣的父亲。

大伯父是一位快言快语的人，见面很亲热。当时我的眼睛通红，还流着眼泪。而且，由于流出的眼泪滴在面上，暴露在空气中，长此以往，我的脸颊上布满了细细的裂纹。

"怎么弄的，孩子的眼睛弄成这样了？"快言快语的大伯父见此情景，在我和奶奶面前心疼地问。

"咳！已经有年月了，就是不见好，而且还越来越重。"奶奶回答道。

"找个时间把孩子领到我那去治一治吧！"大伯父对奶奶说。

不久后，我和老师请了假，跟着奶奶顺便搭乘村里一辆进城的马车，去了大伯父在开原县城的家，开启了我进城的第一次经历。

第二天，大伯父领着我在小孙台热闹街找了一家私人诊所，诊所的医生据说曾经是一位军医。

医生检查了一下我的眼疾，什么也没说，就给大伯父开了一个处方，处方的名字叫黄降汞眼药膏，告诉大伯父到药房去买。

长大了后我才知道，黄降汞眼膏是治疗睑缘炎的药膏。可是在当时的中国农村，医疗知识的落后，使得这样一个睑缘炎竟然折腾一个小小的我这么多年。

每天大伯母给我上两遍药，并告诉我用清水洗脸，保持眼部和手的清洁。于是，我的眼疾得以慢慢好转。

这次奶奶领着我来开原大伯父家治疗眼疾，从偏僻的农村来到县城，我有一种庄稼佬进城的感觉，一切都感觉新奇。晚上电灯亮了，一个玻璃电灯泡里的小铁丝竟有这么大的魔力，灯上的小手柄一拧，立刻就亮了，而且这亮度是家里的豆油灯远远不能相比的。

"小义！你用嘴吹一吹，看能不能把灯吹灭！"大伯母鼓励我试上一试。

听了大伯母的话，我真的上前使劲用嘴吹了一下电灯泡，只见电灯泡没有被吹灭，仍然明亮如初。

看到灯泡没有吹灭，我不服气地又用力吹了几下，结果电灯的光亮还是丝毫没有被撼动。在事实面前我只好泄了气。与此同时，室内爆发出一片哄堂大笑。

伯父当时有 4 名子女，除了尚不在身边的德钧和堂哥，还有身边的尚敏堂妹和德元堂弟。后两位都比我小。在这个家庭里有奶奶在我的身边，大家都是奶奶的子孙，一家人和和气气，日子过得很温馨。而我的眼疾也基本痊愈了。此时此刻我和奶奶已经离家一个月了，而我也耽误了一个月的课程。我的直觉告诉我，应该是回家的时候了。

听到我要回家，大伯父感到恋恋不舍，非要留我和奶奶再住上一些日子。

"妈！你们来一趟多么不容易呀！多住上几天再回去也不迟呀！"大伯父对奶奶说，声音中带有几分恳求。

其实奶奶并不着急回去，只是我非要回去。和我们一起住在乡下的奶奶，平时很难有机会上城里他的大儿子家来住上一住。这次奶奶为了治疗我的眼疾才带我来到她老人家的大儿子家，也是骨肉常情，使奶奶临行前有所不舍。然而，我们祖孙两人来大伯父家的时间已经不算短了，我的眼疾也已经基本痊愈，而我在伯父家治疗眼疾期间也耽误了一个月的课程，心里也有点着急了。在我的极力催促下奶奶也只好依了我的意见。

"这孩子，真对你没有办法！大伯父不无遗憾地埋怨了我一句。然后为我们找了一辆从家乡临时来城里拉脚的一辆马车，该马车正好要返回。于是，我和奶奶乘马车行了 40 里路，当天回到了家。

当天吃晚饭时，妈妈在饭桌上狠狠埋怨了我一通，说我太任性了，没有在大伯父家多呆上几天，吵吵闹闹地非要回家，辜负了人家的好意。

在伯父家一个月时间的治疗，我的眼疾差不多痊愈了，后来再没有复发过，这是我的幸运。

我长大以后，有一次和妈妈唠嗑间，提起了我小时候的眼疾，妈妈一脸严肃地对我说"你的眼睛的治疗，多亏你大伯父。将来，你不要忘了你大伯父的恩情。"

上世纪 70 年代初，我在鞍钢弓长岭钢厂工作时，妻子世华在弓长岭铁矿医院工作。届时，大伯父曾来信说，他的病很重，缺乏应急药品。当时，由于国家经济困难，市面上药品普遍缺乏。我的妻子世华为大伯父从医院里买来一些应急药品，给大伯父寄去了，可算解了大伯父的燃眉之急。收到药品后，大伯父特意来信表示感谢。能为大伯父尽点力，排解疾病的困扰，我感到欣慰。

如今，大伯父和大伯母早已经作古，我每每想起在伯父家治疗眼疾的日子，心里总是充满温馨和对伯父，伯母的感激之情。

六、 又一次死里逃生

我 7 岁那年，在我身上突然发生的一件紧急事件使我差一点丧了命。

一天下午时分，我在庭院内玩耍。突然听到有人叫我名字"德义，疯狗来了，赶快跑！"

本来，吃早饭时我听妈妈说"德恒家的狗突然疯了，加点小心吧！"

听到有人喊我，我顿时吓了一跳，下意思地回头一看，这条狗确实是德恒家养的狗。只见这条黑色的大狗，面露凶相，张开血盆大口，向我扑过来。

德恒家位于我家院子的斜对过。他家的狗养了好几年了，平时见人很温顺，可是今天眼睛直勾勾地，一副凶煞神似地向我冲过来，样子狰狞可怕。

见此情景，我被吓得魂飞天外，回头望望，只见我家东屋 7 堂伯父家的窗敞开着。于是我马上转身，拼命向这个方向跑。

我一口气跑向 7 堂伯父家的窗台前，急着翻过窗台进屋内躲避。此时的我心想"翻过窗台就安全了！"

不料，我刚想爬上窗台，室内的人突然异口同声地告诉我"不要上来！去二伯父家的窗台！那里的窗开着。"

前有阻挡，后又追兵。本来我应该不顾一切一跃而上，翻过窗台，直达安全之地。然而，在这万分危急情况之下，幼小的我吓蒙了，顺从了人家的意志，莫名其妙地在窗前停了下来，回头一看，疯狗离我只有十米远。

求生的欲望使我迅速回转身疯狂跑向东厢房的二堂伯父家的窗

前。此时的我心里只有一个求生的愿望：拼命和时间赛跑。

人在危机的关头会爆发出超常的力量。我迅速启动脚步，一路狂奔来到二堂伯父家的窗前，一跃而上，越过窗台，滚到炕上。此时，我看见二堂伯母正在我的身旁，我才感到自己得救了。

二堂伯母告诉我，当我在窗台前一跃而上的瞬间，疯狗的血盆大口即将咬到我的脚后跟。

这一事件是我终生难忘的一次死里逃生。

人们一旦被疯狗咬伤，就会由于得了狂犬病而无药可治，必死无疑。即使在医疗条件非常发达的今天，狂犬病也是不治之症。

第 7 章珍贵的小学启蒙

一、 妈妈让我先混一年

1950 年刚满七岁的我上家乡的小学一年级。这就是说，我的学龄仅仅比共和国的年龄小一岁。由于当时农村的孩子上学年龄普遍较大，我刚上小学的时候，年龄比同班大部分同学小很多。

当时，妈妈也认为我上学似乎早了一点，于是说"小小的孩子被功课的负担累坏了怎么办？"所以妈妈感到不如先让儿子在学校呆上一年，打打基础，下一年再重读一年级不迟。结果，妈妈索性连课本都没有给儿子买。

由于年龄小，再加上没有课本，初上小学一年级的我念书也不上心，以至于上课时精神不集中，跟不上老师的教学进度，放学回家后也不复习，于是学习成绩很差。每当班主任老师举行临时测验时，我不知道如何去做，只好胡乱做一通。就这样，考试的零分就毫不奇怪了。那时，零分被同学们戏称为鸭蛋。

一天放学后，"老麻子"和我结伴回家，刚走到家门口，"老麻子"就开始挑衅。

"老婶呀！你家小义今天又得了一个鸭蛋！""老麻子"尖声叫着，向正在厨房屋内做饭的我妈喊话。

原来，班里当天举行了一次算数测验，老师又给了我一个零分。由于得鸭蛋已不是一次两次了，我对"老麻子"的挑衅已经不在意了。

我没有课本，每当上课时，像模象样地坐在书桌旁混，身在课堂，精神却早就溜号了。整天坐在那里浪费生命，自己却不自觉。然而，有一天班主任傅永海老师看不下去了。

"回去跟你妈说，让她给你买课本吧！不然这书你可怎么念呀！"一天上课时，傅老师终于走到我跟前和我说。

"我妈让我在这儿先混一年再说！"童言无忌的我向傅老师脱口说出妈妈私下里跟家里人说过的话。这句向傅老师和盘托出的话，挽救了我启蒙时期放任自流的学业。

听到我说的话，傅老师没有再说什么。然而他出于教师的责任感，发现刚刚入学的小孩学习上竟如此破罐子破摔，直觉得心里很不是滋味，遂决定找我妈妈说一说。

当天放学后，傅老师亲自来到我家面见我的妈妈。寒暄过后，傅老师很快把话题转入我的学习上。

"你家的孩子没有课本，这会影响孩子学习呀！这孩子脑筋不一定笨，但没有课本，孩子怎么学呀？"傅老师的话带有埋怨。

傅老师接着说，"听说你觉得孩子小，准备让他先在班里面混一年。这样，就会把孩子前途耽误了。"

为了我的学习，老师亲自登上们来，我妈妈心里很感动。而且，傅老师对她儿子的学业的如此负责任，如此的敬业，她心里感到很是惭愧。此时，她对自己的粗心大意感到后悔。于是，妈妈赶忙向邻居左借右借，东拼西凑给我买了小学一年级课本。

后来，当我长大了一点，才理解妈妈当初没有给我买课本的真情，妈妈手头缺钱是一个主要原因。

"家里没有来钱道哇！"按妈妈的话来讲。当年家里在经济上的窘境，仍然让我刻苦铭心。

二、 启蒙恩师傅永海

对于儿童来讲，学习的自觉性不是天然形成的。对此，一位严师尤其必要。

我刚刚上小学的时候，由于年龄小，很贪玩，又不知学习为何物，着实浑浑噩噩了一段时间。

一天下午没有课，同学们在教室里自习。坐在教室前排的我，一会儿心里就长草了，感到百无聊赖，时不时地打着哈欠，并向室外张望。

透过敞开着的教室门口，室外的风景一览无遗。只见蓝蓝的天空上，没有一丝云彩，操场上静悄悄，操场边缘的白杨树梢静静地挺立在空中，没有一丝响动。

突然操场上走来一只大公鸡，映入我的眼帘，使我萎靡的精神为之一震，瞬时倦意全无。

公鸡头上顶着红红的鸡冠，脖颈上披着厚厚的金黄色羽毛，昂首挺胸，迎面走来，仿佛一位气宇轩昂，威风凛凛的将军。

刚刚走到门口的这位大将军，突然停止脚步，随即伸展着长长的脖子"格儿！格儿！"长长地叫了两声。

在我看来，"格儿！格儿！"的叫声，犹如这位威武的大将军正在发号施令，指挥千军万马，奋勇杀敌。

此时，我情不自禁，随着这位威武的大将军的喊声，"格儿！格儿！"地喊了两声。

说时迟，那时快，我的喊声刚落，全班同学立刻跟着喊了起来，"格儿！格儿！"的叫声在教室里回荡，经久不息。

此时的我全然陶醉在由我引起的一片欢腾和亢奋之中。然而，我哪里知道，我已经闯下了大祸。

过了一会，傅老师从他的办公室回到教室，开始下一节课的教学。

傅老师刚刚站在讲台上，就听见有人公开打小报告。

"傅老师，刚刚有人学鸡叫，还有不少人跟着叫"。一位叫尚德贵的同学在他的座位上主动向老师报告。

这位尚德贵同学是我的本家远房兄长，比我年长 3 岁。显然，像今天在课堂上发上的事情，他是不会放过的。此时，"班里出现了这样的事，当然他要乘机表现一番，弄出点动静来，看一看别人的笑话"我当时就是这么想的。

听到尚德贵的报告，傅老师立刻火冒三丈，厉声问道："谁带头叫的？"

"尚德义带头叫的"。尚德贵接着检举道。

傅老师厉声喝道："尚德义站出来！"。

于是我乖乖地站了起来，走到教室前面。

"还有人跟着叫哪！"尚德贵继续检举，决心把热闹搞大。

"跟着叫的人都给我站到前面去！"傅老师再次厉声喝道，这声音有些嘶哑了。

于是，从座位上站出来 10 来个人，走向讲台，规规矩矩地站成一排，背靠着墙站着，等候发落。

傅老师走向前面，不由分说对着这几个捣蛋鬼拳打脚踢。这帮学生都吓傻了，只听教室内一阵哇哇乱叫。

这些捣蛋鬼中，我年龄最小，个子也最小。有两次傅老师的拳头打来，我腿一弯，脖子一缩，拳头打空了。

眼见这个阵仗，合用同一个教室的年长许多的 4 年级的同学赶忙走出来"拉架"。

他们合力拉住傅老师，齐声劝说傅老师消消气。

傅老师虽然生了很大的气，但也不是真打，百分之百是吓唬这些捣蛋鬼。在高年级同学连拉带拽下，就坡下驴，被簇拥着去后面座位上坐下。这些淘气包也就在做了检讨，承认错误，表示不再犯错之后，一个个灰溜溜回到原座位规规矩矩地坐好。一场风暴也就就此平息了。

这件事给我留下的印象之深，使我至今不敢忘记。这使我认识到，在课堂上耍怪不仅不是一件光荣的事情，相反是一件令人唾弃的劣迹。从此，我从一个在课堂上不守规矩的顽皮少年，变成了一个循规蹈矩的学生。这一切要感谢我的启蒙老师傅永海先生和向老师公开检举我的劣行的尚德贵同学。

听老人讲，傅永海老师在解放前曾吸过鸦片（俗称抽大烟），一家人包括他的父母和妻子都吸鸦片。鸦片伤身，结果他的父母和妻子禁不住鸦片的损耗，吸成了皮包骨，四五十岁时都相继离世。吸鸦片实际是一个无底洞，一个人不论多么有钱，倘若一旦沾上鸦片，便难以停止，于是，家破人亡是唯一的结果。

当时傅老师吸鸦片上瘾，家产被败光，后来没有钱买鸦片就变卖耕地，地卖光了就卖房子。结果到建国前，傅老师已经是一贫如洗，饥寒交迫。

直到 1949 年，新成立的中华人民共和国严格禁止吸食鸦片和各种毒品，傅老师才结束了吸鸦片的历史，获得了新生，并当上了一名小学教师。新中国挽救了他。

傅老师是我的启蒙老师，治学严格，学生都怕他。当时新中国刚刚成立，小学老师体罚学生不是个别现象。以我的体验，学生在幼年时的可塑性很大，良好的学习习惯的形成，小学 1 年级是最关键的时机。傅老师的严格要求使我的学习迅速走入正轨。这对我后续阶段的学习提供了坚实的保证。

如今，严父般的傅老师形象每每浮现在我的眼前。每当此时，我对傅老师的敬意便油然而生。在我的心目中，傅老师总是一脸严肃，而在这一脸严肃的后面衬托着他对学生的慈爱。

自从傅老师找过母亲要求给我及时买课本以后，母亲一直为她对儿子的疏忽感到自责，从此对我的学习越来越关心了。如果我的学习哪怕一点点不如母亲的意，她就用经常挂在嘴边的话教训我"小小读书不用心，不知书中有黄金. 早知书中黄金贵，后悔当年不用心"。母亲说，这是她的爷爷（我的太姥爷）在她读书时经常用这样的话语对他说的。

这些激励儿子读书上进的话语，使我越来越体会到她老人家的良苦用心，以及苦口婆心教导的弥足珍贵。

至今，母亲的这一教导，渗透于我的心里。每当想起我的母亲，她的这一教导便总是犹言在耳。

奶奶没有读过书，不识字，但是上过小学的妈妈还是有些阅读能力的，读书看报都不成问题。我在上小学二年级时，妈妈把她珍藏多年的一个文具盒送给我。

妈妈的文具盒至今给我留下最深刻的印象是文具盒上的 4 行字。这些字，我起初一个都不认识，对其中的含义也感到一窍不通。后来不久，在妈妈的帮助下终于读懂了一些。那是"幼不学，老何为；玉不琢，不成器。" 12 个字。是从三字经中引用的。妈妈把它们一字一句地讲给我听。处于启蒙中的我，只是听得半懂不懂。

很快，当我长大了一点，这些字都能认识并理解了，这时妈妈才告诉我，这个文具盒是她上小学时候，外祖父送给他的。在她很小的时候，外祖母就曾教他三字经。

说来也奇怪，这九个字的三字经对我的学习确实产生了潜移默化的影响。文具盒在手的我的学习比以前要自觉地用功了，我的学习成绩也着实好过以前了，其中，最为明显的表现是，当算数课测验以及考试来临时，很少有难住我的问题了。

我记得，一天傅老师出了一道综合运算数学题，让我和其他两位同学到前面黑板上去做。我很快做完了，而另外两名同学花了较长的时间，结果都做错了。于是，傅老师指着黑板对教室内 4 年级大哥哥大姐姐赞许地说："看！这就是尚德义做的！"

学生都是爱听表扬的。傅老师的表扬使我心里美滋滋的，也更加强了自己的荣誉心和自信心。

我记得，在我小学一年级时，一天上午上课时，傅老师给大家出了几道难度较高的算术题来测验一下班里的学生。

"这次的测验题难度大一些，谁能答出 100 分，我午饭后就给他带来两个香瓜奖给他。"傅老师认真地对大家说。

傅老师在自家园地上种了一些香瓜。此时正是香瓜成熟的时候了。

那天，我考了全班唯一的 100 分，这使傅老师非常高兴。

当天上午傅老师刚刚宣布下课，我刚刚走到教室门口，刚要离开教室时，早已等候在那里的傅老师突然亲切地拉起我的小手，慈父般地顺势抱在怀里，霎那间，双手托住我，高高举过头顶，以示对他的幼小学子的喜爱之情。

幼小的我对傅老师的慈父般的厚爱受宠若惊。这位比我父亲还年长一些的恩师的深情，使我感激得热泪盈眶，激动的心情久久不能平静。

午饭后，傅老师如约给我带来两个自己种的香瓜。

我接过傅老师奖给我的香瓜，舍不得自己吃，香瓜拿在手里，左看右看，爱不释手。放学后，我把傅老师奖励的香瓜带回家，给奶奶和妈妈吃。

奶奶和妈妈看见我带回来的香瓜，听我道来它的来由，高兴得眼泪快流出来了。她们让我先吃，我坚决不肯，执拗给奶奶和妈妈先吃，结果谁也不肯先吃。最后，奶奶和妈妈不得不各自吃了一口，然后家里人才一起吃。

那一天，我见证了我家祖孙三代人欢聚一堂，品尝香瓜的幸福时刻。香瓜吃在口中，甜在心里。同时，傅老师对孩子的深情和喜爱，更使妈妈和奶奶深受感染。

如今回想起来，那个天真无邪的我的小学启蒙时代，是一段多么无忧无虑和幸福的时光！

至今近半个多世纪过去了，傅老师如今早已作古。每当我想起这件事，都被傅老师真挚热烈的师生情谊深深地打动。这情谊也在我以后的生涯中不断激励我对学习的渴望和科学事业的追求。

从那以后，我读书可以说是兢兢业业，不敢有一丝懈怠，我从小学毕业、升初中、高中、大学、硕士，直到攻读清华大学博士。

我在小学的时候，中国农村人民生活还处于普遍贫困状态。然而，天真烂漫的我和我的朴实的同学们对眼前的贫困生活没有在意，对物质享受上没有欲望，恰逢年少，风华初露，心存对未来生活无限美好的憧憬，快乐地学习和成长着。

三、 刘国昌老师的期望

我所读书的本村长岭子小学最高年级是 4 年级。我升到 4 年级时，我班里剩下 20 多人了。这时，学校新来一名老师，名字叫刘国昌，教我的 4 年级。刘国昌老师比傅老师年轻许多，家住闹海窝铺村，离我的长岭子村有 4 里的路程。

刘国昌老师长得很帅，1.80 米高高的身材，浓眉大眼，高鼻梁，面白如玉，堪称英俊潇洒的美男子，以至于人们都在背后叫称他"大美人"。

刘老师写得一手漂亮的水笔字。每当期末，各班公布考试成绩榜单的书写，非刘老师莫属。

刘老师也是一个很幽默的人。因为每次写榜单名次之前，总是以"计开"两字提冒。于是，当刘老师写上计开两字的时候，便对围观的学生说："你们看！计开这小子学习多好啊！每次都考第一"。

当时小学年级阶段分得很细。小学 1 至 4 年级为初级小学，5、6 年级为高级小学。长岭子小学是初级小学，只有 1 至 4 年级，毕业时，发给初小证书。上高级小学前，需要过升学考试一关。

高级小学设在东广宁村的广宁完全小学，简称广宁完小。在升学考试前，在广宁完小召开了毕业生大会。参加大会的是各村初级小学的 4 年级应届毕业生。

在这次大会前，刘国昌老师交给我一份由他准备好的发言稿，叮嘱我把发言稿念熟，准备在大会上发言。

我至今还记得发言稿的大概内容。这是代表长岭子村初小应届毕业生表示决心：在毕业前做好两手准备。如果升学考试成绩合格，考上高小，就继续学习深造，如果没有考上高小，就响应国家号召，毫不犹豫回乡务农，在农村广阔天地里战天斗地。发言稿最后指出农村是一片广阔的天地，天高任鸟翔，海阔凭鱼跃，在那里是大有作为的。

放学回家后，奶奶和妈妈听说我要到大会上发言，那个高兴劲就不用说了。奶奶特意嘱咐我："大会上发言时，不要一直低头，眼睛死盯着讲稿。每讲完一句话后，要停下来装模作样的看一看人群，这样才有派。人家干部都是这样讲话嘛！"奶奶和妈妈又特地嘱咐我："发言时声音要大一点，千万不要在嗓子眼里说话！否则会场后面的人会听不见的。"

我谨记刘老师，奶奶和妈妈的叮嘱，把发言稿念了一遍又一遍，最后差不多背了下来。

毕业典礼的那一天，广宁完小操场上站满了来自各村初小的应届毕业生。大会发言前，演出节目。我还记得，节目内容是十几个人站成一排向祖国表决心，表示坚决服从国家需要，做好两手准备。领队的人每念一句，其他人跟着重复一句。然后就是一首接一首地唱歌，歌词的意思是国家哪里需要就到哪里去。

节目演出之后，便是大会发言。我等来等去，临到会议结束，都没有等来发言机会。会后刘国昌老师告诉我，他也不晓得为什么大会没有安排我们发言。

实际上，无论节目还是发言都让广宁完小包办了。这些表演节目和在大会上发言的人，如边凤英，于亚娟，董鹏霞，任书文等女生，在高小念书时和我在一个班级，特别是于亚娟剪了一个男孩子头，开学时，我一眼就认了出来。

由于当时有升学考试，初小升高小着实是一道坎呢！对于我和我的同班同学来讲，因为升学考试这样的阵势还没有见过，大家对此都未免感到有点紧张。由于刘国昌老师以前没有带过初小毕业班，对此，他的心里也是没有底。

一次，刘老师当着全班同学的面说："我们班如果有一个人考上了高小，就不能说我教得不好啊！"。这些话给我的印象，似乎刘老师对他的学生的升学信心有点不足，心里好像没有谱。

广宁完小的毕业生大会不久，我们就迎来了升学考试。

考试也在广宁完小进行。我看到，人家之所以是完全小学，规模确实比我所在的长岭子初小大多了。紧靠校门是一个西式的大厅，外观很是威风，里面有校长室，教导主任室，以及老师办公室。大厅的南面是一栋长长的设有 10 个教室的砖房，再南面是一个大操场。

教室从右向左一字排开分别是 1 至 6 年级的班级所在地。有的年级不只有一个班级，而每个班级都能容纳 60 名学生。这里要比只有两间教室的长岭子小学大多了。无论规模和气派，广宁完小真不是简陋的长岭子小学可以比的。

升学考试那天，我在考场教室的第一排座位。第一堂考试是语文。正在考试进行中，考场的门突然打开了。我一抬头，便看见刘国昌老师站在教室门口。只见刘老师指着我向监考老师说："这个学生学习最好！"话语间带有一点自豪之气。

刘老师当时的音容给我的印象之深，有如永远印到我的记忆里了一般。如今再次回想起来，我越来越感到刘老师的话语更多的是传递着对我的殷切期望，也好像在暗示我："尚德义呀！你可千万别给我考砸了！"。

四、 王殿春老师的嘱托

升高小的考试结果最终是有惊无险，我顺利地考上了高小，并被编入广宁完小 5 年级 1 班。我的同桌同学叫侯国义，和我同岁，来自于广宁完小。年龄最小的我们是班里学习成绩名列前茅的两名同学。

1955 年暑假过后，我开始读小学六年级，即高小 2 年级。翌年，我就要迎接升初中的的考试了，这将是我求学生涯中的第二次升学考试。

当时，农村的中学远远没有普及，还很稀少，以至于像昌图县这样一个拥有百万人口的大县只有寥寥几所中学。根据以往的升学率，我所读书的广宁完小六年级毕业班，升学率 13%左右。在这种情况下，能否考取初中便是摆在应届毕业生面前的一道难关了，对毕业生的压力无疑很大。

学校为了获得尽可能高的升学率，特意安排教学经验最丰富的老师做六年级毕业班的班主任。在希望增加升学率的广宁完小，这种安排早已成为常态。

新来的班主任王殿春老师对我和我同桌的同学伙伴侯国义寄予了厚望。我们两人是本班年龄最小的学生，我们的学习成绩在全班却一直是最好的。

六年级刚开学，王殿春老师特地把我们叫到他的办公室。这一次我们师生之间的谈话给我的印象之深，使我终生不能忘怀。

办公室内只有我们师生三人。我和侯国义两位同学学伴恭敬地站在王老师的面前。我们两人都是 12 岁，刚刚上小学六年级。王老师坐在我俩对面的椅子上，平时略带严肃的面容，此时是满满的慈祥。王老师声音深沉，不紧不慢地嘱咐我们两人要为全班争气，好好学习，做全班的表率。王老师尤其叮嘱我要爱惜时间，改掉贪玩的毛病。最后，王老师深情地用一段谚语"一寸光阴一寸金，寸金难买寸光阴"来勉励我们。

王老师满含深情的嘱咐深深感动了眼前两位年少弟子。从此，我们没有辜负老师的殷切期望，学习上互相鼓励着，你追我赶，终于双双通过了一年后的 1956 年初中联考，同时考取了离家七十里外的昌图站第一初中，昌图县当时最好的初中。三年后我俩又同时考取了昌图老城的昌图第一高中，昌图县最好的高中。

侯国义同学于 1962 年考上了北京农业大学政经系。1966 年在北京串联的我，忽然想起了高小时期的同桌学伴，在北京读书的侯国义同学。于是，我特地赶往北京西北郊的北京农业大学，而且幸运地见到了侯国义同学。当时距离我们认识已有 10 年。少年时期的学伴印象是最为深刻的，况且我们是历时两年的同桌。侯国义同学见到我，高兴极了。此时我们都是即将走入社会的大学生了，亲密的同窗少年于 10 年后再度相见，抚今追昔，更有一番感慨在心头。

当时正值文革学生停课时期，农大的学生也是整天泡在宿舍里无所事事，于是侯国义同学有大把的时间领我在农大到处参观。我们参观了农大植物园，和各种家畜，参观了马场、牛羊场，我所见到的都是稀有品种，使我大开眼界。一天，他又从同学手里借来一台旧自行车，用自行车带我去颐和园参观。当时颐和园的游人很少，这是我第一次参观。以后我又几次参观颐和园，但是这一次是我记忆最深刻的一次。

图 7-1 我和小学同桌侯国义同学（1966 年摄）

唐朝诗人杜甫在赠给他的朋友卫八处士的诗中说"人生不相见，动如参与商"。说世界之大，常常就像是天上的参星和商星一样，互相分离的人们往往难以再度相见。我在广宁完小毕业后，从此走出了家乡，以后的求学和工作也离家乡越来越远了，始终没有再见过王殿春老师。

　　文革后期我调入鞍钢设计院工作。大约在 1977 年，我和同事出差去武汉，在北京中转期间，我特地抽空去一趟北京农大政经系打听侯国义同学的下落。系里的人告诉我，侯国义同学 1968 年毕业分配到内蒙通辽市。这一次没有和侯国义同学接上头，我悻悻而归。此后我们俩没有机会再度相见。现在，对少年时代的同桌兼学友国义，不免愈加思念。

　　1957 我在初中二年级，离开王老师一年，突然听说王老师出事了，非常震惊。在反右派斗争中，王殿春老师被划为右派分子。这样一位在我和全班同学心目中严父般的，一心教书育人的王老师怎就突然成了右派分子呢？我始终不敢相信。

　　文革以后，听说王老师平反了，原来当年的右派分子是错定的。听到这一消息，我为王老师的平反，恢复正常的生活感到高兴，并默默祝福他安度晚年。

　　如今 60 多年过去了，王老师已经作古。每每想起王老师的嘱咐，我心潮激荡，感激之情溢于言表。而恩师王殿春老师慈父般的教诲，使我终生不敢忘记。

第 8 章初中入学话联考

一、 通江口完小考场忆祖父

1956 年，我们高小毕业生迎来了初中入学考试。这是我的第二次升学考试。

我的第一次升学考试是在两年前举行的初小毕业升高小考试。地点是在我刚刚毕业的广宁完小。

"这次中学入学考试是全县规模的一次联考，无论规模和受重视程度不是你们上一次升高小的考试可以比拟的。"不久前，我的六年级班主任王殿春老师对全班同学说。

从县教育局的通知，广宁完小的应届高小毕业生被安排在通江口镇的完全小学。通江口镇距离我家所在的长岭子村 20 里路，地处辽宁省昌图县西南一隅的辽河东岸，河西岸是法库县。一个小小的通江口镇，在中国史书却早有记载，盖因于他处于辽宁省的母亲河-辽河岸边。

辽河是一条中国东北地区南部的最大河流。它的上游有两大支流，东辽河和西辽河。西辽河发源于河北省平泉县七老图山脉的光头山，流经河北、内蒙古、吉林、辽宁四省（自治区），在辽宁省北部昌图县的三江口地区与源自吉林省东辽县萨哈岭的东辽河汇合。两条支流从此成为辽河。

辽河全长 1345 公里，流域面积 21.9 万平方公里，是中国七大河流之一。在辽宁省内，辽河由北向南纵贯全省，注入渤海湾之前在辽宁的大地上孕育了著名的辽河平原。辽河平原是中国著名的产粮区，拥有钢铁，煤炭，石油，化工，和有色金属等重要工业。辽河是辽宁省当之无愧的母亲河。

托辽河所赐，通江口镇很早就在昌图县几十个乡镇中小有名气，而通江口完全小学便是民国初年昌图县的五大完小之一，历史悠久。

我奶奶告诉过我，我祖父尚玉楼在他老人家 33 岁时的民国初年曾经在该校做过校长。1956 年，时年 13 岁的少年的我，便在我的祖父当过校长的通江口完小参加我的初中入学考试。此时，距离我祖父当校长的时间已经过去了 33 年了。抚今追昔，我心生感慨。

这次升学考试虽然已经过去 60 多年了，如今回想起来，我对此仍然记忆犹新。

二、 算术考试忙中出错

考试的头一天下午，我和几个同考学伴步行 20 里路来到通江口完小。临行前，妈妈做了几个白面花卷给我带上，用作我考试当天的干粮。这是当时母亲能够给我准备的上好食品了。当晚，我们睡在通江口完小临时搭建的长长的睡铺上。

第二天上午九点钟开始第一堂考试，考试的科目是算数。我打开考卷一看，啊！共有五道试题。我大致浏览了一下试题，发现不算难，于是拿起笔来就做。在这个算数考试中，我的心情轻松得很，题做得很顺利，并于考试结束前 30 分钟把试卷交了上去。

人都是在教训中成长的。俗话说，忙中出错。当我刚刚走出考场门口的一刹那，突然心里一惊。

"不好！最后一道题做错了！"我暗暗叫苦。

我下意思的一拍大腿，暗暗地埋怨自己"谁让你这么早交卷？"

然而此时，后悔已经来不及了，世界上没有后悔药哇！

原来这是一道计算屋子粉刷白石灰面积的计算题，题中给出了屋子的长宽高，以及门窗的尺寸，求屋子需要粉刷的总面积。

本来，我在课堂学习时就知道这样的题有一个陷阱，那就是屋子前后上下左右六个面中只应刷前后左右和天棚五个面，地面是不用刷的。如果硬要计算出六个面的面积，那就错了。

这样的题如何做，老师平常没有少提醒过，可是我今天做题时偏偏忙中出错，实属反常。

"如果晚一会儿交卷，多检查一下卷子，就不会出现这样的问题了。"我再一次暗暗埋怨自己的草率，可是为时已晚。

三、 印象深刻的语文考试

第二堂考试是语文。这次语文考试可并不轻松，其中最难的一道题是要求背诵"祖国，我回来了！"这首诗的第一段。

这首诗是我在五年级时的语文课本中的一课。原诗较长，课本中仅有两段诗，它们是：

车过鸭绿江，

好像飞一样。

祖国，我回来了，

祖国，我的亲娘！

我看见你正在

向你远离膝下的儿子招手。

车过鸭绿江,

好像飞一样;

但还是不够快呀!

我的车呀!

你为什么这么慢?

一点也不懂得

儿女的心肠!

"祖国,我回来了!"这首诗是诗人未央于 1953 年 2 月创作的。这首诗后来被作为表现抗美援朝生活的代表作。诗的前两段描写志愿军战士迫不及待地想尽早回到祖国怀抱。该诗通过描写作者从朝鲜战场乘车过鸭绿江桥回到祖国时的心情,表达了作者对祖国的思念和对和平的渴望,亲切感人,语言流畅,感染力之强,很受我喜欢。于是我平时常去读它,一来二去便把它读熟了,还能够背诵。恰好这次考试中要求默写本诗的第一段,我顺利地写了出来。

这首诗是在五年级课本中学到的,就凭借我们当时学习的功夫了。老师都会按惯例认为,五年级课本,在升学考试的复习中不会做为重点的对象,结果这道题对绝大多数考生很困难。

语文考试的不轻松也反映在用词造句一道大题上。至今我还记得,其中有一个用"踌躇"造句的小题。关于该词的意思,我是知道的,即犹豫不决的意思。但平时我们说话很少使用这个词,如今在这样的考试中真要用它造起句来,势必感到很别扭。

我从平时学习造句的经验中知道，句子造得越长，越易出错。我恐怕把句子造错了，又为了避免耽误过多的时间影响整体考试，于是就造了一个简单句"他有些踌躇了。"

我感到，这个句子虽然造的很简单，但它有主语，谓语和状语，足以说明它是一个完整的句子。

出了考场以后，很多考生都抱怨这个词的造句很难。此时，我脱口而出我造的这个简单句。许多同学听了直摇头，而且，更逗得站在一旁的广宁完小领队老师捧腹大笑。

原来这位领队老师认为我的句子造的过分简单，很难被阅卷人认可的。我不同意这位老师的判断，认为我造的确实是句子。然而，我对这位老师的意见却保持沉默，认为依自己小小年纪无论如何不宜和老师争辩，心想，句子造的对错与否就交由阅卷人判定了。总之，心里对自己还是较为自信。

四、 父亲的火气

考完试回到家里，父亲听说我数学马虎了一道题，大不满意。

本来，当年34岁的父亲以为我平时就学习好，头脑还算聪明，于是对儿子的期望值就很高。父亲本来满以为他的儿子能顺利考上初中，将来出息个人样，可以给没有多少文化的老子长点脸。可是，如今儿子升中学的入学考试都没有考好，父亲心情的低落竟远远甚于他的儿子眼下的苦恼。于是，父亲整天唉声叹气，嘴里老是嘀嘀咕咕地发牢骚。

"我没有盼望了！"牢骚满腹的父亲越发牢骚越生气，以至于有时竟控制不知自己的情绪，在一家人吃饭的时候，公开抒发对儿子的失望情绪。

对此，母亲经常在背后劝父亲不要当着儿子的面说这些刺激的话"不要老逼他了，如果逼出个好歹你可怎么办？"

可是，母亲越是劝，父亲的火反而发的越大。

"这个家算是没法呆下去了。既然惹不起，总躲得起！三十六计，走为上计！"我心里盘算着，终于有了主意。

五、 去姑姑家暂避风头

第二天，我辞别了妈妈和奶奶，前去姑姑家。

三姑家的古城子村距离我家的长岭子村有 15 里路，这两村分属两个不同的县，昌图县和开原县。两村中间有一个距离我家 8 里路的长发岭村，我的二姑家就在那里。长发岭村位于昌图县的南部边缘，再往南便是开原县。

有趣的是，二姑家是去三姑家的必经之路，而且刚好经过二姑家的大门口，所以我的此行可以见到两位姑姑。

如今回忆起来，我的二姑三姑是仅次于妈妈和奶奶的我最思念的尚家家族长辈。这两位姑姑对我的爱和关怀非同一般。

和三姑一样，二姑也没有读过书。但二姑的天资之聪明，擅长心算，对居家过日子常常所需要的加减乘除问题的心算之快之准，远远超过一些读过书的人。

二姑之精明干练，使她在姑家成为里里外外的一把好手。她对庄稼地里活和炕上针线活，样样拿得起来放得下。在二姑家里做客，二姑勤恳劳作很像我的奶奶，从清早到晚上睡觉，不停地在劳作，甚至在和别人说话间也舍不得停下手里的活计。

我在学龄前患过一场麻疹，发高烧躺在床上已经有好几天了。

一天清晨，正在高烧中昏昏沉沉的我，依稀听到二姑进来说话的声誉。二姑说"给病中的孩子送几条鱼来，解解馋！"

我睁眼一瞧，果然是二姑站在炕前的屋地上。由于二姑在她的家里总是忙，我很少见到二姑来串门。只见二姑把装鱼的小口袋放在柜子上，和奶奶，妈妈说了几句话，又匆忙离去。

二姑不仅勤劳，又很会过日子，平时省吃俭用，却把平日舍不得吃的好东西拿出来给客人和来串门的亲人吃。在我读小学的时候，每逢假期我便跟着奶奶去二姑家串门。每次到二姑家串门，我总是能吃上鸡蛋的。几十年后的现在，鸡蛋已经是极普通的食品了，可是在当时的中国农村，尽管农村家家养鸡，可是下来的鸡蛋不是用来换钱买油盐酱醋和其他日用品，就是留作招待客人之用。所以当时除了在我过生日时，妈妈给煮上两个鸡蛋，一年也吃不上几回鸡蛋。

想起来有一次我拉肚子（腹泻），拉了好几天，整个人立刻瘦下来了，眼窝也塌下来了。当时，我本家的一位大伯母见我瘦得如此可怜，心生同情，于是，煮了一个鸡蛋送给我妈。说："孩子老婶，把这个鸡蛋沾点白矾给孩子吃了吧，补补肚子。"农村人认为鸡蛋是一种高营养食品，而且，沾点白矾食用可以抑制腹泻，一举两得。大伯母的举动着实使妈妈受到了感动。"你大娘心肠好哇！"妈妈时常对我说。

有一次我随奶奶去二姑家串门，二姑做葱花鸡蛋饼给我们吃。二姑用鸡蛋，面粉，葱花，盐为材料做成面糊，先将面糊搅拌好，在锅底抹一层油，下入面糊，煎熟一面就翻面，然后铺上葱花，用铲子一卷，葱花鸡蛋饼就做好了。二姑做的葱花鸡蛋饼的味道香气扑鼻，吃上一口顿时感到香嫩可口。

二姑有四个女儿一个儿子，大表姐，二表姐结婚早，三表姐和四表姐也都比我大，而小表弟却还很小。由于我没有玩伴，在二姑家里呆时间长了不免感到有些寂寞，于是，我在二姑家住了几天，便急着要去三姑家。

热心肠的三姑，见到我来到，非常高兴。三姑心又很细，关照周全，不厌其烦地询问我爱吃什么，以便尽量满足我的口味。

三姑的大儿子恩祥大表哥只比我大一岁，也和我一样，刚刚经历了初中入学考试。我们两人每年都见上几次面。有时是恩祥哥把我送回家，玩上几天后，我又随恩祥哥回家上他家去串门，两兄弟来来回回，总是乐此不疲。在三姑家里，我感到就像在奶奶和妈妈身边一样的温馨又无拘无束。

三姑家所住的村子西边不远处有一条河，村民把它叫大河。村民们口中叫惯了的大河实际上是辽河，辽宁省的母亲河。当时正值辽河汛期，河水之蔓延，使得河床足有 2 里地宽。有时，兴致一来，我便和恩祥哥一起漫步来到辽河边。举目一望，只见波涛汹涌的河水由北向南，永无休止地向前奔方，永不回头。

看大河的奔腾，未免使人触景生情。古人所谓"浪子回头金不换"指不走正道的人改邪归正的极其可贵。可是，眼前的情景使人感到，浪子回头之难，难以想象。那就是说，倘若一个人一旦走上了邪路，难以逆转。

我的目光越过宽阔的河面极目远望，对岸的依稀可见村落和远处渺绕的青山尽收眼底。大表哥说，那里便是一河之隔的法库县，我如今也没有到过的地方。

我在三姑家玩了二十多天。一天中午时分，我和大表哥弟兄两人在辽河边上返回，刚一进院门口，就看见三姑在院子里摘豆角。

"三姑！我们回来了。"我向三姑打招呼。

"啊！"三姑回应了一声。

然后，三姑用平静的口气告诉恩祥哥："上午学校老师来了，今年考初中的结果刚刚公布，你没有考上。"

三姑同时安慰大表哥"妈打算让你在学校复读一年，来年再考吧！"

也许是因为年龄小，少不更事的缘故，听了三姑的话，恩祥哥和我心里只是有些茫然，也未感到什么太大的失落。"复读一年，明年再考！"我安慰大表哥，话说的轻松而平淡。

六、 方知有惊无险

此时，我突然感到，我应该回家了，尽管极不愿意看到父亲的脸色。

"无论如何，丑媳妇必须要见公婆呀！"我想，至于能否考上初中，我不敢对此抱有幻想。

第二天刚刚吃过早饭，我便告辞了三姑走上返家的路程。

从三姑家出来，我沿着三姑家门口的一条南北大道向北走去。这是去二姑家长发岭村的方向。作为二姑和三姑家的常客，我对这个路线太熟悉不过了。

出了三姑家的古城子村，我一边漫步，一边向北眺望。当时正值阳历八月下旬的盛夏季节，展现在我面前的广阔的原野上，一片绿油油的庄稼一望无边。在原野的尽头，二姑家的长发岭村隐隐约约映入眼帘。眼前这一片广袤的田野，便是开原和昌图两县交界处的开阔地。

恩祥哥考初中失利的消息，也使我对自己的升学越来越不报希望。这两天我的心里郁郁寡欢，无精打采，以至于眼前湛蓝的天空，大自然的勃勃生机都很难使我振作起来。不知走了多长时间，我最终走到二姑家的门口。

一走进二姑的家，我一眼看见在屋地上做活的二姑。

"二姑，我回来了。"

我边走边向二姑打了一声招呼，然后顺势地坐到炕沿上。刚刚走了7里路，我就感到有点累了。

二姑一抬头，看见我回来了，便放下手中的活计，迫不及待，乐呵呵地迎了上来。

"你爹昨天来了！"二姑告诉我。

"我爹干啥来了？"我好奇地问。

"你爹送喜报来了！"二姑幽默地说，提高了嗓音。

二姑突如其来的话使得我感到有点丈二和尚摸不到头脑。于是便问二姑"什么喜报哇！"

"你爹昨天亲自跑来报的信，说你考上初中了。"二姑这才和盘托出。

二姑的话，我起初不敢相信，只是坐在那里直发愣"难道这是真的吗？"

经二姑多方解释，我这才舒缓过来，有二姑的话为证，这一定是真的了！

不知不觉，我一阵高兴，又喜极而泣。

少年的我此时才知道，我这次升初中的考试结果是有惊无险。

我还不甚理解，为什么和一般的同龄的孩子们不同，我的弱小的身躯便要背负父辈的压力和重托。一个多月以来，这压力使我竟有点喘不过气了。如今，二姑告诉我的这一好消息，才使我如释重负，心情豁然开朗。

人的心里也和变幻莫测的大自然一样，彼时还乌云密布，风雨大作，此时却雨过天晴，阳光明媚，眼前又显露出多姿多彩的世界美景。

我忽然想起了在我四岁时，石头舅舅用周易给我做的预测以及对妈妈说的话"三姐，我的这位外甥在他的一生中将会心想事成呀！"

"得了吧！这个心想事成可一点也不容易呀！其中的坎坷和心灵的折磨只有自己知晓。"想到这里，我只有默默地苦笑。

此时，小小的我哪里料到，在他今后的生命长河中，这样的坎坷还多着呢！

七、 妈妈的温情

本来二姑想留我吃完午饭再走，但见我急着返回家中，她也就不强留了，遂陪着我一直走到村口。

辞别了二姑，我高高兴兴地走在返家的路上。此时此刻，我恨不得长出翅膀，一下子飞回到家中，见到我久别的家人和心仪的初中录取通知书。

举目一望，蓝蓝的天空，绿油油的田野，美丽的世界在我的眼里是那样的神秘莫测，那样的和谐自然，令人向往。眼前绮丽的自然风光，使我的眼前突然一亮，精神也随之一振，一改从三姑家出来时的萎靡，慢腾腾移动的脚步也变成了大步流星。

炎炎的夏日热得像蒸笼一般，炽热的太阳照在头上，我感到火烧火燎，额头上的汗水，越过眉梢，流淌到了脸上。

回家心切的我愈发加快脚步，恨不得把三步并作两步走。此时我的心早已飞回家中。

回到家的时候，刚好是午饭的时间。一家人见到我回来，放下碗筷和我打招呼，热情地注视着我。我瞬时体会到温馨。

坐在炕沿上的妈妈立刻站了起来，走向我，发现我满头大汗，立刻拿来毛巾给我擦汗，心疼地抚摸着我的头，问道"累不累呀！"我低着头，一声不响，默默体会着妈妈的亲情。

"前天，王殿春老师来给你送录取通知书来了。"妈妈一边抚摸着我的头，一边轻声地告诉我。

"全村人都知道你考上初中了。"妈妈的温情感动得我两眼闪着泪花。

听到妈妈的话，我的心里热乎乎的，两行热泪顿时夺眶而出，流向面颊。

中国人常说，物以稀为贵。在1956年的中国农村，读书人之少，如果有孩子考上了初中，要比如今考上了大学还珍贵！

自从接到我的录取通知书，父亲显然是高兴极了，以至于竟跋涉8里路给我二姑家里报信。父亲是一个情绪化的人，这些天脸上骤然有了笑容，时常乐得嘴都合不上了，还不时哼哼出几句京剧小曲。这些京剧小曲是父亲小时候从农闲季节走街串巷的戏班子那里模仿来的。我每逢听到他轻轻地哼着京剧小曲，便知道他老人家正在享受着难得的欢愉。

第三篇

中学时代

第 9 章 我的初中时代（一）

一、 初遇烽火双楼台

1956 年暑假过后，我的初中时代就开始了。

一周前，我的六年级班主任王殿春老师亲自来我家，给我送来了初中录取通知书，我已经被昌图第一初级中学录取。碰巧第二天，我从姑姑家中返回。这时我发现，学校还有一个星期（9 月 1 日）就要开学了。

我面临的第一件事是准备行装。被子和褥子吗？把旧的被褥拆洗一遍就可以了，只是需要买些棉花絮在被子上，以便冬季时盖着能较为暖和一些。其他的日用品如牙具，毛巾，脸盆，袜子，鞋子等，需要出去购买。

在家里人商量到底买什么物品时，奶奶说："古语讲穷家富路。这次孩子出远门上初中不同于在家乡念书，况且是孩子第一次出远门在外，物品要尽可能准备齐全。不然，平时缺东少西，让孩子怎么办？不能让孩子在外面为难。"

于是，妈妈让我拿起笔来把要准备的物品列成一个单子。

单子列出来了。可是大家看到这个单子后大吃一惊。妈妈按单子估算一下，如果照单全买得花不少钱。依家里拮据的经济状况，如果照单全买，还真难以承受。

"挑紧关急要的买吧！先打发孩子上学为目的。至于其他的用品，以后再说吧。"妈妈说。于是，我又不得不把单子上的物品砍

101

去一些，直到实在不能再砍下去为止。

当年，村里农民购买日用品的唯一地方是本村的供销社，比如老百姓买煤油，盐，火柴，铅笔，橡皮，纸张和笔记本等等都要同供销社打交道。已经七十多岁的奶奶不放心我独立完成这一任务，亲自领着我前去采购。

按现在的标准看来，仅仅拥有两间平房的本村供销社只不过相当于一个便利店而已，平时的日用品难以齐全，这次我需要的脸盆和球鞋都没有买到。

本来奶奶提议要给我买一双球鞋。此前，我脚上穿的一直是妈妈给我做的布鞋。和布鞋相比，球鞋既防水又耐用，是出远门必备的物品，特别是上体育课时，跑跑跳跳，布鞋不仅不方便，而且很快会磨坏的。"没有球鞋怎么能行？"奶奶说。

为了球鞋，需要去大一点的供销社，这是家里人的共识。

在经济还很落后的那个时代，农村几十里内都没有今日所谓的小商店，即使在各村的供销社，日用商品也是文齐武不齐的。到哪里去买呢？

听说12里路之外，处于开原县的双楼台镇有一个大一点的供销社。我们决定去那里碰一碰运气。对于此项任务，奶奶责无旁贷地承担了下来。

于是，时年72岁的奶奶又拉着家里的毛驴出发了。

12年前，她的孙子不幸患上了天花，正在死亡线挣扎。12年后，她的孙儿已经是翩翩少年。和上次不同的是，这次由孙儿替奶奶牵着自家的小毛驴。

双楼台镇位于开原县的北部边缘，距离我家所在的昌图县长岭子村刚好也是12里路。与奶奶12年前牵着小毛驴去后四方台的路正好相反，双楼台镇位于我家乡的正南方向。和 12 年前相比，12 里路的路程对年逾古稀的奶奶更吃力了。这一次我得以亲眼见到奶奶一路跋涉的艰难。不知花了多长时间，我们走过了昌图和开原两县的交界处，依稀有高大建筑矗立于前方。奶奶告诉我："这就是人们常说的双楼台，是古时留下的。双楼台镇就在前面不远了。"

走近一看，啊！双楼台原来是两座南北相邻的楼台，立于路左边高高的土台之上，在广阔的田野中，虽久经风雨沧桑，气势却依然雄伟。

我虽然是第一次见到双楼台，但对它的名字并不陌生。我小时候就听家乡有这样一个传说：双楼台是唐二主（即唐太宗）征东时所建，工程由他手下的大将尉迟敬德监工。唐二主手下的大将薛仁贵，尉迟公等尽人皆知的初唐时期的历史英雄人物在我的记忆中之深刻，早已令我神往。唐二主征东的故事，年少的我也耳熟能详。这座饱经风雨的楼台使我眼前浮现出一幅中国的先人驰骋沙场，金戈铁马，驱逐鞑虏的历史画卷。

后来我翻阅历史记载才知道，双楼台实际是明朝时的建筑，名字叫昭德宣威楼，是一座敌楼。双楼台附近是明长城，楼台设有瞭望口和射箭孔。民国十八年本《开原县志》对"双楼台"有记载："台高约五丈余，径二丈。二座南北分峙，而中设复道以联之，作长方形。中有一门，阔七八尺。下部石座，高丈余，皆五色滑石砌成，以上皆系古砖。南台之东面旧有石匾一方，镌刻宣威二字。"《县志》还说，此台"较他处墩台为大。日俄战役，日兵取下石匾，携回本国，作战胜纪念品。"马瘦被人骑，国弱被人欺。双楼台石匾这一祖宗留下来的遗物，竟然在光天化日下，被日军从中国大地上强行夺走，这是中华民族的耻辱。

清代诗人朱衣点（注，朱衣点，字星阁，清代诗人，籍贯开原。）曾写律诗《九日登双楼台》，赞颂宣威楼，有诗为证 [3]：

柳条边内耸楼台，九日登临眼界开。

四面云山遥拱向，一湾辽水近萦回。

避灾自昔虽迷信，作赋于今愧乏才。

且欲搜寻谁建筑，摩婆片石费猜疑。

不风不雨过重阳，登上楼台扩眼亮。

边柳有情随成绿，野花无主为谁黄。

万里烟火资萦拂，四面云山接渺茫。

细认宣威题额字，问他几度阅沧桑。

从诗的开头两句和末尾两句，就足见当时宣威楼上层保存完好，旅游者可以登上观望。而据说宣威楼目前情况是：只剩下两个土墩，高约二丈，其建筑已不复存在，实在令人叹息。

二、 父亲送我去上学

中学开学的日子到了。这一天是父亲送我去的学校。

这天早晨，妈妈起得比哪天都早。吃早饭时，妈妈把一块煮熟的咸肉放在我的碗里，催促着让我吃。在那个年代，家里只有过春节那一天才能吃上猪肉。这时，妈妈竟能像变戏法似的变出一块肉来，我感到惊奇。我很好奇妈妈给我准备的这块咸猪肉是她什么时候腌制的。无论如何，这是妈妈为她即将第一次离开家门去上中学的儿子精心准备的上好礼物。我没有吃独食的习惯，用勺子切出一小块后，把大块肉还给妈妈，留给家人。

吃完早饭，奶奶和妈妈跟我叮嘱后，父亲便背起我的行李卷和我一起出发了。我们需要向东行走 30 里赶到金沟子火车站，然后乘两站到昌图火车站。我就要入学的昌图第一初中就在此地。

正值盛夏的早晨，天气晴朗，太阳刚出来不久。走到村外，我深深吸了一口家乡的空气，眼前的大地上种满郁郁葱葱的庄稼，一片连一片，一眼望不到边。

我的行李很简单，包括被子、褥子、脸盆、简单的换洗衣服、牙具之类的物品，父亲背在肩上，步伐也很轻快。我们要尽可能赶上早点火车，以便父亲当天可以返家。一路上父子无话，一门心思地赶路。

我们来到金沟子车站的时候，火车还有十分钟就要到了。我们很快买了车票，登上北去列车。

昌图第一初中是解放后建立的学校，归昌图县教育局领导。学校在铁道南一公里的地方。学校的礼堂兼学生餐厅，厨房和教师的餐厅相连。它们位于学校的西南一隅。其北部临近的是百多米长的南北走向的男生宿舍。宿舍的中间是一条长长的走廊。走廊两边便是一个连着一个的宿舍房间。学生宿舍是两条长长的木板通铺。靠窗户的一面是单层铺，另一面是双层铺。

我站在窗边，面前的整个校园一览无余。开阔的操场直达学校的东部边缘，东侧设有篮球和足球场。操场的北端中央地方设一座主席台。正中间一个旗杆，旗杆顶上鲜红的五星红旗迎风飘扬。

主席台的北面直至校门是教学区，学校 18 个班级的教室和学校领导机关，各科老师的教研室、医务室、图书室、发电室，以及女生宿舍。

高年级同学对学校的介绍，我对这里的一切感到新奇。连接校园的东西南三面是连绵的农田。身在校园，又使我有一种置身于世外桃源之感。

当时供电不足，学校自备一台发电机供学生晚自习，起床和就寝时间的照明。学生教室内还设有保险灯挂在教室的天棚上，以备学生晚自习时，一旦学校自备的发电机停电备用。

父亲安排好我的入学和住宿后，就要返回了。此时已近中午，估计父亲回到家天可能就要黑了。

"好好念书，不要想家！"临行前父亲简单地说了一句。他想了想，突然和我说"记住！不要拿别人的东西！"。

父亲的话总是很少，很简单，更没有多余的话。60多年了，父亲去世也已经十几年了。他送我上学的这短短数语，我至今仍然清晰地记得。

三、 班主任梁老师

昌图第一初中每个年级各有6个班级，三个年级共有18个班级。我在1年2班。

我的班主任老师名字叫梁世忠，是历史课老师。他三十多岁的年纪，中等身材。在同学看来，体格微胖的梁老师是一位朴实和善，和蔼可亲的人。和梁老师一年的交往中，我没有见过这位班主任老师发过脾气。

开学之初，我被指定为班级的小组长。按规定，每天早饭后上课前都要打扫一遍本班的教室。打扫教室由班级内各小组轮值，届时由该组的小组长组织同学来完成这一工作。

一天，轮到我的小组打扫教室。遗憾的是，我把这件事情忘了。

梁老师看到我组还没有人来打扫教室，急得到处找我。很快，梁老师发现我正在教室外和同学们聊天，不由得被逗乐了。

"我说尚德义呀！你这个当官的把印给丢了都不知道呀！"梁老师对我说。梁老师的话使我如梦初醒，我满脸通红地跑向教室。

未曾想，组里已经来了 3 个同学，他们已经开始打扫了。

教室很快打扫完了。这件事在很长时间内使我感到愧疚。从此以后，我的值日工作不敢怠慢了。

一天，我想寄一封信给家里，但不知道上哪里买邮票。此时，碰巧在走廊见到梁老师。

"小嘎子做什么呢？"平易近人的梁老师每次见到我，喜欢用"小嘎子"来表达一种父辈的亲切感。

"梁老师，上哪里能买到印花呀！"我问梁老师。在家里时，奶奶总是把邮票习惯说成印花，于是我也以为邮票叫做印花。

"小嘎子，什么叫印花呀？我怎么不知道哇！"梁老师微笑着反问。

"就是贴在信封上寄信用的。"我说。

"小嘎子，那叫邮票，不叫印花。"梁老师纠正说。

原来我在家的时候没有寄过信，还不知道邮票这个词，只听奶奶把它说成印花。"小嘎子，买印花了没有？"此后梁老师见到我时，时常用"印花"这个词开我的玩笑。

初中一年级下学期，政治课老师因病休养，学校指定由梁老师兼政治课教学老师。在本班同学们看来，性格阳光的梁老师思想很进步。在上政治课时，梁老师时常侃侃而谈人类社会的高级阶段，共产主义理想，使我听得入迷。他在讲解共产主义社会时，给同学们规划出一幅各尽所能，按需分配的美好愿景，使我们听得入了迷，产生了对共产主义理想和美好生活的向往。

图 9-1 我的初中时代（1957 年）

在二年级开学的时候，我发现班主任老师换了。

"梁世忠老师犯错误了。"同学之间传递这一消息。从此，我再也没有见到喜欢叫我小嘎子的和蔼可亲的梁世忠老师。

原来，暑假里，学校开展了一场史无前例的反右派运动。就在这一场全国性的运动中，我的班主任，历史兼政治课梁世忠老师被划为右派分子，被送回原籍昌图县亮中桥镇老家劳动改造。

这一突如其来的消息使我大吃一惊。谁能料到，声情并茂向同学描绘共产主义理想的历史兼政治课老师，这位处于人生最美好年华，才气横溢的梁世忠老师，人生命运翻天覆地变化，跌入谷底？

国庆节期间学校放了 3 天假，返校后，我班同学蓝玉富告诉大家：他看见梁世忠老师了。

从通江口镇老家返校的路上，途中经过亮中桥镇时，他偶遇梁世忠老师。当时，梁老师和本村的农民在路边的一个大坑里挖土。

"当时梁老师见到我时，很不好意思，脸通红通红的。"蓝玉富说。

这是我最后一次听到梁世忠老师的信息。

文革后的 1980 年，平反右派分子的工作基本结束，曾经被划为右派分子的人几乎全部平反了，而我也深信这些被平反的人中间一定会有梁老师的，谨祝饱经风雨的梁老师晚年幸福。

四、 初中的老师

当时，昌图第一初中聚集了一大批优秀的教师。我还记得，第一天上数学课时的数学老师叫王西朋。王西朋老师 25 岁左右，1.8 米的身材，展现出温文尔雅，英俊潇洒的形象。第一次上课，王西朋老师胸前佩戴校徽，上面写着东北师范大学（该校后来更名为吉林师范大学）。王老师很平易近人。一天晚上，王老师来看望上晚自习的同学。期间，王老师和学生们聊起了长春电影制片中如何拍摄登山的场面。王老师说，其实很多情况下是在地面上拍摄的，然后竖立起来放映，就成了爬山的场面。王老师的解释使我眼界大开，也使我感受到这位老师的见多识广。

地理课罗文老师是师范学院的年轻毕业生，书生般模样，彬彬有礼，很有学者风度。他的地理知识很丰富，对地理名称有深入研究和记忆，讲课潇洒自如。罗老师徒手画地图更是他的绝活，他画世界地图时，能一笔在黑板上画出一个圆，犹如用圆规画出来的一般。

历史课的刘老师，年龄约 40 多岁，平时少言寡语，不苟言笑，讲起课来却滔滔不绝。刘老师学问很深，又是一位忧国忧民的历史课老师。讲到明末的历史，他认为那时已经有了资本主义的萌芽，如果不是由于后来的政治腐败，满清入侵，导致国家灭亡，中国本来可以缓慢进入资本主义社会，也就不会有近代丧权辱国，割地赔款的屈辱历史，于是，就不会有鸦片战争，八国联军进北京，英法联军火烧圆明园，也不会有中日甲午战争的失败，中国被迫割地赔款。说到动情处，刘老师对中国近代国家积贫积弱，主权丧失表达出的悲愤心情，使我很受感染。而且，刘老师的讲课也真是神了，经常是，他讲课刚刚说完了最后一句话，下课的铃声就响起，时间掌握之精确令人吃惊。

在我们毕业前很长时间做我们班主任的是教语文课的邓信老师。邓老师擅长于古文教学。他的古文朗诵韵味十足，把生涩难懂的古文表达得有声有色，很受同学欢迎。还有教务主任老师，上海人，戴一副深度眼睛，学问也很深。他安排课程表很有一套，编排的又快又准确。我们在初三时他兼任我们的化学教学。一次，在给我们班上化学课时，他拿出一个塑料袋，告诉我们：这是在他老家上海买的。这是我第一次见到用塑料制成的袋子。他又对我们说"你们不要看现在的化纤衣服如何贵，总有一天，棉花做的衣服要比化纤衣服贵。"他的预言早已成真。

还有一些给我印象深刻的老师，这里恕我不一一列举了。

实际上，我所读书的昌图第一初中无愧于昌图最好的初中，着实聚集了许多教学精英。我后来上昌图第一高中读书后，昌图县在金家镇又成立了一所新的高中。这个新成立的昌图金家镇高中从昌图第一初中调去了一些优秀教师，其中就包括上述我所提到的这些老师。

五、 学习片段

初中一年级上学期的学习似乎很平淡。首先，在课程的安排上，初一上学期的数学是复习小学的加减乘除四则运算。而且初一还没有化学课。这使得初中一年级的学习课程很轻,刚进入初中后我就感到学习上十分清闲,无论如何紧张不起来,以至于每天晚自习时竟感到没有什么可复习的,着实感到无事可做。我发现教学区有一个图书室,那里的图书杂志和报纸每天晚自习时开放,我就常去光顾。报纸新闻是我每天要阅读的,那里的杂志所登载的自然科学,历史和地理知识等等使我的眼界大开。

一次,在地理课上,罗文老师向同学提问:全世界有几个著名的洲际海峡,欧洲南部有几个半岛?

罗文老师点名几位同学回答,但回答的都不理想,有的人根本答不上来。

这时班里的其他许多同学都面面相觑,一脸漠然,认为问题很难。突然罗文老师点了我的名字。

我走向讲台,拿起罗老师的教鞭指着黑板上临时挂出的世界地图依次指出亚洲和美洲间的白令海峡,欧洲和非洲交界的直布罗陀海峡,并在地图上由东向西依次指出欧洲南部的三个半岛,巴尔干半岛,亚平宁半岛,以及比利牛斯半岛。

罗文老师对我的回答非常满意,回到教研室就讲开了"尚德义这小孩的地理知识不得了哇!我还没有讲过,他已经都会了。"

当晚,杨青同学问我:"你的地理知识怎么知道的这么多呀!"

"多看地图就知道了!"我告诉他。

学校阅览室就有一张世界地图。我晚间在阅览室浏览时,经常好奇地在地图看,久而久之,整张地图就印在心里了。

有一次,化学老师提问一个问题,一连问了三位同学,答案都不能使他满意。然后老师提问坐在第一排的我。我的回答使老师很满意。没料到,这位化学老师高兴地指着我对全班同学说:"我告诉大家，这位同学虽然年纪小，但是化学学得很好。"

参考数据

1. 见民国本《开原县志·卷十二·艺文》

2. 高清林，《明朝时期新安关与宣威楼》古城记忆，辽宁·开原），辽宁百岁文化传媒有限公司，（2015-05-21）

3. 刘兴晔辑，
http://blog.sina.com.cn/s/blog_4a5dd17c0102frus.html 源自星夜 kan 开原的博客，新浪博客，2013 年 8 月 9 日。

第10章 我的初中时代（二）

六、 勤工俭学热潮中

在大跃进的热潮中，中国也开展了轰轰烈烈的教育革命。这场教育革命具体表现在三个方面：一是强调教育为无产阶级政治服务，开展红专大辩论，用当时流行的"插红旗""拔白旗"的方式，批判所谓资产阶级学术思想；二是强调教育与生产劳动相结合，大搞不同形式的勤工俭学，在"大跃进"高潮中组织师生大炼钢铁，大办各类工厂；三是用群众运动的方式办教育，实现各类教育的"大跃进"。

于是，昌图第一初中和全国的学校一道，在党中央和国家的号召下，开展轰轰烈烈的勤工俭学的热潮。从此，师生们开始走出课堂，面向生产劳动。

在我的记忆中，我参加的第一次生产劳动是做锯弓子。

学校成立了一个勤工俭学小分队，我参加其中，并被分配在钳工组。钳工组分为3个小组，由一位老师领导，每组有十几个人。我被分配在第二小组。我们小组被安排的第一个工作是做锯弓子。我们计划把以后做出来的锯弓子拿到市场上去卖，为学校创造经费。

钳工组利用晚自习的时间工作。我们在男生宿舍腾出来一个小房间，里面放上几个工作台便成为钳工工作室。钳工工作室虽然很简陋，但麻雀虽小，五脏俱全。室内每人一个工作台，工作台上每人一把老虎钳，外加锉刀，锤子，和扁铲等钳工必备的工具。

我有生以来第一次见到老虎钳，对它的能耐很吃惊。它用杠杆原理可以把人的力气转变成巨大的力量，金属器件的变形加工全靠它了。我在那里逐渐学会了如何使用锉刀，锤子和扁铲。

钳工是力气活，又是技术活。使用锤子和扁铲在用力气的同时，必须精力集中，否则一不留神，锤子就有可能敲在手上，钻心的疼。我深深感到，世间做什么事都不容易，做一位合格的钳工，并不是一件轻而易举的事情。

在老师的指导下，我用了4天的时候，终于完成了我的处女作，一把简单到不能再简单的锯弓子。亲眼看到自己的劳动成果，我心里的高兴劲很难用语言来形容。

在初中时代的勤工俭学中，我们参加的劳动可多了。

我们全班同学还去了昌图县北部三江口地区给稻田插秧。我们住在老百姓的家里，屋子里南北大炕，我们全班都是男同学，晚上，劳累了一天的同学们挤在一个大炕上睡得很香，一觉睡到天明。

在大跃进热潮中，县领导号召实现农村大车滚珠轴承化。我们班也成立了轴承滚珠组，专门锻造农村大车用轴承滚珠，我也参与其中。大家做出来许多轴承滚珠。然而由于缺乏必要的生产条件和技术，生产的滚珠符合技术要求的不多。

1958年秋天，我们去学校东南方向的砖厂建砖窑。建砖窑的关键是窑顶的建筑。这需要用大旋，即木制的拱状模型，用砖砌在模型的外部。砌完砖后，撤去模型，即可见到圆拱形的砖窑顶部，于是，一座砖窑就大功告成了。

经过多天的劳动，旋顶部顺利完成了。然而，出乎预料的是，当我们把模型撤去后，窑顶却轰的一声，塌了。好险，幸好没有伤到人。同学们，尤其是邓信老师感到有点后怕。

经过研讨发现是砖窑上部水泥不足所致。于是我们开始重新砌砖。有了上次的教训，这座砖窑终于成功地建起来了。

为了配合农业的发展，1958年秋天，昌图第一初中的学生多次去学校附近的农业合作社做深翻地，使农田松软，且更好地保持水土。为了不影响学习，深翻地大多利用我们的睡觉时间。学生宿舍的舍监是一位部队转业的干部。每当有深翻地的集体劳动，经常是半夜3点多钟，他便把同学唤醒。

"起上了！起上了！" 舍监一边吹着哨子，一边急促地敲每个房间的门。舍监是四川人，满口四川普通话，他把"起床"说成"起上"。

学生们深翻地的工具是铁锹，工作效率自然是低。但由于我们人多，弥补了效率的低下。直到太阳升起，深翻地工作才告结束。回头一看，一大片"阵地"已被我们全班的同学集体攻克。

七、 点滴回忆修水库

1958年中国在经济建设中发动了以追求高指针为主要标志的运动。中国正式进入以总路线为中心的人民公社和工农业大跃进运动。

这一年正值我上初二，昌图县决定在辽河支流招苏台河附近修一座水库，命名为太民水库。昌图县所有中学的学生被要求前去修这座水库。为此，昌图第一初中张邦相校长专门给全校学生作了一次动员报告。第二天，全校同学便乘火车出发了。

太民水库修建在招苏台河相邻的区域，库区地处昌图县北部付家屯附近。预计水库修好后，就把招苏台河的河水引入库区，用于在气候干旱的北部农田灌溉。

学生们乘的是火车闷罐车厢。列车从昌图车站出发北行，在四平车站中转，然后沿平齐线（四平市至齐齐哈尔市）向西北方向行进。火车的目的地是昌图县北部的付家屯站，广阔区域的太民水库库区就距离车站不远的地方，我们的住宿之地就距离工地 5 里以外的老乡家里。

火车在中途临时停车的时候，正赶上我们班级的班主任程文清老师内急，于是，他招呼同学们帮他拉开闷罐车的车门，以便去车外小解。我当时正坐在靠近车门的左端，听到程老师的呼唤，站起来，加入拉车门的队伍。

我摆好了拉车门的姿势，左手紧紧握住车门的左端边缘，右手握住车门上的一个梁，同几位拉车门的同学一起，一边喊着号子，1、2、3，一边使出全身力气拽着车门，车门被撼动了，只听到当啷一声，钢制的车门突然撞向左边的钢铁门框。车门还同时撞在我的左手掌上，难以承受的钻心的疼痛让我忍不住一声尖叫，差一点昏死过去。

学校随车护理医生从其他车厢赶来了。经过检查，虽然这次重撞没有造成外出血，完全是内伤，但这内伤可不轻啊！面对疼痛难忍的我，医生也束手无策。

"孙医生，你的药包也止不了疼啊！不如扔了算了！"疼痛难忍的我顺口说出这样抱怨的话。

"你看你这个学生，药包扔了有什么用啊！"孙医生不无安慰地说。

足足过了半个小时的时间，左手掌的疼痛才些微减轻。

当晚，学校带队校长来我下榻的民宅看望我，说了一些安慰话。遗憾的是，我从未听过我这位班主任程文清老师的一丝问候，尽管我的伤是由他引起的。

我休息了一个星期没有去工地干活。晚上，干了一天活的同学们回来，个个都显得很疲乏，而我整日却闲得慌，也感到很孤独，盼望早点和大家一起去劳动。过了一个星期，我自觉左手的疼已经减轻一多半了，便参加班里修水库的劳动队伍里去了。

由于修建水库的劳动强度很大，手掌受的伤不仅没有得到恢复，反而越发加重。不久，我的手掌开始红肿，手掌愈加疼痛，以至于挖土时一使劲，疼痛难忍，干活难以用上劲。

"尚德义，你干活怎么不用力呢？"程老师见状很生气，于是上前批评我。程老师的语气已经很严厉了。他认为我干活时不用力，在"磨洋工"。

"程老师！我的手疼，你看已经肿了。"我把已经肿起来的手掌伸出来给他看。

"那算什么？你看！我的手上已经有这么多裂口了。"程老师伸出来他的手气呼呼地对我说。此时，他对我伸过去红肿的手掌看也没有看一眼。

这位程文清老师是教政治课的老师，不久前从双庙子初中调来，代替梁世忠老师作为我们班的班主任老师。

我第一次见到他是在一个晚自习时间。当时，正赶上学校的发电机出故障，学校临时停电，学生们便点上室内备用的保险灯上晚自习。忽然，教室的门被轻轻地打开，走进来一位老师。

这位教师随即走到坐在前排的我的身旁，关切地问灯光亮度够不够，叮嘱我一定要爱惜眼睛。

"我就是你们班的班主任老师。"这位教师向晚自习的学生一边点头，一边微笑着说。这位教师很年轻，顶多30来岁。只见她中等身材，白皙的脸上一副文质彬彬，谦恭的样子。

我利用当晚下班后的时间前去随队的孙医生住处，请他检查一下我红肿的手掌。

孙医生一边皱着眉头，一边检查我的由于严重红肿的手掌。更为严重的是，受过伤的掌骨已经明显地变大了。

"疼不疼？"孙医生问。

"疼！干活一用力就疼得更厉害，使不上劲。"我回答道。

"红肿多长时间了？"孙医生问。

"已经有好些天了，一天比一天渐大"。我说。

"这是筋骨受伤所致，需要长期静养。"孙医生告诉我。

两天后，班主任程老师通知我 "孙医生认为你的手不能干活了，回家养养伤吧！"

"我一旦离队，修水库的纪念章怕是得不到了！" 我天真地对程老师说。

程老师再没有对天真的我说什么，转过脸离开了。

我回到家后，母亲和奶奶看见我带着受伤的手回到家里，很是着急。于是，母亲领着我走遍了附近的村落寻找可能治疗骨科的郎中。在当时那个缺医少药的农村，我的受伤的手没有办法治疗，只能靠自己身体来扛，自己静养。一个月的时间过去了，修太民水库的同学已经回校，而我的返校时间也就到了。

大约过了半年，我的手不疼了，受伤的筋骨得以显著恢复。当然，手掌的伤留下了后遗症，以至于手掌的筋总感到很紧，手指的灵活性大不如从前了。

八、 缺 3 元钱的拮据

1959年中国正处于三年困难时期。当时国人普遍吃不饱。我家祖孙三代7口人，只有父亲一个劳动力，在生产队里挣工分，一个工分仅值一毛多钱。于是，我在学校住宿每月6元钱的伙食费，实在是家里沉重的负担。有时伙食费凑不齐了就到三姑二姑家去借钱，在长春工作的德钧堂哥也曾不时地接济我，使我得以一次次度过难关。

然而，那个时候亲戚家也都很困难，况且，指望亲戚家接济也不是长久之计。

1959年春是我一生中经济上最困难的时期。有一个月初，我只凑齐了3元钱人民币，勉强交出了上半月的伙食费，过了上半月，我的下半月的伙食费还没有着落，于是，到吃饭时只好硬着头皮在食堂混一天算一天了。

"实在混不过，只好打道回府与学校告别了。" 我心里只能这样想。

一天周日下午，班主任邓信老师来到我们学生宿舍。

"尚德义，你下半月的伙食费还没有交呢！如果不能交的话，不要去食堂吃饭了，那就回家吧！" 邓信老师大声地冲着我说。显然，是食堂部门和他说什么了。

第二天我就回家了。

当时农村正在吃人民公社的大食堂，家里既没有米又没有钱。

妈妈一筹莫展，想起了她的亲弟弟，我的大舅。

我的这位大舅是妈妈同父同母的弟弟，妈妈的其他弟弟和妹妹都和她同父异母，并且都还没有成年。听妈妈说，大舅原来是十八家子供销总社的经理，临时借调在在昌图站炼铁厂工作。

这里需要解释一下，昌图站炼铁厂是响应全民大炼钢铁的热潮建立起来的。当时那里已经建起了几座炼铁的土高炉，后来并没有炼出铁来。

"去找你大舅向他要 3 元钱！见到你大舅后告诉他是我让你找他的，交伙食费急用钱。"妈妈告诉我。

"咱从来没有求过他。这次向他要 3 块钱，他不想帮也得帮。"妈妈补充说。妈妈感到她的儿子向他大舅求援 3 元钱人民币，交这半个月的伙食费，当舅舅的无论如何是要帮的。

我从家里回到学校的当晚，向我邻铺的方振明同学说"明天我去高炉工地找我大舅。我妈让我向他要 3 元钱交下半月的伙食费。"

"向自己的亲舅舅要点钱是没有问题的，再有，你舅舅肯定留你吃完饭再回来。"方振明同学说。

方振明同学和我很要好，他是我家乡的人，他的家在付家油坊村，离我的家只有 2 里路远。我们平常自然有话说。

第二天下午上完课，我就出去找我大舅去了。

高炉工地在我们学校的东北部 2 里路远，靠近铁路的地方。我从学校出来，一眼就望见不远处的高炉。到了高炉工地转了一圈，在一个敞开门的房子，向屋子里面一望，发现一伙人在开会。当我向里面仔细观望的时候，我大舅正坐在靠桌子的椅子上。

"没想到还这么好找。"我心里很庆幸。

几乎就在同时，我大舅也看见了站在门口的我，立刻站起来，走了出来。

"干什么来了？有事吗？"我大舅开门见山地问我。

"我妈让我来找你要 3 元钱，下半月的伙食费没有着落呢！"我赶忙说。

"我手头紧哪！家里孩子多，你舅母身体有病，花了不少钱，拉了不少饥荒。"不由分说，大舅早早把门封上了。

"我妈说，如果你手头紧的话，请你和同事们借点钱帮我解决一下眼前的急需。"我一边说，一边望着大舅的眼睛，心里尚存着最后的希望。

"我借不着哇！"大舅双手一摊，下逐客令了。

现在回想起来，那是我一生中经历的最艰难的时刻。第二天，我又返回到家里。

妈妈知道我没有从大舅那里借到钱，长叹了一声，什么也没说。饱经风霜的妈妈，已经不太轻易表露自己的心迹了，常常把痛苦埋藏在心里。

"妈！太难了，我不上学了！"我对妈妈说。

听说我不得不辍学，妈妈和奶奶着了急。她们厚着脸皮，挨门挨户的借钱，几乎跑遍了全村，终于把半个月的伙食费凑齐，把我从失学的边缘拉了回来。

九、 为什么报考高中？

1959 年暑假前，我报考昌图第一高级中学（简称昌图第一高中）。我为什么报考高中呢？

这是因为在我上初中二年级的时候，我的两个膝关节患上了严重的关节炎，断了我考中等专业学校之路，而不得不报考高中。

在 50 年代，中国学习苏联的做法，在学校开展一项劳动与卫国的体育制度（简称劳卫制）。中国仿照这一制度，在国内中小学校采取运动项目的等级测试，按年龄组别制定达标标准，促进青少年积极参加各项体育运动，以提高身体的体力、耐力、速度、灵巧等素质。这项制度后来扩展成覆盖从小学一年级学生到 60 岁公民的综合体育制度。

劳卫制规定了各项运动的达标标准。我初中入学后，学校对劳卫制抓得很紧，指导学生广泛开展劳卫制锻炼，定期开展劳卫制指标的测验。比如我记得的 60 米跑项目的达标标准是 9.6 秒。通过体育课和课余时间的锻炼，我终于达到了 60 米跑的标准，后来也陆续达到了一些项目的标准。

然而，我的跳远指标却迟迟没有达到。为了早日达到跳远指标，我抽出许多课余时间专门练跳远。但是，由于年龄小，在达标上过于急躁，练习跳远的运动强度有点大了，造成了膝关节受伤。开始时，我还没有在乎，仍然坚持锻炼，直到后来膝关节疼得很厉害了，不能跳了，才停止练习。

从那以后，我的膝关节时好时坏。当时，中学生还不像大学生那样可以享受免费医保，我上医院看病需要自费。对于我这样来自农村的穷学生，哪里有钱去看病？一旦有了病还是要自己来扛。于是，我的膝关节疼痛一直没有治疗。

东北的冬天非常的冷，还没有取暖。有时候，北风呼啸，大雪纷飞，一连就是几天。一天晚上，我从外面回来，脚上穿的一双布棉鞋不知什么时候在雪地里弄湿了。于是我就把棉鞋放在炉子上面去烤，并准备一会就把鞋拿下来。

然而，我竟然一觉睡着了。当我醒来后，想起来去拿鞋子时，看到鞋底竟被烤焦了一个洞。"这可是我的唯一的棉鞋呀，妈妈千针万线为我做的，竟让我这样给糟蹋了！"我心里深深自责，一时的疏忽，付出了代价。

这年冬天，我只好用穿夹鞋过冬。这使得我的膝关节疼痛越加严重了，以至于在最严重的时候，一旦蹲下解手后想要站起来，需要用手和胳膊的帮助支撑才行。

在膝盖疼痛最厉害的时候，我花了3毛钱去街上请一位针灸医生针灸。医生告诉我，这种膝关节炎是很难治疗的慢性病，治疗需要时间。他取出针灸针往我的膝盖上刺，这是我第一次接受针灸治疗。针灸过后，我的膝盖疼痛果然有些减轻。医生嘱咐我每隔3天针灸一次，直到痊愈为止。但是，每次3毛钱对于我这样一个穷学生是经济上负担不起的，我再也没有去接受针灸治疗，而我的膝关节炎就成为了我的长期病痛。关节炎到后来越发严重，以至于我连体育课都不能上了。

严重的膝关节炎影响到我初中毕业后的升学报考志愿。

在我读初中的这几年，家庭经济每况愈下，我在学校住宿和伙食费是家里很大的负担，每到月初，手里往往凑不齐钱来交当月的伙食费。于是，从经济上考虑，我本打算初中毕业后要报考中等专业学校（简称中专）。这是因为考上中专后，一切费用，包括伙食费都是公费，而我也就不必为每月的伙食费犯愁了。

然而我的班主任老师认为，像我这样的关节炎不适合报考中专。退一步讲，即使被录取的话，体检时也会淘汰下来。在这种情况下，我只好报考高中。

十、 政审的巨大差异

这次的初中毕业连高中的入学考试，在母校昌图第一初中进行。

我班考入高中的有8名同学，其中有我，吴景林，张会，李永堂，肖永昌，付文江，刘明仁，李志民同学。此外，我班另有更多的同学考上了中专，其中考上沈阳工业学院中专班的就有6名同学，其中包括孟宪亮，王文礼，方印，方振明，以及一位姓姚的同学。其中孟宪亮，王文礼分别是我班的团支部书记和组织委员，方印是校团委的委员。

另外，我班还有一些同学没有升学。后来听说，落了榜的人中有和我年龄同样小的赵彦家和王贵同学。

来自于马仲河乡的赵彦家同学年纪较小，人长得小巧玲珑。赵彦家白净的脸，显得有点娃娃样，声音却颇有气质，他朗读语文课本的声音字正腔圆，富有震撼力，大有中央人民广播电台播音员的味道，于是，被推举为班里的读报员。每当午间休息时，他便抽出半个小时的时间，站在讲台上给班里同学们读报。他读的新闻声情并茂，很有感染力，听他的读报感到是一种精神上的享受。

王贵同学来自于四平市附近的牤牛哨地区，个子不高，人很机灵，小小年纪却很有心计，两只眼睛不大，却炯炯有神。他的清秀的面庞有少许麻子，这是小时候出过天花落下的痕迹。

我由于第一次远离家里亲人，刚入学时感到有些孤独落寞。我入学第二天早晨起床迭被子时，想到以前自己的被子总是由妈妈来迭，如今必须由自己来做了，感到心里很不适应，以致于落下泪来。我邻铺的王贵同学眼尖，反应又快，见此情景，立刻和我说"你不是为前途而来的吗，掉什么泪呀？"

王贵同学虽然年龄和我一样小，却那样的成熟。王贵同学使我的性格得以坚强起来。

赵彦家和王贵同学都是由于家庭出身的问题落榜的。

当年，在昌图第一初中毕业而没有考上高中的还有来自我本村的尚德功同学，他是我的同族兄长。他报考高中落榜的原因也是由于家庭原因，政审时被审查下来了。尚德功随即被安排做了小学代课教师。

　　我班还有一位来自我们家乡附近的付文举同学也落榜了。他本身家庭成分没有问题，但问题出在他的舅舅身上。他的舅舅王殿春老师是我小学 6 年级班主任老师。王殿春老师 1957 年被划为右派分子，他的外甥为此在考高中时落榜。

第11章难忘的高中时代

一、 昌图第一高中

在昌图一高读书的三年，在我一生中印象颇为深刻。至今，半个多世纪过去了，我对在那里经历的一切仍然记忆犹新。

在本章的开头，我需要澄清一个地理名词。我在昌图第一初中读书时所在的昌图站镇，在我考入高中后的第二年改名为昌图镇。这是因为，1960 年昌图县政府从昌图老城镇（简称昌图老城）搬迁到昌图站镇，昌图站镇遂改名为昌图镇。因此在本章中凡是涉及到昌图站镇的地方，都一律称呼为昌图镇，简称昌图。

1956 年，外界在我的脑海中是空白一片，由父亲背着行李陪着我前去初中报到。经过三年风雨，我已经长大了。这次上高中，家里人就放心地让我独自去学校报到。

昌图一高的所在地昌图老城镇在昌图西北方向 18 里，是距离我家东北方向 50 里路的一座古城。从我家去昌图老城有两条路。第一条路是直接去昌图老城。这是最近的路，由于这条路还没有通汽车，50 里路都需要步行。而且这一路径我还没有亲自走过，很不熟悉。第二条路是曲线路径，先从家乡步行向东 30 里路到金沟子火车站，再乘火车向北行驶两站路去昌图，昌图第一初中的所在地，然后乘汽车向西北方向赴昌图老城。这一曲线路径大约 90 里路。

第二条路虽然较长，但前 70 里路我是熟悉的，每逢学校寒暑假，回家返校都走这条路径。而且从昌图到昌图老城的 18 里路还可以乘汽车。比较起来，选择第二条路显然心里更有底。于是，我决定选择了这条路去昌图一高。

在昌图一高我被编入高一年级六班。和昌图第一初中一样，昌图一高也共有三个年级18个班，其中每个年级有6个班。

昌图一高成立于1948年，实际上，它的前身最早可以追朔到清光绪三十二年（1906年）建的昌图府师范学堂。与解放后才成立的昌图第一初中比较，眼前的昌图一高校园倒是显得古朴多了。然而，这座表相古朴的昌图一高却是昌图县唯一的重点高中，凝聚了昌图县的教师和学子精华。

昌图一高的校舍是在一座古老的天地庙的基础上改建的。学校正门位于该校南面。正门以北50米处横亘着一栋长长的青砖瓦房，是昌图一高校长室，教导主任室，各科教研组和实验室。

瓦房以东是学校的教学区，那里整齐地坐落着一排排平顶砖房。期间，有序地分布着学校各个年级的班级教室。学校北面的开阔地是一个大操场，和操场相连的是一马平川的农田。学校校门的南侧，紧靠着一条马路，马路的南侧是学生和教师食堂。食堂的西侧有一座带门楼的宽大四合院，那里是学校的女生宿舍。学校西面不远的一个大院里分布着学校的男生宿舍。

学校正门附近，一口古钟悬挂在高高的圆柱顶部，抬眼望去，古钟直插云端，甚是壮观。这口由古老的天地庙留下的古钟，是昌图一高的标志性建筑，由专人管理，备受珍重。

全校学生上下课，都是这钟声做铃声。这钟声悠悠长长，余韵连绵，在古城的上空久久回荡。

二、 不解之缘邱老师

高中入学之初，我就被班主任老师宣布为代数科代表。代数课老师名字叫张信政,刚刚毕业于大连师范学院。张老师高高的个子,开朗性格使他显得很潇洒,加之板书写得一笔好书法,使同学感到上他的课轻松愉快。张老师教了我班一年的时间,到我们上二年级时,他就不见了。听说张老师调到其他中学当老师去了。

二年级开学的头一天,在一次下课休息的时候,我照例走出教室到外面透透气。突然,听到身旁有人呼唤我的名字。

"你是尚德义吧!"这人问我。

我抬头一看,原来是邱老师。

"是!"我赶忙回答。

我知道邱老师教高年级的代数课,但我此前还没有机会接触过他,所以,瞬间我感到有些拘谨。

"这学期你们班的代数课由我来教。先认识你这位科代表一下。"说到这里,邱老师停顿了一下。

"以后代数课的事情,同学们如果有什么要求,你就随时找我好了。"邱老师亲切地说。

邱老师主动和我沟通使我感动。俗话说,师道尊严。本来在我的印象中,老师往往要在学生面前端上点架子,表示一点尊严。至于和科代表的沟通事宜,只要老师在课上问一下谁是科代表就行了。至今,我还没有见过教课老师事前主动找科代表来介绍自己。如今,邱老师在没有和我班同学谋面之前,就主动找到我这位科代表来个自我介绍,使我真有点受宠若惊。

后来和邱老师接触多了,这位中等身材,刚过而立之年的邱老师为人平易近人,洒脱大方。邱老师作为一位代数课老师,却通晓古今,才气横溢。尤其是,他专注而炯炯有神的目光,投射出他的精明,干练和敬业精神。

邱老师讲课时注重效率，语言清晰而流畅。他的讲解和板书并用，一气呵成，相得益彰。他的讲课没有废话和拖泥带水的习惯，而是深入浅出，力求知识的连续和融会贯通。在邱老师的课堂上，抽象而枯燥的数学被他讲的妙趣横生，轻松愉快，以至于听他的讲课即是求知的过程，又仿佛是一种艺术的享受。

在邱老师的引导下，我对数学的学习兴趣越来越浓，数学的成绩也越来越令老师满意。这样的状态一直保持到高中的学习结束。在高中毕业前夕，邱老师主持了六个毕业班 300 人的数学竞赛。

在竞赛成绩公布之前，我曾去邱老师那里取学生作业。期间，听邱老师说数学竞赛的考试成绩已经出来了，于是，我鼓起勇气，想问一问我的考试成绩如何。

"你的数学竞赛考试成绩相对好一些，但还是不够好，需要继续努力！"邱老师绷着脸对我说。邱老师的话音刚落，同屋子里的老师们都笑了。数学竞赛第一名是谁，这些老师早都已经知道了。

次日，数学竞赛成绩公布在学校的公用大黑板上，我的名字名列第一。

回想起来，邱老师是我在高中时代对我的学习最有影响的老师。正是在他的引导下，我开始对数学产生了浓厚兴趣，并将其一直保持在我今后的学业和科学研究生涯中。这是后话。

如今，和邱老师分手已经半个多世纪了，我对这位恩师的思念从未间断。

2013 年，我携妻子从加拿大回国探亲，听到高中同学说，邱老师不久前做过咽喉手术，手术后失去了说话能力。听到这样的消息，我对邱老师的身体深感忧虑。由于回程临近，无法安排时间前去探望，心里很是不安，只好在回到加拿大的家中，特意写一封信给邱老师，并寄上我不久前出版的一本英文科学专著以表示慰问和思念

之情。下面是该信的全文:

尊敬的邱老师,您好!

1962 年我于昌图第一高中毕业至今,我们师生分别了整整半个世纪的时间。当年我是弱冠少年,而仪表堂堂,才气横溢的邱老师正值而立之年。如今我们师生都已处于古稀之年,此刻,我们不得不感叹光阴如梭,人生短暂。

今年 6 月,我和妻子回国探亲,这是我们于 1999 年定居加拿大 14 年来第三次回国探亲。此次回国由于行程安排较紧,只在昌图的亲戚家小住了一个晚上,第二天早上应邀赴高中老同学在宾馆设的宴席。席间听到您的身体情况欠佳,心情沉重,暗暗为您祝福。

得知您身体欠佳,我理应前去探望,但由于行程身不由己,我实在抽不出时间了,深感抱歉。刚刚从宾馆的宴席回到亲戚的住所,我便立刻被亲戚的车载回沈阳。在沈阳稍事停留,便乘事先订好的航班飞往上海,前去女儿家中。因妻子突然生病,她需要在那里的医院及时地处理。由于这一临时变故,原来业已安排取道北京,去清华大学看望我的博士导师的安排也被遗憾地取消了。导师已九十多岁了,和杨振宁博士是西南联大时的同学,前两次回国由于行程安排的阴差阳错,没有得机会会面。这次回国后的行程又是身不由己,真感慨"世事难料"。套用西方人的一句俗语,原来"这就是生活!"。

这次没有能拜望邱老师,我只好表示深深的自责和歉意。

您是我高中时代的恩师。高中,那是我人生中一个重要的阶段。当时,我作为班里的代数科代表,亲身感受您的教诲和关怀。而许多令我感动的情景已印到我的脑海中。仅说一件事吧,在我高考的前一天,我感到头痛,身体不适。邱老师得知消息后,亲自到我的宿舍为我做推拿。邱老师的推拿犹如神功,推拿后,我的头立刻不痛了,身体也舒服多了。邱老师的推拿使我深受感动和温暖,使我得以以全部身心投入第二天开始的高考中。

这里我也顺便向邱老师汇报一下离开您后我的学业。在大学时代，我的数学学习未敢怠慢，1964年，在我们东北工学院钢冶系67届三个专业100多人的高等数学结业考试中，我获得了唯一的100分。大学毕业后我在鞍钢工作，在那里经历了十年文革，期间，我做了五年工人，五年设计人员。

1978年我参加了建国后全国研究生招生的第一次统考。由于考试前我大学毕业后已经工作十年，各门功课已经荒芜了，而且，我在设计院的工作环境不允许上班时间复习功课，再加上仓促应战，这次考试确是勉为其难，背水一战。

但由于求学时所学到的知识还算扎实，而且当年35岁的我年龄还算年轻一点，于是，在业余时间的功课复习中，各科知识的恢复还是很快。尽管这次考试成绩很不令人满意，我却在全校300多考生中以第一名的成绩考入东北工学院研究生班。

邱老师的教诲，使我深感数学的重要，并体会到数学是自然科学，乃至理工科基础的基础，也是这些学科赖以保持后劲的动力。

于是，我在1978－1981年读东北工学院（现更名为东北大学）硕士研究生期间，研究生中只有我一个人主修了学校为研究生开的全部6门应用数学课，而校方的要求是每位研究生修3门应用数学课即可。这些数学知识在我的硕士学位论文的研究中，起到了关键性的作用。

邱老师的教诲，也使我把对数学的浓厚的兴趣保持到如今。

我在10年前从大学的工作岗位上退休以后，出版了以数学为主要研究手段的关于对流传热学的三部科学著作，在学术界开辟了实际流体理论对流传热学的研究方向。这些书都出版在国际顶尖的Springer出版社中。

实事求是地说，这些书中的研究方法是另辟蹊径，自成系统，丝毫没有抄袭痕迹。书中的研究成果，具有国际影响，而且至今没有被超过。比如，我提出的实际气体自然对流传热系数理论公式，被国际科学家鉴定为计算气体自然对流传热最精确的公式。该公式在对流传热领域破天荒地证明，理论公式可以比经验公式更具有可靠的实际应用价值。为此，1999年我被以杰出科学家的资格载入美国出版的世界名人录。再比如，我对于含有非凝结气体的蒸汽混合物膜状凝结研究的突破性进展，推翻了美国著名科学家风靡半个多世纪的所谓权威研究结果，第一次解决了这一流体多相边界层对流传热领域的研究中，长期困扰学术界的研究难题。由于这一国际性的研究突破和贡献，2011年我被载于世界热流体名人录。

这里，我把于今年出版的第三本科学著作，随信寄给我尊敬的恩师邱老师留存，以表达我对您的尊敬和感激之情。

我的人生的经历使我认识到，高中时代是人生成长的最重要时期。如今，我虽然离开昌图第一高中已有半个世纪，但母校留给我的印象尤为深刻。在那里还有许多老师我至今也未有忘怀。比如教过我课程的汪子中老师，唐桂华老师，范培正老师，李承玉老师，刘远图老师等，他们当时的音容笑貌，至今也仍然留在我的脑海中，至今，我对这些老师都保持由衷的敬畏之心。比如汪子中老师的物理学授课强调基本概念的理解和知识的融汇贯通，对我以后的学习甚至科研工作，也都有很大帮助。总之，在昌图第一高中所学到的知识，对我的一生具有宝贵价值，使我难以忘怀。

邱老师，我现在在加拿大首都渥太华家里给你写信。这封信的结尾有我的住址和联系方式。这封短信，很难全部表达我此刻的心情，谨祝愿您身体早日恢复，健康长寿。

您的学生尚德义

2013年11月8日

三、 物理严师汪子中

汪子中老师是我们班的物理课老师。汪老师的眼睛炯炯有神，面庞清秀，虽然身材瘦削，却身躯挺拔，给人一种精明，聪慧又刚毅的印象。他物理学的学问很深，讲授高中物理学对于他来讲如数家珍。他授课强调基本概念和基本知识的理解和掌握，强调知识的前后联系，和融汇贯通。汪老师对学生的要求很严，脾气也很大，在课堂上动不动就训人，同学都很怕他，但都不记恨他，知道这是一位刀子嘴，豆腐心的好老师。

有一次，汪老师在课堂上讲了一道课外题：北京地区周围的地磁场和磁力线分布。这是一个很麻烦的问题，有些同学听得半懂不懂。第二天汪老师一上课就提问这个问题，一连提问了几位同学，回答都不能令他满意。于是，汪老师提问到我，让我到前面演示一下。我走上讲台，拿起粉笔，在黑板上画出了北京地区完整的磁力线图。这使汪老师非常满意。

课后，有些同学要求我把这道题的解答过程再给他们讲一遍，而我也欣然作答，尽量满足这些同学的要求。回忆起来，当时班上有些同学遇到不懂的问题，大都习惯于课后找我给讲解一下，俨然把我看成了什么都懂的人了。

实际上，有些东西看似难，其实难就难在对基础知识的理解和掌握上是否到位。基础知识是一环扣一环，环环相扣，如果有一个环节没有掌握好，势必影响下一个知识环节的理解和掌握。所谓熟能生巧，就是说，如果把这些环节吃深吃透，就可以手到擒来，举一反三，运用自如。

当班里有些同学学习中遇到问题找我帮忙时，我也乐于来者不拒，耐心给予帮助。实际上，助人也是助自己。熟能生巧嘛！帮助别人的过程，也是自己对知识得以再复习和巩固的过程，有利无害，何乐而不为呢？

俗话说，三人同行，必有我师。平时学习中，我遇到问题时，也毫无顾虑地向别人发问。我以为，发问是一个求学过程，不必考虑面子问题，学到知识才是目的。对此，顾虑和考虑面子是没有道理的。实际上，同学中的学习也是各有所长，无高低之分，而不耻下问，取长补短则是做学生应尽的本分。

在我们毕业前夕,汪老师曾两次主办全校六个应届毕业班级 300 人左右的物理竞赛，并张榜公布考试的结果。在这两次考试中，我分别获得了第二和第三名。

汪老师是我在高中读书阶段，对我影响较大的老师之一。他的教诲也使我对物理学产生了浓厚的兴趣，使我在今后的理工科学习和教学中得以重视基本概念的理解，基本知识的融会贯通，和基本运算和应用的培养。这些对我今后的学习，教学和科学生涯都产生了很人的影响。

汪老师兢兢业业，卓有成效的物理教学也使他在他的历届学生中获得了好评。听说文革以后，汪老师被选为昌图县政协委员。

四、 出类拔萃唐老师

唐桂华老师教我们化学课，开始于我们升入高中三年级。新学年开学不久，适逢一个星期日上午，我从宿舍出来要去镇上的商店买个笔记本。我沿着门前的大道向西走去，刚走出 200 米，便听到有人招呼我的名字。

"尚德义，你上街吗？"这声音从右侧的院子里传来。

我站住了，扭头一看，啊！是唐老师在喊我，当时他正站在院子中央。我赶忙向唐老师打招呼。原来唐老师就住在这个院子里。

开学后，唐老师已经给我们上过两次课了。

"唐老师这么快就记住了我的名字，记忆力实在很强。"我在想。

面前的唐老师白净的面庞，伟岸的身材，即显得温文尔雅又很有风度。尤其他那浓眉下面的一双明亮的眼睛，衬托出聪明和机敏。

唐桂华老师是江浙人。人们都说江浙人头脑聪明，这是有缘由的。江浙由于气候条件好，河流纵横，物产丰富，素有鱼米之乡的美誉，自古以来人们生活条件优裕，重视精神文明，出现了许多优秀人才。唐桂华老师就体现了江浙人的素质，怪不得只有高中毕业学历，没有上过大学的唐老师，在他的学生中，却有很高的口碑。

唐老师听说我上街去，便对我说"我也上街，我们一起走吧！"

我们边走边聊。一开始，唐老师就立刻打开话匣子，滔滔不绝地向我讲述他教我们上一届同学时的趣闻，立刻打消了我的拘束感，沉湎在他的幽默风趣的故事情节中，使我深受感动。身旁这位教学能力过人，在教师中出类拔萃的唐老师，原来是一位即随和又幽默的人。

唐老师告诉我，解放后，由于阴差阳错，他高中毕业就出来教书了。那时候，昌图一高缺乏教师，急需要一位化学老师。他通过了面试，做了化学课的代课老师。由于他勤奋好学，他在教学之余，用了3年时间，自修了工科大学的基础课程。反过来，由于知识的不断提高，他的化学教学能力得到增强，教学效果和口碑越来越好。唐老师云淡风轻地和我讲述了他的个人奋斗和事业进步过程，使我很受感染。

高中毕业前夕，唐老师组织全校化学竞赛。在这次化学竞赛考试中，我考了全校第一名。

唐老师是一位有心人，他特意拍了一张带有昌图一高校门的黑白照片赠给我。照片上的白字显现出"昌图第一高中化学竞赛者第一名"以及年月日的标志。校门前的牌匾上"昌图第一高级中学"八个大字，以及那口古钟十分醒目。

这张照片是我在高中毕业前夕，化学唐桂华老师给我留下的最珍贵的礼物，是我的高中时代最珍贵的记忆。我珍视这张照片，并把它和家里亲人的照片一起，放在一个小镜框里，挂在老家的墙上。后来在搬家的过程中，这张照片丢失了，太可惜了。

文革后，听说唐老师被评为特级教师，也是昌图一高唯一特级教师。按唐老师的教学水平和贡献，那可是实至名归。

五、 才气横溢刘老师

历史刘远图老师毕业于辽宁大学历史系。刘老师是四川人，一米八的身材，风度翩翩。作为高中历史老师，他知识渊博，极富才华，它讲述历史时语调的阴阳顿挫富有感染力，以至于感觉到他的历史课如同评书一般，蕴含着无穷魅力。

听刘老师讲到古代史，你可以听到他对秦皇汉武等中国古代帝王的雄才大略和历史功绩的赞叹，也可以听到他对老子，孔子，孟子，荀子等中国古代先哲大师及其学说的崇敬。听刘老师讲到中国近代史，你可以听到他对中国近代的闭关锁国导致国家落后，积贫积弱，内忧外患，列强入侵，中国割地赔款的悲惨境地，使大家心里不由自主地发出阵阵的叹息。他的历史课富有感染力，他讲授的历史知识也是一种爱国主义的教育。

刘老师的历史课讲的很灵活。他不单单拘泥于教学大纲的内容，而是着眼于历史的脉络，演变和因果。记得有一次刘老师在课堂上搞了一个小测验，出20道题，每道题是一个历史事件，问都是在哪一年发生的。这些题中包括古代史和近代史，历史跨度很长。

"这个测验可需要真功夫哇！"刘老师饶有兴致地对大家说。

这次考试，多数同学由于题目中历史年代中间跨度较大，尤其是有些题目由于年代久远，记忆已经淡薄了，考试的结果使刘老师很不满意。我也有一些回答得不够准确的地方，但矬子中拔大个儿，比较起来，我这次考试结果相对最好。

历史课是我很喜欢的课程，这与我小时候形成的爱好有关。我小的时候就喜欢听妈妈讲历史故事。每逢天黑下来，为了节省灯油，一家人早早躺下了。当睡不着的时候，妈妈就时常给我们讲故事来打发漫漫长夜。

妈妈讲的故事可多了。她讲的最多的是隋唐时期的响马传和北宋时期的杨家将的故事。妈妈讲到响马传的故事时，秦琼，程咬金，徐懋功，罗成，单雄信等瓦岗寨好汉的英雄行为和豪迈气概令我神往。有时，妈妈讲到杨家将时，杨令公，佘太君，穆桂英，杨忠宝等杨门将士的英雄事迹和爱国行为使我感动，也为他们舍身报国，英勇杀敌所所付出的巨大家族牺牲深感悲痛。

妈妈讲的历史故事，使我对中国历史产生了浓厚的兴趣，也使我对后来刘老师讲述的高中历史课学得很上心，对中国历史的演变和因果走向有了较为系统和深刻的认识。

这次课堂考试确实需要点历史学习的真功夫。对于刘老师的所谓的真功夫考试，我也有不少回答不准确的地方，只是在班里同学中回答的相对最好的，然而，却给刘老师留下了较深的印象。

1968年，辽宁省文革中两派群众组织终于实现了大联合。东北工学院的两派群众组织毛泽东思想红卫兵和八八红卫兵也在军宣队和工宣队的干预下开始结束对立局面，实现大联合，并成立了东北工学院革委会。

一天，刘远图老师突然来学校找我。这是1962年从昌图一高毕业后我们师生的第一次见面。此时，我离开昌图高中已有六年，我们师生于文革后重逢，很有感慨。我留刘老师在我的寝室住了几天。通过交谈，我对刘老师在文革中的遭遇才有些了解。

原来，横扫一切牛鬼蛇神的文化大革命一开始，刘老师就受到了冲击。三天两头一揪斗，对刘老师已经是家常便饭。一次，刘老师又被拉去会场批斗。在批斗现场，刘老师面对造反派的不实之词，心里很是不服，予以驳斥，于是遭到造反派的拳打脚踢。

人们都说四川的驴子倔强。出生于四川，才气横溢，平时温文尔雅的刘老师的倔强更胜一筹。在几百名观众面前的批斗大会上，遭到造反派拳打脚踢的刘老师非常气愤。

"这是什么世道哇！" 他不顾个人安危，从喉咙里发出了他的最强音，声音之凄惨，令人动容。

刘老师的反抗更加惹恼了造反派，他们不知从哪里找来一副马嚼子强行给刘老师带上，不让刘老师说话。

文革后期，因为没有发现刘老师到底有什么问题，刘老师终于获得了解放。

文革后不久，刘老师进入辽宁社会科学院工作从事历史研究，后来成为国务院特殊津贴专家。刘老师也出版了他的著作[1，2]。

六、 劳逸结合李书记

20 世纪 50 年代后期到 60 年代初，中国的经济政治形势发生了重大的变化。1957 年开展反右派斗争，1958 年掀起了"三面红旗"和"大跃进"热潮，以至于农业上大放卫星，亩产万斤田，工业上大炼钢铁的一项项高指标捷报频传，虚报浮夸风气愈益普遍，使国民经济遭受了严重损失。与此同时，苏联背信弃义，撤走援华专家，停止了对华 156 个援助项目，并要求中国还债，使中国的经济困难局面更是雪上加霜。紧接着 1959 - 1962 年连续三年自然灾害，中国处于极度困难阶段。在此期间，全国开始粮食定量，国人普遍吃不饱。同学们从现实生活中感受到了形势的严峻。由于同学们正处在长身体的年代，吃不饱肚子自然使同学们普遍营养不足。

1961 年，昌图一高的李林书记特意给全校学生做一个报告。他根据上级指示，号召师生"劳逸结合"，实际上告诉大家在国民经济异常困难，老百姓的粮食不足的瓜菜代时期，控制自己的学习和劳动强度，保护好身体。

讲话中，李书记朗读《孟子·告子下》来激励大家的意志。原文是"天将降大任于斯人也，必先苦其心志，劳其筋骨，饿其体肤，空乏其身，行拂乱其所为，所以动心忍性，曾益其所不能。"李书记解释说"凡是要承担重任的人，一定要先使自己的内心受到痛苦的折磨，身体经受劳累的磨练，一定要饱受饥饿的考验，使肌肤承担消瘦等贫困之苦，以至于做事颠倒错乱，总不如意。一定要通过这些身心痛苦使他的内心警觉，性格坚定，增加他尚不具备的才能。"

他的讲话不紧不慢，态度诚恳。这些平时看来纯属说教性的一段话，在当时那种情况下，大家都倾心静听，而且产生了共鸣，并在我们这些年轻的学子的心灵中产生了巨大的反响。李林书记的讲话也使我在困难的时候看到光明和希望，使我感到困难是磨炼我们的课堂。于是，我在那三年一直保持学习的毅力。

七、 我班没有毕业照

我们班里约有 50 名学生，其中有 13 名女生。这些同学来自于本县的乡村和城镇。昌图一高是男女混班，而昌图第一初中是男女生分班。1959 年，地处辽北的昌图县民风仍然很保守，班里的男女同学仍然遵循着授受不亲的中国古训，虽然同在一个班级，男女同学之间基本素不来往。然而，在一个课堂上共处了三年的高中时代，同学之间毕竟有一定的印象。而我至今尚记得全班男女同学的名字。

我的班主任是王秀英老师。王老师 27，8 岁的年龄，白白净净，圆圆的面庞，丰满的中等身材，显现出一位一尘不染，充满青春活力的年青女性。平时，王老师略带严肃的脸上衬托着些许的微笑，然而，每当对班里学生训话时，立马变成另一副模样，面孔紧绷，严肃有加，使学生立马产生一种畏惧感。

王秀英老师教授三角函数。别看她如此年轻，三角函数却讲的如行云流水，一气呵成，讲课中无论什么样的三角函数公式，她都可以信手拈来，运用自如。

三角函数是数学的一部分。高中的数学还包括有代数学和几何学，而且后两种课程所占的学时相对更多一点。故比较起来，王秀英老师平时和我班的接触不算多，这就限制了这位班主任对班里同学的了解。在这种情况下，她的班主任工作所需要的信息主要依靠班级干部，尤其是班长的情况汇报。

后来，王老师安排一位叫孟庆华的男同学做了班长。这位孟班长同学年龄比较大，学习不怎么努力，学习成绩自然也不怎么样，可是领导欲望和能力却很强。自打任班长那天起，他对班长工作就特别的上心，差不多三天两头都去王秀英老师的办公室汇报班里的情况，一门心思扑在班长的本职工作上。

俗话说，"群众的眼睛是雪亮的。"孟庆华做班长工作不久，同学们就发现他是一个爱搞事的人。他平时习惯于拉帮结伙，无事生非，制造矛盾，并以此为得计。久而久之，他这些行为引起了班里许多同学的反感，以至于免不了人们平时话里话外对他表示出某种程度的不满和讽刺。

俗话说，宰相肚里能行船。这就是说，既然你做了班里的领导人物，你的心胸就应该开阔一点，更要容得下人们的说三道四。可是，这位孟班长眼睛里偏偏容不下一粒沙子，对于看他不顺眼的那些同学，心里老大不舒服，恨不得立马给予报复，将他们打趴下。于是，只见他往王老师的办公室跑得更勤了，往往屁大点的小事，他便小题大做，按个人的意愿，添油加醋向王老师汇报。

年轻的王老师本来涉世不深，每每听到孟班长这么夸张的小报告，立刻就上劲了，以为班里有恶势力捣乱，气愤填膺，决心非整治不可。于是，往往一听到孟班长的汇报检举，她便气冲冲来到班里把那些"捣蛋鬼"严厉训斥一通，并时常对鸡毛蒜皮的小事上纲上线，弄得人心惶惶，以为班里又出什么大事了。

经典力学的牛顿第三定律表明，作用力和反作用力大小相等，方向相反，作用在两个相互关联的物体上。这一定律在我班也百分之一百地体现了出来。

孟班长频繁向王老师打小报告的行为，更增加了班里相关同学对他的不屑。由于王老师的许多情报来源于孟班长的不实之词，对同学的批评处理又欠公允，以至于引起了许多矛盾和对抗情绪。而那些说怪话的捣蛋鬼，分明感到王老师的反应是她的偏听偏信，小题大做的结果，心里更是一百个不服。长此以往，孟班长和许多同学之间的对抗情绪越来越大，关系也就愈趋紧张。

另一方面，尽管这些同学对王秀英老师和孟班长牢骚满腹，但由于担心受到打击报复，平时敢怒不敢言。直到毕业前夕，班里长期积累的矛盾终于爆发了。

按理说，在毕业之前，班里同学应该在一起来一个合影留念。这一活动自然应由孟班长来组织安排。然而在这个时候，同学已经没有人理睬这位孟班长了。当他动员同学拍个集体照时，许多人公开表示反对，却没有人站出来表示支持。于是，碰了一鼻子灰的孟班长只好找王秀英老师诉苦，并请她出马搞定这一难题。

王秀英老师终于被孟班长请来了。此时，在即将毕业的学生面前，王老师一改往日的一言九鼎的气势，和颜悦色请求同学们给她个面子，同意全班拍一个集体照。

"同学们！我们拍个全班同学集体照，毕业前留个纪念吧！"王秀英老师对全班同学说，声音中带着几分恳求。

"不！不！不！"全班大多数同学异口同声。

面对多数同学的反对声浪，王秀英老师第一次在她的学生面前尝到了下不来台的滋味，于是，带着一脸的无奈，尴尬地退出了教室。王老师和本班同学的最后一次接触就此不欢而散。

当时，学生中也有人同意拍个集体照，但在如此强大的反对声中选择了沉默。这沉默的人中也包括我。如今，半个多世纪过去了，回想起来，我班同学在高中时代没有留下毕业集体照，不能不说是一个遗憾。如今，我的高中毕业证书，便成了我的高中时代留下的唯一纪念了（见图 11-1）。

关于孟班长高中毕业后的去向。高中毕业后，我很长时间失去了他的消息。直到 2013 年，我班郭东岐同学来加拿大蒙特利尔探望他的女儿，有一天顺便来渥太华我家里做客。他告诉我：孟班长高中毕业后没有考上大学，回乡务了农，在农村的广阔天地中战天斗地，曾被推举为基层生产队的队长。后来，生产队长当不成了，做了生产队员。再后来不知生了什么病，医治无效，就去世了。

图 11-1 我的高中毕业证书

参考文献

1. 刘远图，早期中俄东段边界研究，中国社会科学出版社，381页，1993年。

2. 刘远图，空想共产主义者魏特林，中国社会科学出版社，59页，1994年。

第12章再会高中女同学

八、 膝关节疼痛消失了

我在初中二年级患上了关节痛。

这个膝关节痛很是怪，当我采取坐姿或卧姿的时候，膝关节倒没有任何疼痛感觉。一旦站立起来，膝关节受到身体重量的压力，就感到疼痛。走路的时候，膝关节在活动中受重力的影响，疼痛更是加剧。一旦蹲在地下，膝关节在压力下更是疼痛难忍。在这个时候，我不得不借用两只胳膊的支撑才能勉强站起来。同时，走路也成了一件难以实现的任务，即使勉强行走，也是一瘸一拐，无异于一位残疾人。膝关节疼痛使我上不了体育课，因为上体育课免不了蹦蹦跳跳，而一旦勉强蹦蹦跳跳，一双膝盖便疼痛难忍。于是在体育课时，我只能当观众，眼睁睁看人家又蹦又跳，心里干着急。

人们在行走能力受限的时候，方想到一双健康的双腿的珍贵。回想起来，当时我对周围双腿健壮，行走自如的人多么羡慕！对自己一双膝盖病痛的恢复多么地渴望！

在双膝疼痛难忍的情况下，我曾去昌图老城的医院求助。当初，我不知道这到底是什么毛病。医生告诉我，这是膝关节炎。

医院理疗室的医生选择给我做红外线治疗。

红外线治疗其实是借助于一个类似于烤箱的拱形设备，拱形表面内部有电阻丝。设备一通电，拱顶就发热，在一定温度下放出红外线。这时，把双腿放进拱顶下面，接受热辐射治疗，这种治疗学名称为红外线治疗，俗称烤电。调节电阻丝的电流，便可控制热辐射强度给腿部加温，由此产生治疗效果。每次烤电 30 分钟，收费 3 毛钱。

烤电时我感到膝盖暖洋洋的，很舒服。刚烤完电后我感到膝盖的疼痛似乎有轻微的好转。

我问医生"不知关节炎是什么原因造成的？"

"可能是一种病菌造成的。"医生想了一下，回答道。

我临走前，医生和我说"膝关节炎是一种慢性病，治疗需要足够的疗程。"

"需要多少时间可以治好？"我问

"先做一个疗程看看。一个疗程需要一个月时间，隔一天做一次，总共做 15 次治疗。"医生说

我算了一算，做一个月的治疗得花 4 元 5 毛钱。这个钱数，在当时对于我来说无疑是一个天文数字。实际上，我一个月的伙食费也就是 7 元钱。每月交足伙食费都不是一件轻易的事，烤电治疗就更谈不到了。

医生看出了我的为难情绪，告诉我，如果我接受治疗的话，他可以为我申请半价治疗。然而，即使半价对于我也是难以承受之重，我的家里根本拿不出钱来为我治疗。无论如何，我只能打退堂鼓，遗憾地向医生告别。就这样，这个从初中二年级以来一直纠缠于我的膝盖关节炎，只能靠自己的身体来扛了。来日方长，今后的病情如何发展，我哪里知道，只好听天由命了。

此时，我更担心的是自己的膝关节疼痛对我考大学，对我的前途会产生什么样的影响。那时我心里总在寻思，倘若考大学成绩通过，这样的身体状况也难以躲过大学的体检，弄不好人家会拒绝你

入学也未可知。

那时，我的心情相当的沉重。在这样的心理负担下，我认真地思考了自己高中毕业后的去向。本来，我准备升学考试时报考工科大学，这是当时多数同学立志报考的专业方向。从事理工科学习，也是我的兴趣所在。曾记得，当年我刚考上初中入学后，就听到有一个顺口溜"学好数理化走遍天下"。因为数理化是理工科的学问，所以我对于学习数理化就十分的上劲。上高中以后，眼界更宽了，当时就听人说"工科大学是培养工程师的摇篮"。出于对工程师的尊敬和向往，读工科大学便成了我的理想。

尽管理想很丰满，现实往往很骨感。自初中二年级以来，严重的膝关节疼痛迟迟不见好转。这样的身体状况使我的理想天平渐渐偏离了工科方向，开始向医科方向倾斜。

我心里想，既然我的身体状况不允许我当个工程师，那么当个医生总算可以吧！而且，我还有一个心愿，考上医科大学后，我便得以有机会研究一下如何治疗困扰我多年的骨关节病痛，使像我这样的关节炎者得以解脱病痛的纠缠。

"这就叫顺势而为吧！"我心里想。想到这里，突然感到心里豁然敞亮。

我上高二的时候，昌图一高在校内的西侧一个小宿舍区开辟一个寝室，可容纳十几个人，目的是照顾那些身体不适的学生。该寝室俗称为病号室。为了抵抗北方冬季的寒冷，室内带有火炕。患有膝关节炎的我，顺利地申请到该病号室的一个铺位，从学生宿舍搬了进去。

寝室内设有左右两排炕，每排炕设有一个地炉。炉子生火和清理炉渣由室内人员轮流承担。自从住进病号室，我每天晚上可以睡上热炕。于是，尽管冬季北风呼啸，狂风暴雪施虐，晚上自习后回到寝室内，感到温暖异常。

本来我的一双膝关节疼痛是由于体育锻炼时用力过度，造成的局部受伤，再加上冬天宿舍里的低温和潮湿环境，发展成比较严重的关节炎，且久久挥之不去。这回晚上睡上了热炕，膝盖疼痛得到了逐渐缓解，到了第二年的春季，膝盖的疼痛奇迹般的地消失了。

于是，离我高中毕业仅仅还有半年的时间，困扰我将近四年的病痛就此痊愈。从此，我可以像正常人一样走路，蹦蹦跳跳了。对此，我自己暗暗称奇，心里的高兴劲那就甭说了。现在回想起来，我对昌图一高给我提供的康复条件仍然怀有感激的心情。

九、 好了疮疤忘了痛

1962 年 6 月份，距离高考还有一个月，递交升学志愿的时候来到了。

此时，困扰我四年的膝关节炎刚刚好转。本来，在膝关节病痛困扰我的时间里，在行动处于严重受限的情况下，我不得不放弃了原来的报考工科大学的志向，转而确定了报考医科大学的目标，并立志做一位治疗关节炎的专科医生，以解除像我这样饱受膝关节疼痛之苦的广大病人。

如今，临高考前夕，我的膝关节病痛突然消失了。膝关节炎的突然痊愈使我的心里非常高兴。以前立下的报考医学院的愿望也随着突然淡忘了。于是，在填写升学志愿时，我填写了工科方向的志愿。

人们也往往在处境好转后就忘了过去的困难或失败的教训。用一句中国的俗话，这种健忘症等同于"好了疮疤忘了痛"。遗憾的是，作为一介凡人，在决定自己生涯的重大问题上，我也难以摆脱这个怪圈。

十、 马失前蹄落清华

1962 年 6 月初，时值高考前一个月的时候，昌图一高的应届毕业生开始填写升学志愿。届时，我把清华大学和东北工学院分别作为第一份表的第一和第二志愿。

我班李树堂同学报考了北京大学，而且是全校唯一报考北京大学的应届毕业生。按规定，高考志愿填完后首先提交班主任老师过目。学习成绩一般化的李树堂同学，却把北京大学作为第一份表的第一志愿，这可急坏了班主任王秀英老师，认为这是瞎胡闹。于是，王秀英老师专门来到我班找李树堂同学修改一下他的报考志愿。他们间的对话我至今还记得。

"李树堂，你把北京大学作为第一份表的第一志愿，报的太高了，是否换一下其他学校？"王老师劝李树堂同学。

"那我就喜欢这个学校嘛！"李树堂回答说。

"如果第一个志愿没有被录取的话，会对你后面的志愿造成影响。你还是应该再考虑一下。"王老师继续说。

"不考虑，就这样了！"李树堂固执地说。

班主任王秀英老师和李树堂同学的谈话就此不欢而散。

李树堂同学的学习成绩在班级里确实不怎么样，他把北京大学作为第一份表的第一志愿确实是不自量力了。他这样做，显然有点破罐子破摔了，最后什么学校也没有考上。

1963 年，我们高考的第二年，我在东北工学院念书的时候，一天李树堂同学突然来学校找我，并在我这住了一个晚上。期间他告诉我他正在复习功课，准备当年再考一次大学。我对他的毅力表示鼓励。

后来知道，李树堂在那次去东北工学院找我之前，曾长途跋涉去过我家。我们两家距离较远。他对我的父母说他是我的高中同班同学，声称他的高中课本都丢了，要借我的高中时期的全部课本和笔记为他复考大学之用，并表示课本和笔记本用完后就送还。

我的父亲是实惠人，他一说就相信了，立刻翻箱倒柜，找出来我的全部高中课本和笔记本给他拿走了。此后就再也没有听到他的消息，更不知道他的下落了。2013 年，我回国探亲期间与昌图高中部分老同学聚会时听说，李树堂同学在离开昌图一高后一直在家，不久就去世了。算起来可能发生在去东北工学院找我后不久的时间。

高考前，有好事的同学特意告诉我，昌图一高共有六位同学报考清华大学，我是其中之一。遗憾的是，当年昌图一高竟然没有一个人考取这所名校。

按正常水平来看，我觉得我是应该有一拼的。可是我却在这次高考中马失前蹄，没有能如愿以偿。问题就出现在语文一科"说不怕鬼"的考卷上。

语文考试的原则是一篇作文定乾坤。1962 年全国高考语文考试给出两个作文题目，要求考生从这两个题目中任选其一。这两个题目分别是"雨后"和"说不怕鬼"。显然，第一个题目是记叙文，第二个题目是议论文。我选择的是后一个题目"说不怕鬼"。

我知道，写议论文离不开三段论式，他们是立论，论据，和结论。其中开头的立论和结尾的结论首尾互相呼应，就是不怕鬼，而中间的论据便是说明为什么不怕鬼。对于这些，我在作文中所作出的表达都是 OK 的。可是我写文章中过于精神集中去论述破除封建迷信那一套，忘记了对时事的联系，致使这篇作文功亏一篑。

1962 年是中华人民共和国极其不寻常的一年。这一年，国家三年自然灾害还没有结束，国家还很贫困；这一年，中苏同盟关系已经破裂，援华的苏联专家已经撤走，以至于苏联援助中国的 156 个工业项目全部停止；这一年，中国的邻国印度屡屡制造边界冲突，终于于 1962 年 10 月 20 日 – 11 月 21 日爆发了中印边界战争；这一年，1949 年就退守台湾的国民党军队趁机叫嚣反攻大陆。总结起来，这些当时中华人民共和国的敌对势力，简称帝修反，使这个年轻的共和国处于严峻的考验之中。

在这种情况下，说不怕鬼这篇作文理所当然应该联系对这些敌对势力的斗争。而且从这次高考的作文来讲，涉及这样的内容是如此必要，否则，这篇作文无论如何不可能获得及格成绩。

果然，我的说不怕鬼的作文成绩，只获得可怜巴巴的 53 分。这样，我报考清华大学的志愿算是泡汤了，最终被第二志愿东北工学院钢冶系（钢铁冶金系）录取。

十一、 亚洲钢王的诱惑

由于我高考"说不怕鬼"的作文跑题的缘故，导致我和高考第一份表第一志愿清华大学失之交臂，最终被东北工学院钢冶系录取。

我为什么第二志愿报考东北工学院？为什么被东北工学院钢冶系，而不是其他系录取？原来还有一个故事。

当我在填写高考志愿表中的第一份表第二志愿之前，我还不知道自己应该报哪个学校，更不知报哪个系为好。正在我举棋不定的时候，我班的黄玉杰同学突然走到我的桌子旁边。

"我哥哥是东北工学院毕业生。他说东北工学院最好的系是钢冶系，因为东北工学院校长靳树梁就是这个系的教授，他是亚洲四大钢王之一。"

黄玉杰同学在昌图第一初中读书时就和我在同一个班级。他是一个老实人，性格很内向，在班内他和谁都没有什么接触，在昌图一高的三年里，我们也没有什么接触。那一天他不知为什么心血来潮，主动跑到我跟前向我介绍他所知道的亚洲钢王，东北工学院靳树梁校长，诚恳地建议我报考东北工学院钢冶系作为第一份表第二志愿。

在黄玉杰同学的诱导下，亚洲钢王靳树梁在我的心目中的形象从无到有，并且立马高大起来，对我这样一位涉世未深的学子产生了巨大的吸引力。于是，我毫不犹豫地把东北工学院钢冶系作为我的报考高校第一份表的第二志愿。

由于当时还没有互联网，那时的高中生对国内的大学，以及专业的认识都是一片空白，我的有关信息，除了来源于黄玉杰这样的口头传闻，一切都停留在手头的那张刚刚到手的高校表格上。

现在看来，当时报考东北工学院钢冶系一举，实在是具有偶然性和盲目性。志愿表报上去不久，曾经报考东北工学院钢冶系这件事逐渐淡忘了。

1962年8月下旬，高考一个多月以后，我收到了东北工学院钢冶系录取通知书。由此开始了我的大学和此后的学习和工作轨迹。

人的一生很奇怪，常常在关键的时刻，偶然的诱因发挥作用，并决定自己的未来。

回想起来，当时黄玉杰向我耳朵吹风的时候，我正站在人生生涯的一个十字路口上。他在我关键节点上的一个偶然之举，却决定了我未来的生涯走向。

十二、 半个世纪再重逢

2013年我和妻子回国探亲的时候，曾经在昌图小住。那里有我高中时代的母校，我妻子的亲戚家就在那里。在那里，我高兴地见到了分别半个多世纪的昌图一高的几位同班老同学。这是我自昌图一高毕业以来第一次和同班的老同学重逢。

有人说，人一到了年纪，越来越思念过去的岁月，这句话说到了我的心里。我回到昌图后，就热切盼望和昔日的老同学见上一面。

我在亲戚家的电话本上查到了我班曹小葵同学家里的电话号码。当我给曹小葵打电话的时候，正赶上她在家。电话那一头传来的银铃般的声音，正是我记忆中的小葵同学，这使我感到，长期的岁月磨练，没有使他当年银铃般的声音有些许的改变。

我印象中的曹小葵长得娇小玲珑，白白净净，水灵灵的两只眼睛晶莹剔透，显得一尘不染。曹小葵活泼好动，能歌善舞，每逢班里有什么活动，尤其新年晚会上，都少不了请她唱一首歌，表演个节目。而她也是大方地有求必应，一展歌喉给大家带来欢笑。

半个世纪过去了。岁月的无情，当年尚在天真烂漫的小葵，由于时光的飞逝，似乎转瞬间无可抗拒地鬓发斑白。这使我不得不面对人生的短暂。久别重逢的小葵不改往日的大方和热情，她的清脆的声音，热烈的态度，和明亮的眼神，还是我所熟悉的高中时期的这位老同学天真烂漫的性格。

"我们去曹淑兰家吧！他家屋子大。"曹小葵对我说。

曹小葵同学把我领到曹淑兰同学家里。原来曹小葵已经打过招呼，曹淑兰夫妇正在家里等着我们。

在我的印象中，曹淑兰同学一双细长的大眼，高高的鼻梁，洁白的面容，配上她的乌黑的头发梳理的两条直达腰际的长辫，凸显出一朵美女班花的形象。如今，半个世纪过去了，岁月的磨练，使这位当年的美丽的曹淑兰同学也刚刚步入古稀之年，取而代之的是她的练达，端庄和幽默。

曹淑兰同学的学习成绩很好，人也聪明，按理说应该考上一所大学。可是考试无常，那年遗憾地没有被大学录取，真是命运捉弄人。

曹淑兰毕业以后，先是通过考试进入了中国人民银行做一位办事员。在工作中，这位当年高考中马失前蹄的曹淑兰同学，以她聪明的才智使她在银行部门的工作中如鱼得水，并以她出色的工作成绩，在文革后被任命为昌图县中国人民银行副行长，终于在金融领域实现了她的人生价值。

那一天，曹淑兰夫妇专门设家宴招待我，席间还有曹小葵，杨玉霞同学。杨玉霞同学很聪明，当年的学习成绩也很好。她的白净的脸上两只大眼睛一闪一闪，使人一眼看出，这是一位略带娇羞，平和又聪明的女孩。她也是走读生，经常和曹淑兰结伴上下学。当年她和蔡淑兰一样，高考没有被大学录取，实属考试无常。这次见面时她鬓发已经花白，仿佛时光隧道瞬间把一位青春美丽的女孩带到古稀之年。抚今追昔，真感到不胜唏嘘。

第二天，就在我即将离开昌图的那天上午，曹小葵同学在宾馆订了一桌酒席，设宴招待我。托小葵的安排，我和老同学曹淑兰，魏淑云，霍汉书，李栋业，杨玉霞同学得以欢聚一堂。

当天，霍汉书同学一大早特地从 100 里外的八面城镇赶来，他已经从当地粮食部门退休。这是一位胸襟开阔，大气，又淳朴的人。魏淑云同学乘火车从铁岭市赶来。她不久前从中学教师的岗位上退休。这位当年美丽，大方又善良的姑娘，虽然今已迈入古稀之年，话里话外却还保留着年轻时质朴的气质。江山易改，秉性难移，这是她的性格使然。李栋业同学也从铁岭市赶来。他的经历有些传奇。他人很聪明，言语幽默，口若悬河，就是学习不太用功。李栋业同学当年没有考上大学，于当年底增兵时报名参了军。当时的高中文化程度在部队还是很缺乏的。在部队的培养下，李栋业被提干当上了军官。1968 年文化大革命期间，李栋业作为部队支左的一员进驻大连工学院。期间，和我班考入大连工学院的栾素贤同学相爱并结为夫妇。原来在高中一个班读书时，还没有见到他们两人有什么交集，然而，6 年以后，这两位高中老同学终成眷属。

回想起来，在高中时代，同学们的年纪轻轻，每个人都怀揣着考大学的梦想，学习自然很忙，很多老同学之间平时还无甚来往。加之当时世风还很保守，男女同学之间更是没有什么接触。有趣的是，半个世纪后的今天，我见到的高中同学中的大部分人竟是当年接触不多的同班女同学。大家见面后握手言欢，抚今追昔，感慨万端。

当时在昌图一高分别的时候，我们都是 20 岁不到，半个世纪过去了，大家都已进入古稀之年。时光流逝之快，使我们感慨万端。此情此景让我想起了杜甫的诗句：

人生不相见，动如参与商。

今夕复何夕，共此灯烛光。

少壮能几时，鬓发各已苍。

回到加拿大的家中，我把在宴会上拍的一些照片洗出来，并给每位在场的老同学准备了一份照片，通过邮局寄给了曹小葵同学，并附上一封信，以表达我对老同学的感激和怀念之情。这里我把这封信附在下面。

小葵及各位同学：

这封信姗姗来迟，实在不好意思，部分原因是这段时间不一般的忙，我要集中精力全力以赴。主要原因是我的拖拉，不一般的拖拉。但唯一点要肯定的是，无论如何我没有忘记老同学。

提起笔来，眼前再现 1959 － 1962 年昌图高中时代的艰苦而令人难忘的学习生活。当时还小，尽管学习生活很紧张，加之处于 3 年自然灾害，国家困难时期，生活比较艰苦，高中生活却使我们很珍惜，快乐。那时的我除了忙于繁重的学习，心里世界是一片单纯。回想起来，3 年高中时代的学习生活在我的人生中印象较为深刻，以至于经历了半个多世纪，我尚能记得全班同学的名字。尽管由于腼腆以及孔老二的封建习惯，和女同学很少交谈，却不失对全班女同胞的尊重。这次回来，是女同胞为我这个游子设宴款待，使我深受感动，却不晓得道个什么谢为好。

这里我要深切感谢小葵宾馆专门设宴，淑兰大姐和姐夫的家宴招待，也要感谢姐夫赏脸出席宾馆的宴席。这使我感受到回家的温馨。此次重逢，当年天真，聪明活泼，时时伴随悦耳歌声的小葵，美丽聪慧的淑兰大姐，宁静又不失幽默活泼的玉霞同学犹在眼前；还有汉书大哥的朴实，宽厚和随和，淑云同学的聪明，善良和直率，栋业兄弟悬河般流畅的口才，特有的辛辣又幽默的语言，都给我留下了很深刻的印象。几位同学当天分别从八面城和铁岭为我远道不辞辛苦兼程赶来，我很受感动。我尊敬的吴兆文老师，以及高中同年级的老同学（恕我不一一道出姓名了）的光临都令我非常高兴。此时，我自然想起了唐朝诗人王勃的一句脍炙人口诗句"海内存知己，天涯若比邻。"高中时代的学习生活，诸位的同窗之谊将永远留在我的记忆中。

随信寄去一些照片，留给大家保存，作为纪念。高中毕业前我们没能有全班的合照，这不能不说是一个遗憾。然而，这就是人生。让我们今后各自保重，并保持联系。

祝安好！

尚德义

2013 年 11 月 8 日

第13章 温柔乡里方仲永

一、 儿时的玩伴

1962年7月初,经历3天高考,我结束了历时三年的高中学业。高考结束的第二天,我告别母校,步行返回家乡。那一天,我和M同学结伴同行。

我们俩年龄相仿,打小就在一起玩耍,很是熟悉。

儿时的乐趣很多,儿时的生活也很迷人。

每逢冬季来临,村子东南角的偌大池塘上冻结出一层厚厚的冰,给小伙伴的玩耍提供了便利的场所。每逢下过一场雪,我们这些孩子便争先恐后去清理冰面的积雪,开出一条长长的冰面。在严冬下除去积雪的冰面上光滑如镜。每到傍晚,我和M同学以及同村的小朋友聚集在冰面上。孩子们打滑哧溜、打冰嘎、玩冰车,在光滑的冰面上往来驰骋,乐此不疲。他们欢欢笑笑,吵吵闹闹,一直玩到深夜,却意犹未尽,兴趣盎然。

比起冬天的北风呼啸,雪花飞舞,骄阳似火的夏季使儿时的玩伴感觉到焕然一新。每逢夏天到来时,我们便结伴一起去拍蝴蝶,捉蚂蚱,一起去河沟里洗澡,捉鱼,一起放猪,割猪草,一起玩捉迷藏等。多姿多彩的活动,使我们眼花缭乱。身在其中,我们总是兴致勃勃,欢欢乐乐。

二、 学伴

时光飞逝，岁月如梭，转眼到了学龄时期。那是在 1950 年，中华人民共和国成立的第二年，我们两人一起去村子里的小学上学，同在一个班念书。打那时候起，我们一起度过了历时 12 年从小学到高中的求学阶段。在这段漫长的时间里，机缘巧合又使我们俩不仅总是在相同的学校学习，而且在绝大部分时间里同在一个班级里读书。

1962 年夏，我们从高中毕业的时候，我们中国还是相当的贫穷，以至于偌大的一个昌图县只有少得可怜的路能通上公共汽车。当时，昌图老城至我们家乡还没有公共汽车可乘，于是，我们此次返乡还得靠步行。届时，刚刚结束高中学业的我们二人各自背着自己的小铺盖卷，一只手拎着脸盆和牙具，另一只手拎着几本书，告别求学三年的昌图一高，沿着我们熟悉的 50 里乡间道路，向家乡走去。

当年，我们俩刚满 19，20 岁。由于生日相同，M 同学刚好年长我一岁。这是我们一生中精力最充沛的时候了。于是，50 里的步行路程对于我们来说，并不是什么了不得的事情。对于我来说，从初中二年起困扰我的膝盖关节疼痛已经于半年前痊愈，双腿行走的羁绊被彻底解除，行走功能也已经恢复到常人的水平了。这是在我人生的关键时期，命运之神恩赐于我的礼物。它一扫我长期以来心里的抑郁，使我的精神豁然开朗。

为了争取时间，回家心切的我们俩一大清早就出发了。早晨的天空格外晴朗，一点风丝也没有，周围一片寂静。我们并排走在回家的路上，边走边聊，不知不觉之间已经走出了很远。猛一回头，我们高中母校的所在地 - 昌图老城早已被抛在了后面。

三、 考不上大学我不冤哪！

我们边走边聊。不知什么时候，M 同学突然话锋一转，一本正经地提高嗓音对我说"xxx 呀！这次考不上大学我不冤哪！"。M 同学突如其来的话使我吃了一惊。

我平静了一下心情，然后缓缓地问道"这话从何说起呀？"。

"这次考大学前我没有复习呀！没费力气呀！所以，如果考不上大学的话，我不冤。" M同学轻松地说。

M同学说他在高考前没有认真复习过功课，这话我是相信的，对此，我是见证人之一。

原来，高考半年前的那个寒假，经人介绍，M同学结识了一位女朋友。据他说，这位女孩长得很好看，他很喜欢。于是他们俩见面后就订了婚，他准备在高考后就立刻迎娶这位女朋友。

在高考前两个月的紧张的高考复习阶段，同学们整天在教室里紧张地复习功课。然而，此时M同学和他的未婚妻正处于婚前的异地热恋中。由于M同学日夜思念着他的未婚妻，再没有心思去教室复习功课了，以至于经常一个人泡在寝室里冥思苦想，奋不顾身地沉浸于对未婚妻的思恋中。

"有人给我介绍了一位女朋友，人长得很好看，我准备高中毕业后就和她结婚。"M同学在寝室里逢人便重复这句话。看来，对未婚妻的思恋使他的精神长期处于亢奋之中，竟也管不住自己的嘴了，不吐不快。

这句话显然是M同学出自于内心深处的肺腑之言，以至于他每次重复这句话时都眉飞色舞，凸显出即将抱得美人归的甜蜜蜜，美滋滋的幸福感。

经M同学日复一日，不厌其烦地自我宣传，班里的同学都知道了他在高考前夕交上了桃花运。

一般来讲，婚事是一个人的隐私，除非是好友，对于大多数人，不便肆无忌惮地大肆宣传。那么，M同学为什么在高考前的复习阶段，在同学面前不厌其烦，大肆宣传自己的婚事这一隐私呢？这是不是不动脑子顺嘴胡咧咧呢？况且，他对未婚妻的过份思恋，势必会严重影响到他的高考复习。

"他把自己的隐私当作桃花运向班里的同学显摆，这样顺嘴胡咧咧，也许是由于在这段时间对自己未婚妻的朝思暮想而把脑子搞错乱了也未可知。" 我寻思着。

然而，看到他说话时那么坦然和认真的样子，又看不出来他的话是随意胡咧咧。

"也许情况不那么简单。" 我隐隐约约感觉到，M 同学刚才在我面前故意说出这样的话，是有意而为之，故意说给我听的。

刚才他对我说的话是在暗示我，如果他的这次高考一旦落榜，实在情有可原。而且，既使落榜他也不吃亏，毕竟他抱得美人归了。人生能得一美人足矣，为此牺牲什么都在所不惜。而对于我来讲，一旦考不上大学，就亏大了，满盘皆输，考前复习中的一切付出和辛劳就付诸东流了。

此时此刻，我似乎看清了 M 同学的小心眼。他无非是在告诉我，如果他没能考上大学，那是可以接受的，理所当然的事情，而一旦我考不上大学的话，那可就冤了。

想到这里，我微微一愣，心里顿时升起些微的不快。我对 M 同学这位儿时的玩伴，小学和中学的同学太了解了，以至于这样小心思的人说什么刺耳的话，我都不必放在心上。对于他的话，最好的对策是一边耳朵进，另一边耳朵出。这样，他的话对于我就不会产生任何负面影响了。

"人的价值观不是一朝一夕形成的。"我陷入了沉思。于是，当年和 M 同学在一起时的点滴记忆又浮现在我的眼前。

M 同学从小体格就好，虽然不是 "膀汉" 类型，但还算魁梧，有点蛮劲。他在儿童时期的伙伴中往往习惯于展示自己身体的力量优势，乐于争强好胜，显露锋芒，依此压制其他小朋友一头。于是，有时和小伙伴们一言不合，他就动点小拳脚，先声夺人，显露出一位不允许挑战的孩子王的威风。

在这位强势的孩子王面前，其他的孩子眼见拳头的力度相形见绌，自料硬顶下去难以取胜，气势便自然居于下风。久而久之，玩伴们在这种敌强我弱的局面下，觉得还是好汉不吃眼前亏为妙，对于他的锋芒退避三舍，敬而远之。于是，M 同学在小伙伴中间越发显得有点孤立。然而 M 同学对自己的孤立局面也没有感到有什么不适，相反却自以为得计，我行我素，孤芳自赏。

M 同学高考落了弟。

四、 诱惑

实事求是地讲，M 同学的学习成绩在我们班里也不是很差，乐观一点来估计甚至属于中上水平，在这次高考中处于可上可下的状态，尽管今年考大学很难，但如果努一把力，考上一个大学是不奇怪的，倘若努力不够，考不上大学也在情理之中。

本来 M 同学的家对他的期望很大，希望他能考上大学，将来成为一个高级知识人才。本来，M 同学也是这样想的。

为了使自己的学习成绩更上一层楼，为了在高考前的一个学期中努力一拼，为高考打下更好的学习基础， M 同学在高中二年级结束的那个暑假的一天特意到我家来过一次，向我表示希望我在他高考前的学习中对他的学习施予援手，以便使他尽可能考上大学。

M 同学的上进心和言语上的情真意切使我很感动。我当即告诉他，学习上凡是需要我帮忙的地方，我一定尽力去帮。与此同时，我也鼓励他，"我认为就你的学习成绩来讲，如果再加一把力的话，你是可以考上一所大学的。"

高中二年级后的那个暑假过后，我们进入了高中时期的最后一个学年的学习阶段。起初，M 同学的学习很努力，也能集中精力钻研学习中遇到的问题。而且，对于学习中的疑难问题，也经常找我讨论，以便更好地解决。对于他的学习热情，我很高兴，尽力做到来者不拒和他一起讨论问题。在高中时期的最后一个寒假之前，我已经高兴地发现，他的学习正处于一个前所未有的上升态势。

人类最可怕的弱点是经不住外部世界的诱惑而改变初衷，这是人类的私心和缺乏足够毅力使然，对此，大至一个国家，一个政党，小至个人盖难例外。特别是对于那些意志薄弱，自私心特重之人更难幸免。

正是毕业前的那个寒假，经人介绍 M 同学结识了后来的妻子。两个人初次见面便碰出了火花，坠入爱河，并很快订了婚。M 同学计划于高中毕业后，回乡成婚。M 同学也就在寒假过后，在高中最后一个学期的学习冲刺阶段出现了转折。

人们说，爱情的力量是强大的。出于对未婚妻的思念，M 同学渐渐忘记了初衷，时常在学习上放任自流，致使上个学期在学习上的上升势头开始逆转，走了下坡路。而且在高考前的复习阶段，M 同学更是破罐子破摔，踏步不前，终于致使高考名落孙三。

高中毕业后，M 同学回乡结了婚，在老家农村过上了老婆孩子热炕头的生活。

五、 方仲永的教训

北宋文学家王安石创作一篇散文《伤仲永》。这篇文章讲述了一个江西金溪人名叫"方仲永"的神童因后天父亲不让他学习，被父亲当作造钱工具而沦落到一个普通人的故事，指出了后天的学习，排除诱惑，持续不断的努力，是一个人学业进步的动力。王安石的文章告诫人们决不可单纯依靠天资，在诱惑下踏步不前，否则会前功尽弃。而后天的教育和学习，后天的努力对于一个人的成才是必不可少的。王安石的文章对于我们后世学子的成长道路有着多么重要的警戒和指导意义！

1962 年底，国家开展了一年一度的征兵工作，正值参军年龄的 M 同学也报了名，然而却在体检中出了事。首先是他的新婚妻子去政府（当时的基层政府是人民公社）机关大哭大闹，坚决不同意其丈夫参军。同时，在检查视力时，视力本来很好的 M 同学硬是说看不清视力测试表上的 A，B，C，D，致使视力测试结果不合格，而被淘汰。

据说，M 同学在征兵期间的表现弄得公社领导对他很不满意，于是，决定此后对他永不录用。就是说，此后无论有什么工作机会也不会考虑他。所以此后 M 同学便一直奋斗在农业第一线。

第四篇

我的大学

第 14 章 出乎意料的消息

    1962 年 7 月初，我结束了三天的高考，从昌图一高毕业。第二天早晨我告别了母校，走在回家的路上。

    斗转星移，时光飞逝。如今，半个多世纪过去了，我再没有踏入曾经哺育过我，令我敬重，在我生命中占据着重要位置的这所母校。

    那一天，与同乡学友结伴步行在返乡的路上，眼前一望无际美丽的田野，使我浮想联翩。在过去的半年中，那个高中时代的最后一个学期，大自然春去夏来，眼前的大地换了新装。然而在高中的校园里，我为准备高考而整天地忙碌，过着"两耳不闻窗外事，一心只读圣贤书"的日复一日的学习生活，竟然没有注意到时光的飞快流逝和季节的巨大变化。

    如今已是夏季时分。夏天，这是一个承上启下的季节，是田野最美丽的时候。抬眼望去，一片片庄稼青翠欲滴，构成了生命之绿荫。绿荫下，享受的是生命与生命的相互浸润和交融。我走在乡间的路上，沐浴着夏日的风光，感受着自然的奇迹和力量，欣赏着眼前的田园之美，尽情享受着田野间特有的清香，不禁心旷神怡，几天来由于高考作文的失利所引起的忧虑和烦恼也暂时抛到九霄云外了。

    回家的 50 里路走了将近 7 个小时，当天返回到家中的时候已是下午 3 点多钟。

    一进家门，第一眼看见我的母亲。母亲正在地上做活，看见儿子回来很是高兴，迎上来问我累不累，饿不饿，絮叨个不停。父亲在生产队做饲养员，整天照顾生产队那些耕地的牲畜，除了回家吃饭时露上一面，成天不着家。

刚放下行李，我习惯性地四处张望，总觉得还缺一点什么。忽然发现，此次在家中唯独没有见到奶奶，我最为熟悉而慈祥的面容。啊！这时我才想起，原来她老人家在半年前的那个初冬季节，病逝于铁岭的老姑家中。想到这里，突然感到鼻子里一阵发酸，眼前一阵模糊。

母亲看出来我的心思，走过来对我说"回来就好，这阵子你念书一定够累了，在家好好休息一下吧！"

此时，我着实感到有点累了。想起从小学到高中的读书生涯，虽然不是在工作，却也是一个辛苦活。此时，我不由得想起了祖父读书那个时代。他老人家在清朝末年读私塾的时候，十年寒窗苦读，一定很辛苦。我从小学到高中的 12 年寒窗，不间断地学习和坚持，和爷爷以及古时候的学子比较，都不是很轻松的事情。

我的思绪又回到了眼前。今天负重返乡的 50 里路程，一路上跋涉，粒米未沾，滴水未进。俗话说，人是铁，饭是钢，一顿不吃饭饿得慌。此刻，我也确实感到又疲乏又饥肠辘辘了。看到我又累又饿的狼狈相，母亲赶忙给我做饭。

不一会功夫，母亲就做好了饭。1962 年，正值经济最困难时期，农家饭那是简单得没有再简单的了。一块苞米面饼子，一碗面糊糊，一碟咸菜，一把葱叶，一碟大酱，一根黄瓜，这便是母亲能给我做的最好的农家饭菜了。我狼吞虎咽般的吃完了饭，时间已经接近傍晚。累极的我倒头便睡下，一觉睡了 10 几个小时。醒来时已经是第二天早晨，天已经大亮。

本来，大学发榜的时间在 8 月下旬，就是说，还有一个半月的时间才得以见结果。在东北农村，夏季是农闲季节，我在家里没有什么事可做，只能每天百无聊赖地等待着高考的结果。

细一想，在高考发挥正常的情况下，我不该过分忧虑这次高考的结果。如今高考已经过去，考上或考不上大学，客观上是已定之天了。尽管 1962 年这一年的大学尤其难考，因为这一年是国家最困难的时期，大学招生人数锐减。然而如果没有意外的话，我还是确信，考上个比较中意的大学应该是一件可能完成的任务，退一步讲，至少也应该考上一所大学。如此说来，这样的高考结果何时发布只不过是一个时间问题罢了。

然而，事情偏偏出了意外，如今我面对的现实不是那么简单了。也许是注定命运多舛，今年高考的语文作文"说不怕鬼"，我偏偏鬼使神差地跑了题。而且，语文考试又是一篇作文定乾坤，就是说，仅仅由这一篇作文确定语文考试的分数，除此之外，高考语文考试中再没有其它的考试内容了。于是，我今年的高考结果，实在是一个很严峻的现实问题。

考完语文刚刚离开考场，知道了我的作文跑了题的语文老师不无忧虑地对我说"跑了题的作文至多是一个不及格的成绩。"

语文老师的话，我是百分之一百相信的。于是，我心里的懊悔就不用说了，以至于如今在家里等榜的时候，语文老师的话也总是在我的耳边回荡。

"语文的高考成绩这么的差，那不仅是能否能考上一个可心的大学的问题，而能否能考取一所大学都成问题了"。我心里一直不安的想着。

回到家以后，我内心一直在打鼓。平时，老是不由自主地回想起这件事，而且越想，心里越是郁闷。这憋在胸中的郁闷，随着大学开学时间的临近与日俱增。

屋漏偏逢连夜雨。一天早上，我突然发现脖梗子后面有一个地方有疼痛感。我用手一摸，原来是一个不知什么时候长出来的火疖子（也叫疖疮）在作怪。妈妈看到这一情景，心里很忧虑。

"脖子后面生火疖子是一件很麻烦的事情，要多加点小心！"妈妈告诉我。

实际上，脖梗子上的火疖子处于中枢神经和血管淋巴密集区，况且，弄不好火疖子会越长越大，越发不可收拾，所以一定要重视它。然而，在那缺医少药的年代里，加之家庭生活的拮据，身体上出了什么问题，只能用身体来扛。我需要等待火疖子自己化脓出头为止。至于这个过程中会经历什么风险，我哪里知晓？

果然，这火疖子来势汹汹，一天天长大，一天天愈加红肿，与此同时令我感到越发疼痛。火疖子之处的疼痛感使我晚间睡不好觉，有时还做噩梦。

至今我清楚地记得，时间在那年八月二十日深夜，我在睡眠的时候做了一个梦，梦见一个大雨天，外面闪电雷鸣，瓢泼大雨。突然，一个穿雨衣的邮差来到我家，亲自给我送上一封信。我打开信一看，原来信中竟然是通知我没有被大学录取的消息。信上还说了许多安慰的话。

我感到胸口一阵压抑，憋得喘不过气来，骤然从梦中惊醒，一翻身坐了起来，嘴里喘着粗气，心里蹦蹦地跳。

皎洁的月光从窗口射进来，屋内的一切清晰可见。借着月光，我忽然看见妈妈也跟着坐了起来。原来我的反常行动惊动了妈妈。最近，她老人家也一直在为我的焦虑放不下心。看到妈妈在关心地注视着我，我的眼泪在眼眶里打转。

我长出了一口气，对妈妈说"妈！我的书念到头了！这是我没有想到的。"

说到这里，我的眼泪顺流而下，我仍然难以割舍对学业的眷恋。

由于大学开学的日期日益逼近，我越来越心神不宁。见此情景，妈妈很是为我担忧，不时在安慰我。

"放心吧！我就不信你一个大学也考不上！咱怎么说也能考上一个大学。考上一个大学就行呗！"妈妈轻声地安慰我。

"也许由于这个该死的连雨天季节，路不好走，报喜的通知书在路上耽搁了。"妈妈又在为我宽心。

"来榜没有？"有的乡亲在关心着我高考这件事，不时在见面时询问我。

面对好心人的询问，我只能摇摇头，沉默不语。

"别着急，这些天一直连雨，想必是道不好走，信送不出来。再等等吧！"也有人这样安慰我。

实在说，等榜的这一个半月在历史的长河中转瞬即逝，然而对于我这位考生而言，在等待发榜的时间里却在经历一场度日如年般的煎熬。

当年农村的通讯非常落后。不仅家庭没有电话，而且生产队里也没有电话。尤其长岭子乡地处偏僻的农村，和外界不通汽车，信息更是非常封闭，以至于一切信息只有靠邮差来投递。眼见 9 月 1 日大学开学的时间就要到了，我还没有接到任何音讯，心里不由得越来越焦躁起来。

时间已经到了 8 月 23 日，距离大学开学仅有一个星期的时间了，可是我什么消息还没有得到。看到我呆在家里焦虑的样子，母亲忽然对我说"去生产队溜达溜达吧！那里人多，大家在一起聊聊天，散散心也好！"

生产队就在我家东面几百米的地方。本来，生产队是我这些天的百无聊赖日子里经常光顾的地方。在农闲季节，生产队里总可以见到一些人。有的人去办事情，有的人也并没有什么事情，只是得闲去那里凑个热闹，闲聊一会。

我低着头信步走在去生产队的路上，忽然间有人向我打了一声招呼。我猛一抬头，迎面碰上了一个人。没曾想，这个人竟然是我今天的贵人。

原来这位是我本家的德恒哥哥，年龄仅比我大一岁。我打过招呼后，他问我：

"收到榜没有？"

"还没有！"我低声地回答道。

德恒哥也是我小时候的玩伴。他小学毕业后幸运地找到了工作。他的工作是做公社交换台的线路维护员。当年长岭子村是长岭子公社所在地，公社交换台就设在该村原小学校的校址 – 我启蒙时期的地方。公社交换台专门用于公社和它下属的各生产大队，以及向上级机关的电话通讯联络。

"我替你给你们高中打个电话吧！问一问他们有没有消息，好吗？"德恒哥见我焦躁的样子，主动地问我。

听到德恒哥的话，我心里一动，赶忙说"那太好了！"

原来公社交换台就在从我家去生产队的路上，此时，它就位于附近。

我们两人三步并做两步，霎那间来到公社交换台。

德恒哥坐在电话台前，戴上耳机，接上线，呼叫着昌图第一高中。过了一会儿，电话接通了。

"你是昌图第一高中吗？"德恒哥问。

"是，我是昌图第一高中收发室，你找谁呀？"电话的那一头回答。

"我是长岭子公社交换台。我替尚德义同学打听一下他考大学的结果。到现在他还什么信息都没有收到，你们是否知道他的信息？"德恒哥问。

"知道！知道！尚德义考上了东北工学院。"声音从电话另一头传来，室内的人听得很清楚。

听到我考上了东北工学院，我的眼前顿时一亮，心砰砰地跳，眼泪在眼圈里打旋。

当时，学校收发室里有几位师生在那里。原来昌图一高已于多日前收到了这一信息。那边的人还说，昌图一高今年共有 24 人考取了属于第一份表的国家重点大学，我是其中之一。

那就是说，我们应届毕业班平均每班有四名同学被第一份表的大学录取，约占毕业班同学总数的百分之八。

这一消息出乎我的意外。本来我以为，以我语文一科不及格的成绩（后来我知道我的语文成绩是 53 分），不仅国家重点大学不要去想了，而且，是否能考上第二份表的那些国家非重点大学也难以想象。所以德恒哥为我打电话时，我的心里其实非常紧张。

然而，刹那间电话的那一头竟传来我考上了国家重点大学东北工学院的消息，我一时竟难以相信，生怕自己此时此刻是在梦中。

过了好一会，听到德恒哥和周围众人为我高兴的欢声笑语，我才终于回到了现实。

我随即掐了一下我的胳膊，感到还很疼。我这才确信我不是在做梦。

我的高考作文虽然表现极差，致使语文成绩被远远抛在了后面，以至于和清华大学失之交臂，然而，我毕竟被东北工学院这一国内比较著名的重点大学录取。这已经是出乎意料了。在这种情况下，我应该知足了。中国不是有一句俗话"知足者常乐"吗？想到这里，自高考语文作文跑题那天起，笼罩我心中一个半月之久的阴霾终于消散了。

后来妈妈对我说，当我从交换台回来刚出现在大门口的一刹那，我的眉宇间透露的气色就告诉她，我已经考上大学了。

不用说，那时妈妈对我的事比我自己更加焦虑。

第15章大学的回忆点滴

一、 喜获录取通知书

直到1962年8月25日，我才接到东北工学院的录取通知书。此时是我从电话中得知我已被录取消息之后的第三天。

当我从邮差手里接过录取通知书，妈妈忙不迭地让我读给她听。当然，我也乐于满足妈妈的这一要求。

录取通知书以热情洋溢的语言，通知我考上了位于中国东北地区的最大城市沈阳市的最好大学东北工学院钢冶系冶金炉热工专业。

出生在农村的妈妈连本县的县城都没有去过，更不要说这座祖国东北最大的城市沈阳了。当她听到"东北工学院位于浑河的北岸，风景优美的南湖公园畔"时，脸上露出了惊喜的模样。妈妈似乎觉得我即将要去读书的地方像天堂一样，绝非我们这辽北的偏僻农村所比拟的了。这也使生长在辽北农家，只在本县县城读过书，没有见过城市模样的我的头脑中，充满了对这所大学一种美妙的遐想。

后来我进一步了解到，东北工学院有其久远的历史渊源。它最早可以追溯到1907年由奉天师范学堂更名而来的奉天两级师范学堂。该校为当时东北地区的最高学府。1912年奉天两级师范学堂更名为奉天两级师范学校，这是我祖父当年就读的学校。

1918 年，奉天两级师范学校更名为当时中国六大高等师范学校之一的沈阳高等师范学校。这六大高等师范学校也是当时国内最高学府。1923 年国立沈阳高等师范学校与奉天公立文学专门学校合并为东北工学院的前身－东北大学。所以严格来讲，毕业于奉天两级师范学校的我的祖父便是此后成立的东北大学的学长。

录取通知书也证实了我的同班同学黄玉杰在我填写升学志愿表时，向我透露的信息。原来他说的亚洲钢王靳树梁确乎实有其人[1]，这位著名的冶金专家靳树梁的确是东北工学院的院长。而且，录取通知书还告诉我，我即将入学的东北工学院钢冶系是该校的重点系，我即将入读的冶金炉热工专业是冶金部的重点专业。这些介绍使妈妈和我都很高兴。

至此，我在两个月前的高考中由于语文作文跑题，语文一科成绩处于不能及格的状态，致使我在睡梦中都在担心高考落榜的心里阴霾一扫而光。我庆幸自己的其他科目的高考发挥还算正常，使我的高考总成绩满足了我升入第二志愿的要求，尽管我没有如愿考上我属意的全国首屈一指的清华大学，但东北工学院也属于全国比较著名的重点大学之列。平心而论，对于考生来讲，考上这所学校也远非一件轻而易举的事情。我如今的情况也算是比上不足，比下有余吧！

我应该尤其满意的，1962 年中国正处于三年困难时期，是大学录取率最低的一年。尽管在这满意之中有遗憾，但人非圣贤，谁无遗憾？如今之计，我倒需要安慰我自己了。而且，令我高兴的是，我手中的东北工学院录取通知书，足以使我告慰奶奶的在天之灵了。

想到这里，我的眼前又浮现我那日夜思念的奶奶，以及她老人家临终前对我刻骨铭心的牵挂场面，奶奶的呼唤再一次回荡我的耳边。

遗憾的是，奶奶已于半年前在铁岭的老姑家中不幸过世，再也不能分享她所疼爱的孙儿如今升入大学的喜讯了。

二、 家祭勿忘告乃翁

1962 年 9 月 1 日，我如期出发去东北工学院报到。

当天早晨吃过妈妈给我们做的早饭，我就从家里出发了。和六年前我上初中那天一样，这一天也是由父亲送我。不一样的是，这一年我已经 19 岁了，由六年前一位刚刚离开家门步如人生旅途的柔弱的少年，成为初具人生经历的青年了。这 6 年也正是我长身体的年龄，如今我的个子长高了，身体也健壮多了，我已经有能力分担父亲的负担了。

父亲送我到离家 30 里外的金沟子火车站，把我送上南行的火车，我就告别了父亲，独自乘车向沈阳进发。

列车奔驰在广阔的东北平原上，车窗外蓝蓝的天空下阳光明媚，绿油油的田野一望无边，令我这位正在奔赴大学入学途中的学子浮想联翩。列车载着我向着远离家乡的方向越走越远，向着远方，向着无法预测的未来。

列车行驶了两个小时，来到了沈阳南站。出了检票口，沈阳南站广场就展现在我的面前。

东北最大城市沈阳的车站广场上人山人海，熙熙攘攘，好不热闹。抬眼一望，一座雄伟的纪念塔高高耸立在广场正前方，那就是广为人知的沈阳南站苏军烈士纪念塔了。塔顶上面一辆苏军坦克，雄姿威武，巍然挺立，在阳光之下闪闪发光，标志着 1945 年苏联红军解放我国东北时，以催枯拉朽之势消灭百万日本关东军的伟大胜利和英雄气概。

"王师北定中原日，家祭勿忘告乃翁。"眼前的苏军烈士纪念塔告诉我，此时是告祭我爷爷的时候了。我心中默念："爷爷！东北的家乡已于 17 年前重新回到中国人的手中，中华人民共和国也已于 13 年前成立。今日，您的孙儿都已经长大了，即将去东北工学院报到。您老人家可以放心地在天堂安息了。"

后来我知道，爷爷当年在沈阳曾就读的沈阳两级师范学校，正是东北工学院的前身。

三、 落脚东北工学院

我把目光转向广场的左面，广场左前方的一幅横额映入我的眼帘，横额上用楷书端端正正书写的"东北工学院新生接待站"几个大字，在阳光下很是醒目。横额前面的几张桌子旁坐着几个人，那一定是接待人员了。此外，周围还有一些人，那一定是刚刚到达的新生了。

我背起行李，左手拎着一个大网兜向接待站走去。刚走出了几步远，接待站的人员老远就看见了我，举手和我打招呼。我也举起右手和他们打招呼。横额下面的桌子旁就站起来两个人，一溜小跑过来帮我拿东西，引导我向接待站走去。

"学校接待新生的大客车随后就到。"他们赶忙告诉我。

这些人都非常热情。原来，接待站的人员都是本校高年级的志愿者。我和他们随后交谈了几句，大家很快就混熟了。在这个临时的新生接待站，大家谈笑风生，格外温馨。

不一会，学校接新生的大客车来了。负责接待的高年级学长帮我把行李提上车，安排我们新生上车坐定。随即，大客车开始启动，载着我们沿着南一马路缓缓向东驶去。

"这是沈阳市工人文化宫！"车上陪同的学长指着左前方一

座绿色的高大建筑说。

"这是和平广场！"

"这是振兴街！"

"东北工学院就在前面！"

沿途，热情的学长依次向我们新生介绍大客车行进中经过的地方。

东北工学院距离沈阳南站不算远。如今，虽然半个多世纪过去了，然而，我至今对当时这两地之间街道上的一砖一瓦，一草一木尚能熟稔于心。

"东北工学院就要到了。我们学校在沈阳市南湖公园的南侧。"陪同的学长接着说。

过了南湖公园的桥头，大客车折向右方。

"前面是东北工学院的主楼。"陪同的学长介绍说。

我抬头一看，好雄伟壮观的主楼！可惜的是这座主楼建了一半就暂时停下来了，使我只能看到它的基本框架。

后来听说，这座主楼于 1950 年东北工学院建校之初就开始兴建。由于主楼的地基碰巧在流沙层上，主楼在即将竣工之前，发现有楼体下降的现象。这在大型建筑物施工中是一件最头疼的事情。于是主楼立刻停止修建，开始了地基加固的工作。在国家三年困难时期，地基加固的工作也停止了。直到文革前，这座大楼才告竣工。

提起东北工学院，它的前身东北大学的历史还应该说一说。东北大学由张作霖创建于 1923 年，曾经为全国规模最大的高校。然而，1931 年"九一八"事变给东北大学带来了巨大的损失，让东北大学成为了近代中国第一所流亡大学，也让东北大学成为了近代中国流亡时间最长的大学。

1949 年 3 月，东北行政委员会决定，以东北大学工学院为基础建立沈阳工学院。9 月 15 日，沈阳工学院正式开学。1950 年 8 月，新中国诞生的第二年，沈阳工学院改名为东北工学院。此后，东北工学院获得了迅速的恢复和发展。到 1952 年，即建国后的头两年时间，东北工学院就发展成为一所理工文科俱全的全国著名的高等学校。1952 年，院系调整期间，东北工学院调出了大批很有实力的系和专业，结果成为一所以冶金学科为主的工科院校。

在全国高等学校院系调整中，东北工学院化工系调到大连工学院（后更名为大连理工大学）；东北工学院数学系划归吉林大学数学系，只留下一个数学教研室；东北工学院地质系划归为长春地质学院，据说，长春地质学院就是在东北工学院地质系的基础上发展起来的；东北工学院建筑系迁到西安，并在此基础上成立西安冶金建筑学院。院系调整后，东北工学院调出了不少有竞争力的专业和优秀的科学家，学校规模缩小了。于是有的人说，1952 年的全国高校院系调整使东北工学院伤筋动骨了。

进了校门，大客车沿主楼左侧的马路向南行驶。

主楼南面是一片广袤的教学区。教学区的四个角落，分布着四座硕大的建筑物，它们分别是东侧的采矿学馆和冶金学馆，以及西侧的建筑学馆和机电学馆。在这四座学馆中，有学校的图书馆、学生教室、阅览室、自习室、各系办公室，以及各专业教研室。此外，学校领导机关分布在建筑学馆。

大客车驶过采矿学馆和冶金学馆，前面可以望见学生宿舍区的学生第二宿舍。我被告知，钢冶系的学生就住在那里。学生第二宿舍和第一宿舍是遥相对称的两个大型宿舍。宿舍呈 S 型，每个宿舍可容纳 2000 名学生住宿。此外，每个宿舍楼内还有一个大型学生餐厅。

我在第二宿舍门前下了车，宿舍门口早已经有系里安排的接待新生的学长。自此，我正式落脚东北工学院，开启了我的大学学习生涯。

四、 新生专业教育

开学的第二天，钢冶系的新生开始入学专业教育工作。在这场新生专业教育中，我参加了三项活动：

1. 张清连教授代表钢冶系教师给全系新生讲话，

2. 冶金炉热工教研室主任宁宝林老师给本专业新生讲话，

3. 冶金炉热工专业新生参观东工式小平炉。

张清连是钢冶系的教授，主攻炼铁学。据说解放前张清连教授曾经在天津北洋大学矿冶系任教，和曾经在该校读书的现东北工学院院长靳树梁有过师生关系。张清连教授在抗日战争时期曾任焦作工学院院长，在解放后东北工学院刚刚成立时，曾任冶金系系主任。张清连教授届时已经年逾古稀，满头银发，给人一位温文尔雅，满腹经纶的老学者的印象。

张清连教授操着南方的普通话口音，讲话一板一眼，吐词异常清楚。他希望同学们胸怀祖国，努力学好科学知识，将来成为国家的栋梁之材。最后张教授以"你们要青出于蓝而胜于蓝"作为结束语，祝愿学生们奋发图强，努力进取，一代更比一代强。现在半个多世纪过去了，张教授的良好祝愿和殷切期望给我的印象之深，我仍然记忆犹新。

宁宝林老师是钢冶系冶金炉热工教研室主任。当时的宁宝林老师刚过而立之年，中等身材，略显瘦削。他以洪亮的声音侃侃而谈。这是我第一次见到宁老师。没曾想，16 年后的 1978 年，我成了他的硕士研究生。

宁老师主要向冶金炉热工专业新生讲述东北工学院冶金炉热工专业的历史渊源，使我们这些本专业的新生听得几乎入了迷。

原来，东北工学院冶金炉热工专业是解放后苏联专家一手建立的。解放后，中国成了社会主义阵营的国家。苏联老大哥根据中苏友好同盟互助条约，援助了中国 156 个工业项目，同时派遣大批专家来华支持中国的经济建设。当时，东北工学院就有一批来自苏联的专家。其中，兼任东北工学院院长顾问的苏联专家纳扎罗夫教授，一手筹建了东北工学院冶金炉热工专业，而且，还为冶金炉热工专业开办了研究生班，为该专业培养师资。今天，站在台上给冶金炉热工专业新生讲话的宁老师，便是他的研究生之一。

纳扎罗夫教授的研究生班共培养了六位研究生。他们毕业后，分别分配于东北工学院和北京钢铁学院。其中，宁宝林，郭伯伟，和郭茂先三位研究生以教师的身份留在东北工学院冶金炉热工教研室工作，另外还有三位研究生王世军，高仲龙，张显耀分配到北京钢铁学院工作，成为该校冶金炉热工专业的中坚力量。

五、 东工式小平炉

听完了宁老师的报告，冶金炉热工教研室特意组织本专业的新生进行进一步的专业教育，其中的一项活动便是在高年级老大哥的带领下参观东工式小平炉的旧址。

1958 年大跃进运动中，东北工学院冶金炉热工教研室老师搞了一座烧煤双向换热式炼钢小平炉，简称东工式小平炉。随后，关于东工式小平炉的专著[2]和论文[3]相继出版。与此同时，关于东工式小平炉的创新事迹也上了国内各大报纸被宣传开来。

当我们新生队伍来到四年前的 1958 年大跃进时建造的东工式小平炉旧址时，展现在我们面前的却是一座用耐火砖砌筑的大炉灶似的废墟。

"这座炉子建成后使用过没有？"大家七嘴八舌好奇地问带队参观的学长。

"没有！"高年级老大哥回答。

高年级老大哥的回答使在场的人出乎预料，也使我大吃一惊。

四年前我就在报纸上看到东工式小平炉的醒目报导。那是1958 年大跃进那一年，届时我正在昌图第一初中读二年级的时候。那一年，报纸上东工式小平炉的报导使我耳目一新，东北工学院的创新精神也令我向往，同时，也使我对它的发明者肃然起敬。

耳听为虚，眼见为实。原来当年流传的一大发明东工式小平炉竟是这样一番模样，我的心里顿时产生一种莫名的失落感。

后来，"燃料及其燃烧学"的专业课学习使我知道，煤是不可以拿来炼钢的，这是因为煤的理论燃烧温度就达不到炼钢的温度。所以用煤来炼钢是违背科学规律的，不会成功的。

打那以后，我对 1958 年大跃进时代出现的种种过分行为也就见怪不怪了。其实，当年在国内掀起的大炼钢铁的热潮中，这样的情况并不少见。

像东工式小平炉这样的问题，如果发生在外行人中，那就是和制造永动机一样违背科学的行为了。当初，如果这种行为还算有情可原的话，那是由于科学知识不足所致，权当作一次不成功的试验吧！

1958 年全民大炼钢铁的浮夸风和严重浪费，以及给国民经济造成的巨大损失，早已经得到纠正。然而，世界上的事物的复杂性有时竟让人如此难以理解，以至于这种学风不端的有关学者，当年不仅未能得到应有的教训，却能在此后的年月里得以飞黄腾达，岂非咄咄怪事？

尽管东工式小平炉的兴建严重地违背了科学规律，东工式小平炉当年的全国性宣传报导却使它的发明者受益匪浅。1958 年主持兴建东工式小平炉的东北工学院冶金炉热工教研室主任陆钟武老师，于 1965 年被选为全国青年联合会副主席，不能不说与东工式小平炉这一发明的全国性的声誉有关。反之，如果没有这一声誉，作为一位大学普普通通的教研室主任，陆钟武老师绝难被破格选上这一全国性的职务，势必将会有百分之一百的可能，和万千普通的大学老师一样处于默默无闻的状态之中。

而且，陆老师的这一全国性职务不仅使他本人成了全国性人物，也提高了东北工学院在全国高校中的声誉。陆老师遂于 1984 年被任命为更名后的东北大学校长，不能不说与他当年这一全国性的职务有关。然而，由此也给这所大学带来了不正的科学之风。东北大学此后的沉沦不能不说与由此形成的这样一股不正的科学之风有一定的关系。

六、 难忘的授课老师

1962 年是中国国民经济最困难，国家各项事业处于调整时期，也是国家大学招生人数最少的一年。据说当年东北工学院只招收了 896 名新生，相当于 1955 年入学的 1960 届毕业生的人数的一半。当年东北工学院冶金炉热工（以下简称冶金炉）专业仅仅招生 30 人，相当于一个班的名额。

文革前，除了清华和北大是六年学制之外，中国的大学学制是五年。就是说，我们 1962 年入学的新生将于 1967 年毕业。于是我们班的代号便是 67 工业炉，简称 67 炉。

我所在的钢铁冶金系（简称钢冶系）共有三个专业，它们是钢铁冶金专业，工业炉专业，企业经济管理专业。其中，钢铁冶金专业又分成炼钢和炼铁两个专门化，实际上相当于两个专业。工业炉专业的专业内容是指工业炉加热过程的研究和应用，它涉及传热学，燃料燃烧学，流体力学，耐火材料学等重要基础学科。所以该专业严格说来是工业炉热工专业。于是，这个专业于文革后更名为热能工程专业也就不足为奇了。

钢冶系系主任是周自定教授，一位解放前留学美国，解放初回国参加祖国教育事业的炼钢专家。开学后上课的第一天，我们钢冶系 67 届新生在冶金学馆阶梯教室上高等数学课。新生有 100 多人。上课的铃声响过，同学们刚刚坐定，授课老师正要开始讲课，系主任周自定教授彬彬有礼地步入室内。

见到周主任，同学们都站了起来。周主任首先和同学们打招呼，示意同学坐下，并走向讲台亲切地和授课老师握手。然后他拿起粉笔在大黑板上郑重写上"授课老师关秀莲"几个大字，以及关老师的住址，并向同学们简要介绍关秀莲老师。

周主任告诉同学们，关老师是一位治学严谨，兢兢业业，深受同学们欢迎的数学老师。他勉励同学们认真听课，努力学习，不辜负关老师的一片苦心。然后周主任面向同学，客客气气地退出室外。

现在回忆起来，这是一个多么温馨的场面！如今虽然过去半个多世纪了，我对此仍然记忆犹新。

不幸的是，这位当年留美的炼钢专家，学问渊博、治学严谨，谦谦君子般的周主任在文革中被打成反动学术权威，1968 年，由于不堪迫害而跳楼自杀了。这是我国炼钢学界的一大损失。

提起关秀莲老师，我更是难以忘记的。关秀莲老师以在教学上兢兢业业的态度，对学生的严格要求和慈母般的关怀而闻名。

课后，同学们也愿意和她谈心，唠家常。我本人在课余时间也曾和同学们一起到她家里去探望她。这时，她就像长辈一样和我们促膝谈心，询问我们学习和生活上是否遇到什么困难，勉励我们上进。她的慈母般的亲切关怀和教导赢得了学生们对她的普遍尊敬。

高等数学是我们在大学学习中一门极为重要的基础课，同时又是一门很难啃的硬骨头。按同学们的话来说，"这是一门既费时，又费力的课程。"关老师尽量在讲课中做到深入浅出，尽可能使高深的内容变得通俗易懂，尽可能使枯燥的高等数学变得生动有趣和易于掌握。而我在关老师的高等数学课的学习中也是受益匪浅。在关老师的教导和鼓励下，我在学习中也着实下了一番苦功，并在二年级高等数学结束的学期考试中，考了全系同年级同学唯一的 100 分。

遗憾的是，高等数学课结束后，我再没有机会见到关老师。

15 年以后的 1978 年，适逢文革刚刚结束，我考上了东北工学院硕士研究生。当年十月研究生入学后，我特地打听关秀莲老师的情况，想拜访久别的关老师。然而，我却出乎预料地被告知，关老师已经于几年前过世了。

"关老师是什么原因这么早就离世了？"我询问一位熟悉关老师的老师。

"一天，关老师走在路上，突发心脏病，栽倒在地上。当人们发现她时，她已经失去生命气息了。"这位老师告诉我。

和关老师分别了这么长的时间，我没有忘记她。这次重回东北工学院，关老师是我最想拜访的一位老师，却过早地离世了。常言道，世事难料，好人无长寿。关老师出人意料地过早离世，使我感到不舍和惆怅。

大学一年级上学期，教我们班物理课的是一位叫李建信的年轻老师。这位老师虽然年轻，架子却不小。有时候同学们向他提出不明白的问题，这位老师在解答问题的时候往往态度欠诚恳，且带有嘲讽之意，于是引起同学们对他的不满。系办公室负责教学工作的老师到学生宿舍来征求同学们对教学的意见，大家便七嘴八舌表达对这位老师的不满。

第二学期我们班的物理课老师换了。新的物理老师是沈洪涛教授，上课方式改为在阶梯教室上大课。一起上课的有几个系的学生，共两三百人。

据介绍，沈洪涛教授 1938 年毕业于西南联大物理系，曾留学美国，1949 年 10 月赴东北，先后任东北工学院教授，兼物理系主任，工程物理系主任，副教务长等职。并兼任中国物理学会理事、沈阳物理学会理事长等。

沈洪涛教授长期从事理论物理教学和科学研究工作，成绩卓著。听沈老师的讲课，发现他和那位吹吹呼呼，蜻蜓点水般的年轻的李老师确实不一样。沈老师教课中物理概念很清楚，思路有条理，对待难点的讲解一丝不苟，体现出一位杰出老科学家的风范和奉献精神。

沈洪涛教授个子不高，身材瘦削，看来体质较弱。两节课之间的十分钟，他用来专注休息，以便使自己能精神饱满地投入下一节的讲课中。然而两三百人的大课，课间休息时就有那么几个人找他问问题。沈老师都一一作答。然而，在上课时沈老师告诉大家，"我不希望在我课间休息的时候向我提问题。我需要利用这个时间恢复一下，迎接下一节课。"后来再没有人在课间时打扰沈老师。

七、班干部，同学互助

我们年级的政治辅导员刘杰老师，负责钢冶系 67 届学生的思想政治工作。刘老师是工业炉教研室张永安老师的妻子，他们是辽宁赤峰人。我们入学半年后，刘老师对我班班干部进行了一次大调整。

大学刚入学的时候，我班的团支书和班长分别是曹洪图和侯国安同学。这两位班里的主要干部却互相看不顺眼，在接触的过程中，他们之间的矛盾频频发生。随着两人间的矛盾越来越大，争吵也时有发生。于是，在第二学期刚开学的时候，辅导员刘杰老师决定解除这两人的班干部工作，选举新的团支书和班长。

为此，辅导员刘杰老师多次征求全班同学的意见，最后，同学们推举佟永贵同学做团支部书记，张惠文同学做班长，并出乎预料地推选我作副班长兼生活委员。

班长是一个费力的活，班里的事情，不管大事小事，第一时间就要找班长，甚至于早晨出操都要班长带队。半年以后，班长张惠文同学就顶不住了，出现了头痛症状。头痛的毛病也影响到他的学习。于是他主动辞去班长职务。

张惠文同学辞去班长工作后，班里的班长一职出现了空缺。为了选择新的班长，辅导员刘杰老师征求同学们的意见，大家一致推选我做班长。

我感到班长这一工作不好做，弄不好还容易得罪人，尤其是影响自己的学习，到底接不接，心里感动很为难。对此，刘老师亲自找我谈过一次话。

"既然同学们信任你，推选你在做班长，你就把这一工作承担下来吧！"刘老师对我说。

在刘老师的动员下，我觉得既然大家推选了我，我不太好意思违背大家的信任，否则同学们，辅导员老师都会很失望的。而且，我感到自己的学习基础算较好，学习中还没有感到太吃力的地方，班长这一工作尽管会影响到自己的学习，我会尽量做好安排，减小对学习的影响。于是，我便把班长这一工作承担下来。

可是团支书佟永贵同学就惨了。佟永贵同学为人很好，性格和气，说话和处事也很圆滑，是做班干部的材料。美中不足的是，他在学习上一直很吃力，每学期都有两门或者有时三门考试不及格。按规定，考试不及格就需要面对下一个学期开学时的补考。如果有一科补考不及格的话，就要勉励被勒令留级。于是，佟永贵同学每逢假期都不能回家了，一个人留在学校里复习功课，等待开学后的补考。

暑假正是沈阳最炎热的季节。俗话说，夏日炎炎正好眠。对同学们而言，夏季正是休假季节。可是，佟永贵在这一季节正在学校里为补考复习功课。

"大热天，走廊里空无一人，一个人在屋里看书，一会儿就困了。这时我就擦上点风油精在额角上，使我能打起点精神来。"一脸无奈的佟永贵同学向我抱怨。

而且，和沈阳南湖公园相邻的东北工学院，夏季时蚊子出奇的多。不胜其苦的佟永贵同学经常和我谈起他在暑假留校复习功课时遭受的炎热和蚊虫的困扰。

"蚊子经常性地在我的周围嗡嗡地盘旋。一会儿，一只蚊子嗡地一声尖叫俯冲过来，死死地叮在脸上。随手一拍，就是一滩血。" 佟永贵同学向我继续抱怨。他的脸上带着更多的无奈。

听了佟永贵同学的一番诉苦，我感到深切的同情。

"老佟太遭罪了！"我心里叨念着。

1964 年的夏天，快到暑假的时候了。有一天，辅导员刘杰老师领着佟永贵同学敲开我的寝室的门。我们的谈话在寝室外的走廊展开。

刘杰老师对我说，"佟永贵同学是一位好同学，好学生干部，但就是学习上感到吃力。每学期都有两三门课程考试不能及格。现在学校的升级制度很严。只要挂上一科补考不及格，就要留级。我们不能眼看这样一位好同学留级。从现在起，就让他把工作卸下去，由你来担任支部书记工作，你看如何？"

我本来就对佟永贵同学的情况深感理解和同情。听了刘老师的话，又对他由于学习上的困难，不得不中断班支书工作有点遗憾。于是，我决心要帮助他度过这一难关。

我说，"我觉得佟永贵同学做班支书工作最合适。目前他有困难，我想尽力帮助他"

我想了一想，继续说"我有一个办法，在这次即将到来的期末考试的复习阶段，我准备和佟永贵同学一起复习功课。他复习什么，我就复习什么。在复习中，老佟如果遇到什么问题，就可以及时和我说，我便可以和他及时讨论，帮助他解决。"

最后，我表示，"如果这样做，我保证这个期末让老佟摆脱不及格的考试成绩！这个班支书的工作还是由老佟来做。"

我的如此表态使刘老师和佟永贵同学都大吃一惊。

我想，以刘老师对我的了解，她会相信我的态度是真诚的。

刘老师高兴地看了看我和佟永贵同学。

"我相信你，尚德义。"刘杰老师动情地说。

"老佟的事就交给你了！"最后，刘老师语重心长地嘱咐我。

我望着眼前的老佟和刘老师，深深地点了一下头。

不久，到了 1964 年暑假前的复习和考试阶段。

在各科课程复习时，我都招呼佟永贵同学一起去冶金学馆四楼阅览室复习功课。巨大的冶金学馆阅览室尽管坐满了人，却总是寂静无声，是一个学习的好去处。

这个学期考试科目是四科，复习考试期间，一般是每复习三天考试一科。在复习期间，我发现老佟的主要问题还是基本概念和基本知识不扎实的问题。于是，我们在复习中就从这方面入手。

这样的复习方法对佟永贵同学很有效果，其它的问题就是水到渠成的事了。

功夫总是不负有心人。对于佟永贵同学，这样的复习使他对有关知识的理解和掌握今非昔比。这次期末考试，佟永贵同学的成绩不仅没有出现不及格的科目，而且各科考试的结果都在三分以上。佟永贵同学这样大的变化，是我当初没有料到。这也使我感到，在学习上先进和后进之间往往只有半步之差。

参考文献

1. 转自维基百科，2021.

靳树梁（1899 年 4 月 1 日－1964 年 7 月 5 日），字栋华，男，直隶安肃（今河北徐水）人，中国冶金学家，中国科学院院士。

靳树梁早年间就读于直隶公立工业专门学校应用化学科、北洋大学采冶科。1919 年毕业后，曾在汉冶萍钢铁公司汉阳铁厂、湛家矶扬子机器公司任职。1936 年在钢铁专家严冶之引荐下，出任国民政府资源委员会钢铁组专门委员。同年起前往带队前往德国克虏伯公司考查学习。1938 年回国后，历任汉冶萍钢铁厂迁建委员会专门委员、云南钢铁厂建厂专门委员、四川威远铁厂厂长等职。1945

年起，出任资源委员会钢铁组副组长、鞍山钢铁有限公司第一协理、本溪煤铁公司总经理。1948 年 2 月中国人民解放军占领鞍山后，担任东北人民政府工业部总顾问，同时任鞍山钢铁公司总顾问、本溪煤铁公司副总经理兼总工程师。

中华人民共和国成立后，组织创建东北工学院并任首任院长。他主编了中国第一本《现代炼铁学》教材。1955 年当选中国科学院技术科学部学部委员（院士）。1958 年加入中国共产党。他还曾任中国科学院东北分院副院长、冶金工业部总顾问、中国金属学会副理事长、辽宁省政协副主席、全国人大代表、全国政协常委等职。1964 年在沈阳逝世。

2. 东北工学院，东工式小平炉（烧煤双向换热式平炉），冶金工业出版社， pp.77 ，1958。

3. 东北工学院，东工式 1.5 吨小平炉，《钢铁》，1958 年 11 期。

【摘要】：正在全党全民办钢铁工业的形势下，东北工学院钢铁冶金系的师生，创造了一种用煤直接炼钢的东工式简易小平炉。这座小平炉已经建成，并炼出了合格的钢。与一般平炉比较，东工式简易小平炉的主要特点是：用煤炼钢，土洋结合，设备简单，造价低廉，建造容易，节省钢材，并能冶炼优质钢及低合金钢。它直接用煤做原料，火焰从两边（"双向"）同时喷进熔炼。

第16章无尽思念同学情

一、四清运动经历点滴

1963 年，一场政治运动在中国展开。这场运动开始的时候叫"社会主义教育运动"，简称"社教运动"，后来统称为"四清运动"。

"四清运动"的起因于中苏两党之间的路线斗争。1956 年苏共二十大后，中苏两党在国际共产主义运动路线和策略等问题上出现了分歧。随着时间的推移，两党之间的分歧逐步激化。1963 年 6 月，中苏两党会谈期间，苏共中央发表《给苏联各级党组织和全体共产党员的公开信》，对中共进行攻击。从 1963 年 9 月开始，中共中央以《人民日报》和《红旗》编辑部的名义，相继发表 9 篇评论苏共中央公开信的文章，批判"赫鲁晓夫修正主义"。与此同时，根据当时中苏两党论战和国际背景，毛泽东在中国国内逐步推行一场反修防修，防止和平演变的四清运动。1965 年 1 月，毛主席提出了四清工作的二十三条，明确了四清运动的重点是整党内干部的腐败问题，即整走资派。于是，在 1965 年，这场运动达到了高潮。

根据上级的安排，1965 年年初，东北工学院派出 66，67 两个年级的学生下到工厂去参加"四清运动"。我们 67 炉同学作为四清工作队的成员，被派往本溪钢铁公司第二焦化厂(简称本钢二焦化厂)参加"四清运动"。一起被派到该厂搞四清工作的还有东北工学院工业炉教研室的少数教师。该厂的四清工作队队长赵谦是辽宁省总工会副秘书长。

在本钢二焦化厂四清工作队的安排下，我被分配到机修车间四清工作组工作。和我在同一个四清工作组内工作的，还有我班另外两名同学。此外，在这个工作组内还有从本钢其他工厂调来的三名干部。

机械车间四清工作组的组长，是东北工学院工业炉教研室的张永安老师。他是我们年级辅导员刘杰老师的丈夫，一位很有工作能力的人，文革后曾长期担任东北大学热能工程系的党支部书记。

回想起来，本钢二焦化厂四清工作的最大成绩是查出了该厂以党委刘书记为首的一伙贪腐分子。从群众的揭发材料中可以发现，他利用共产党的权力，独断专横、为所欲为，俨然就是这个工厂的"土皇帝"。这伙人以权谋私，生活上腐化堕落，给工厂和社会上造成了极坏的影响。

涉贪涉腐的领导的一个明显特点是脱离和蔑视群众，领导作风上的严重官僚主义。这个工厂有一位年龄已有 50 岁的老工人，原来在后勤部门服务，不知从什么时候开始，胡里胡涂地失去了工作，而且不知为什么长期没有人过问这件事。他为此找到有关领导，但领导上推来推去，没人搭理。长期没有收入使他的生活无以为继，只好依靠捡垃圾为生。四清工作队进厂以后，根据群众的举报，发现了这一问题。在四清工作队的干预下，这位流落街头的老工人才被请回工厂上班，工作和生活才得到了安置和保证。

据群众反映，厂党委刘书记有一位小姘在工厂炼焦做车间主任。

有一天夜班时分，该车间发生了一次恶性责任事故，在这次事故中，炼焦炉车间发生炼焦炉炉膛爆炸和人员伤亡。

炼焦车间发生了如此严重的责任事故，可把这位车间主任吓坏了。惊慌失措的她跑到党委刘书记的办公室寻求庇护，并在这位上司的"密室里"陪上司睡了一宿。

于是在刘书记的庇护下，这一恶性事故终于被大事化小，这位车间主任终于躲过了恶性事故的问责，被从轻发落，仅仅调离工作岗位了事。

共产党干部的贪腐问题本来和这个党的宗旨不相容，然而这样的问题早在文革之前就屡见不鲜，而且在文革之后仍然大量存在，成为一个老大难，甚至有愈演愈烈的趋势。究其原因，就是缺乏监督和制约所致。事实证明，缺乏监督的权利是滋生腐败的根源。

我们知道，各级单位和部门都设一个监委书记，监督该单位和部门的工作。可是这个监委书记却处于工作单位的党委书记和行政负责人的领导之下。事实证明，他的监督权威和权力是不具备的，徒具形式的。

毛主席在文革前就已经发现了党内的严重腐化堕落问题，于是，他把解决共产党内的贪腐问题，反修防修作为四清运动的重点。在1965 年 1 月的四清运动的高潮中，毛主席提出的农村社会主义教育运动中的"二十三条"中就指出：四清运动的重点是整那些走资本主义道路的当权派 [1]。

本溪二焦化厂的四清工作进行到 1966 年 4 月，东北工学院参加四清的同学被通知结束四清工作，集体返校。

二、文化大革命的日子

我读大学的时候适逢中国的革命年代。期间，革命的浪潮一浪高过一浪。我们刚刚结束四清工作返回学校，一场更猛烈的革命浪潮——史无前例的无产阶级文化大革命就来临了。

1966 年 5 月 16 日中共中央发布了 516 通知。在传达 516 通知的时候，东北工学院全体师生停下手中的一切事务，听取 516 通知和中央领导人的讲话。

期间，给我印象最深刻的是听取了中华人民共和国主席刘少奇和总理周恩来的讲话。他们在讲话中检讨了前一段在北京高等学校的工作中压制学生革命积极性的错误做法。刘少奇主席的讲话中特别宣布学生们停课闹革命。他说，"你们把课停下来，吃饱了饭，干什么？干革命！"

1966 年 5 月 16 日中共中央发布的 516 通知，吹响了无产阶级文化大革命运动的号角。在这一通知中，全国人民被告知："在全国范围内开展无产阶级文化大革命。文化大革命的重点是整党内那些走资本主义道路的当权派。"这一重点内容在四清运动的二十三条中已经反复提及。如此说来，四清运动是刚刚开始无产阶级文化大革命运动的预演。

在文革刚开始的时候，学校和基层的工作还是在党委的校领导之下按部就班地进行着。学校的各个基层成立了文化革命领导小组。我们班的文革小组也就随之建立起来了，班领导小组的正副组长也由上级任命。我被任命为我班文革领导小组副组长。

然而，学校的党委万万没有料到这场文革运动的迅猛异常。从北京各高校来的消息表明，那里高校在高呼"造反有理"的学生造反派的洪流之下都瘫痪了。于是，东北工学院许多同学造反派也自发地组织起来，成立了各种群众组织，开始造党委的反。在这样的形势下，前党委书记柳运光也被拉出来批斗。

柳运光本来在 1964 年在东北工学院党委的内部一场政治斗争中失势而受到党内处分，这次被拉出来揪斗，却使造党委反的学生们分成了两派。一派是造现党委反的人，他们认为柳运光是好干部。这一派人后来组成了东工毛泽东思想红卫兵。另一派是反对造党委反的学生，但他们却又把柳运光拉出来批斗。这一派人后来组成了东工红卫兵。这两派红卫兵之间互相攻击，矛盾越来越升级，一发不可收拾。随之而来的是，学校党委和基层组织也都瘫痪了，整个学校处于无政府状态。

在这个时候，学校的学生造反派掀起一股搜索"黑材料"之风。他们分别组织起来向他们所在的班级文革小组的组长和副组长索取整他们的所谓"黑材料"。原来学校各班级文革领导小组的组长和副组长都是班干部。我班的文革小组正副组长佟永贵和我等人都被要求交出自己的工作笔记本，看里面是否有向政治辅导员老师汇报他们不当言论的记录。

然而，在我担任班文革领导小组副组长期间，我没有在小本子上记过同学们的所谓"黑材料"。这是因为，在小本子上记录别人的所谓不当言行向政治辅导员老师汇报，这种背后整人的行为在我的心里本来就有抵触。所以，我坦然交出了我的工作笔记本。班级的学生造反派翻过来，掉过去，把本子查了个遍，什么也没有查出来，只好又把本子还给我。

随着学校的两派学生斗争越来越激烈，东工红卫兵，毛泽东思想红卫兵分别和沈阳市的相同观点的组织结合在一起。于是，沈阳市出现了三大派组织：辽联（辽宁省革命造反派大联合委员会），辽革站（辽宁无产阶级革命派联络站），辽大八三一组织。其中辽联是支持东北局书记宋任穷的，辽革站背后有军区支持，打着反宋任穷的旗号，而辽大八三一既反对辽联的观点，又反对辽革站的观点，打着反对一切的旗号。然而，他们都把自己的组织当成造反派，口中都在高喊"造反有理！"这一毛主席的名言，都声称自己是毛主席的好学生。

然而，这几派都声称是毛主席的好学生的造反派，彼此之间却打得难解难分，逐渐上升为武力冲突。其中一次著名的武力冲突是"六一"血洗东工事件。

1967年6月1日晚，辽革站组织两三千人和数十辆汽车在周密的部署下，借口抓东北局书记马明方，对东北工学院和体育学院运动系发起攻击。自当日夜11时，至凌晨1点多种，砸了两个多小时，把运动系砸得一片狼藉，门窗玻璃全被砸碎。在东工他们遭到学生们的反击，相互攻击到天明，辽革站退走。第二天一大早便有无数群众到东工，特别是受到严重损坏的运动系来参观。参观者无不感到愤怒。仅一两天几乎全市老百姓都知道了辽革站的打砸行为，后来这一事件被群众称为"六一血洗东工事件"。

在武斗最激烈的日子里，甚至死人的现象在东工也时有发生。我不知晓武斗时东工到底死了多少人，但埋葬于南湖公园湖畔的一个个坟头却历历在目。那里长眠着在武斗中死去，被草草葬于此地的东工学生。在沈阳文革期间武斗最厉害的日子里，许多学生回家躲避风头，我便是这其中的一员。

1978年我从鞍钢设计院考上了硕士研究生，又回到东北工学院读书。这时，我看到一位姓纪的人。他原来是机械系的学生，在文革武斗严重的1967年，在一次两派冲突中，无情的子弹造成脑损伤，导致严重瘫痪。他由于毕业后不能分配工作，一直在学校休养。半年后，此人不见了，据说被安置到南方老家去了。本来一个活蹦乱跳的青年，由于文革武斗，成了终生残废。现在想起来，还是令人惋惜。

三、毕业分配

1968年，中国文化大革命进入了一个新的阶段。在这一年里，文革初期的混乱局面逐渐平息下来，各地在文革初期形成的社会上两派群众之间的武斗陆续停止。全国各省的政权机关-革命委员会（简称省革委会）相继诞生。

在这样的形势下，1968年5月10日辽宁省革委会成立了。它标志着辽宁省开始结束文革时期的混乱。随之而来，省内的各行各业开始走向正轨。在全省这样的大好形势下，地处沈阳市的东北工学院的两派也由军队主导下实现了大联合。与此同时，解放军宣传队（简称军宣队）和工人阶级宣传队（简称工宣队）陆续进入东北工学院，开始了当时所谓的支左（即支持左派）行动。实际上，他们执行学校秩序的维护和施行对学校各级部门领导职责。

1968 年 7 月份，东北工学院的学生开始军训。在此期间，学校开展了清理阶级队伍工作。所谓的清理阶级队伍就是在师生中开始清查文革中涉及打砸抢等不法行为的坏分子。清理阶级队伍（简称清队）活动使得乘文革混乱之机，做坏事的不法行为终于受到了清算和处理。这正是善有善报，恶有恶报，尽管是迟来的报应。

为期三个月的军训结束以后，学校对 1967 和 1966 届毕业生开始了毕业分配的工作。此前，由于文革初期的动乱，这些学生耽误了他们的毕业分配已有一年到两年的时间。

我本来是 1967 届毕业生。但是在行将毕业前的 1966 年，史无前例的文化大革命开始了。在此期间，全国所有的学校，包括大学，中学和小学全部无限期地停课，结果导致正常的学习进程被耽搁了。在这场突如其来的文化大革命的混乱形势下，本来应该在 1967 年毕业的我，和我们这届毕业生一道不得不接受命运的安排，直到 1968 年 9 月末才履行毕业手续，分配工作，离开学校，以至于大学本科五年的学制，实际上自入学以来整整六年多才离开学校。

根据工宣队的安排，学生的毕业分配工作分为两步走。第一步是预分配，第二步是最后分配。

所谓预分配，即由工人宣传队师傅来学生宿舍公布初步分配方案。就是说，如果被分配的学生有什么疑问和要求，可以提出来重新考虑。如果学生提出的调整分配工作单位的要求合理的话，工宣队领导在条件允许的情况下，可以重新调整。但是实际上，重新调整分配方案几乎是不可能的。于是，如果学生提出的重新调整工作分配地点和工作单位的要求不能被满足，学生必须服从分配。

我记得，在文化大革命前，大学生中本来就流行"祖国的需要就是我们的志愿。祖国哪里需要就到哪里去，那里就是我的家。"等一系列口号。实际上，在共产党的思想教育下，政治思想工作已经深入人心，大学生们自觉地认为个人利益服从于国家利益是他们对国家应该尽的义务，对毕业分配的问题不做过分的个人考虑。

一天晚上，东北制药厂的两位工宣队师傅来到学生宿舍宣布预分配方案。同学们坐在床上静静地听着工宣队师傅所宣读的每一位同学的名字，及其预分配的地点和工作单位。当读到我的名字时，预分配的工作单位是攀枝花钢铁公司，地点是四川省渡口市。

攀枝花钢铁公司地处四川南部，长江支流大渡河畔的渡口市。攀枝花钢铁公司是从 1964 年开始筹建的一座大型钢铁企业。当时的中国出于应对国际严峻的形势，国家战备和工业合理布局的需要，决定在内地省份开展大三线建设工程。攀枝花钢铁公司就是这些工程项目中的一项重要的工程。渡口市是由于攀枝花钢铁公司的兴建应运而生的新兴城市。

既然是国家的需要，学校的分配，我对这样的分配方案在开始的时候就没有过多去想，也没有感到有什么异议。但是一想到自己的女朋友，此次我自己分配到四川渡口，就有可能会造成和女朋友将来的两地分居，我的心里还是犯点嘀咕。在当时的中国社会，人的工作关系和户口被管得死死的，不是靠本人的意愿可以解决的。于是，解决两地生活之难，难于上青天，便是当时普通人心中的共识。

我的女朋友是辽宁中医学院 1969 届毕业生，比我晚两届。由于她的学校归辽宁省管辖，毕业后将在辽宁省内分配工作。

"那么将来我们的两地生活怎么办？况且，四川距离辽宁又这么远。"听到我的预分配消息后，我的女朋友问我。此时她显得很忧虑。

听到女朋友的话，我无言以对。

"是否和领导讲一讲我们的实际情况，请求领导考虑一下我们即将发生的困难。"我的女朋友说。

这场史无前例的文化大革命已经把原来的领导班子砸烂了，新的领导班子还没有建立，目前的一切都由工宣队领导。由于不熟悉，我还不太习惯于和工宣队谈自己的困难。

"如果一旦为此招致人家的笑话，面子上挂不住。"想到这里，我的心里有点为难。

"然而，如果不去找人家谈，以后就没有机会了。"想到这里，我的心里处在矛盾中。

此时，正在踌躇于是否应该找工宣队师傅谈，还是不谈之中的我，忽然想起了政治辅导员刘杰老师。大学一年级起，刘老师就担任本系我们年级同学的政治辅导员。当时我是我所在班级的班长，不用说，刘老师是我非常熟悉的老师兼领导了。然而当时，系里的领导班子还没有建立，系里的辅导员的工作看来还没有恢复。

"可不可以请刘老师间接代我向工宣队反映一下我的情况？"我心里寻思着。

"也许这是一个比较可行的办法。当然，我要首先和辅导员刘杰老师谈一谈，请她向工宣队递个话也好。如果问题能够解决，当然更好，如果不能解决的话，我也就没有遗憾了。"想来想去，我决定先去找刘老师，走一走"曲线救国"之路。

作为刘杰老师曾经负责的系里 67 届学生中的一员，我此次去找这位曾经的辅导员老师，心里没有丝毫障碍，而且，找辅导员老师谈事情也不算求人情。

当然，我对刘老师没有抱太大的希望。这是因为，此时系里的领导班子还没有建立，而刘老师又没有负责我们班的毕业分配工作。想到这里，我原来一颗悬着的心反倒落了地，于是可以轻轻松松地去找刘老师碰一碰运气。

找来找去，我终于在东北工学院第二宿舍一个偏僻的角落找到了辅导员刘杰老师的临时办公室。这是一间十几平方米的房间，原来是系学生会的一间办公室。

在这里，我开门见山地向刘老师介绍了我这次毕业预分配的去向和我的女朋友的情况，拜托刘老师向工宣队反映一下我即将出现的两地分居的具体困难，希望工宣队能把我的工作分配单位从四川省调到辽宁省。

刘老师听后思索了一下，然后对我说"我把你的情况向工宣队反映一下。"

我觉得，辅导员刘老师既然不是现领导班子成员，也不负责当前的毕业生分配工作，在此情况下，她能够替我反映一下情况就算尽力了。于是，我离开刘老师的小小的办公室后，便再也没有把这件事放在心上。

一个星期以后，工宣队宣布了最后分配决定，我被分配于鞍山钢铁公司。于是，我和我的女朋友，即后来的妻子很高兴，感到当初向刘老师反映我们的情况是必要的。令我感到更加高兴的是，刘老师真是不负所托。

如今回忆起来，这件事也使我时常感慨一个人的人生走向往往决定于瞬息之间。当初如果没有向刘老师反映我们的困难情况，我们的两地分居便是事实局面。那样的话，我们后来的婚姻关系也有可能改写。学生时的男女朋友由于毕业分配后各奔东西，各自组成新的家庭的情况已很普遍。

由此说来，我觉得，辅导员刘老师对学生的毕业分配工作起到了很大作用。尽管在学生的毕业分配工作中，走在前台的是工宣队，辅导员实际上起着幕后的作用。

四、无尽思念同学情

拿到毕业证书和分配工作的公文，我长出了一口气。这标志着我的大学时代的结束。回想起来，我的大学时代整整经历了六年多的时间。

距离到鞍钢报到还有 10 天左右的时间。我打算利用这段时间回老家看一看父母和家人。

这次和我同行的还有我的女朋友，这是我们的首次同行。我的老家在昌图老城西南 50 里处临近开原县的长岭子村，而女朋友世华的老家在昌图老城以北 50 里处，宝力镇管辖的苇子沟村。我们两人认识了将近半年的时间。

我们两人的相识，是由我的老同学孙燕山介绍的。

在我的心中，孙燕山同学是一个传奇般的人物，而他的英年早逝又使我扼腕叹息。

孙燕山原来是昌图第一高中 1960 年毕业生，比我高两个年级。1959 年，我从昌图站的昌图第一初中毕业后，考上昌图老城的昌图第一高中，入学不久就听到孙燕山同学的名字。那时，我们的年级相隔两年，一位是刚入学的新同学，另一位是临近毕业老学长，我们还没有机会谋面，然而孙燕山同学的名字对我来说已经如雷贯耳了。这是因为，孙燕山在高三应届毕业年级中的学习成绩之优秀，在全校师生中无人不晓。

然而，更令我吃惊的事还在后面。当我上高中二年级的时候，孙燕山就已经是昌图高中的物理老师了。原因是这样的：1960 年是阶级斗争这根弦在中国社会绷得很紧的时候。这一年，作为昌图第一高中应届毕业生的孙燕山同学，由于家庭出身问题，政审不合格的缘故而没有被大学录取。这样一位令全校同学为之仰慕的高材生，竟然出乎预料的名落孙山，引得师生无不为之惋惜。当时，昌图高中校长王德宏，不忍心孙燕山这位学习出众，品格优良的学生就此被埋没了，于是，便破格把他留在学校任教，做一位物理代课老师。

在孙燕山做昌图第一高中物理老师时，我才和他相识。只见孙老师 1 米 80 的个子，身躯挺拔，话语间衬托出谦逊和和善，又不由自主地流露出一种书生之气，加上一笔好书法，分明是一位仪表堂堂，才华横溢的有为青年。

1962 年，我考上了东北工学院，此时的孙燕山老师已经在昌图高中物理老师的岗位上耕耘了两年。

1963 年暑期过后，我升入大学二年级。刚刚开学的一天上午，我的班级正在机电馆门前的草地上做义务劳动。期间，我无意间偶然一回头，眼前的情景使我大吃一惊。

原来，我竟看见了孙燕山老师走在附近的马路上。自从我离开昌图第一高中母校，就没有再见到孙老师。此时，孙老师的目光也不期而遇地向我这边看。

"啊！这是孙老师嘛！许久未见了，您怎么来了！"我忙跑上前和孙老师打招呼。孙老师突如其来地在校园里出现，我感到又吃惊又兴奋。

"今年考上了东北工学院，刚刚在机械系报到。"孙老师乐呵呵地回答道。

谈话间我才知道，孙燕山老师三年前的 1960 年由于家庭出身问题，政审不合格的缘故，而与大学失之交臂，对一心向学的孙老师不能不说是一个很大的打击。可是，这一打击并没有泯灭他上大学的初心。他也并没有因挫折而气馁，而是振作起精神来，在自己的教学工作之余，以过人的顽强毅力充实自己，终于在高中毕业三年后，在阶级斗争这根弦绷得不太紧的 1963 年如愿考上了东北工学院本科。

孙老师传奇般的求学经历使我对他暗暗称奇，佩服不已。从此，我们就成了大学时代的同学和挚友。

我的女朋友本来也是昌图第一高中的学生，比我晚两届。世华在高中读书期间，孙燕山老师是她的物理课老师。于 1964 年暑期，世华考上了位于沈阳市的辽宁中医学院。此时，孙燕山老师在东北工学院入学已有一年了。

1968 年，文化大革命已经进行了两年。这两年由于学校完全停课，我在学校里无所事事，感受到时光无谓流逝的无奈。本来我那一届学生应该于 1967 年毕业，可是到了 1968 年还不见毕业分配工作的迹象。在这种情况下，由孙燕山老师的介绍，我和世华相识了。

我们的相识是在 1968 年 4 月间。1944 年出生的世华比我小一岁。在我看来，当年刚满 24 岁的世华正处于女人的花样年华时期。只见这位年轻的大学生个子虽然不算高，但丰满的体态，白里透红略带稚气的脸庞散发着质朴灿烂的青春气息。脑后乌黑的头发梦幻般伸出两条发辫顺流直下，漫过腰间。发辫末端由红头绳制作的手工发结，从远处看，仿佛两朵鲜艳的红花点缀在腰际间。这一切给同样年华的我一种异性的美感。

回想当时文革的革命风气下的特殊历史阶段，我们之间的恋爱非常之简单，我们缺乏如胶似漆般的缠绵，和委婉动听的誓言，都把更多的爱埋藏在自己的心里。我们都感到，如今有了爱的人，心里确实多了一份说不出来的牵挂，责任和喜欢。

这个世界上有的朋友，你以为一定可以再见面，但是，就会有那么一次，在你一放手，一转身的一刹那，有些人，就从此和你永别了。

果不其然，当我毕业离开东北工学院以后，再也没有见到我的好友孙燕山。

1968 年 9 月下旬，我拿到东北工学院的毕业派遣书，前去鞍山钢铁公司工作后，我们经常书信来往。1969 年 9 月，孙燕山毕业被分配到宁夏青铜峡工作。期间我们也一直保持着书信联系。1970 年

9 月份，我接到孙燕山一封信，他在信中告诉我，他将于当年 10 月份回东北老家探亲。哪曾想，这是孙燕山最后的一封信。

后来听朋友说，原来，1970 年 10 月，他买好了火车票，收拾好行装，启程返家。可能是刚吃完饭后赶车急了一点，上火车后不久就感到肚子疼痛难忍。两个多小时后，火车赶到下一个大站。到站后他被送往医院治疗。医院确诊是肠扭转。此时，已经两个多小时过去了，耽误了治疗时间，医生无力回天。

一个传奇的人物，我最要好的朋友，我和妻子相识的月老孙燕山老师兼同学，就这样默默地走了。我们本以为来日方长，后会可期，却忘了世事无常，以至于至今我对这位好友的突然离去，仍感到无限的惆怅。

参考文献

1965 年 1 月 14 日中共中央开展 "四清"运动 .人民网[引用日期 2019-07-17]

第五篇

鞍钢十年

第 17 章 修炉厂工作经历

一、 分配去冶金炉修理厂

1968 年，文化大革命中各地的武斗刚刚停止，各省市和地方政府，企事业单位相继成立了革命委员会。在此期间在毛主席的安排下，国内各大学开始军管，由解放军派出的军宣队和从工厂抽调的工宣队管理学校。此时，东北工学院钢冶系则由沈阳东北制药厂派出的工宣队领导。

1968 年 9 月，东北工学院的学生开始军训，9 月底，应届毕业生开始分配工作。我被分配于鞍山钢铁公司（简称鞍钢）。10 月份刚刚开始的二天，我便前去报到。

对于此次去鞍钢报到的我来说，鞍钢并不生疏。它是我大学时代两次实习的场所。这两次实习中，一次是认识实习，另一次是生产实习。

从地图上看去，地处鞍山市内的鞍钢约占整个鞍山市区面积的三分之一。这里有炼铁厂、炼钢厂、烧结厂、大型轧钢厂、中板厂、热连轧厂、无缝钢管厂、冷轧厂，铸管厂等几十座大中型工厂。当年，鞍钢之所以被称为中国的钢都，因为它是中国资格最老，规模最大的钢铁公司，有着居全国之冠，占全国四分之一的钢铁产量。可以说，鞍钢的钢铁产量之巨，规模之宏伟，在当时全国的钢铁公司中叹为观止。

鞍钢的宏大规模，由每天清晨上班时钢铁大军洪流的震撼场面可以感受到。每当上班时分，进入厂区大门上班的人群，如川流不息的钢铁洪流。进入厂区，抬眼望去，鳞次节比的厂房，密密麻麻纵横交错的厂区铁路，加上时时传来的汽笛的轰鸣使人目不暇接，心潮澎湃，一种自豪感油然而生。

在文革前，根据国家规定，被分配于工厂的工科大学毕业生首先被安排做见习技术员，然后便是顺着技术员，助理工程师，工程师的阶梯上升。至于上升的快慢，要看本人的造化和各方面的因素。遇到提职时，往往一个职称下到基层，必引起大家去争。"狼多肉少"的局面常激起要求提职的同事间的矛盾。

在文革那个动荡的年代里，大学毕业生工作分配上也起了变化。此时，根据国家的规定，大学毕业生毕业后被安排到生产第一线当工人。然而，当我到鞍钢临时成立的大学毕业生分配办公室报到时，我被安排的工作还是出乎我的预料。

鞍钢大学毕业生分配办公室位于鞍山市胜利路对炉山地区的一个集体宿舍内。管分配的是一位姓屈的同志。据说他是鞍钢公司派来的，全权处理来鞍钢报到的应届大学毕业生的工作安排。

"你是工业炉专业的毕业生，分配你去冶金炉修理厂工作。"老屈对我说。

"实际上我们专业是搞炉内热过程的研究和控制的，唯独不搞修炉，去冶金炉修理厂工作专业上不对口"。我对老屈说。

可是老屈听不进去我的话。

"作为工业炉专业的毕业生，去冶金炉修理厂工作是专业最对口的了。既然是当工人，那么去修炉岂不是更接近你的专业嘛！"老屈果断地说。

在老屈那里，我还见到一件更有趣的事情。一位中国人民大学金融专业的应届毕业生，被老屈分配去炼钢厂。他认为金融专业毕业生去炼钢厂搞金属熔化岂不是更对口！于是，他不由分说便把分配去炼钢厂的公文盖上章，递给了那位毕业于中国人民大学学金融的毕业生。

于是，我也就拿着老屈递给我的公文去冶金炉修理厂报到，做了一名修炉工人。

与此同时，和我一起被分配到该厂当工人的有将近 20 余名应届大学毕业生。他们大多来自于东北工学院和北京钢铁学院以冶金工业为主要学科的大学。

鞍钢冶金炉修理厂负责的是鞍钢三大钢厂炼钢平炉的检修。该厂设有三大主体修炉车间，以便于工作上每天三班倒。平炉检修分为大修，中修和小修。大修是炉子耐火材料全部推倒后，交给修炉工人去重建。然而，大修的情况很少见，我在冶金炉修理厂工作期间，就没有遇到过大修的活，平时的修炉工作是中修和小修。

二、 鞍钢所在地——鞍山市

鞍山市是鞍钢的所在地，这座城市与鞍钢已经密不可分，浑然一体了。而这座城市优越的地理位置和美丽的自然环境，也支撑了鞍钢长期居于全国大型钢铁联合企业之冠的地位。

鞍山市得名于市南郊的一对形似马鞍的山脊。该市地处辽宁省中南部，北距辽宁省省会沈阳市不到 90 公里，东距煤铁之城本溪不到 100 公里，南距大连市 300 公里，地理位置十分优越。

鞍山地势东南高、西北低，千山纵贯其东部，西部为辽河平原。鞍山市境内有太子河、沙河、浑河、饶阳河四大河流。鞍山市内的东山，对于市内铁东区和高新区来说，山在城中，城在山中，比较宜居。鞍山市南部有亚洲四大温泉之一的汤岗子温泉，市东部的千山是长白山张广才岭伸向辽河平原边缘的余脉，如今早已成为东北闻名的千山风景区了。

在我看来，千山风景区是来过鞍山的人必定浏览的地方。硕大的风景区内有无量观，五佛顶，仙人台等著名景观。它们自古以来是佛道两家的修练场所。其中无量观，五佛顶最为壮观。

在鞍钢工作期间，我曾经得闲与好友一起游览攀登五佛顶。和其它的山峰相比，五佛顶显得更加高耸陡峭，险峻难攀。我们攀登到顶竟花了一个多小时的时间。

对于住惯了平原的我来说，攀爬这样的山峰，是一个巨大的挑战。这使我有机会体会到登山的劳顿艰险和刺激。当我们精疲力尽，终于攀爬到了山顶。

五佛顶是以其山顶上的古迹，五尊形象各异的石佛而得名。遗憾的是，当我们攀登到山顶上时，却看到了五尊缺了头的石佛，觉得很是可惜。当时正是文革初期的 1968 年，据说这是文革初期红卫兵"破四旧"的杰作。此情此景使本来兴趣盎然的我，突然感到有些怏怏然。

我和同伴在山顶稍事休息，开始了下山的路程。下山的惊险，让我感悟到"上山容易，下山难"的中国古语的真正内涵。

当年，国内各项事业百废待兴。树高林密，鲜花绽放的山坡上仅有由观光客踏出来的狭窄的陡峭路径。许多路段没有扶栏，有的路段即使有扶栏，握在手上却是感到摇摇晃晃。在这种情况下，游人为了安全，需要时时多加小心。由于山路的陡峭，脚下经常打滑。每当这时，我不得不压低身子重心，甚至干脆坐到坡地上，以避免跌倒。

说起仙人台，当地流传有 "不上仙人台，等于白来"之谚语。我在鞍钢工作期间，虽然曾三次和朋友游千山，遗憾的是都没有攀爬仙人台。仙人台在千山风景区的南部区域，那里人迹罕至，很少有游人上去过。无论如何，没有登过仙人台的我，至今仍然不免感到遗憾。

文革后的 1984 年我又一次得机会到千山游览（图 17-1）。此时，文革已结束，我已经在东北大学做教师。当我重登千山时，文革初期的那种情景已经不见。此时，千山风景区已经焕然一新，各种设施有了根本的改善。当时正值盛夏时节，整个景区已是林木茂密，山花烂漫，游客如潮。

图 17-1 登千山（摄于 1984 年）

三、 修炉工的劳动体验

作为修炉工，我遇到的都是中修和小修。中修和小修都是在炉子停工不久后便进炉内去修理。在炼钢时炉底烧结层偶尔被高温钢水侵入，这对炉子是最危险的，严重时有烧穿炉底的危险。修炉时需要用风镐的机械振动把烧结层包裹的残钢清除。炉底氧化镁烧结层之坚硬，使得用风镐清除残钢的工作难度远远超乎想象。而且，即使炉子停下来很长时间了，炉壁的热量仍然难以散去，以至于炉底温度之高，使得站在炉内打残钢的人，几分钟后便感到脚底烫得难以忍受了，尽管脚下的大头鞋鞋底由厚厚的隔热棉构成。

修炉时遇到的另一个挑战便是清除蓄热室格子砖. 为了抗高温，修炉工人穿的是呢子衬里的防热服，脚上穿的是厚厚的防热大头鞋。蓄热室的门扒开不久，为了抢时间修炉，我们就进去工作，用夹钳清蓄热室格子砖。

尽管进入蓄热室时要披上潨过冷水的草袋子，然而蓄热室热浪扑在脸上还是感到像针扎一样疼。高温又使人喘不过气来。随着大头鞋底温度的升高，我们很快就感到烫脚了。不一会，蘸水的草袋子由于水分快速蒸发，而烤得冒烟了。这样的工作也就坚持 5 分多钟，然后由下一工作小组接替。

我的修炉工作属于高温、重体、多粉尘工种，其特殊的工作性质，也反映在每人每月 53 斤的粮食定量上。粮食定量之高，是其他普通工作岗位无可比拟的。而当时普通市民的粮食定量是每月 30 斤。

我们的修炉工作是三班倒。我至今还清楚地记得，上班的第一天是夜班，工作是从火车车厢上卸耐火砖、背砖、供修炉之用。耐火砖的尺寸和建筑用砖差不多，但重得多。卸车时，不是一块砖，一块砖往下拿，那样做工作效率太低，而是两只手夹住四块砖，从火车车厢上快速搬到传送带上。四块砖的总重量有四十多斤，看来，卸耐火砖的活之重也是不可小觑的。尽管如此，卸火车和背大砖是我在冶金炉厂做修炉工干的最轻巧的活，而且也不感到热。然而，这样的活却少之又少。

每天上班前半小时是班组安全会。安全会开头，照例以小组为单位学习毛主席语录。此时，组长总是让我选择毛主席语录带领大家一起学。

一次，我选了一条"没有文化的军队是愚蠢的军队，而愚蠢的军队是不能战胜敌人的。"主席语录，指的是文化素质对于军队战斗力有着决定性的作用。正在大家郑重其事地读这条语录时，我的心里有一种很滑稽的感觉。因为在头一天语录学习中，我选择了一段"高贵者最愚蠢，卑贱者最聪明"的主席语录。语录中的高贵者指的是有文化，有身份的人。"怎么有文化的人在今天就变得愚蠢了，而在昨天却是很高贵的呢！这是不是有点矛盾呢？"当时的我不得要领。

后来，心态摆正了，我也就想通了，感到第二段语录是有意告诫那些有知识的人，如果不去实践，就不知道如何运用知识，到头来，有知识有理论也是白搭，蠢人一个。明白了这一点，也就明白了这两条语录各有所指，其实也谈不上矛盾。

学完语录后，全工段集合一起讲安全。我起初觉得，安全天天讲，天天重复那些话，把耳朵都磨出茧了，这不是浪费时间吗？心里着实有点厌烦。直到有一天，我们组里发生的一件事，完全改变了我对安全会的歧见。

一天上午我随组长李维汉师傅行走在炼钢平炉旁边一块空地上，突然砰的一声，一块重物砸在李师傅的脚前，把两人吓了一跳。重物足有 10 斤多重．如果重物晚砸下哪怕零点零一秒，那么我们俩有一个人必死无疑。对于这样重的自由落体，头上的安全帽显然是什么用也不顶的。此时，被惊呆了的我和李师傅直感到一阵后怕。

从此，我对安全会不仅再也不反感了，而且每次都仔细地听。本来安全规程规定不能在厂房的天车下面行走。这一未遂事故的发生，原因是我们没有遵守这一安全规定。此时的我才知道，安全规程中的每一条，都不是轻易写出的，往往凝结着相应的血的教训。

四、 一场责任事故的处理

我的车间有一个爆破小组，直属于车间领导。爆破小组的工作是用爆破的方法清理炉内坚固废物，为修炉创造条件。比如修炉时炉底烧结层侵入的残钢过多，用风镐就难以打掉了，有时沉渣室结渣块过大过硬，很难用手中的工具弄碎。在这种情况下，往往使用爆破方法进行清理。这时，车间的爆破小组便派上了用场。

然而有一次，爆破小组在爆破平炉炉底烧结层残钢时，把炉顶给崩出了一个大洞，闯下了大祸。

这个事故属于恶性责任事故，非同小可。而且，因为炉顶坍塌，修炉的工期估计要拖长3天左右。这一座容积为300吨的炼钢平炉，一天的钢产量将是700多吨，3天时间将要损失钢产量2000多吨。在那个强调"抓革命，促生产"的年月，这个恶性责任事故无疑说大就大。

事故惊动了厂革委会，主管生产的厂革委会副主任，以及人保组长亲自到车间来调查处理此事。不用说，爆破组长被勒令停职，交代问题，等候发落，整个爆破组被安排停产学习整顿。在这样的紧张气氛下，爆破组人人自危。其中，爆破组长王师傅的责任最大。倘若事故上报到鞍钢公司，公司保卫处要秉公处理的，爆破组长就要承担严重的法律责任。

当时车间领导的态度是，一方面搞清事故发生的原因，对工厂和上级有所交代，另一方面，尽量化解此事，因为这毕竟是自己车间发生的事故。然而，他们又不敢明显偏袒肇事者，因为这样做要犯错误的。

当时我作为刚进工厂的大学毕业生，被车间临时抽调协助调查，并起草一份材料描写事故的过程以及分析事故的原因。没想到，我承担的这份工作挽救了爆破组长于该项重大责任事故之中。

本来，尽量把事故的过程和责任写得详细和具体是我的职责。然而我看到爆破组长像泄了气的皮球瘫在那里，面色苍白，愁眉苦脸，不由得对他心生怜悯。

"爆破组长可真不容易呀！家里一定有老有小，弄不好，会进监狱的。那么他这一大家子人可怎么过呀？"想到这里，我感到，对粗心的爆破组长的过失需要赋予点同情之心了。于是，我决定在起草的材料中力所能及地减轻这位爆破组长的责任和所承担的风险。

经过慎重的考虑和构思，我在材料中强调这一事故是在"抓革命，促生产"的前提下，爆破组长好心办了错事。我知道，"抓革命，促生产"的口号既然是毛主席提出来的，人们对毛主席的感情在当时是很容易引起共鸣的。于是，我在起草的材料中指出，爆破组长本想在抓革命促生产中发挥点积极作用，急生产之所急，想生产之所想，于是在爆破中装火药多了点，保险系数低了点，却出乎意料地发生了事故。

我在报告书的结尾中强调这是工人们在前进中发生的突然事故，呼吁领导上对现场工人的工作积极性给予必要的保护，并引导他们深入总结工作中的经验教训，以利再战。

不久，我工段的刘恒义指导员告诉我："车间魏副主任对你写的材料很重视，给予了肯定"。他又进一步感慨地说"魏副主任是一位很有头脑的人。"

此后，车间和厂领导取得了共识，决定对爆破组长从轻处理。于是，材料上报到公司了事。在报告书中，因为我细致而独特的分析视角，挽救了爆破组长，我心里深感欣慰和自豪。

按规章，这件事本来就是大的责任事故，其处理之重，不可想象。然而，在那个史无前例的文化大革命中，领导上也往往针对具体问题强调主观的积极因素，而不是什么章程。这样反倒有点人情味。领导上本来就想"大事化小，小事化无"，遇到我这位刚大学毕业的不知天高地厚的"愣头青"，在起草的上报材料中力保爆破组长，说出了基层领导不敢说的话，使事件实现了软着陆，皆大欢喜。

这件事的结局也使我感慨，事情的成功和失败虽然有冰火之别，却往往相距只有半步之遥。

五、 车间见闻

每天的安全会之后，便由段长布置当天的工作任务。每逢这个时候，段长总是用一句口头禅"今天的任务很关键"来开头。

据我的见证，这是实话。当时，尽管由于文化大革命全国很多地方处于无政府状态之中，许多的地方甚至停产了，然而像鞍钢这样的大型企业却一天没有停，国家亿万双眼睛盯着鞍钢呢。而钢产量这个硬指标，鞍钢公司每天都及时向外界公布。

我所在的小组长李维汉师傅领导着 10 几个人的基层生产小组。李师傅中等偏上的个子，从他瘦削的脸膛和略显单薄的身形，很难理解他平时干活那样的精力充沛，那样的麻利，仿佛浑身有着使不完的劲。李师傅的能干，在我们全车间是出了名的，一提起李师傅干的活，没有不佩服的。他的小组，生产中如果在全车间不拿个头奖，李师傅和全组人心里是不会舒服的。

俗话说，人没有十全十美的。李师傅当年也有一件烦心的事，就是他老婆和冶金炉厂书记李元泉老婆拜干姐妹一事，闹得全厂沸沸扬扬，满城风雨，也使得李师傅在全车间和小组里像了什么亏心事，一直有点心虚。为这事，李师傅还在车间党员"洗澡下楼"大会上和我们小组里检讨了好几回。

原来李师傅和李书记家是对门邻居，平时两家夫人处得很好，并且都从事家务，没有在外面工作。李师傅夫人心灵手巧，比如织袜子，打毛衣，缝纫什么活都会做，做饭也是一把好手，并且还乐于助人。李书记夫人小李师傅夫人两岁，性格外向，大大咧咧地做活，手脚总是不那么干脆利落。对门住着一个有经验，能干又乐于助人的邻居，李书记夫人一旦有困难便过来向李师傅夫人"姐呀！姐呀！"地请教。

李师傅夫人也是来者不烦，平时没有少帮忙。对李师傅夫人来讲，毕竟这是举手之劳，而且，她也很愿意展示自己。就这样，两位内当家间的感情越来越深。遇到谁家做点什么好吃的，也不忘了送给对方尝一尝。一来二去，两个人处得像亲姐妹一般。于是，两个本来以姐妹相称的邻里，便有一天按东北人的习惯，索性约定互称干姐妹，尽管没有正式举行过拜干姐妹的仪式。

常言道，没有不透风的墙。两家夫人拜干姐妹的消息在坊间传开了，而且大家对两位夫人的亲密关系还很羡慕呢！

李元泉书记被提拔到做厂党委书记不到半年，文化大革命开始了。在革命洪流的冲击下，李书记也就靠边站了。当我进厂时，李书记已经到五七干校学习去了。

没曾想，在文革期间有人给李书记写大字报揭发他唆使夫人拜干姐妹，拉帮结伙。经大字报这么一说，很多人还都信了，并把矛头对准两位干姐妹的丈夫。常言道，无风三尺浪。经这么一闹腾，事情的发展便大有山雨欲来风满楼之势。

现在想来，两家夫人拜个干姐妹无可厚非，硬要把它如此上纲上线，也未免太滑稽了。

车间有一位年青造反派头头，大联合以后成为车间的领导。不久后被人揭发偷听过"敌台"而被撤职查办，继而便是无休止地大会批，小会斗，弄得这位偷听敌台的"特务分子"筋疲力尽。我刚到这个车间的时候，就看到他被拉到台上被弯90度的腰揪斗。听人说，原来此人没犯事时，在车间高高在上，趾高气扬，可神气了。

此情此景，这位年轻人文革中瞬间经历的沧桑巨变，使我有种世上祸福无常之感。

我们组里有一位田师傅，当时年龄在 30 多岁。我听人说，小田曾经是一位造反派小头头，一次主持会议时读毛主席语录，当读到"舍得一身剐，敢把皇帝拉下马"这句语录是，不知为什么平时嘴皮子很溜，言语幽默的小田精神过分紧张，偏偏吭吭哧哧地硬是读成"舍得一身剐，敢把毛……"。读到这里，他知道自己读错了，大惊失色，再也读不下去了。然而错误已经铸成了，惊慌失措的田师傅像一捆束结似的，愣是戳在那里，不知所措，又下不来台。后来，终于有人上台来把他拉走了。随即，小田的造反派头头头衔被撤掉了，被勒令回到组里监管劳动，等候发落。

回到组里的田师傅像换了一个人似的，终日愁眉苦脸，提心吊胆，生怕哪一天被拉到台上去批判。

田师傅的情况使我深为感慨。我想，一个人如果没有那两把刷子，何苦要不顾风险去当那个头头干？以至于到头来白讨苦吃，落得个身败名裂的下场？

"原来这就是私心惹的祸。人啊！私心是一种多么危险的不祥之物啊！对于它的危害，人们理应有所警惕。"无限感慨的我竟对田师傅发起了古人之忧思。此时，我耳边自然响起了"人为财死，鸟为食亡"的千古名言，于是，我对田师傅不免有一种怜悯之感。

车间开过一次党员"洗澡下楼"大会，那是我到冶金炉厂工作大约 3 个月后的事情。洗澡下楼大会是由车间党总支主办的，发动全车间群众帮助党员检查错误思想，提高觉悟的大会。据说，"洗澡下楼"不过关的党员不能重新登记。

当天参加车间党员"洗澡下楼"的群众有几百人，整个冶金炉厂礼堂座无虚席。没有料到的是，我作为入厂不久的大学毕业生被指定为大会的记录员，坐在"显赫"位置上。会议由车间党总支书记主持，厂革委会领导，包括政工组王忠校组长一行人等也都在场。会议持续了 2 个半小时，首先由党员轮流检查自己，然后群众自由发言进行帮助。会议进行的很顺利，并且在平静中结束，波澜不惊。

六、 为工厂做宣传报导

1. 调入工厂宣传部门

此次会议不久，我被通知调厂革委会政工组做宣传报导工作。原来和我一起抽调到厂政工组做宣传报导工作的还有一位叫赵德山的老同学，在校时在我的上一届，是赫某同学班上的班长，也是分配到冶金炉厂 20 来名大学生中唯一一名预备党员。

听说，抽调我进厂政工组，是政工组长王忠孝点名要的。一次厂革委会的会议上，研究充实厂政工组人员时，政工组长王忠孝说"就调那天开会做记录的那位大学生！"于是我恍然大悟，原来王组长早就观察我，而我自己却蒙在鼓里。

来到厂政工组报导组报到，刚刚组建的厂政工组报导组总共才3 名成员，除了我和德山之外，另外还有一位叫张喜林的原来在政工组做宣传工作的人。我和德山平时称他为张师傅。

张师傅有 40 多岁年纪，清秀的个子，白白的脸庞使他看来简直就是一位书生。张师傅原来是我们车间的一位工人，由于字写得好，又能画得一幅好画，经常在车间墙报宣传上大显身手。于是，一年前厂革委会成立之初，张师傅被相中，调来革委会政工组负责报导工作。现在，眼前的这位张师傅，我和德山便成了报导组的全部成员，而报导组由张师傅总负责。按厂革委会的人员安排，报导组是隶属于革委会政工组的一个分支部门。

顾名思义，报导组就是全厂的喉舌。它的工作是报导全厂的好人好事，提高工人的劳动积极性，提高工厂的知名度。这便是该厂把我和德山调入充实宣传报导力量的目的所在。

冶金炉厂是为鞍钢三大钢厂的 24 座平炉做检修，为炼钢的生产提供重要保障的工厂。一提起钢厂，鞍钢公司是异常重视的，因为他们和鞍钢的钢产量密切相关。和人家三大钢厂相比，冶金炉厂就显得没有人家那么受关注了。而如今，责任心很强的冶金炉厂革委会的领导决心好好抓一抓工厂的宣传鼓动，好人好事，扩大本厂在鞍钢的影响。实际上在当时开展的文革热潮中，鞍钢的各个工厂也都把"抓革命，促生产"摆在了重要位置。

花园的花草如果勤浇水便能适时绽放，芳香四溢。通过我们报导组的努力，冶金炉厂的报导工作确实有了起色。工厂的好人好事被及时地发现，并报导出去了。一些报导甚至被破天荒地登上了本市和鞍钢的主要报纸，如鞍山日报和鞍钢日报。这些工作在很大程度上，提高了冶金炉厂在鞍钢的地位和影响。

2. 金氏夹钳

冶金炉厂直属的检修工段的金师傅是一个技术改革奇人。金师傅已年近 60，解放后鞍钢刚恢复生产时，就进冶金炉厂当了一名修炉瓦工。劳动中，他感到当时清理蓄热室格子砖，和沉渣室钢渣的夹钳又苯又重，使用上很不方便，直接影响到修炉的工作效率。对此，金师傅经常听到工友们的抱怨之声。于是，金师傅开始琢磨如何改造如此笨重的夹钳。

金师傅是一位对修炉工具和技术异乎寻常的动脑筋的人，对于夹钳的改造，他经常花费休息时间冥思苦想，精心琢磨。而且，他经常利用休息时间四处拜师，甚至远赴外市慕名拜师请教有关的技改设计方法。功夫不负有心人，不久后金师傅终于搞出来一个关于改进夹钳的设计方案，并带着它向厂领导请求支持。

厂领导对金师傅的设计方案给予了积极支持，并把他调入厂机械维修小组搞技术改革公关。

开始的时候，金师傅改进的夹钳在试验中不怎么顺手，使用时容易掉砖。于是，金师傅就继续修改它的设计，然后把改进的夹钳再拿回来做试验。这样，金师傅经过 12 次改进，终于获得了满意的试验结果，工人们发现，经过许多次改进的夹钳，使用起来既轻便又方便，原来使用时掉砖的现象也不见了。又经过了一段时间的试用，最后造出来的夹钳终于获得了修炉工人的一致欢迎和肯定。金师傅的夹钳终于成了工厂的一大技术革新，并被命名为金氏夹钳。当我来到厂宣传报导组时，金氏夹钳已经在全场推广使用多年了。

金师傅的事迹使我深受感动，于是我特意找到金师傅采访。期间，我对金师傅的发明深感震惊。"小小的金式夹钳非同小可，改善了工人的劳动条件，提高了修炉效率，居功至伟"我对金师傅的技术革新成就深感佩服，更佩服他的不达目的决不罢休的痴迷和献身精神。

在金师傅孜孜不倦从事技术革新的献身精神感动之下，我写成了"奇人金师傅"一篇通讯登在了《鞍钢日报》上。其中，我把金师傅发明的金氏夹钳的来龙去脉做了如实的报导，使金师傅为国家经济建设孜孜不倦，精益求精的革新劲头得以在鞍钢广泛传颂。

3. 宣传工厂领导班子的团结

我入厂一年前，辽宁省实现了文革中两派的大联合，并在此基础上成立了革委会，行使省政府的权利。随即鞍钢及其下属各厂包括冶金炉厂也相继成立了革委会。

鞍山市在文革中打得难解难分的两派分别是钢都革命造反派大联合（简称"大联合"）和鞍钢捍卫毛泽东思想战斗总部（简称"老捍"）。事实上，鞍山市，鞍钢各厂，包括冶金炉厂革委会都是建立在工厂内的两派联合的基础上的。

据知，当时的老捍派是造反派，因为这是文革初期造王鹤寿反的一派，而联合派是保守派，是保王鹤寿的一派。王鹤寿是老干部，建国初期在恢复和发展中国冶金工业事业中做出过决定性贡献的一位中共领导人，有新中国冶金事业奠基人之称。

1967 年 8 月 17 日，中共中央、国务院、中央军委、中央文革小组关于处理鞍山问题的决定中宣布：王鹤寿被打倒。于是在不久后成立的鞍钢及其各厂矿的革委会领导中，老捍派成员占据主导地位。这样，冶金炉厂的革委会主任吕德广和常务副主任马常胜分别是原鞍钢公司机关的老捍派，就很自然的了。另外两位厂革委会副主任也都是老捍派，而工代会主任出自于大联合派。类似的情况，在鞍钢各厂矿革委会领导班子中比较普遍。

来自于老捍派的冶金炉厂革委会另一名副主任，和来自于联合派的工代会主任，原来他们分别是两个对立派别的头头，在打王和保王的斗争中有了很深的积怨。于是，厂革委会领导班子决心下工夫解决他们之间的团结问题。

革委会一班人通过多次的会上开导和会下谈心，这两位工人出身的领导干部终于彼此消除了偏见，握手言欢，他们之间的干戈终于化为玉帛。这使我很受鼓舞，于是我终于以"促膝谈心增强了革委会一班人的团结"为题目写成了一篇通讯报导登载于鞍钢日报上。对此，我们报导组的同事们都很高兴，大家认为我们为冶金炉厂做了一件有意义的事。

第 18 章无法弥补的歉意

一、谈虎色变的生活

来弓长岭之前，我的妻子世华刚刚从辽宁中医学院（后改名为辽宁中医药大学）毕业。

她是该校 69 届毕业生，比我晚两年毕业。由于文革时期动乱的耽误，直到 1970 年 10 月份，她这一届毕业生才开始分配工作。

一九六五年六月二十六日，毛主席发表了关于医疗卫生改革的谈话，史称"626 指示"。其中，毛主席针对当时国内广大农民得不到医疗，一无医院，二无药的情况，指出医生应该放到缺医少药的农村去，为占中国人口绝大多数的农民服务。

为了落实毛主席的指示，辽宁中医学院这一届绝大多数毕业生被分配到全省各县的农村卫生院工作。世华则被分配于辽北老家昌图县，待本人前去报到之时，再由县毕业生分配部门安排到农村卫生院工作。

当时我已在鞍钢冶金炉厂工作了两年，并已经和世华结了婚。目前，世华的这一分配去向将造成我们夫妻分居于两地。在那个年代，两地分居是一件难以解决的问题，以至于人们每每谈起它所造成的困惑局面，犹如谈虎色变。

拿到工作分配的通知书，世华没有立刻前去昌图县报到，而是来鞍山找我，期望我这里能有一线希望,解决我们的两地分居问题。妻子是一个老实人，又没有见过世面，这件事使她的情绪很消沉。

面对妻子的困境，我也一筹莫展。

早在半年前，在鞍钢冶金炉厂工作期间，厂领导曾经为我向鞍山市主管部门请求允许我的妻子毕业后被安排在该厂卫生所工作。然而，得到的回答却是"爱莫能助"。这是因为，根据上级的规定，鞍山市不接收来自医学院的大学毕业生。

严峻的现实使我认识到，我的妻子毕业分配到昌图县以后，便是我们夫妻两地生活的开始。当时国内工作单位的领导，对于单位内人员的工作调动具有绝对的支配权。如果工作单位不想放人的话，解决两地生活的工作调动之难，便难于上青天。尤其是，这又涉及到农村户口改变成城市户口的问题。这一层困难更增加了解决问题的难度。面对这种困难局面，我已经陷于绝境了。

二、 弓钢厂曲线运作

出于对频临绝境之人的眷顾，上天往往会指以出路。

一天，在我一筹莫展之际，和我在冶金炉厂一起工作过的老同学赵德山告诉我，我的两地生活，刚刚成立的弓长岭钢铁厂（简称弓钢）可以协助解决，关键是需要我先把工作关系调到那里去。

1969 年，中苏军队在乌苏里江主航道中国一侧的珍宝岛发生了武装冲突。两国之间的对立立刻升级到剑拔弩张的态势。在这种紧张的情况下，出于战备的需要，辽宁省革委会决策在地处辽阳的鞍钢弓长岭铁矿山区兴建弓长岭钢铁厂。刚刚建立起来的弓长岭钢厂虽然规模不大，却是麻雀虽小，五脏俱全，它拥有炼钢、炼铁、轧钢、中板、无缝钢管，以及机修等生产车间，战备需要的产品可谓是比较齐全了。

弓长岭钢厂地处辽阳市和本溪市之间的崇山峻岭地带，地理环境便于隐蔽，符合战备的需要。刚刚建立起来的弓长岭钢厂，为战备建立起来的小型钢铁联合企业，被称为小三线。按上级规定，小三线和大三线一样可以解决工作调转和户口问题。据说当时上级有这样一个规定，一旦小三线工作需要，即使原工作单位不想放人，也得放人。

据德山介绍，他的妻子原来在开原县粮库工作。为了解决他们本来难以解决的两地生活问题，他首先把自己的工作调到弓长岭钢厂，并借助国家对于小三线企业的特殊政策，计划把他的妻子调到鞍山。德山把这一套回旋解决两地生活问题的方法称之为"曲线运作"。

德山的启发使我决定采纳他的"曲线运作"理论。为此，我计划分两步走：第一，先把我自己的工作调到弓钢；第二，再把妻子调到弓长岭，以解决我和妻子两地生活的问题。

地处鞍钢弓长岭铁矿所在地的鞍钢弓长岭钢厂，距离鞍山市有100华里。弓长岭虽然地处辽阳和本溪两市中间，却是远离鞍山的偏僻地域，但据德山的消息来源，这个弓钢发展计划的远大目标是将会形成100万吨钢铁的规模。这使我感到，那里的天地也是十分广阔的，至于地域偏僻所形成的不便，也是可以改变的。文学大师鲁迅不就说过吗，世上本没有路，走的人多了，也便成了路。

千里之行，始于足下。真要调到弓钢去，却不是简单之事，需要"过关斩将"的。这是因为我所在的工作单位掌握着绝对的放人权。一个国营企业的职工不是说想调离就调离的。

不久前，我工作的鞍钢冶金炉厂被分解为三个车间，我所在的车间被分配到第一炼钢厂。当时我刚刚到这个厂工作，两眼一抹黑，几次去管调转的人事部门要求调离，都被无情地拒绝。

在万般无奈之际，我只好硬着头皮去找原冶金炉厂革委会一位主管生产的副主任，当时的第一炼钢厂主管后勤的革委会副主任，请他帮忙。正好人事工作是在后勤工作管辖之内。经他的批准，厂人事部门只好放行。于是，我被调离第一炼钢厂，前往弓钢。

1950 年入学的我，接受的一直是共产党的正面教育，于是，一直厌恶社会上的走后门现象。但眼见这种陋习越来越普遍，以至于在触及人们灵魂的文化大革命中也不例外。由于老百姓的至关重要的家庭生活等问题没有政策上的落实保证，当他们遇到这些问题时，只能去走后门求助于当官的人。有的人没有后门可走，只能忍受。当然，我的这一行为和做法还算正当，也是运气使然。

三、　想求援于李大叔

完成了我自己的工作调转，只是万里长征走完了第一步。妻子的工作问题的解决才是一个难啃的硬骨头。对此，我要做的紧迫任务就是把妻子从昌图县调出。

地处辽北的昌图县，是我和妻子共同的家乡。自从我 1962 年离开昌图高中到沈阳读大学，阔别昌图县已有 8 年。在读书期间，寒暑假期间倒是能回家探望父母亲。自从大学毕业后到鞍钢工作，由于没有假期，每年春节能否回家探亲都已经不是很确定的事情了。于是，这些年来，昌图县对于我是日益陌生了。这使我此去昌图县办事将困难重重。对此，我心里着实没有底。然而事到临头，面对新婚妻子的毕业分配问题，我无论如何要硬着头皮去昌图县走一遭了，碰一碰运气吧！

按上级规定，我妻子大学毕业后由学校分配到昌图县毕业生安置办公室，再由该办公室分配到各公社的农村卫生院工作。分配工作的权力掌握在各级领导手中，毕业生个人没有选择的余地。这种规定，在文革中也不例外。

常言说，马渴思饮长江水，人到难处想宾朋。这是中国人流传千年的古话。就是说，在困难之际，人们总会想起自己的亲戚朋友，希望他们帮助一把，度过难关。

此时，刚刚要去昌图县碰一碰运气的我，动身之前忽然想起昌图县老家长岭子公社曾经的党委书记李迎东。李迎东一家曾经是我父母家一壁之隔的邻居。当时我还在东北工学院读书期间，每当寒暑假回家探亲时经常看见李书记。我平时叫他李大叔。我知道，李大叔已于1965年调到昌图县政府任县政府办公室主任了。

"如果李大叔能出手帮忙，事情可能好办多了。"我琢磨着。

"我和李大叔家只是做过邻居，非亲非故，求人家办事不好意思。"想到这里，遇事一向抹不开面子求人的我有点打退堂鼓的想法了。

然而我又一转念，此事关系重大，无论如何还是不得不求一求人家帮忙。

"毕竟办事要紧，顾不上许多了。在这样大的事情面前，个人的面子只是轻如鸿毛。"想到这里，我决定拉下我无足轻重的面子，前去请请李大叔帮忙。

四、 李大叔交往点滴

昔日，李大叔一家和我的父母是隔壁邻居。当时，每逢我寒暑假回家探望父母时，我们总有见面的机会。李大叔虽然贵为公社党委书记，本县的一方诸侯，然而，在和我这个年轻的读书人接触时不仅毫无架子，而且亲切自然。至今我还记得和他的第一次见面。

适逢我放暑假回家。一天，我和母亲在院内。突然，隔壁家门打开，走出来一位中年妇女，和母亲打了一声招呼。

妈妈告诉我"这是你李大婶，新搬来的。"

"李大婶好！"我向这位中年妇女打了一声招呼。

"大嫂，你还有这么大个儿子呀！好帅气呀！"李大婶赞叹地说，使我这位腼腆的我有点不好意思。

不久后有·天，我家吃过晚饭，一家人在屋里闲聊。李书记推开门进屋来串门，

李书记的出现，使大家出乎预料。李书记一边和大家打招呼，一边像老熟人一样坐到炕沿和大家开始闲聊，嘘寒问暖。此情此景令人感动。

当时，李大叔正值不惑之年，身材伟岸，端正的五官轮廓分明，温和的双眸透露出内心的和善，眉宇间又展现出一种读书人典雅的风范。在我看来，李大叔的到来可谓是礼贤下士，平易近人了。这给我的感动之深，至今难以忘怀。

如今，每当满怀敬意回忆起李大叔，总是感到他是我所接触到的少有的没有架子，最能体会人心的国家基层领导干部。他给人印象最深刻的是自然，亲切和与人为善。

李大叔走后，母亲对我说"人家大干部放下架子来我们家看你，你也应该主动上门看一看人家才好，否则就是失礼。"母亲的话，我默默记在心里。

一天，李书记周末在家休息。在母亲的催促下，我硬着头皮去隔壁李书记家串门。

见到刚刚见过一面的邻居家的儿子，李书记像见到老熟人一样，很高兴地站起来打招呼。刚一坐下，他的话匣子就打开了。李书记的平易近人，使我这位乳臭未干年轻后生的心情顿时轻松了许多。我们于是就慢慢地天南海北地谈起来了。

李书记似乎深韵眼前乳臭未干的毛头书生没有经历过什么实践，于是把话题转到清谈。他们俩你一言我一语从井冈山的星星之火，到 1949 年的开国大典，从志愿军出国抗美援朝，到中印边界反击战。只见李书记谈话间像一位书生一样的专注，侃侃而谈。谈着谈着，只见墙上的时钟过去两个小时了，我才起身告辞。

有一次李大叔对我说，他从周副县长手里借来一本溥仪写的自传，书名叫"我的前半生"，并把书中的大致内容和我分享。

这本书我只是听过，当时只在具有一定层级的人士间流传，一般的人很难弄到。大叔所介绍的"满洲国皇帝"的新生，令我感到十分新奇。闲聊之间我发现，我对面的本县的一方诸侯，又是一位颇具文化造诣的读书人。

1965 年，即文革前一年，李书记奉调任昌图县政府办公室主任。至此，我们已有 5 年时间没有见过面了。

五、　太平公社李大叔

火车载着我从鞍山去昌图火车站用了大约 3 小时。当时，昌图县政府已经从昌图老城迁来昌图镇。从昌图车站下车后，我直奔县政府大楼背后的县政府家属住宅区。几经打听，找到李大叔家，见到了李大婶。

然而不巧得很，李书记正以县革委会办事组组长的身份在太平公社蹲点（所谓蹲点就是上级领导派人到下级部门调查及指导工作）。昌图县是面积很大的农业县，尽管当时全县人口密度不算大，人口却已超过百万，以至于太平公社领导机关所在地的具体位置，我并不知晓。

我正在为不知道太平公社的地理位置犯愁之中，心里几经盘算，猛然间想起了我的一位老同学刁永孝。

"老刁的老家不是在太平公社吗？我何不通过他家人找到太平公社领导机关所在地？"想到这里，我决定向老刁家赶去。

刁永孝是我高中同班同学，大学与我又在同一所学校。他大学的专业是矿山机械，毕业后分配到弓长岭矿工作。一次正值大学寒假，老刁专程来到我老家做客，回家时，顺便邀请我去他家玩了儿天。因为时间过去不久，我还清楚记得当时去他老家的路。

从昌图镇坐了近 40 多里路的公共汽车，又走了 10 里多路，我终于在当晚到达老刁在太平公社的老家。谢天谢地，原来新婚不久的老刁正探亲在家。

老刁告诉我，他家距离公社领导机关所在地有 20 华里。这中间没有大路可走，只有荒野小路。好在老刁是本地人，路熟，找到公社机关所在地不成问题。

我们俩第二天 9 点钟出发。我们走在乡间的小路上，仰望天空，万里无云；翘首远望，感慨天之远，地之阔；目赏田野之中万物，绚丽大地上，徐徐的秋风吹过，几近成熟的一片片庄稼如广阔水面的波浪，令人目不暇接。然而，我们二人欣赏眼前的田野风光之余，不忘加紧赶路。上午 11 点时分，我们在接近太平公社所在地的地方，老远望见一个大操场。此时操场上传来喇叭声音，表明李大叔正通过外面的扩音器在讲话。原来这是一个电话会议。于是我们的脚步停了下来。不久会议结束，我们见到了李大叔。

经历了 5 年之久，这次和李大叔在异地重逢，我很有感慨。5年前李大叔是公社的最高领导，如今已是县里的一位大员；彼时的我是一位大学生，如今大学毕业已有两年，成为鞍钢的 20 万工人阶级的一员。我们 5 年后的相见，真使我有沧海桑田之感。李大叔见到了我像见到老朋友一样，很是高兴，赶忙请我和我的同学到食堂吃午饭。

本来我和李大叔是君子之交淡如水，这次却不得不第一次开门见山，请求帮忙。听完我说明来意，李大叔二话没说便打电话给县革委会办事组的一位姓韩的同事，为我的事情做了必要的安排。搁下电话，李大叔告诉我，由于他在基层蹲点，脱不开身，特地嘱咐县革委会办事组一位韩姓同事为我运作此事。

"你回县革委会后找到办事组一位姓韩的同志，老韩会帮你周旋这件事。"李大叔嘱咐我。

辞别了李大叔，我随老刁先返回他的老家。此时，我感到我妻子的毕业安置难题的解决已经有了希望，多日来脸上的一层愁云随之消散，长途的奔波劳累已经一扫而光。

六、 老同学不期而遇

第二天一早，我从老刁家按原路返回昌图，中午时分便来到昌图县革委会大楼前，按预定计划前去办事组找老韩同志。

进入县革委会一楼大厅，眼前的一幕使我一惊。

刚进一楼，首先映入眼帘的是一个大厅。只见大厅中央放置的一副颇为标准的乒乓球台的两端，正在进行一场乒乓球对垒。正在挥拍的两人见有人进入大厅，都停了下来，面朝向我这位不速之客。

一瞬间，我感到乒乓球台左端的那位年轻人很是面熟。说时迟，那时快，正在急剧思索中的我，忽然叫了起来"这不是赵国良嘛！"

原来，赵国良是我在广宁小学读高小时候的同学。1955年我从家乡附近广宁完小读毕业班6年级时，国良从外村初小考入广宁完小念5年级。1956年，我从广宁完小毕业后，再也没有见到赵国良。

时光荏苒，一晃，我们至今已有12年没有见面了。无论如何，国良特有的英俊面庞和一双闪烁着智慧的目光，他的精明和干练早已给我留下了很深的印象。于是，稍事思索，我便认出那就是少年时代熟知的国良老同学。与此同时，国良也一眼认出我来了。

原来，今天中午休息时分，国良约来他的一位同事来到一楼大厅打乒乓球。碰巧这时，我风尘仆仆地来到这座大厅，也是我第一次来到这座昌图县首脑机关。

老同学相见寒暄过后，我向赵国良说明来意，并向国良询问如何可以找到革委会办事组的老韩。出乎意料，国良告诉我不必去办事组找老韩，他可以帮助办这件事。原来国良就在教育组工作，而教育组正好负责毕业生的工作安排。

七、 幸运之神在眼前

与国良的不期而遇使我相信，幸运之门已经为我开启。

午休时间刚过，我随国良来到县革委会教育组，并被引荐给教育组负责毕业生安置工作的一位女同事。

出乎我的预料，国良的这位女同事可不是很好打交道。只见这位女同事一开始就把话封死，不同意我妻子的工作调转。这位女同事打了一阵官腔，弄得大家精神都很紧张。只见国良和他那位女同事唇枪舌剑，谈话并不怎么投机。

过了好一阵子，她才话锋一转，同意帮我解决我的两地生活的问题，把我的妻子调往鞍山。

本来以同样的理由，国良的这位同事一开始就应同意的事，却和国良争执了好大一会，结果却是有惊无险。如今，我再一次回忆那件事，觉得那位女同事绝不可能有意打她同事的脸，以至于刚才的唇枪舌剑的一幕是有意而为之，做给我这个外人看的吧。

后来听说赵国良同学做过昌图老城镇镇长。然而，命运之神给这两位老同学开了一个大大的玩笑。自从那次不期而遇，我们俩人没有机会再度相见。如今每当我想起国良同学，心里总是感到热乎乎的。

国良的叔父是一位我在广宁小学读书时的老师，名字叫赵武，一位英俊，帅气的青年老师。那次听国良介绍，他叔父在法库县政府工作。然而自从我当年在广宁完小毕业，便和赵武老师没有能再度相见。

八、 无法弥补的歉意

关于李迎东大叔，我有一次携妻子回昌图县老家探亲时，路过昌图，在妻子的哥哥家小住。期间特意去看望他。那时我已经是东北大学的讲师了，时间大约是 1986 年。为了表达敬意，我特地把我的工作证拿出来给李大叔看。那年我 41 岁。李大叔大约也就是 55 岁开外。

大约在 1990 年前后，我去长春探望父母时，母亲告诉我，"听说李书记去世了"。

李大叔去世的消息，对我来说犹如晴天霹雳。李大叔身体那么健康，却去世的这么早，使我感到无限的失落和惋惜。惋惜之余，我心里又感到扼腕叹息。常言道，好人没长寿。李大叔，一位领导干部中的好心人，这么早就离世了，我感到莫名的惆怅。

室内沉闷的空气使我有点喘不过气来，于是我和母亲说我要到外面透透气。

晚秋的室外有一点冷，路旁白杨树的叶子被无情的秋风吹落，瑟瑟作响。这些年来，目睹了太多的幸与不幸，让我深深地体会到了生命的脆弱。这也使我深深地知悉，生命于我而言也许亦是如此的无奈和不堪一击。

李大叔是个孝子。他们弟兄三人，却一直把老母亲奉养在自己身边。李家有六个女儿，老大叫素先，小我六岁，老二叫小霞，老三叫小坤，其余的女儿，由于当时特小，我记不得名字了。记得上世纪六十年代，我在东北工学院读书时，每当寒暑假探家，李家的女儿时常过来玩。李家的姐妹们都长得十分漂亮，且各有特点。老大素先高高的身材，虽然小我六岁，个子却已和我差不多了。只见素先苗条的身材，站在那里亭亭玉立，眉宇间透出的一股灵气，令人感到心仪。见面时，素先一口一个大哥称呼着。声音之悦耳，又令人感到亲切。

1996 年，我接受挪威国家基金会邀请，被安排在挪威科技大学应用力学系做教授级研究学者，临行前去长春探望父母。期间，在闲聊中提到李大叔时，母亲她老人家若有所思地说"那时候李书记一家都愿意把素先许配给你"。母亲的话使我心里一震，随即陷入一阵惆怅之中。

其实，李书记一家对我的善意和期望，我似乎也有感觉。

记得 1965 年 10 月国庆节假日，我回家探望父母。素先和他爸爸晚饭后特意来串门。那时，李大叔已调到县政府做办公室主任一个多月，素先也转学到他爸爸附近的昌图第一初中读书。此时他们的家尚未来得及搬走，他们爷俩特意回家探望。由于昌图第一初中是我的母校，素先和我成了校友，因此这次我们两人有说不完的话。第二天晚上，素先又特意过来坐了一会儿。由于第二天就要回昌图了，她告诉我"尽管我们家就要搬走了，我们见面的机会难了，但是我不会忘了你们，希望我们像亲戚一样走动。"

素先的话使我很为感动，我的心里对这位姑娘即将离别的留恋之心也产生了共鸣。

　　而且，凭我对李大叔一家及素先妹妹的印象，我也何尝未有同样的情怀？我也感到这种情怀隐隐约约衬托着一种异性之爱。然而，不知为什么，在关键时刻，本来可以临门一脚之时，总是临时失去了勇气，使我终于没能捅破这层隔在我们中间的薄薄的窗户纸。

　　那时，我尚未在大学毕业，而素先还是一个念初中的孩子。想来想去，感到当时无论如何还不是发展关系的时候。

　　"素先妹妹年龄尚小，现在发展关系不是时候，来日方长吧！。"想到这里，我真不知说什么好，尽管我也对眼前这位本性善良，美丽的心仪女孩也同样具有留恋之心。然而如今，我一想起这事，就感到正是由于我的情商太低和优柔寡断，使我和深情，美丽的素先妹妹在人生的旅途上终于失之交臂。

　　就在上次拜访李大叔时，李大婶委婉地告诉我，素先妹妹 33 岁时才结婚。话中之意，只有我能听得出来。这令我深感不安，无言以对。

　　如今，我仅能做的是祝福素先妹妹健康长寿，儿孙绕膝，晚年幸福。

第 19 章 落脚弓长岭钢厂

一、 一块石头落了地

头一天清晨，我离开鞍山去昌图，开启了为妻子的毕业分配去向而操心的奔波之旅。我走后，妻子的心里一直七上八下，沉浸在一种胡乱的猜想之中。

按妻子的观察，我临行前的心情一定是很复杂的。一方面我抱着去试上一试的心情，期望李大叔能帮上这个忙，以便我的此行得以如愿以偿。想到这里，妻子的心里似乎有了一丝宽慰。

另一方面，妻子也感到世事难料。本来，人不能预知明天究竟会发生什么不测事件。这样一想，妻子的心里又没有底了。况且我一离开她的身边之后，便是音讯全无。这使她对我的奔波进展情况一无所知。于是，妻子心中悬着的一块石头总是落不下。

我走后，妻子没少为我在心里祝福，更奢望有贵人能对她的丈夫相助，以解脱我们夫妇眼前的困境！她多么希望突然看到丈夫高高兴兴地返回到他的面前，把好消息带回来。然而，她也知道好事难成是亘古以来的普遍规律。于是，此次丈夫去老家奔波的结局如何将难以预料。她最害怕的结局是，有一天见到丈夫突然垂头丧气，无功而返。

想到这里，她更加心神不宁，于是饭也吃不香，觉也睡不好。晚上在冥思苦想之中实在难以入睡，每每一闭上眼睛，即使睡着了，也总会噩梦连连。

事实上，这种心神不宁的情绪对于缺少生活阅历的妻子是可以理解的。妻子刚刚离开校门，社会在她的头脑中是一张白纸，这使她缺乏足够免疫力来承受各种压力。加之，由于当时的讯息工具比较落后，信息交流之闭塞，使得妻子头脑中只好反反复复地胡乱猜想了。在这样的思绪中，妻子度过了两天难熬的时光，

第二天傍晚时分，我突然出现在妻子的面前。

"啊！这么快就回来了！"突然见到风尘仆仆的丈夫，妻子大吃一惊。

此刻，正在胡思乱想的妻子还拿不准我带回来的消息是凶是福，心里正在打鼓，随即，猛一抬头，察觉到我的脸上露出一丝欣慰。丈夫内心的这种微妙变化，只有她才能觉察出来的。这使她猛然感到我此次的昌图之行大半是没有落空。

心有灵犀一点通，从妻子的眼神投射出她多么渴望我这一昌图之行获得成功啊！妻子的眼神着实使我受到了感动。于是，我顾不得和妻子说话，赶忙打开书包取出昌图县签署的公函给她看。

妻子在公函上见到了昌图县毕业生分配办公室的大红印，终于确认了我不枉这一次的昌图之行，顿时"哇！"的一声叫了起来，眼泪快流出来了。随即立刻抱住我又蹦又跳。没有经过世面，城府不深的妻子简直乐疯了。

"事情还没有办完呢！"我一边告诉妻子，一边不失幽默地解释道，"我还要抓紧时间前去鞍山市毕业生分配办公室替你交付这一公文，等候对你的重新发落。"

二、 难以预测的事情

翌日早晨，天空晴朗，阳光明媚，我怀着难得的好心情赶往鞍

山市毕业生分配办公室。此前，我在鞍山市已经居住了两年，对本市已经很熟悉了，于是很快找到了鞍山市毕业生分配办公室。

啊！所谓的鞍山市毕业生分配办公室，原来在对庐山的一个集体宿舍里办公。我走进办公室，向前台的办公室秘书递交了由昌图县分配办公室签署的，同意我妻子调转到鞍山再分配的公文。

关于妻子再分配的去向，有两个实际选择需要找立刻做出决定。

第一个选择是将妻子的工作地点分配落实到鞍山市，第二个选择是将妻子的工作地点分配落实到弓长岭钢厂"简称弓钢"。到底应该做出哪一个选择，我心里着实费了一番思量。

这是因为，此前，为了解决我们的两地生活问题，我已经采用曲线运作的方法把我的人事关系调往弓长岭钢厂。此时，如果选择前者，我不必提出任何要求，妻子便自然可以分配在鞍山市内某个医院工作。当然，和偏远的弓长岭山区比较，鞍山市的工作和生活条件无疑是最优越的了。但是现在我已经调入了弓长岭钢厂，假如妻子在鞍山工作的话，我们夫妻将会分居两地。鞍山和弓长岭两地间距离 100 里路，虽然两地之间距离不算远，但两地间的交通很不便利，两地间没有公交车。正常的交通是乘火车。如果坐火车的话，中间需要在辽阳市换车。这样的两地生活势必会给我们夫妻带来许多不便。

然而，如果选择后者，我须要告诉分配办的人，我已在弓长岭工作这一事实，并希望能把我妻子的工作分配于弓长岭钢厂，以便实现我们夫妇一地工作和生活。

我想，既然采取第二个选择就可以彻底解决我们的两地生活问题，那我何乐而不为呢？而且，我们在弓长岭钢厂工作也不是不可以有作为的。想到这里，我选择了后者。

然而，人们不能预测明天会发生什么出乎意外的事情，更难以预料将来会发生什么样的的不测事情。在弓长岭钢厂工作两年以后，当我准备调入鞍钢设计院以解决我的专业对口问题时，需要调出弓长岭钢厂。这时我才发现我在两年前做出的这一选择给我带来的麻烦是多么的大。只有在这个时候，我才终于醒悟到，如果我当初顺其自然，不在公文背面特意写上把妻子分配于弓长岭这一额外的要求，不做这种画蛇添足的举动，就不会有后来这样大的麻烦了。我的这一举动，差一点改变了我后来的生涯走向，这是后话。

三、 四十里弓钢铁山

一个星期后，我收到鞍山市毕业生分配办公室的公文，通知我的妻子到鞍钢弓长岭钢厂报到。

于是，我和妻子收拾好我们二人简单的行装，搭乘一辆返回弓长岭的卡车，告别了我居住已有两年的鞍钢第 27 宿舍，从鞍山市来到了弓长岭钢厂落脚。

弓长岭钢厂坐落在鞍钢弓长岭铁矿地区。因此，一提起弓长岭钢厂，首先，不能不提一提弓长岭铁矿地区。

鞍钢弓长岭铁矿地处辽阳市和本溪市之间的一片丛山峻岭之中，山峦起伏，层峦迭嶂，素有 40 里铁山之称。弓长岭铁矿是鞍钢八大矿之首，也是中国著名的铁矿山。

弓长岭铁矿呈东西走向，由岭东和岭西两部分构成。岭东部分是解放后新开辟的露天铁矿。岭西部分是解放前日伪时期开辟的井下铁矿区，其中有中茨和井下两座矿井。这些井下矿区分布在东西走向的弓长岭陡峭的北部山脉。相邻的南部山脉倒是较为平缓，却没有发现铁矿。

南北两条山脉中间平缓的山谷地带，星罗棋布地分布着矿山职工居民住宅。山谷间，一条小河从东向西缓缓流过。矿山铁路从岭西西部边缘的安平火车站附近开始向东沿着长长的岭西山间谷地，穿过岭西和岭东之间的山洞通向岭东露天铁矿区，构成了弓长岭铁矿区的大动脉。

借助这条矿区铁路，从露天和井下铁矿开采出来的铁矿石源源不断地运往矿区西部边缘的安平火车站，然后，通过铁路供应 100 里路外的鞍钢炼铁厂的高炉冶炼。岭东露天铁矿的铁矿石需要经过安平车站附近的弓长岭铁矿选矿厂进行选矿处理，然后送往鞍钢烧结厂烧结。经过选矿和烧结处理的铁矿石方可作为高炉冶炼的原料。而岭西的弓长岭井下铁矿是全国闻名的富铁矿，那里生产的铁矿石都是富矿，可以直接进入高炉炼铁。

为了方便矿山工人的工作和生活，矿山铁路除了用于运送铁矿石，也具有输送旅客的用途。因此，这条矿山铁路属于客货两用。许多工人靠这条矿区铁路上下班和平日交通之用。虽然是绿皮车厢，但车头却是电气机车。这样的铁路运输设备在当时还是蛮先进的。

而且，乘坐矿山铁路列车完全免费，车内车外不设服务人员。于是，人们可以自由上下车而不必担心有人检票。此情此景，使那些置身车内的人们，不由得感到自己置身于教科书中所描述的各取所需的共产主义的境地之中。怪不得这里的人们都把弓长岭铁矿的铁路列车称为共产主义列车。

四、　无忧无虑幸福时

我和妻子来到弓长岭后，被分别安排在安南弓长岭矿职工独身宿舍暂住。翌日，在职工宿舍食堂吃过早饭，我们夫妇便去弓长岭钢厂岭西主厂报到。

从安南宿舍去弓钢主厂有 8 里远。我们在宿舍附近的车站乘矿山电气铁路机车向西行驶一站路，便到达矿山电气铁路终点站。下车后，跟着上班的人群再往西走3里路，就到了弓长岭钢厂岭西主厂，我们的工作之地。弓钢革委会也设在这里。

在厂革委会人事组，我们的工作安排很快被搞定了。我被安排在弓钢检修车间做计器仪表工，我的妻子则被安排在弓钢的卫生所当一名医生。这样，我俩都在弓钢的岭西主厂区工作。两个月后，我们分配到新居。

我们的新居位于弓钢主厂区后面小山顶上。这里是弓钢新建成的一个面积3000平方米的家属宿舍，俗称3000坪。所谓的3000坪新居，实则6栋"干打垒式"的一层联壁房。每栋联壁房有4户人家，每户人家有一室一厨房。实际上，眼前快速修建起来的3000平方米的家属住宅，是学习文革前大庆油田兴建时"边生产，边生活"的经验。虽然住房条件比较简单，房间却很宽敞实用。房屋由于建于小山顶上，阳光充足，房间宽敞明亮，而且家属房也不是此前我们分别住的独身宿舍可以比拟的。对此，我们夫妻两人都感到喜洋洋的。

拿到房间的钥匙，我们又从弓钢检修车间借来一台手推车，回到安南独身宿舍，把各自的行李放在手推车上，高高兴兴推运到3000坪新家。一路上我两有说有笑，感到格外轻松。

那时正值1970年晚秋季节，3000坪新居的生活条件还不很完善。在大半年时间里，室内还没有自来水供应，住宅内生活用水需要自己去山下的水井里取水。做饭和取暖用煤需要自己下山去买，自己用手推车往回运。买菜要步行去较远的安平镇的集市和商店购买。回忆起来，我们那时过的是半城镇，半农村的生活，持有的是城镇居民户口，却生活在农村的环境里，过的是农村生活。

尽管如此，我们夫妻两人都刚刚大学毕业，如今我们刚刚结了婚，没有两地生活之忧，我们都走上了工作岗位，开启了自食其力的生活，这些都是值得我们满意的事情。而且那时我们还相当的年轻，对于眼前生活的艰苦条件倒没有感到一丝的苦，相反，随着时间的流逝，这些过往的生活体验却是我们一生中最为值得珍重的。

那时的我们正处于年轻鼎盛的时期，面对工作和生活，我们也总感觉有使不完的劲。为了减少从山下往山上推煤的麻烦，我们曾乘冬季来临之前，去3000坪后面的山上砍柴。由于年轻和身心快乐，这点活对于来自农家的我们来说并不算得什么，相反，我们更多地感到苦中有乐。

1971年，正值我们落脚弓长岭的第二年，我们的儿子在弓钢家属宿舍3000坪降生了。两年以后的1973年，我们的女儿在弓长岭苏家镇的家属宿舍降生。回想起来，这段时间是我们一生中难以忘怀的，无忧无虑的幸福时光。

图 19-1 在东北工学院读研究生期间，看望在鞍钢弓长岭铁矿的妻子儿女（1979 年）

（前排左起：女儿云岭 6 岁，儿子云飞 8 岁）

回想起来，1970年我妻子从辽宁中医学院毕业，我从鞍钢钢厂调出，我们一起来弓长岭落脚并工作，我们其实是准备在弓长岭扎根的。

然而计划跟不上变化。由于1969年珍宝岛事件后成立的弓钢的战备作用逐渐消失，大批工人于 1971 年调回了鞍山市鞍钢的各工厂，我也于 1973 年调入鞍山市鞍钢设计院做设计工作。5 年后的 1978 年，我参加全国研究生招生考试，成为东北工学院研究生。（图 19-1 是我于东北工学院读研究生期间，于 1979 年回弓长岭看望家人，和妻子儿女暂时团聚的照片）。1973 年我调入鞍山市鞍钢设计院后，就把妻子世华留在弓长岭。妻子既要上班工作，又要抚养照顾年幼的子女。此时，妻子已经在弓长岭独立生活了 6 年，真是难为她了。对此，我心里对他总是有点过意不去。这是后话。

五、 计划跟不上变化

作为弓长岭钢厂的计器工，我负责测量仪表的计量和维护。和我一起做计器工的还有两位师傅，他们是从鞍钢计量厂调来弓钢的。

弓钢是 1969 年刚刚兴建的一座战备工厂。他的兴建是有历史缘由的。

珍宝岛处于中国东北和苏联接壤的地区。1969 年中苏珍宝岛边界冲突后，中国东北三省处于紧张的战备状态。辽宁省出于战备的需要，在弓长岭的丛山峻岭地区建成了一座战备工厂 - 弓长岭钢铁厂。辽宁省为它的兴建特地紧急拨款 5000 万元人民币。这笔经费在当时不算一笔小的数目。由于弓钢地处鞍钢弓长岭矿所在地，行政上划归鞍钢弓长岭铁矿领导。弓钢分设岭东，岭西两部，两部中间通过铁路相连。

弓钢的岭西部分有一座炼钢转炉，一座电炉，和两座 30 立方米的炼铁高炉，它们分别属于炼钢，炼铁车间。另外，这里还设有制氧车间和机修车间。弓钢的岭东部分设有冷轧和无缝钢管车间，它们分别生产冷轧钢板和无缝钢管，供战时制造枪炮之用。我在 1970 年从鞍钢调来弓钢时，从鞍钢各厂已经调来的 400 多工人，技术人员和干部充实到了各个车间，其中包括我的另外两位计器工同事。

这些从鞍钢各工厂抽调来弓钢的工人和干部。他们的家都住在鞍山，而他们则作为通勤职工上下班。为此，铁路部门为他们配备了专门的通勤列车。

然而，出乎预料的是，弓钢基本建成以后，中苏关系便由紧张逐渐趋于缓和状态。于是，弓钢的战备重要性便很快降低到趋近于零，以至于工厂投产不久，便一直处于半停产和停产状态。我于1970年9月进入弓钢时，岭西的炼钢转炉每月曾运转两次，后来就干脆不开炉炼钢了。直到我于1973年离开弓钢去鞍钢设计院工作前夕，该厂岭东的两个轧钢车间，从来就没有生产过产品。

第 20 章 神探智擒女飞贼

一、 我是计器工

与此同时，我的计器维护工作很难有活干了。在弓钢机修车间（当时叫连）工作期间，绝无仅有的一次计器维护工作是检修氧气车间的电流比率计。

一天晚上 10 点半钟，我刚刚躺在床上，一阵敲门声把我惊醒。一位工厂夜班调度专门跑来找我。原来是工厂制氧车间的电流比率计出了故障，造成了制氧机和整个车间停产。

制氧车间的紧急情况，急坏了工厂值班室的调度，于是，黑灯瞎火地跑来找我这位计量仪表工，请我前去尽快把仪表修理好，以便解除制氧机趴窝之急。说完，工厂值班调度赶忙回调度室值班。

我家位于弓钢主厂（岭西部分）背后小山顶部的 3000 坪，离厂区不远，我 10 几分钟就到了工厂制氧车间，经过 10 分钟时间的工作，故障就被排除了。

不料，至此以后，工厂内再没有人找过我排除计器故障什么的。当时国营企业实行的是大锅饭。大锅饭的好处是，不管有没有活干，每月的工资是一定的，不多也不少，只要按时上下班便按时发给工资。尽管如此，长期没有活干的滋味是很难耐的。

无论如何，我每天总是 7 点半之前按时上班，准时开班前会。这样的程序和有没有活干，没有任何关系。班前会由排长（当时的叫法，实为段长）带领大家学习毛主席语录，训话以及由专人讲安全。天天如此。

我们计器工 3 人，归机修车间下属的检修排领导。排长叫崔家沛。作为检修排的领导，崔排长原来是一位井下采矿工人，在这里他没有生产岗位，是脱产排长。他的主要工作是组织大家上岗前学习毛主席语录和主持安全会。

作为从弓长岭矿调过来的 50 多岁的工人，崔段长久经风霜的黝黑脸膛，给人一种朴实无华感觉。然而，这是表面现象。实际上，此人心很细腻，自尊心特强。如果他发现麾下的哪位工人言语和行为上对他哪怕有一点点不敬，他绝不会放过的。第二天在班前的语录学习时，他保证选出有针对性的语录精准地刺你身上，批你一通。

每天的班前会加安全会照例从 7 点半开到 8 点。8 点钟一到，崔段长便一声令下"上岗！"，大家便一哄而散。至于你有没有活干，他就不管了。这不是他的事情。他也没法管。

整天没有活干，没有人过问的，因为本来就没有活。一天，弓钢的上级领导，弓长岭铁矿革委会主任（当时的称谓，相当于矿长）王世发陪同辽宁省领导视察弓钢。王世发的座驾在前面开路，后面的几辆车上坐着来视察的省领导。

与此同时，一群没有活干的工人坐在马路两旁看热闹。这可把王世发急坏了，生怕这批无所事事，坐在马路旁的闲散工人被后面车上的领导看见，造成坏的影响，连连摆手让人家散开。有的人知趣地散开了，可有的人就是不走，生怕省里领导看不见弓钢的停产状态。

整天没有活干，我很担心把自己闲坏了，经常想干点什么。于是，我弄来一本英语教材在班上自学英语。但是，在工厂上班时间这样做很不合群，也不是个长久之计。于是，自学英语便没有坚持下去。

我们计器工种由于人少，行政上被编入电工班管理。电工班负责全厂的电器和照明维护，平时倒有些星星点点的活干。于是，我就主动参加电工组的电器维护工作。虽然我不是电工，不能做关键的工作，但是给人家做些辅助工作倒是可以的。况且我们都是一个行政小组的，电工组从组长到组员也都不排斥我。而且我们计器工和电工别在腰上的工具都是钳子，螺丝刀，试电笔什么的，工作起来也没有什么不适应的问题。这样做总算比整天闲着舒畅多了。

二、　侦破窃表案

很长时间以来，我整天腰里别上一把钳子，跟着电工班的人搞电器维修。电工专业性强的活插不上手，只是干些普通小活。我的工作就像一潭死水，死气沉沉，平静如镜。

不料有一天，我们检修车间发生的菊花牌手表失窃案打破了这一沉闷局面，我的工作也从此发生了改变。

一天，我们检修车间一位姓艾的青年女工在车间澡堂洗澡时突然丢失了一块新买的菊花牌手表。当时，一块菊花牌手表价值三百多块人民币，相当于当时一位普通工人半年多的工资，而对于小艾这位新入厂的工人，够得上她全年的工资收入。工厂发生了这样一件事可谓非同小可，惊动了工厂保卫科。保卫科立刻立案介入调查。

然而保卫科调查了两周没有结果，在扑朔迷离的案情面前，终于感到破案人手不够，便请求检修车间派一位得力的人协助调查。于是，我被车间派去工厂保卫科协助破案。

工厂保卫科是工厂革委会下属的保卫部门。文革时的工厂革委会是工厂行政部们的领导中枢，相当于文革前的厂行政领导机关的总称。工厂保卫科科长刘维林在文革前曾在中国内地任工厂的保卫科长，是一位具有丰富办案经验，和气，忠于职守，却又铁面无私的人。除了保卫科长外，科内还有另外 7 位同事。这些同事都是从各车间调来的，其中大部分是车间主任和党支部书记。

我到厂人保组报到的第一天，正值工厂保卫科召开窃表案件侦破会。于是，我立刻进入工厂保卫科的工作状态。会议由保卫科长主持。此时，手表已经失窃两周有余了。

会上，保卫科长首先讲话。他总结了前两周的侦破工作，认为前段时间的撒网侦破工作还没有完全铺开。他说，案子之所以没有破，是因为侦查的范围还不够大，应该把工厂周围有劣迹的人进一步普查一下，逐个审查，以免漏掉真正的涉案人。据说，这是一个传统的撒网办案侦破思路。

当年 28 岁的我由于离开校门将近三年，涉世未深，第一天坐在工厂保卫科的办公室内，参加破案研究，既兴奋又好奇。同时，没有破案经历的我，也不知晓破案规则。当然任何条条框框对我的思路也没有什么束缚。当刘科长布置撒大网侦查破案时，我一边听，一边琢磨着案情和破案的情况。我感到，对于这样一个普通的刑事案件，如果采用撒大网的办法，战线会拉得过长，其结果不仅将会延迟破案时间，很可能错过破案的最佳机会。我想，莫不如通过研究掌握案件现场和调查相关人员当时的动态入手，从中找出蛛丝马迹，寻找破案线索。

当保卫科长布置完破案思路，请大家发言时，我第一个发言表达了自己的见解。

我说，为了案件的早日破获，建议从案情分析入手。所以破案工作要首先还原现场，以现场调查为主，具体问题具体分析，从中找出破绽，扩大线索，进一步查清有关人员和窃表案的关联，落实案件主要嫌疑人。破案中对嫌疑人及时进行思想教育，即攻心。

接下来，我把我的破案建议简单地归结为三个字，叫做"摆现场"。我同时建议，在摆现场调查时，采取背靠背的方法，即请每个当事人单独介绍所经历的与窃表案有关的过程。在这个基础上，对当事人所介绍的相关过程进行比对，寻找破绽，进一步扩大线索。

我的建议，获得了保卫科同志的一致赞同。

刘科长是一个事业心很强，又心胸开阔的人。他也认为我的破案建议既合情合理，又是一个多快好省的方法。看来这也算英雄所见略同吧！！于是，保卫科一致通过了我的建议。

原来，车间的女澡堂由两个房间组成，分为外室和内室。外室是供换衣服的房间，内室设澡池。经过保卫科办案人员对丢表现场相关人员背靠背个别谈话，摆现场详细调查了解，整个丢表过程搞清楚了。

丢表现场的情况是这样：

当青年女工小艾进入澡堂后，在换衣服准备洗澡时，澡堂外室还没有其他人。小艾顺便把手表放在外室的凳子上面。手表旁边放着她刚刚换下的衣服。然后，小艾便进入内室洗澡。

进入内室的小艾此时发现内室只有两个人，即除了小艾本人，还有另外一位年轻女子在浴池内洗澡。此人看上去很年轻，估计也就刚过 20 岁。

一会儿，该女子洗完澡后离开内室。然而，当小艾洗完澡后离开内室回到外室穿衣服时，发现手表不见了。

此时，这位年轻女子还在外室换衣服。她告诉小艾，她刚刚走出澡堂内室到外室来换衣服时，看见一位妇女刚刚出去，临走之前，拿起了凳子上的这块表。她当时还以为这块表是那位妇女的。

通过背靠背的摆现场和一周时间的进一步的调查，窃表嫌疑人终于被锁定在一个人身上，即和小艾同在澡堂洗澡，并告诉小艾有人拿走那块表的那位年轻女子。

工厂保卫科再经过一周时间对那位年轻女子的攻心工作，晓之以理，动之以情，这位年轻女子终于承认是她本人拿走了小艾的手表。就这样，本案彻底告破。

由于在侦破中有突出表现，我便从临时协助办案人员，被正式调入工厂保卫科工作，成为一名正式成员。

三、 工厂保卫科

尽管我在弓钢计器工岗位上没有做什么事，却在工厂保卫科的岗位上出了很多力。

我来到弓长岭钢厂工作不久，就发现弓钢并不像当初宣传的那样，是一个会有很大发展的小三线企业。甚至于德山同学有一天和我说，据他所知，按上级安排，弓钢将发展成具有 100 万吨钢和 100 万吨铁产量的钢铁联合企业。

事实证明，人类只能根据以往的经验，现有的迹象，去估测接下来会发生什么。有些事可以预测，但由于随机现象的不确定性，许多事没法预测。人不是神仙，世界上也没有发现神仙在哪里。于是，作为人来讲，是不能预测明天会发生什么突如其来的事情，以至于人的判断总是跟不上不断变化的现实。在我来到弓钢之前，也没有料到，一介书生的我在弓长岭钢厂竟开启了保卫工作。

实际上，弓钢建成后由于中苏关系的缓和，弓钢的战备作用迅速降低，不久，便处于半停产和停产的状态。在这样的状态下，弓钢的管理也处于松散的局面，以至于失窃和破坏现象时有发生。在这种情况下，工厂保卫科的工作倒是忙起来了。

由于长时间的停产状态，工厂的中心化验室长时间光顾。一天早晨，有人发现化验室窗子被撬。此事惊动了工厂保卫科。保卫科立刻组织人力前去调查。

我们来到化验室被盗现场，看到本来整整齐齐的化验室一片狼藉，不禁感到令人痛心。尤其是经过检查后发现，一台价值5000元人民币的仪器不翼而飞了，不能不感到震惊异常。于是，保卫科人员紧急出动，多方寻找。大家忙了两天，终于把化验室失窃的贵重仪器找回来了。无论如何，贵重仪器的失而复得，也是不幸中之万幸。

事情说来也是可笑，没曾想这股窃贼原来是工厂周边的一批顽劣少年。这些游散惯了的孩子胆子也够大的，竟然乘夜深人静之机砸破化验室的窗玻璃，爬了进去。他们见什么新鲜拿什么，玻璃瓶子随地乱扔，还拿走了这台贵重的仪器。

然而，有些东西即使找回来也是残缺不全，派不上用场了。工厂的化验室遭到如此的洗劫，已经不成样子了。这些窃贼都是十岁以下的小孩子，尚未成年。究其盗窃的原因，他们也没有什么盗窃目的，就是玩玩，一种恶作剧而已。对这些孩子也只是做了一番教育，也就放了。

弓钢南部有一条专用铁路，铁路南的一大片开阔地上废钢铁堆积如山。本来这是供炼钢车间炼钢之用。但由于后来炼钢车间的长期停产状态，加之管理不善，废钢山在厂内已经无人问津了。

这时，工厂周围的某些闲杂人等便闻风而动，打起了废钢山的主意。一些人乘夜深人静之时，前去废钢山，顺手捡些废钢大包小包背回家，第二天便大大方方去几里外的安平镇废钢铁收购站去卖废钢换钱。

对此，我曾亲眼看见一个颇为滑稽的场面。

一天下午时分，一个瘸腿的70多岁的老者，背着一个破得不能再破的兜子从安平镇的方向走来，大咧咧地从厂区东面的一条小路向北转向工厂后面的村落。这位老者一边走,一边往嘴里塞点心吃。知情人告诉我,这位老者每天都背上些废钢去安平镇废钢铁收购站卖。而他背的这些废钢都来自于弓钢的废钢山。老者边走边吃的东西便是用背去的废钢铁换回的钱买来的糕点。看来,这老者守着一座废钢山,便财源滚滚来,取之不尽,用之不绝,而且他做的竟是无本生意。

更有甚者,有一次工厂保卫科接到报案,离弓钢近百里路之遥的辽阳县一个生产大队,曾有人开着大卡车乘着深夜来到弓钢废钢山拉回去一卡车废钢铁。接到报案,保卫科刘科长安排我陪他前去调查。事情终于调查清楚了,情况属实,但考虑到各种关系,弓钢没有深究,最后不了了之。

由于管理不善,工厂内部经济上舞弊现象时有发生。这些事情的调查取证,都是工厂保卫科的职责所在。一次,工厂保卫科接到报案,工厂材料供销部门一位经手运煤的人员,编造货车车辆号码,和工厂外面的装卸人员合谋骗取工厂货物装卸费。接到这个消息,工厂保卫科立刻安排我和另外一位同事开展内查外调。结果发现材料供销部门的这位人员骗取的车辆编号数量惊人,金额巨大。该人的行为触犯了法律,受到了法律的制裁。

实际上,工厂调度室的调度员在值班中早已经发现该人的舞弊犯罪行为,但由于不负责任,有意无意地进行放纵,使得这种营私舞弊之人胆子越来越大,在犯罪道路上越陷越深。

第 21 章怒向不公讨公道

一、 改变一生的奇遇

时间在 1971 年 5 月，一天，在弓长岭铁矿专用铁路陈家车站上，偶遇大学本专业的一位学长，极大地改变了我的生涯走向。

那是我从鞍山来到弓长岭钢铁厂工作的第二年 5 月的一个周末。我在矿区铁路陈家车站等车，准备返回苏家站附近的家。突然，站台上有一个熟悉的面孔映入我的眼帘。几乎同时，他也在注视我。

刹那间，我想起来了，原来此人是我的一位学长杨玉德同学。

杨玉德学长是东北工学院工业炉热工专业（今热能工程专业的前身）63 届毕业生，早于我四届。本来，在大学中，繁忙的学习使得不同年级的同学平时接触较少，即使本专业的同学也不例外，尤其年级相差较大的同学之间更是很陌生。然而，杨玉德同学却是个例外。他篮球打得好，在晚饭前的自由活动时间，经常活跃在宿舍附近的篮球场区域，在热爱篮球的低年级同学眼里，犹如一位"公众人物"。于是，我们的目光接触的一刹那，彼此都对在这里见面感到惊讶。

"真是太巧了！"我们异口同声地喊了出来。

原来，自从杨玉德学长于 1963 年从东北工学院毕业后，我们便再也没有见到彼此。屈指算来，已有 8 年之久了。

"这次奇遇，莫非是造化弄人？"我们不由得深深地感慨。

在杨玉德的身边，还有另外 3 人。经杨玉德介绍，他们 4 位都工作在鞍钢设计院轧钢科工业炉组（1978 年 10 月，我离开这个组去东北工学院读研究生后不久，该组自动升格为工业炉科）。其他三人分别是杨慧敏，李常权，王守一工程师。其中杨慧敏是工业炉组组长，年龄最年长，1956 届大连工学院毕业生。另外两人和杨玉德一样，也是东北工学院与我同专业的学长。前者毕业于 1960 年，后者毕业于 1963 年。

这次我在弓长岭陈家小站巧遇鞍钢设计院这 4 位工程师，是一个极难发生的小概率事件。这是因为，他们 4 人中的每一位，由于所从事的专业原因，一生中仅仅这一次来过弓长岭铁矿。而且，鞍钢设计院工业炉组其他人员，一生中根本没有来过这个偏僻的山区。

谈话间，给我印象最为深刻的是李常权学长。我一眼便看出，这是一位心直口快，热心肠，具有大丈夫担当的学长。当他得知我毕业以来工作的专业一直不对口时，立刻告诉我，鞍钢设计院工业炉组正在招人，如果我想去他们哪里工作，他们一定会接受我。

此时，我从大学毕业已经有 3 年之久，经历了从鞍山到弓长岭。尤其是一年前，我为了解决两地生活问题，和妻子双双来到了弓长岭钢厂工作。一路走来，我的工作岗位和我大学所学的专业一直没有关联，而我却满足于孩子老婆热炕头的温馨，而忘记了何时可以从事本专业的工作。如今偶遇鞍钢设计院这四位本专业的工程师，感到自己长期专业不对口的状况，终究不是一个长久之计。

同时，我又审视我目前的工作情况。虽然我在工厂保卫科的工作中尽心尽力，但并没有决心把它作为今后的工作方向。而且，一段时间以来，弓长岭钢厂由于战备的必要性越来越小，工厂处于生产不景气和管理松散之中。这些都表明该工厂的前途未卜，这使我在考虑自己的未来生涯中。心里感到有些迷茫。

然而，这一天我在弓长岭铁矿陈家小站与这 4 位工程师的奇遇，却使我眼界大开。尤其当我被告知鞍钢设计院工业炉组正在招人的消息，心情大震，赴鞍钢设计院工作的向往从心底油然而生。

如今，半个世纪过去了，当时的情景我仍然是记忆犹新。现在看来，我在弓长岭铁矿陈家小站奇遇的鞍钢设计院工业炉组的四位工程师，犹如从天而降的上帝使者，给我带来了一个崭新的启示，开阔了我的眼界和心胸，使我对今后的事业有了新的展望。

然而，此时的我尚未意识到，这次在陈家小站的奇遇，这一数学上的小概率事件，一个千载难逢的时刻，将极大地改变我的人生轨迹。这是后话。

二、 初访鞍钢设计院

一次，我代表弓长岭钢厂保卫科去鞍山市出差。当我完成任务准备返回弓长岭的时候，突然想起不久前在弓长岭陈家小站和鞍钢设计院四位工程师的奇遇。于是，我决定在办完事情以后，前去鞍钢设计院走一趟，询问一下回归我本专业技术工作的可能性。于是，我顺便去鞍钢设计院做了一次纯粹的私人访问。

鞍钢设计院在鞍钢公司本部大白楼前 150 米处，是一座拥有 3 层楼的西式建筑。工业炉组就在三楼。

一迈进工业炉组，眼前展现出一个大厅式的房间。房间里，整齐布置的办公桌上放置着铺有图纸的图版。图版上，都有一位设计者在工作。一排排的图纸上面，映入眼帘的一米多长的丁字尺更增加了设计院的神秘感。

在这个房间里，我见到了在弓长岭陈家小站遇到的 4 位设计工程师和他们的同事。当大家知道我的来意后，有的人便兴致勃勃地围过来，这使我感到很温馨。这个有 30 人左右的鞍钢设计院工业炉组，竟有不少毕业于东北工学院我的本专业的学长。

通过这次对鞍钢设计院的访问，我对于鞍钢设计院历史变迁的来龙去脉有了一个大概的了解。

鞍钢设计院是全国大型钢铁设计院之一，和它的规模相近的在全国还有 5 大钢铁设计院，分别是北京钢铁设计院，包头钢铁设计院，重庆钢铁设计院，武汉钢铁设计院，以及马鞍山钢铁设计院。这五个钢铁设计院都直属于冶金部。然而，鞍钢设计院却归鞍钢直属。当年，作为中国钢铁企业的绝对龙头老大的鞍钢，辖全国钢铁产量的四分之一之势，本身具有一个大型的钢铁设计院看来并不为过。

然而，这一归属上的区别，造成了鞍钢铁设计院在文革中的命运多舛。文革初期它被作为国内超大型冶金企业鞍山钢铁公司的所谓腐朽的上层建筑被解散了。据说，这个革命行动，作为鞍山市文革中家喻户晓的重大消息而轰动一时。

实践是检验真理的第一标准。鞍钢设计院解散不久，由于鞍钢生产和基建的需要，人们终于认识到，这一"砸烂设计院"的革命行动是过于偏激，做得有点过头了，于是，鞍钢设计院又被默默地恢复起来了。

然而，重新恢复起来的鞍钢设计院的元气受到了损伤，这主要反映在技术人员的流失很严重，于是，鞍钢公司不得不从鞍钢附属厂矿陆续调入一些新人，补充技术人员的缺失。不久前我在弓长岭铁路陈家小站奇遇鞍钢设计院这四位工程师时，设计院人员补充工作已经接近尾声。时间对于我来说已经是十分的紧迫了。

在工业炉组的一位校友的引领下，我来到设计院技术干部科。在那里我见到了主管技术人员的老黄，向老黄简单介绍了自己的情况，并表示到鞍钢设计院来工作的愿望。

老黄看来是一个很坦率的人。他开门见山地告诉我，鞍钢设计院正需要新生力量，并对于我加盟的愿望表示欢迎。但是对于我能否实现调转，关键需要我的工作单位放人。

老黄的话使我又喜又忧。喜的是鞍钢设计院还正处于往里调人的过程中，尽管这一过程已经接近了尾声。忧的是，我对弓长岭方面对我的工作调转是否持支持态度毫无把握，对此，我的心里不很乐观。

三、 回归专业的羁绊

我清楚地知道，由于弓钢地处鞍钢弓长岭铁矿地区，当年筹建弓钢的辽宁省领导把该厂交由鞍钢弓长岭铁矿代管，因此，我如想调出弓钢前往鞍钢设计院，弓长岭矿这一关是必须要过。当年的人事调转归根结底取决于领导部门点头同意，在这方面，个人的工作前途和愿望是不会给予太多的考虑。如此说来，弓长岭矿这一关无疑是一个难点。

另外，我的工作调转还有一个更大的难点。

因为，弓长岭铁矿处于远离城市的山区，中医师在这一地区历来是极为缺乏的。新中国成立后的几十年来，弓长岭铁矿医院就没有分配来哪怕一位中医大学毕业的大学生。自从我妻子从中医大学毕业后来到这里工作，弓长岭矿领导自然把她视为奇缺的人才。于是，妻子的职业势必成为我的工作调转中遭遇的难以逾越的障碍。

情况的发展完全证实了我的判断。

我初访鞍钢设计院不久，曾经亲自去弓长岭铁矿干部调配科，申请调转到鞍钢设计院工作，以便解决我的专业不对口问题，得到的回答是，"你妻子是弓长岭铁矿医院的中医师，是本地缺乏的，我们不能同意她调离弓长岭。于是，我们也不同意你的调离。"

此次弓长岭铁矿干部科之行终于使我发现，妻子的中医职业竟成了我回归本专业的羁绊，看起来我的工作调转之难，难于上晴天。

直到这时我终于醒悟过来，解决我的专业对口问题上出现的这一羁绊，竟是当年我自己一手造成的。

我当年在鞍山毕业生分配办公室递送档时，刻意地要求将我妻子分派去弓长岭钢厂，而妻子本来理所当然地可以分配在鞍山市内的医院工作。在今天看来，我做了一个画蛇添足的举动。否则，我的妻子就会被安排在鞍山市某个医院工作，如今我的工作调转上的这一羁绊就不会存在。

现在回想起来，我当年的举动是多么的愚蠢和可笑。于是，我心里暗暗责骂自己，"当年，我的头脑为什么如此胡涂，以至于像似被驴踢了。"然而，当年的画蛇添足举动已然成为过去。如今我只能追悔莫及，却已无力回天。

当然，我毕竟是一个凡人，没有能力预知事后会出现的不测的事件。无论如何，追悔是于事无补的，眼下要做的是如何解脱我的工作调转的这一羁绊，实现我服务于本专业的目标。

当年的我 28 岁，正值血气方刚之年。我感到，为了今后的生涯，我不能服输，不能被动地听任命运的摆布，要有所作为。我的家族祖先遗留给我的性格使我只要认准是正确的事，就要走到底。

此时我想起了毛主席的话，"世界是你们的，也是我们的，但是归根结底是你们的。你们青年人朝气蓬勃，正在兴旺时期，好像早晨八、九点钟的太阳。希望寄托在你们身上。世界是属于你们的。中国的前途是属于你们的。"

毛主席的话使我受到了鼓舞，使我感到，在年轻的时候，为事业奔波，正当其时，否则到头来就会为虚度年华而悔恨。尽管此去路途漫漫，峰峦迭嶂，我也应该去体验一下其中的艰险。

四、 黑箱作业牺牲者

根据辽宁省地方志记载，1967 年 8 月 17 日中共中央、国务院、中央军委、中央文革小组发出《关于处理鞍山问题的决定》（即"八·一七"决定），成立鞍山市军事管制委员会。同日，对鞍钢全面实行军管。1968 年 4 月 5 日，鞍山市革命委员会成立鞍钢指挥部，对鞍钢工作实行全面领导。军事管制的结束，标志着文革时期的乱局开始收敛，国民经济逐渐转入正轨。与此同时，鞍钢指挥部也成立了技术干部处以及相应的干部调配科，办理技术干部的调转，国内开始出现了落实知识分子政策的呼声。

然而此时，科学的春天还远远没有到来，国家的知识分子政策远没有落实。国内刚刚出现的所谓落实知识分子政策的呼声，在各级领导层面上，在很长时间内并没有获得真正的响应。

1972 年夏秋之交，鞍钢人事部门专门派人来弓钢，着手把生产处于停滞状态的弓钢来自鞍钢本部的 400 多名工人和技术人员调回。

大半天的时间，人员调转名单便搞定了。然而，调回鞍山的人员名单公布，我竟然没有在名单之列。这使我大吃一惊。

本来鞍钢指挥部规定，所有从鞍山调来弓钢的职工和干部都应该调回鞍山。但是，当年同样从鞍钢调来的我却被无情地排除在外了。这是为什么？

带着这一问题，我从弓长岭专程去鞍钢指挥部寻找答案。

鞍钢指挥部机关所在地便是文革前的鞍钢公司总部大白楼。它位于鞍山市五一路终点的鞍钢公司正门不远的地方。进入鞍钢公司正门，只见前方一公里处巍峨耸立着一座宏伟壮观的建筑，这就是鞍钢大白楼——现今的鞍钢指挥部，文革前的鞍钢公司总部。

在大白楼里，我找到了主管这一次人事调转的鞍钢人事处。我说明来意后，公司人事处处长接待了我。原来，这次就是他带几个随从人员亲自到弓长岭处理此次人事调转工作。

这位人事处长告诉我："这次人事调转的职工和干部中之所以没有你，是因为你的妻子在弓长岭医院工作。这一原因导致弓长岭方面不放人。"

我问："弓钢氧气车间的大高女士包括在调转人员之列合？"此人姓高，弓钢制氧车间化验室女工，因为个子高大，厂里认识他的人都管她叫大高。她丈夫小赵是弓长岭医院外科医生。

处长爽快地告诉我"在列！"。看来，这位年近 50 岁，面庞清瘦，两眼炯炯有神且态度温和的鞍钢公司人事处长很是精明干练，以至于对他所处理的每一件事情都有清楚的记忆。对此，我不免感到佩服。

我的思绪很快回到了眼前这件事。

"我的妻子和大高的丈夫都在矿山医院工作。我们的情况是一样的。为什么大高可以调回鞍山，而我却不可以？"

此时，坐在我对面的人事处长也认为不合理，但是他表示爱莫能助。他说他必须尊重当地的意见。

本来，这个世界没有无缘无故的爱，也没有无缘无故的恨。合乎逻辑的分析显然势必有徇私舞弊在其中。那就是说，人家一定在背后走了不能见光的"后门"，而我对此事却什么都没有做。就这样，我成了暗箱作业的牺牲者。

如此看来，即使在所谓触及人们灵魂的文化大革命中，存在于中国社会几千年的"走后门，拉关系"的腐朽风俗也未能得以清除。人的灵魂太难触及了。

"走后门"这种腐朽的风俗可以使本来不可能的事成为可能，

也可以使顺理成章的事，变得难上加难。最终，它也自然使得一个社会机制失去它的公平价值。

长期以来，"走后门"这种腐朽风俗却在许多人的心目中被视为正常现象，它的危害也没有受到各级领导多么大的重视。俗话说，"千里之堤，溃于蚁穴"。在"走后门"的腐朽风气愈益盛行的情况下，不可避免地导致严重的"官场腐败"。

如今回想起来，当年开展的所谓横扫一切污泥浊水，触及人们灵魂的文化大革命，却远远没有清除官场的腐败，以至于我作为离开学校仅有3年的大学毕业生，一介平民，却深受其苦。

在人生生涯关键点上，突然受到如此不公正的对待使我忿忿不平。此时此刻，对腐朽势力嫉恶如仇的我感到我应该做的第一件事便是尽快赶回弓长岭，找革委会有关负责人评评理。

五、 短兵相接李科长

鞍山市至弓长岭有100里的火车路程，中间需要在辽阳车站换乘去本溪的支线火车。列车到弓长岭铁矿区域的安平车站，我心急火燎地赶忙下车，火速赶往弓长岭铁矿革委会大楼。

在弓长岭铁矿革委会大楼3楼走廊，我遇到了当天陪同鞍钢领导，参加拍板确定回调人员的弓长岭矿革委会主管干部，人事科科长李德一。

于是，我们二人的短兵相接，唇枪舌剑便在矿革委会三楼走廊展开。

"李科长，这次鞍钢公司人事处来人办理调转，所有从鞍钢调来的人都调回鞍钢了，为什么单独把我剩下了？"见到李科长后，我没有心情同他寒暄，而是单刀直入。

李科长答：“因为你妻子是弓长岭矿医生。”

我问：“为什么我妻子是弓长岭矿医生，就不放我？这件事和我妻子是医生有什么关系？”

李科长答：“因为你妻子是中医医生，我们不想放她走，所以也就不能放你回去。”此时，这位李科长的话很是强硬。

我问：“氧气车间大高的丈夫也是矿山医院的医生，为什么你竟能放她回鞍山而不放我？”

李科长答：“这是领导上的决定？”

此时，李德一生硬地拿矿山领导来压我使我感到很反感。无论如何，我也确信矿山领导一定也表示过这种态度，于是李科长才如此强硬。然而，我此时面对的李德一毕竟是矿革委会人事科长，名义上主管人事调转。我决心不放过他。

我接着说：“这个决定是不公正的，你不能拿领导的决定这样的大话来骗我，你是矿山主管人事部门的领导，你要负全责。”

由于气愤，我说话的声音比较大。

李科长说：“这里是矿山革委会驻地，你不要在这里吵。“

我知道他这是拿大话吓唬人。可是他那里能吓唬住我？我本人就在弓钢保卫科工作，能是这种狐假虎威的人可以吓唬住的吗？

于是，我说：“二楼就是矿革委会保卫处，如果你有理，可以去找保卫处来人干预。但你一定要说清楚，你在这个人事工作上有没有徇私舞弊？这个问题，你一定要讲清楚。”

见我指出他心里的痛处，心虚的李德一此时已支支吾吾，说不出个所以然来。人若被人家点出了亏心事，内心一定要纠结一番的。

我继续问："大高可以调回鞍山，我为什么不可以？"

我们的唇枪舌剑的火药味已经如此之剧烈，以至于此时在矿革委会三楼走廊上已经挤满了一堆看热闹的人。

在我的逼视和众目睽睽之下，李科长的面子挂不住了，心也虚了，刚才的蛮横气势也不见了，终于放下身段，支支吾吾说了一句人话："你也可以。"

听到这里，我顿时楞了一下，感到他很难想象这句话是从李德一的口中说出来的。于是，我又问了一句："这是说，你同意放我回鞍山了？"

李科长说："是的。"

我继续问："那我就按照你的决定回弓钢拿公文，然后回矿山人事处办调转手续，行吗？"

李科长："你就去吧！"

走出了矿革委会大楼，我骑上自行车兴冲冲地行进在回弓钢的路上。那是我两年来心情最高兴，最轻松的时刻。由于心切，自行车在高低不平的路上飞驰，本来一个半小时的自行车车程，却仅仅用了一个小时，便回到了弓钢。

回到了弓钢，我发现上了李德一的当。

原来，这位人事科长李德一根本没有放我回鞍山的打算，实际上他也做不了主，他的权力还是不够大。刚才，他同意我回弓钢拿公文，只是因为被我指出了他一定有舞弊问题，在众目睽睽之下，理屈词穷，心生畏惧，使出的一个脱身之计。在我返回弓钢的途中，他就向矿革委会领导添油加醋地打了小报告，并把电话拨到弓钢，断然推翻了刚才的承诺。

偌大的弓长岭矿革委会的人事主管，可以如此地翻云覆雨，践踏职业规范和道德底线，这使我非常气愤。

我带着愤怒心情赶忙返回弓长岭矿机关驻地找李德一讨说法。

在这里我又一次见到李德一。我开口就问："李科长，你作为矿山人事部门主管，已经答应我办调转手续，然后为什么又可以出尔反尔？"

李科长："我当初答应你办调转手续是违心的。"这位堂堂的矿山人事科科长竟然大言不惭地顺嘴胡说，出尔反尔，而且显得理直气壮，直气得我半晌无语。

我问："你当初为什么要违心的答应我？是我逼迫你了，还是威胁你了？"

此时的李科长竟然顺着我的话这样说："是你逼迫我了，威胁我了。"

面对蛮不讲理的矿人事科李科长，我问："矿山保卫处就在二楼。如果我威胁了你，逼迫了你，你为什么不去找保卫处干预，却忍受我的威胁？"

此时，李德一无言以对。而我，面对这样一位矿山人事主管的无赖行为，已经彻底无语了。

我立刻找到弓长岭铁矿革委会主任，39军代表张寿亮团长（正值文革时期，国内各主要厂矿都驻有解放军代表，意为军管），为此事讨个说法。

显然，张团长已经知晓了此事。然而，令人难以置信的是，张团长不仅一句公道话也没有，却埋怨我不应该吵架云云。并说"我们本来研究了要放你走，但是由于你和科长吵架，我们就决定不放你了"。这明显让人感到是随心所欲的胡说和毫无逻辑的谎话，哪能骗得了我？这只能证明，这个军代表面临公正的天平，还是选择

"官官相护"一边。于是，什么公道和良知，他统统可以随意抛弃。

第22章曲折道路向前行

一、 漫漫长路的尽头

一次次的挫折还是没有使我失去信心。我每次去鞍山出差，都尽量挤出时间去一趟鞍钢公司大白楼干部处调配科，谈工作调转之事。然而，每次都无功而返，得到的回答都是"这需要得到你的工作单位的同意。"这使我感到沮丧，更使我感到，弓长岭和鞍钢设计院虽然相距仅有百里，却是路遥慢慢，中间像似隔着万水千山。

我知道我这个人，性格倔强得很，以至于越是遭遇挫折，实现目标的决心越是强烈。我坚信我的目标正确，合理，在达到目标前我决心不会轻言放弃。然而我也确实感到，我前面的路实在是荆棘丛生。这使我感到做人的艰难。每当深夜，劳累一天的妻子已经进入梦乡，可是我的烦闷总是使我心绪不宁，辗转反侧，难以入眠。

一天夜晚，正在床上思前想后的我，忽然想起读高中时听李林书记的报告中引用中国古代先哲孟子的名言"天将降大任于斯人也，必先苦其心志，劳其筋骨，饿其体肤，空乏其身，行拂乱其所为，所以动心忍性，曾益其所不能。"我的心里不由得一震。

于是我开始默念起孟子的话来，念着念着，我终于眼前一亮，似乎对如何战胜眼前的困境有所感悟，也陡然增加了和困难打持久战的决心和勇气。

此时，我终于感到我生活在这个世界上，又受过高等教育，这是我的幸运所在，我为自己的人生制定更有竞争力的目标，理所当然。我也相信有志者事竟成，并坚定的认为只要我坚持自己的目标，契而不舍，目标成真的一天总会到来。

时间又过去了一年，到了1973年，我有一次去鞍山出差，在工

266

作闲暇之余，拜访了我的老朋友赵德山。那时的德山早已随一年前的调人潮从弓钢调回鞍山。我们的谈话不知不觉涉及到我的工作调转问题。那时候，我来到弓长岭已有三年，我的工作调转目标还没有实现，仍然在漫漫长路中求索。

德山突然提醒我"何不找一下张政委，他和张团长是 39 军的战友。"德山的话突然使我这个在漫漫长路中的求索者恍然大悟。

德山是我在东北工学院读大学时期的同专业上一年级的同学。1968 年，我们两人同时分配到鞍钢冶金炉厂工作。入厂三个月，他们又都被调到厂政工组工作，搞厂内的新闻报导。当时，39 军的团政委张振山是厂革委会的军代表，自然是我和德山的顶头上司。自从冶金炉厂分家后，张政委成为第 3 炼钢厂的军代表。在德山的提醒下，我决定前去碰一碰运气，请张政委帮忙。

晚饭后，我专程去张政委的家拜访。说到拜访，我是空着手前去的。我回想到，在冶金炉厂工作期间，曾去张政委家借一本书"丘吉尔回忆录"。当时这本书在市面上买不到，只有张政委这样级别的人才能弄到这本书。

到了张政委家，几句寒暄过后，我便急切切直奔主题，说明来意，请求政委给他的老战友弓长岭铁矿军代表张团长写个条子，为我的工作调转说说情。

张政委爽快地答应了我的请求，立刻写下了条子，用信封封好。我捧起张政委的信封，禁不住一阵惊喜，千恩万谢辞别了老领导，高高兴兴返回了弓长岭。

翌日，我请求面见军代表张团长。见到张团长，我亲手递上张政委的信，心情忐忑地等待团长的反应。

张团长看过信，未加思索便立刻告诉我回去等待消息，除此，再没有多余的话。当时我还无法预知张政委的信是否能发挥作用，心里还是七上八下。

一个星期以后，弓长岭矿干部科通知我办理调往鞍钢设计院的手续。我心里悬着的这块石头才算落了地。

至此，我在弓长岭矿陈家小站偶遇鞍钢设计院工业炉组 4 位工程师已有两年。我渴望调往鞍钢设计院的漫漫长路终于走到了尽头。

这一年是 1973 年，我年满 30 岁，才刚刚实现我梦寐以求的回归本专业的目标。回顾过去，通往鞍钢设计院的百里之路，走了整整两年时间。

然而，当时的我还未能料到，和我的整个人生之旅相比较，我那时刚刚走过的所谓漫漫之路也只是一站路之远。

此时的我还没有能体会到，我今后人生旅途并不都是平坦的道路。我也并未料到，此时我好比一位在青藏高原上的登山者，攀登高耸如云的山峰，面对山路的艰难险阻，每前进一步都要付出不寻常的努力和代价。

二、 临行之际的眷恋

1973 年 7 月的一天清晨，我告别工作和生活已有三年的弓长岭，只身乘车赴鞍钢设计院报到。此时此刻，我的心情是复杂的。

西班牙有一句格言是这么说的："上帝说，你要取什么便取什么，只要你付出相应的代价。"这则格言表明了人生天平的真谛。此次为了调往鞍钢设计院，我不仅单枪匹马，闯关夺寨，在关键节点上，也不得不做出妥协，以便减少闯关的羁绊。

我深深知道，弓长岭铁矿之所以在放我调往鞍钢设计院的事情上卡得如此之紧，关键一点，不想失去当地唯一一位中医大学毕业的中医生——我的妻子。为此，在这一点上，我做出了巨大的让步：允诺15年内不调转我的妻子。为此，我曾经向工厂里矿山领导表态"我调到鞍钢设计院后，可以等15年后再将我妻子调往鞍山。"

我想："15年之后我才45岁，我的人生有的是时间可以等待两地生活的解决，只是我人生的事业不可以等待。"

我在要求调转工作之初就做出了这一巨大的让步。可是，弓长岭铁矿领导却没有把我的让步当回事，以至于我调往鞍钢设计院的申请被弓长岭矿拒绝了两年。直到两年以后，我的老领导，鞍钢冶金炉厂军代表，革委会主任张政委提供了一封私人信件给弓长岭矿军代表，革委会主任张团长，弓长岭铁矿领导才决定对我放行，批准了我的调转申请。那就是说，在我的工作调转问题上，我的苦口婆心讲道理，甚至巨大的让步都无济于事，因为这些人不是任何道理和让步可以被说服和打动的，唯一通过私人关系走后门是有效的。

当我拿到调令离开弓长岭的时候，儿子云飞才3岁，女儿云岭才出生6个月。直到我离开年轻的妻子和年幼的儿女的时候，我才感到有点不舍。毕竟儿女太小，妻子既要上班，又要照顾年幼的子女，本来是很累的。如今，我又把家庭负担全推给了妻子一人承担，她将如何承担？想到这里，我感到有些茫然。

离开弓长岭前夕，我首先满怀深情地向我在弓钢的老领导，弓钢保卫科科长刘维林话别。我深深地感到，如果不是如今有机会回归大学时期所学的专业的话，我是很情愿继续当前这一很有成就感的工作的。刘科长祝愿我在今后的生涯中一路风顺。最后，他对我满怀深情的希望："珍惜自己所选择的长期生涯，保重！"

三、 公司干部处之旅

第二天，我搭乘赴鞍钢开会的弓长岭矿大客车，赴鞍钢设计院报到。

从弓长岭去鞍山，沿途的风景虽然美丽，可是思绪万千的我却无心欣赏。100 里的路程，大客车行进了两个多小时。

进入鞍钢厂区大门，在前方约一公里处，横亘着一座雄伟的建筑。我知道，这便是鞍钢二十万职工人人皆知的鞍钢大白楼，鞍钢管理和生产指挥中枢，是我去鞍钢设计院报到前需要换取派遣公文的地方。

我清楚地记得，这两年来，我从未放弃去鞍钢设计院工作的希望。我曾七次迈入这座大楼里面的鞍钢干部处，不厌其烦地向技术干部调配科的杨文普等同志表达我希望专业对口的愿望，以便将我调往急需技术人才的鞍钢设计院。然而遗憾的是，每次我都无功而返，多次失望，度过了不知多少个不眠夜。

每次见面，杨文普同志都用他那句本地特有的方言答复我："帮助你专业对口，我们急得一刻刻的。但是你单位不放人，我们毫无办法。"最后，他两手一摊，十分无奈。

这一次，我去鞍钢设计院报到，是第八次踏入干部调配科的办公室，又一次见到杨文普同志，向他递上弓长岭铁矿干部科批准我调往鞍钢设计院的公文。

我捧起那份批准我调入鞍钢设计院的公函时，热泪盈眶，半天才挤出一句话来"这是我的两年来第八次来公司面见领导。"杨文普同志若有所思，然后缓慢地对我说："无论如何，你今天如愿以偿了。要珍惜这两年的辛苦奔波，在设计院好好的干吧！做出点名堂来！"

杨文普同志两年来给我留下的印象之深使我难以忘怀。中等身材的他当时正值不惑，微胖的体态，和善的面容沉稳，专注的眼神流露出对人的诚恳和同情，使人产生很强的信任感。当他无法答应你的要求的时候，也总是耐心地告诉你原因所在，并鼓励你不要灰心，一如既往，再接再厉地争取成功。

回想起来，杨文普同志是一位在我人生生涯的关键时刻，有过多次接触的负责技术干部调配的管理人员。他虽然身居重要岗位，却没有架子，总是诚恳待人，以他的同情心和和善的语言使我感受到温暖和一线希望。这位官场上不太多见的好人，我是不会忘记的。

四、 "你妻子调来没有？"

鞍钢设计院大楼就位于鞍钢大白楼的前方几百米处。这是我第二次来到鞍钢设计院。上一次我来鞍钢设计院作过短暂的私人访问，给我留下了很深的印象，曾把它和技术落后的弓钢比较过，前者无疑显得让人追求和向往。

鞍钢设计院是一座西式的四层楼房。作为国内首屈一指的大型钢铁联合企业拥有的设计院，鞍钢设计院有十几个科，如土建科、钢铁冶炼科、轧钢科、采选科、电力科、给排水科、机械设计科、燃气科、计器仪表科等，以及图书馆、图纸数据库、描晒图机构等等。设计门类齐全，足以满足国内最大钢铁联合企业的全部设计工作。

我的调转公函首先由设计院技术干部科签字。在这里我又一次见到管干部调配的老黄同志。

老黄原来是轧钢科机修组的设计人员，后来调到院部机关工作。老黄同志给人一本正经，但又不失幽默的印象。他一见到我，便热情地开个玩笑"我们等你来已经好久了！"这一玩笑使我一扫刚才的拘谨，心情立刻轻松下来。

经老黄指点，我前去轧钢科报到。原来，我就要前去报到的工业炉组归轧钢科管理。拥有百名设计人员的轧钢科下属三个小组，另外两个小组分别是轧钢组和机修组。

在轧钢科办公室，我见到了轧钢科的主管科领导。这是一位年龄 45 岁左右，身高将近 1 米 80 的伟岸男子。他的精致五官，炯炯有神的双眸，洪亮而又不失温和的声音，给人一种精明，帅气又平易近人的感觉。他就是轧钢科主管领导，科党支部书记兼科长王永堂。后来我听工业炉组的同事告诉我，王科长还是设计院党委委员呢！原来，这是一位从工厂工人中提拔上来的，正如当时人们所说的根红苗正，年富力强之人。

在为我办理登记手续时，王科长得知我是从弓长岭调来的，顺便问了一句"你妻子调来没有？"

"没有！"我告诉他。

"啊！？"听到我的回答，王科长吃了一惊。

我何尝不知道王科长的意思？按常理，工作调转自然要考虑带家属。况且，两地生活在当时是一个极难解决，普遍性的社会问题。正当许多人都在为解决两地生活问题而辛苦奔波之时，而我却逆流而上，为了回归大学时期的本来专业，甘愿离开自己温暖的家，年轻的妻子和年幼的儿女，孤身一人来到异地工作。

"这么做何苦呢？"我的耳朵里仿佛突然出现这样一个声音。我知道，这是人们的普遍想法。对此，王科长当然也不会例外。

我本来有一肚子话要向王科长解释。但是话到嘴边，就是说不出来。

第23章 又一条漫漫长路

一、 设计院工业炉组

到了工业炉组，我才知道，鞍钢设计院工业炉组承担的设计任务包括鞍钢公司除了炼铁厂高炉和炼钢厂平炉以外的各式各样的加热设备，如初轧厂的均热炉，大型轧钢厂的加热炉，连轧厂的连续加热炉，以及其他小型加热设备如干燥炉，热处理炉等等。按规定，一座炉子设计需要做方案设计和施工设计（即图纸设计）。

工业炉组有两位组长，杨慧敏和崔福祥两位工程师。我于两年前在弓长岭陈家小站见过杨组长。这位1956年大连工学院毕业的杨工程师为人和气，声音柔和，是见人不笑不说话的那种人。崔副组长是1960年东北工学院工业炉热工专业毕业生（后改名为热能工程专业），工作很负责任，全组的工作，和大小事宜主要由他来打点。崔副组长平时烟斗不离口，一看便知是勤于思考又稳重老练之人。

据组里老同事讲，原来的工业炉组正副组长是王守一和崔福祥两位东北工学院校友。但两人在工作中经常发生争执，进而演化成矛盾，矛盾越来越大，最后弄得不可开交。对此，科里多次作劝解工作，但没能奏效。于是，科领导不得不将工业炉组的这两位负责人分开，索性让王守一走人，换上一位脾气十分柔和的杨慧敏做正组长。与此同时，组里专门给王守一安排了一个岗位，让他和齐家典工程师组成一个技术指导组专门负责全组的技术咨询工作。

齐家典工程师是我们组资格最老，技术最权威的工程师，平时被大家尊称为齐工。论资格，他可称之为组里所有人的老师。这表现在杨，崔二位组长向组里其他人打招呼时都直呼其姓，习惯于老张，老李，老王的称呼。然而，对齐家典工程师，他们却很尊敬地称呼"齐工"

作为一位受人尊敬的长者和技术权威，齐工对人一点架子都没有。我到组里的第一天，齐工特意来看望我这位新来的组员。当我站起来和这位久闻大名的技术权威握手时，齐工首先自报其名"我是齐家典"，对人之随和溢于言表。

齐工在 1952 年从东北工学院工业炉热工专业毕业，分配于鞍钢工作。齐工大学毕业初期，曾师从解放初期援建鞍钢的苏联专家。这为他的工业炉设计知识和技术打下了坚实的基础。后来，齐工曾参加并主持鞍钢设计院工业炉组的筹建，成为鞍钢设计院的元老和工业炉组的奠基人。

齐工渊博的知识和精湛的技术能力，全组成员没有一位不佩服的。以至于当有人忘掉了设计中的某一规程和数据，都可以在他的头脑中找到答案。大到部件之间的配合，小到砖和砖之间的膨胀缝尺寸他可以脱口而出。于是，大家在背地里送给他绰号"齐辞典"。

齐工的博闻强记在组里人所共知，也给我留下了极为深刻的印象。一次，我随齐工去武钢考察，随行的还有另外两名组里的同事。我们住在武钢附近长江南岸的武钢招待所。当时正值夏季，晚上我们和齐工在阳台上纳凉的时候，齐工突然提议，他要给大家讲述法国著名作家大仲马的小说"基督山伯爵"，问大家喜欢不喜欢听。听到齐工的提议，大家喜出望外，一致同意。

于是齐工娓娓道来，绘声绘色地介绍小说中的故事情节。

小说的主人公，一个叫邓蒂斯的人已经在一个小岛的死牢里度过了 14 年的时光。漫长的等待使他有一天能被无罪释放的憧憬破灭了。隔壁牢房的老神甫在挖地道中，因为计算错误，地道的出口阴差阳错地出现在在邓蒂斯的牢房，得以使邓蒂斯结识了老神甫。

老神甫的分析使邓蒂斯开始意识到陷害自己的仇人究竟是谁。期间，神甫教会邓蒂斯好几种语言，并告知他一个秘密：在一个叫作基督山的小岛上埋藏着一笔巨大的财富。

老神甫病死后，邓蒂斯钻进了盛入神甫尸体的麻袋中，结果狱卒将他当作神甫扔进了大海。邓蒂斯用刀划破麻袋，游到了附近的一个小岛上。被一只走私船营救。

此后，邓蒂斯利用四处游荡的机会，在基督山岛发现了宝藏，使他瞬间成了一个亿万富翁。从此他就一步一步地接近那些害他的的人，最后又一步一步地实现着自己的复仇计划。

齐工凭借极强的记忆力，把跌宕起伏的故事情节讲得绘声绘色，扣人心弦。

齐工给大家讲述《基督山伯爵》的时候，正值在文革时期的 1975年。在那时，像《基督山伯爵》这样的名著在国内出版量很少，很难买到。齐工告诉大家，他在北京钢铁设计总院开会期间，与会的一位工程师不知从哪里弄到一本《基督山伯爵》，大家争着要借读。这可难坏了书的主人。借给谁也不好，不借给谁也不行。后来大家想出来一个折中方案：让齐工先利用晚饭后的时间读这本书，每读一章，就把该章的内容讲给大家听。

齐工果然不负众望，只读一遍就记住了每一章的故事情节，然后讲给大家听，每次都讲得有声有色。大家感到，听齐工转述，比自己看原著更感觉生动。

齐工在文革初期被作为资产阶级反动学术权威，苏修的孝子贤孙揪出来打倒，受到旷日持久的揪斗及蹲牛棚待遇。1973 年我到组里时，齐工刚刚被"解放"。可是齐工工作中还是那样有活力，精力充沛，对人还是那样的坦然，仿佛在他身上什么事情都没有发生过。

齐工的夫人罗淑慧也是我们组里一名工程师，和杨组长是同届大学毕业。这是一位有很高专业素养、深沉、具有幽默感，性格刚烈集于一身的女性。在组里她曾和关系较近的同事谈到文革时如何见证齐工扛过那段被批斗的艰苦的日子。当她看到她的丈夫在造反派的折磨下，忍着身心的疲惫和人格的侮辱，在痛苦的挣扎中曾想到过自杀时，在关键的时刻，她极力忍着心里的痛苦，耐心地开导自己的丈夫，终于使齐工度过那段不堪回首的日子。

二、 工业炉组的点滴

至此，距离我走出大学校门已有 5 年。我毕业后一直在基层当工人或在工厂机关工作，所从事的工作偏离了本人所学的专业内容。设计院的一切工作，都需要从头学起。

我在设计院的第一个工作项目是为刚刚兴建的矿山机修厂的一座干燥炉做施工设计。

一般的加热炉炉内的温度较高。比较起来，干燥炉的炉内温度低多了。这就决定了和加热炉相比，干燥炉的结构要简单得多。一般的加热炉，设计较复杂，包括加热室，燃烧器，烟道，余热利用，烟囱等全部设计。由于设计量大，需要多人分工合作，互相配合。比较起来，干燥炉设计量不大，一个人便可以完成。于是，组里把这设计任务交给我这样的新人来做是很自然的了。

这项设计对我的最大挑战是炉体和燃烧器的计算和设计。炉体的尺寸和形状的选择要考虑炉内加热工件的尺寸，炉子空间和炉墙厚度的确定需要根据传热学的计算，而燃烧器的加热能力的确定需要燃烧学和气体力学知识和相应的计算。大到炉体，小至一颗螺丝钉的设计都要真刀真枪地动手用图纸来表达。

此外，我还设计了用于火车轮毂维护的挂瓦炉，以及热处理炉和轧钢加热炉。整个设计的过程就是创造的过程。设计工作也是对人们智慧和能力的一个挑战。设计接近尾声，成批的设计图纸描晒入库的时候，也像出版物一样，作为一笔精神财富被人利用。从而使设计者感受到他的生命价值。

设计院的口号是：设计是产品制造的过程，必须以有效的设备为前提，不能拿实验代替设计。

这就是说，工业设计只能以生产为依据，以成熟的生产工艺和设备为依托。每承担一项设计，都要有在应用上成熟的产品设计为根据。因此，而对于工业炉的炉型及其尺寸的选择，需要以生产上成熟的设备为依据。设计院和研究所不同的地方是，后者的工作任务是研究，而前者的工作任务是设计。设计院的设计图纸必须有实际根据，为了保证设计的产品具有实际应用价值，不能拿生产做实验。

为了完成设计任务，我和组里的同事参观了国内许多有关工厂。比如，为了做好车辆厂加热炉的设计，我和设计组的同事于1974年出差考察青岛钢厂，青岛机车车辆厂，济南机车车辆厂，太原板卷厂，长春机车车辆厂，大连机车车辆厂等工厂及其加热设备。通过实地考察，开阔了眼界，充分了解车辆厂加热炉的生产和技术，收集了相关的设计资料和数据。

通过去外地考察，我也看到了文革对许多地方生产造成的影响。比如我们在济南机车车辆厂参观期间发现车间里处于半停产状态。车间办公室由于没有暖气设备，室内只好生个取暖的炉子，闲散的管理人员围在炉子周围取暖。我们在太原板卷厂考察中，一套从西德进口的轧制设备自安装后，一直在那里趴窝。走进偌大的厂房里，连个人影都没有看见。

鞍钢计划兴建轧制1700mm宽带热连轧钢板设备和加热炉，于是工业炉组安排我随齐工去武钢重点考察。此时，武钢从日本新日制铁公司进口的硅钢加热炉正在安装。

我们顺便考察了北京钢铁设计院，包头钢铁公司轧钢厂和包钢设计院，参观了武汉钢铁公司和武汉钢铁设计院。在武钢和武汉钢铁设计院，我们了解了日本新日铁公司现代化的硅钢加热炉的设计和加热技术。其中，钢坯加热过程中，内部温度分布过程计算公式引起了我的极大兴趣。这在传热学上极具研究价值。特别是，当时中国科技界百废待兴的情况下，我感受到了中国技术和世界上工业先进国家的差距，也发现，为了我们能够迎头赶上去，学习外语也是非常重要的。

在武汉考察期间，一个周末的日子里，我特地去武汉农民运动讲习所旧址参观。它在距离武汉长江大桥不远的地方。这是一幢有几十米宽的二层楼房。二楼有一条长长的带有栏杆的阳台。楼房前面是一个宽阔的院落。主持武汉农民运动讲习所的毛主席，当时之年轻，也只是刚进入而立之年。

在武钢考察期间，我还特地抽空去当时中国久负盛名的武汉长江大桥参观。长江是亚洲第一长河和世界第三长河，也是世界上完全在一国境内的最长河流，全长 6300 公里。长江流域覆盖中国大陆五分之一陆地面积，养育中国大陆三分之一的人口。长江和黄河并称为中华文化的母亲河，孕育了长江文明和黄河文明。

武汉长江大桥是苏联援华 156 个项目之一，1957 年完工。该桥共有上下两层。下层是复线铁路桥，上层是公路桥，双向四车道，两侧有人行道。我站在公路桥的人行道上，极目远望，感受到江面的源远流长，一阵阵江风扑面吹来，感觉十分的清爽[图 23-1]。

武汉长江大桥摄影

图 23-1 在武汉长江大桥前留影（1976 年）

三、 文革形势的急剧变化

从 1973 年至 1978 年，我在鞍钢设计院工作了五年多，正值中国政治形势急剧变化的时候。在这里我先后经历了三个不同的历史阶段：批林批孔运动，反击右倾翻案风运动，以及打倒四人帮后的拨乱反正运动。

批林批孔运动是 1974 年经党中央和毛主席批准，在文化大革命中发起的一次批判林彪和孔子两个人为主题的政治运动。实际上，这个运动一开始就受到以江青为首的"四人帮"的操纵。他们打着批判林彪、孔丘的幌子，把攻击的矛头对准周恩来等老一辈革命家，企图重新打倒一大批党政军领导骨干。然而，江青一伙却搬起石头砸了自己的脚，他们阴谋败露并最终破产。

"反击右倾翻案风"运动是 1975 年末开始的，在"四人帮"煽动下由毛泽东发动的一场错误运动，也是文革末期由毛泽东发起的最后一次大规模政治运动。这个运动把邓小平第一次复出为扭转混乱局面所做的努力全盘否定。直至 1977 年 7 月邓小平复职后，反击右倾翻案风运动方告结束。

1977 年，在反击右倾翻案风的时候，轧钢科书记王永堂号召科里同志积极参加运动，积极批判右倾翻案风，并在科里一次小型骨干会上鼓励大家 "不要有怕字，不要怕做错，做错了由党支部负责。"

不久后的一天晚上下班前，工业炉组的崔组长找到我说："科里要出一张大字报，批判副院长赵栋梁的'新的没有，老的顺手'的守旧保守思想。科里决定由你起草牵头。"

自从我到设计院工作以来，工作上可以说是任劳任怨，一直受到组里和科里的好评，以至于几乎每年都被评为科里的先进工作者，成了科党支部重点培养的积极分子。于是，这次在党中央领导的反击右倾翻案风中，科里安排我写批判副院长赵栋梁的"新的没有，老的顺手" 守旧保守思想的大字报。虽然我没有接触过 赵栋梁本人，对赵本人并无反感，但觉得批判这种保守思想也是为了工作，对事不对人。想到这里，我接受了这一工作，并以"批判新的没有，旧的顺手的保守思想"为题起草了大字报。

很快，这篇大字报便被贴到靠近院机关的走廊里。大字报上签名的有几十位轧钢科的人，其中我的名字赫然签在了首位。大字报出来后当然是轰动了两天，热火劲也就很快消失了。我不久也就把这事忘了，该干什么还是干什么。

不久，四人帮倒台了，很快出现了清算不久前的反击右倾翻案风的活动。于是，我起草的那张批判赵栋梁院长的"新的没有旧的顺手的保守思想"的大字报也被人翻出来痛批一番，弄得整个设计院沸沸扬扬，大有山雨欲来风满楼之势。后来，经过调查，新领导发现，这篇大字报是当时科里授意写的，与我本人无关，一场风暴才平息下来。

四、　两地生活的困境

我在鞍钢设计院工作以来，我个人的最大变化便是两地生活，抚养幼年儿女的负担都交给我的妻子了。妻子既要上班工作，又要抚养子女，还要独自操持家务，家里无论大事小事，比如买粮，买菜，买煤等等都要她一人承担。这对于她来讲，是一件艰巨的负担。时间一久，不免有些怨言。我感到很对不起妻子。有那么两次，我也曾分别把儿子和女儿带在身边各一周，以便减轻一点妻子的负担。

1977年的一天上午，正在办公室里工作的我，忽然想起已经有好一阵子没有看见女儿了。女儿当年四岁。几天来，我一直把女儿放在走廊里玩。

我走出办公室的门，向两侧望望，只见笔直的走廊上空无一人。我以为女儿跑到大楼外面玩去了，于是下楼去找。当他走到三楼楼梯拐弯之处，突然发现女儿正挂在楼梯栏杆外面。直吓得我魂飞天外。

原来，楼梯栏杆之间的空隙之宽，使女儿不知什么时候，竟毫无阻碍地从楼梯里面钻了出去，爬到了楼梯的外面。只见女儿双手抓住栏杆，双脚悬空，女儿身下就是一楼的水泥地面了。看到这一情景，我顿时傻眼了，眼前天旋地转，两腿发软，差一点瘫在地上。

此时，我不敢向女儿大声说话，怕吓着了女儿，轻声地和女儿说"云岭，慢慢从栏杆间钻回来吧！小心点！"声音从我的喉咙里发出，轻得仿佛只有我和女儿方能听到。

女儿是听到了，也看见了爸爸站在那里注视着她。于是，女儿不知从哪儿学来的一个引体向上钻进了栏杆的间隙。这时我赶忙赶过去，两手抓住女儿的双肩，把女儿稳稳地拖出危险区域，用双臂女儿紧紧搂在怀里。刹那间我的泪水夺眶而出，滴在了女儿稚嫩的脸上。

图 23-2 女儿云岭（1977 年摄，4 岁）

我真是后怕。假如女儿一旦有不测发生，我将如何向她妈妈交待？本来，我只身调到鞍钢设计院，两地生活，是我一人所为，对此，妻子心里老大不愿意，见面时嘴上不免有些抱怨。这一次倘若孩子失手，惨痛的后果难以想象的。这样，我将无法向妻子交代，甚至我也就甭想活了。

从此，我再不敢把孩子带来鞍山了。这件事我也从来没有向妻子透漏过。

两年以后，设计院领导考虑到我的两地生活的诸多困难，特派干部科负责调转的同志专程去弓长岭铁矿商量调转我的妻子，由于弓长岭铁矿领导阻挠，无功而返。

"想当初，我向弓长岭矿申请我的工作调转时，你们就是不放人，借口我的妻子在弓长岭工作，不放我调走。后来，当你们为我办理去鞍钢设计院工作手续时，向我说，我妻子的工作调转以后可以解决。两年后找你们调转我妻子工作时，你们为什么又出尔反尔找借口予以拒绝。"我感到是可忍，孰不可忍了。

五、　又是一条漫长路

　　时间到了 1977 年，我调入鞍钢设计院的第五个年头。我利用假日回弓长岭探亲。返回鞍山之前再一次去弓长岭矿干部科走一遭，请求允许我妻子调入鞍山，以解决我两地生活的问题。和干部科长邹宝林的谈话，我至今记忆犹新。

　　"邹科长，我调入鞍钢设计院已经有四年多，我的两地生活问题已经经历了这么长时间，也需要领导上关心关心了。"我说。

　　"老尚，我们这里也有许多困难呀！"邹科长一开始就叫苦。

　　见我用狐疑的眼光望找他，邹科长继续说"李化云出事以后，心理压力很大。她感到在弓长岭生活很难见人，要求离开弓长岭。我们也得设身处地体会她的难处，帮她解决她的工作调转要求。"听了邹科长的话，我彻底傻了。"这还是正常人说的话吗？"我对眼前的矿山干部科长如此缺乏正确的行为准则，而感到不屑。

　　李化云是弓长岭铁矿医院的一名护士，她的事在弓长岭已经闹得满城风雨了。由于我妻子是该医院的一名医生，我对她的事情早已有耳闻。这位风流成性的李化云害她和李应石家庭破裂，害得胡大夫暴死庭院，使得弓长岭地区上万居民对她的丑恶行为人人厌恶，真可谓千夫所指。

　　然而此时，弓长岭矿的一位重要的领导干部，干部科长竟然不表示愤怒，相反给与深切的同情，千方百计照顾这位坏女人的面子，并甘愿按她的要求，顺利把她调往鞍山。而对我的正当要求却置之不理。我本想和弓长岭矿干部科这位掌权者评一评理。但转念一想，和这样缺乏道德准则和是非标准的人评理有什么用呢？一个人刻意要做任何一件无理的事，那是很容易找到借口的，不管这一借口有无道理。想到这里，我已经无语了。

此时此刻我深深地感到，我妻子的工作调转，和我当年为调往鞍钢设计院的努力一样，又是一条漫漫长路。

第 24 章学海弄潮遇真情

　　时值 1977 年，文革中封闭了十年的中国开始引进外国的新技术，启动改革开放的步伐。这表明中国的经济又开始启动起来了。随着科学技术重新在中国引起重视，一股学习外语的热潮也在中国，在鞍钢设计院悄悄地兴起了。

　　我在高中和大学时期学的外语是俄语。那是文革前的事情了。由于外语的实践性很强，大学毕业已经将近 10 年的我，在此期间从来没有接触过俄语，我在学校课堂学得的俄语早就还给老师了。

　　当时，中央人民广播电台有一套英语入门广播节目，专门在人们早晚的业余时间广播，供英语初学者学习之用。从来没有学过英语的我买了一台随身携带的半导体收音机，以及相应的英语广播教材，坚持每天业余时间准时收听这一英语广播教学节目。

　　英语广播教学节目教得很系统，从字母和读音规则开始，由浅入深。我每天必听，从不耽搁，随着课程的深入，越听越感到掌握英语还是一件遥远的事情。而且，广播教材进度有限，通过广播教材学习英语实际上也是一个慢功夫。

　　这一年，鞍山钢铁公司决心引进先进的宽带钢热连轧技术，并把这个设计任务交给了鞍钢设计院。鞍钢设计院工业炉组接受了现代化的大型硅钢带加热炉的设计任务，并把这个任务交给了齐工程师所领导的小组。

　　当时，硅钢带热轧和大型加热炉加热过程的自动化技术，日本已经走在了前面。而且，武汉钢铁公司已经从日本引进了 1700mm 硅钢带的大型加热炉设备和加热控制技术。为了消化这些从国外引进的先进技术，齐工程师带领我们设计小组的同事专程去武钢考察。

武钢引进的大型加热炉和加热控制设备，还在施工和安装当中。这使我们的考察小组多少有些失落。然而我们小组有幸在武汉钢铁设计院获得了有关图纸和资料，使我们得以了解武钢引进的先进技术。在此期间，我们浏览了武钢从日本新日铁公司引进的 1700mm 硅钢带的大型加热炉图纸，先进的自动化加热控制技术，以及新颖的炉内钢材加热数学模型等技术数据。此刻，这些图纸和数据就摆在我们的眼前，这使我们感到眼花缭乱了。

这些国外的先进设备和技术设计需要尽快掌握。然而，决心容易下，做起来却很难难。眼前成堆的技术资料和图纸都是日文的。这就是说，要掌握这些先进的工业加热设备和技术，千头万绪，掌握日语是一个前提。然而我却不懂日文，而且组里也没有人懂日文。看米，对于如饥似渴学习新技术的这些人，日语无疑是一个拦路虎。于是，我萌生了利用业余时间学习日语的打算。

"这日语要上哪里学习呢？"我一时间想不出个头绪。当时中央人民广播电台还没有日语广播节目。

结束了武汉的考察，我携带着宝贵的技术资料回到鞍钢设计院，陷入苦苦思索。然而，突如其来的一个好消息使我豁然开朗。

这天中午时分，在鞍钢设计院动力科工作的老乡潘铁石打电话告诉找：鞍钢夜大的日语学习班就要开学了。老潘又说，他就是这个日语学习班的正式学员。这个信息使我顿时喜出望外。实际上，鞍钢设计院就发布过这个消息，我也按规定报了名。此后我也一直关注该学习班消息的进展。后来听说，鞍钢夜大仅给鞍钢设计院四个人的名额，这对于拥有 2000 名设计人员的鞍钢设计院来说，只是杯水车薪。加之设计院报名的人很多，我没有争取到名额是很自然的事。不久，我就把这件事忘了。

"何不亲自走一遭，碰碰运气，说不定能混个旁听生。"潘姓老乡鼓励我。

亲自去碰一碰运气？我何尝没有这个打算！只是怕届时舔着个脸去碰运气，却被人家拒绝，碰一鼻子灰，弄个下不来台。此时潘姓老乡的鼓励正中我的下怀，使我已经凉下来的心又热了起来。

"在学习上，个人的面子本来就轻如鸿毛。"想到这里，我终于鼓足了勇气，决心去鞍钢夜大碰一碰运气。

"也许我能用诚心打动人家，接受我这个旁听生。"此时我的心里已经没有任何障碍了。

当天晚上下班以后，我匆匆吃过晚饭，背上书包，骑自行车赶往鞍钢夜大。

我边走边思考，在上课的第一天，我应该如何向夜大的老师沟通，解释我临时申请作为一位旁听生的理由呢？

闻名于市的鞍山市胜利广场南侧有一条宽阔的马路。该马路南侧有一幢和鞍山市胜利宾馆遥遥相对硕大的红砖大楼，这儿便是鞍钢夜大的所在地。此时，这些单位尚没有戒备森严的门卫把守，人们进出自由，周围环境也很幽静自然。

我来到鞍钢夜大的门口，锁好了自行车后看了一下表，距离上课时间还有十分钟。经人指点，日语学习班教室设在二楼。

我步入二楼的走廊，找到日语学习班教室门口，鼓起勇气轻轻推开门，只见教室里已几乎座无虚席。讲台上一位年近六旬的老者端坐在那里看着讲稿，做授课前的准备。

"这位一定是主讲老师了。"我的脑子里飞快地转动。于是我快速走近讲台，向主讲老师打招呼。

"老师您好！我在鞍钢设计院工作，想来听您讲的日语课，做一位旁听生行不？"

听到我的请求，主讲老师满面笑容地站了起来表示欢迎。他环视了一下教室的座位，随即指着前面第二排的一张空座告诉我"你就坐在那里吧！"

主讲老师的热情态度使我顿时感到很温暖，紧张心情一扫而光。

我后来得知，眼前这位年近花甲的老人姓庞，是鞍钢烧结总厂工程师。庞老师这次被鞍钢夜大聘请为日语学习班的教师，对于他来讲完全是业余奉献，不要报酬的。而且，学习班的日语教材也是他本人编写的，由夜大免费向学员发送。

在鞍钢夜大的日语课堂上，庞老师不计私利、教书育人的奉献精神也使我深受感动。这位无私奉献，教授日语不取报酬的庞老师，总是身着一副洗得发白的蓝色劳动服，展现出朴实无华的工人阶级风貌。庞老师古铜色的面庞衬托着慈祥，教学中任劳任怨，解答学员的疑问总是不厌其详、不厌其烦、不厌其难。对比国内如今普遍存在的一切向钱看的风气，辛勤耕耘的庞老师的无私奉献精神和毫不利己、专门利人的高尚品格是那样的令人珍重和向往。

值得一提的是，庞老师这种一心为他人的高尚情操，在那个时代的人们心里是倍感光荣和令人尊敬的。

每周三个晚上的日语学习班不知不觉过去三个月了。这三个月，庞老师撰写的第一本教材也讲完了。

"下一节课该用新教材了！"放学前，庞老师提醒大家。

按夜大的规定，两本教材在开学之初早就发到学员的手里了。因为我不是正式学员，没有得到夜大发给的教材。

毛主席说过，自己动手，丰衣足食。在学习上册教材时，我借用邻座学员的上册教材，利用周末时间进行手抄，然后用针线将抄写好的教材装订成册，酷似一本教科书的模样。

抄写教材也很费时间。上册教材内容学完后，设计院工作任务加重，周末有时需要加班，下册教材我很难再抽出时间抄写了。下课后我向庞老师求援，问可否帮我解决一本下册教材。

庞老师温和地注视着眼前的这位旁听生，他为我主动牺牲个人的休息时间来听课的好学精神有些感动，觉得在教材上提供帮助是他义不容辞的责任。然而，他手头的教材都发光了，庞老师告诉我"你先去夜大办公室向他们求援一本日语教材。如果办公室能帮你解决，那是最好的事了。否则，我再想办法帮你弄一本。"

庞老师的话无疑给我吃了一颗定心丸。我就去了夜大办公室，夜大的办公室人员正在值班。我赶忙上前打招呼"我是鞍钢设计院的一名设计人员，平时工作很忙，但由于工作上对日语的需要，便到夜大日语班来听课，遗憾的是没有得到学员的资格，没有获得教材。现在正开始用第二本教材，特地前来夜大办公室求援。"

办公室老师从上到下打量了我一番，然后问"第一本教材你是怎么弄到的？""第一本教材是我自己抄写的。"我回答。

"那么厚的一本教材怎么能用手来抄呢？"办公室老师很是好奇，于是对我说"能不能把你手抄的上册教材拿给我看一看？"

我从跨在肩上的书包里面取出我手抄的日语教材，双手恭恭敬敬地递给这位办公室老师。

这位办公室老师小心地把书拿在手里颠了一下，细心地翻了几页，不由得点了点头，然后赞叹地自言自语说："抄写的还很工整呢！"

花了我不知多少个夜晚和周末休息时间的日语教材手抄本，显然感动了这位夜大学办公室老师。于是，他迅速拉开他的办公桌的抽屉，取出一本崭新的日语教材下册，递给了我。我万分感激。这位不知姓名的鞍钢业大办公室老师的慷慨助人形象，已经永远铭记在我的记忆里。

我在鞍钢夜大旁听日语的时候，不会知道来年有研究生统考，更没有想过有机会用日语参加任何考试。然而翌年（1978 年）5 月初，我参加全国研究生统考时，夜大学的日语刚好派上了用场。

对于这件事，后来，我有时奇怪地自问：这种巧合是否是一次纯粹的偶然事件，还是命运之神在冥冥之中早有安排？

直至我研究生入学后，我才知道，我入学考试的日语成绩是 80 分（满分是 100 分）。这个成绩之于我，夜大日语学习班的旁听生，从来没有奢望过。对此，我深深感谢鞍钢夜大所提供的学习日语的宝贵良机，不取报酬，无私奉献的夜大庞老师，以及那位不知姓名的，急人所急，慷慨赠送日语教材的善良的夜大办公室人员。

当时的年代，社会上强调毛泽东思想的认同。彼时的我深深地领悟到"毛泽东思想表现在人际关系上就是为人民服务"。由此，在人们心中形成的这种一切向前看（而不是向钱看），不计较物质利益，无私奉献的感人肺腑，温暖的同胞情怀一直在激励我此后为之奋斗的科学事业。

第六篇

大学讲台

第 25 章难忘的考研经历

一、 十字路口的抉择

1978 年，中国第一次招考硕士研究生。我报考了东北工学院的硕士研究生。

之前我学的大学知识早已被忘得一干二净了。于是，这次考研我也只好仓促应战，在一个半月的考前准备中，尽可能利用每天晚上时间以及周末的休息时间备考。尽管最后的考研成绩不能令自己满意，但由于大部分考生的考研也是仓促应战，我却出乎预料地以第一名的考试成绩被东北工学院录取为硕士研究生。

我获知国家招考研究生的消息是在 1977 年岁末。我向妻子介绍我刚刚得知的消息，表示我要即刻报考研究生，以便为考试尽早做功课的复习。

不料，妻子坚决不同意我报考研究生。

"还是不要报考为好。一旦你考上研究生，离家就更远了，我们夫妻两地分居问题更不知何时能够解决。"妻子不无担心地对我倾诉他的反对意见。

我没有再说下去。我知道，我和妻子这么多年的两地生活本来是由我造成的，如今，我还有什么可说的呢？

我在沉默无语之中感到，既然妻子不同意报考，也好。那我也就省得花力气复习功课，准备考试了。而且，万一报考研究生，谁能保证一定能考上呢？一旦落榜，心情必然失落，我犯得着这样吗？

如果不报考研究生的话，就不会有这样的心理风险了，我何乐而不为呢？妻子的反对态度，使我的心情反倒轻松了。我打消了报考研究生的念头。

未曾想，三个月以后，在我的人生十字路口上，事情却意想不到地出现了回转。

1978 年 2 月中旬，我利用春节假期携妻儿女回辽北昌图县老家探亲。我们在昌图火车站下车后，首先探望在县城的我妻哥。妻兄嫂都在昌图县第一人民医院工作。1960 年从沈阳医学院（后改名为中国医大）毕业的妻哥是一名内科医生。

晚饭后，大家一起唠家常，妻子向她哥谈及我想报考研究生而被她拒绝的事。

"本来我们两地生活就很困难了，家务都是我一个人承担，孩子都是我一个人照管。然而德义却还异想天开，要报考研究生。我坚决不同意他的想法。于是，他也就不想这事了。"妻子与大哥聊天期间顺便发了一通牢骚。

"考研究生是好事。年轻人正在上进时期，为什么不同意他报考呢？我们医院就有一位护士的丈夫已经报考了研究生，现在正在紧张地复习功课呢！"1960 年从中国医大毕业，正在昌图县医院做医生的大哥说。

经大哥这么一点拨，我妻子的脑筋骤然开窍，当即表示同意我报考研究生。"还是娘家的亲人说话管用啊！"我不禁感慨。

我对于妻子态度的转变自然也很高兴。于是，已经被妻子浇灭了的考研愿望之火，又在胸中复燃，遂决定报考研究生。

二、 考研准备

自從 1968 年離開東北工學院以來，大學畢業的我已經和大學課本告別了 10 年。這十年的工作環境使我早已經把大學時代的書本知識拋到腦前脖子後了，當我正式申請報考研究生时，时间已經接近 1978 年 3 月份了。我只能仓促应战。

我计算了一下我可以利用的复习准备时间，只有星期日可以被用来自由支配，而从周一至周六的六天时间我要上班工作，期间，只有班前班后时间可以利用来复习功课。

于是，每天我清晨 4 时起床，开始了我早饭前的功课复习时间。

按我的安排，早饭前的时间都用在了日语的复习和巩固上了。这样的安排为我不久后的考研中获得满意的日语考试成绩提供有利的环境。这一成绩的获得无疑蕴含宿舍管理人员的温暖关怀。除此之外，每天晚上以及周日时间便被用在其他各科的复习上了。

當我利用工餘時間緊張地進行功課複習中，忽然，妻子攜我們的一雙年幼的兒女從弓長嶺專程來找我。原來，我的妻子得了一種怪病，感到周身疼痛難忍。本來是中醫師的妻子也不知她到底得的是何種病。

屋漏偏逢連夜雨。複習功課的時間本來就捉襟見肘了。这期间，两地生活的我，越怕家里出什么事，可偏偏就出事。无论如何，我必须搁下自己的事情，把治疗妻子的病放在首位。幸运的是，在医院的及时治疗和护理下，两周后，妻子的病获得了转机，这才使我又投入紧张的考研准备中。

三、 考研现场

1978 年 5 月 5 日，我参加了全国的研究生统考。

鞍钢参加这次研究生入学考试的考生有几百人之多。他们来自于拥有 20 万职工的鞍钢的几十个厂矿，而且，他们报考的学校遍布全国。

本次考研的考试科目是五门，分别是高等数学，普通物理，专业课，日语和政治课。本次考试无疑将检验我此前断断续续的复习效果。无论如何，考试的成绩也将会在很大程度上有赖于我大学时期的学习基础。倘若我大学时期的学习成绩不佳，这次无论复习多么卖力，考试成绩也不会好的。

四、 高等数学考试

考试持续了三天。第一天第一堂考试是高等数学。

久疏战阵，心情不免有点紧张，我在第一堂的高等数学考试中，就出现了严重的马虎现象，应该搞定的题偏偏不经意间出现纰漏。高等数学考试的不理想成了我终生的遗憾。

高等數學是所有科目中較為難考的一科。我在複習中，高等數學投入了 3 周的時間，是所有考試科目中投入複習時間最多的考試科目。我一邊複習，一邊做題，由於複習時間的緊迫，大部分的做題僅僅是點到為止，以便儘量節省時間。當高等數學複習不得不結束的時候，我發現，我大致做完了高等數學習題集中，總共 2800 道題的將近三分之一。

高等數學是我複習中下的功夫比較大的一門考試科目，也是把我比较大的一門科目。然而，由謝緒凱教授出的東北工學院的高等數學試題有點偏，使考生們措手不及。謝緒凱原來是數學教研室的教授，1957 年反右派運動中被劃為右派分子降為講師，離開數學教研室去自控系教基礎課。謝教授於文化革命剛剛結束後被平反，重新回到數學教研室做教授。

謝緒凱教授被平反不久，正趕上國家研究生統考。也許領導上出於對謝教授被打成過右派分子的歉疚，遂把給研究生出高等數學考題的任務交給了他，以示對他的信任。剛剛被平反，摘掉右派帽子的謝教授接受校領導交給的，為統考應試的考生出高等數學考題的任務，感到受崇若驚，決心拿出有水準的考題，好好表現一番。結果在考生看來，這次由他出的考題是出奇的偏，又出奇的難。

高等數學試卷上共有五道大題，其中第一道大題包括五道容易將考生引入歧途的小題。這一部分對我倒是沒有構成太大的困難。第二道大題是關於微分中值定理的理論證明題。微分中值定理從字面上看很容易理解，但理論上含義深刻，不易深刻掌握。而且，當年我讀大學本科時，高等數學中的中值定理問題也不是教學的重點內容。加上由於我復習時間的倉促，對此部分復習花費的功夫很少，以至於如今考試中接觸到這類證明題時，感到無從下手。

第一堂考試就遇到如此困難局面，考場上的我只感到心急如火，脊背上流出了汗。對此，我內心覺得很悲哀，因為這是讀小學一年級始，我平生所有考試中第一次因考試被難得脊背流汗。

第三大題是推導圓筒杯內旋轉液體的液面微分方程，以及求液面下液體的體積。這個題應該是普通物理學，理論力學和高等數學的邊緣課題。這是因為，在推導液體旋轉的拋物面模型的微分方程時，需要作液體表面介質的受力分析。這樣的問題對我來講本來並不太難。

俗話說慌中出錯。人一著急，能做成的事也很容易出岔子。果不其然，我在液體拋物面介質受力分析中，竟把離心力一項的符號搞錯了方向，而導致匯出的液面拋物面微分方程中，其中一項的符號錯了。

任何事情都是相對存在的，盡管我對自己的高等數學考試不滿意，成績雖然遺憾的些微低於 50 分，卻是在所有的報考東北工學院的考生中算是高的了。據說在大約 300 多位報考東北工學院研究生的考生，后来被录取成为研究生的几十位考生中，高等数学考试得零分的，或者只有几分的人还真不是个别的。于是，在新生录取后，学校组织高等数学入学成绩 20 分以下的一众被录取的研究生进行补考。

高等数学的补考题容易多了，以至于这些人的补考成绩自然都很高，其中有的人竟得了 100 的满分。这就使得最后填写被录取的考生成绩表上的高等数学考试成绩不至于太难看了。

也许是物极必反，经历了第一堂高等数学考试时的紧张心情和惨痛教训，我的心情反倒平静了下来。于是，我在下面的考试中很少发生第一堂考试中使我痛心疾首的轻易疏忽。这也算是不吃一堑不长一智吧！

五、 普通物理学考试

第二堂考试是普通物理学。

普通物理学包括力学、热力学、电学、光学和原子物理学。普通物理学和高等数学一样是难啃的硬骨头。

而且，这两门课程之难，更在于它们的应用问题变化多样，以至于如果没有时间做大量的应用题练习，很难应付它们的考试的。

为了不影响其他科目的复习准备，我的普通物理学的复习只能安排两周时间。虽然仅仅少于高等数学的复习安排时间，但对于普通物理学来讲，是远远不足的。在这种情况下，我也期望，对于东北工学院这样的和光学和原子物理学关系不大的工科院校，这两部分也许不会作为他们普通物理学考试的重点。

无论如何，这样安排只是在总体复习时间严重不足情况下的无奈选择。我复习了普通物理学前三部分以后，后两部分光学和原子物理学部分便没有时间复习了。

经验证明，一厢情愿中的设想是要落空的。果然，在这次普通物理学考试中，偏偏在这五部分中各有一道考题。这使我暗暗叫苦。

普通物理学力学中考了一道运动学的问题。题目看来很简单，即质量分别为 m1 和 m2 的两球沿同一方向在同一直线行进，球 m1 在前，球 m2 在后。他们的速度各为 v1 和 v2。其中 v2 大于 v1。当球 m2 追上球 m1 时，两球贴在一起行进。问此时两球的速度如何？

这是一个看似简单，实则易将人引入歧途的问题。据说多数考生用能量守恒定律很轻松求解，但这是错的。因为两球相撞时如果贴在一起行进，视为非弹性碰撞，以至于相撞的两球间有由于摩擦产生的能量损失。于是，用能量守恒定律求解是错的。正确的求解方法是把两球视为一个体系，用动量守恒定律求解。这次我没有马虎从事，而是采用了后一种方法。于是此题获得了满分。

普通物理学电学方面的一道题是计算磁场中带电金属线圈匀速下降的速度。这是集电磁学和力学为一体的问题。只要根据牛顿第二定律，掌握金属线圈匀速下降的条件是电磁力和重力达到平衡即可。分析到这一点非常重要。下面便是具体列出它们的平衡方程并计算求解了。

我凭借我的力学，热力学和电学的基础获得了 65 分的普通物理学考试成绩。后来我得知，这一成绩虽然可怜巴巴的刚刚超过及格分数线，却据说是报考东北工学院研究生的普通物理学最好的考试成绩。对此，我的心里即遗憾又无奈。

遗憾的是，由于我们夫妻间对考研认知上的分歧，使我的考研决定，拖延了 3 个月，这一拖延导致复习时间严重缩水，使我不得不放弃光学和原子物理学两章的复习。这相当于我放弃了百分之四十的物理学复习内容。令我无奈的是，毕竟这个分数就已经出乎我的预料了。我清楚地知道，这一成绩对于我来讲也不是轻而易举得来的，我已经尽力了。

物极必反可以说是世界上亘古不变的定律。第一，二堂的高等数学和普通物理学考试之后，在其他各科的考试中我的紧张心情突然不见了，反而有了无所顾忌的感觉了。这时我心里想："考得再次也不会次过高等数学和普通物理学考试吧！那还怕什么呀！"

想到这里，我心理上患得患失的包袱也就不见了，以至于后续课程的考试得以正常发挥。尤其是日语和专业课考试，在我自己看来是超水平发挥。

六、 日语考试

第三堂考试是日语。

我在考试时有一个习惯，那就是答题之前动手在卷纸上先把题抄一遍，然后再做题。我在日语考试中也是这样做的。这是因为在抄题的过程中可以尽可能地缓解紧张的心情，使之尽可能地放松，以便把自己的状态调整到最佳水平。同时，抄题过程也是一个思考的过程。这就是所谓的磨刀不误砍柴工吧！

我记得，第一题是一大段日文论文译成中文，翻译上很不轻松。第二题是 5 个日文长句译成中文。第三题是 5 个中文长句译成日文。最后一题是日语作文题。考生被要求在两个题目中任选其一，作文要求不少于十句话。第一道作文题目是"摩擦起电"，我选择这个题目作文。

日语考试的题量还是很大的。再加上每题必抄消耗掉我不少的时间。当我最后完成作文，一个半小时的考试时间已经就要到了。此时的我只觉得很累。

研究生入学以后我才得知，我的日语考研成绩获得了 80 分。以旁听生的身份参加鞍钢夜大学为期半年的日语学习班的我，这样的研究生入学日语考试成绩，是我此前做梦都没敢想到的。

這件事也驗證了一句極富哲理的話，"幸運之神只把機遇送給那些有準備的人"。这一至理名言在我今后的日日月月，时时鞭策着我去做富有生命力的事情。

七、　专业课考试

第四堂考试课程是专业课。专业课的考试本来是我尤其担心的。

当我开始复习专业课时，研究生入学考试只有九天的时间了。这时，我接到我所在的轧钢科领导的通知"考试前，不必来上班了"。

科领导的通知使我复习时间得以倍增，正为复习时间的紧缺而发愁的我，顿时高兴得眼泪都快要流出来了。

在专业课紧张的复习期间，我随时用笔记记下我所理解的重点内容。我的笔记采用问答的形式，力求言简意赅，使之便于随时翻阅，以便尽快掌握相应的重点内容。如今，几十年过去了，我仍然珍藏着当时的读书笔记。

在我复习专业课的紧张时刻，与我同在设计院工业炉组的齐家典工程师主动给予我帮助，专门针对工业炉的性能和结构给我集中上了一课。齐工程师毕业于 1952 年，专业素养和威望之高，被称为设计院工业炉领域的元老。齐工程师亲自给我授课，我受益匪浅。

考研专业课最后一道题是计算热风管道中热电偶的测温误差。当年与我同专业的其他考生没有人做得出来。

我在传热学课和复习中也没有遇到过热电偶测温这类问题。于是在临近这堂考试结束前 20 分钟的时候，对于这道题已经考虑再三的我还是不知如何下手去解决。我感到很失望，下意识地抬起头来。我的目光与伏在讲台上的女监考老师的目光相遇。我感到惊奇的是，我还是第一次见到这位女监考老师。

这位女监考老师年纪大约同我的年龄相仿，估计也是三十几岁，长相甜美。此时，她上身伏在讲桌上，微笑的面庞上一双水灵灵的眼睛，碰巧好奇地注视着我。

这位女监考老师善意的微笑，使我对自己的无奈放弃感到自责。于是，我决定在剩下的 20 分钟时间里重新审视这一道最后的专业课考题，尽力做最后的一搏。

我从头开始，静下心来，心平气和地再一次分析这一道题。问题的已知条件是热风管道中空气的温度。这是一个重要的条件。于是，只要获得热电偶的温度，问题就解决了。无论如何，这需要进行传热分析。

通过进一步传热分析，在热稳定状态下，作为一个点来看的热电偶，它的辐射传热应该和其表面的对流传热相平衡。据此，我列出了辐射和对流传热平衡方程式。

这时，我吃惊地发现，方程式的未知变量便是热电偶的温度。通过求解这个方程式，得出了热电偶的温度，于是便自然得出了热电偶的测温偏差。至此，解决这道题只用了 10 分钟的时间。

毛主席在抗日戰爭的一本著名的著作《論持久戰》中寫道"最後的勝利，往往存在於再堅持一下的努力之中。" 我想：這一道考研專業課難題的失而復得，也證明了毛主席英明論述的彌足珍貴。

八、 考研结果

第二天，我回到鞍钢设计院上班，工业炉组的同事们都围了上来，异口同声打听我考得怎样。一时间，我成了工业炉组引人注目的人物。

面对组里同事们的热情关注，我向大家做了如实的介绍。我谈到高等数学考试由于题目难，再加上自己的疏忽，考得很不好；谈到由于复习时间的严重不足，不得不放弃了普通物理学五分之二的复习内容，使我普通物理学考试结果凶多吉少；我也谈到专业课考试中，最后一道计算热电偶测温误差的题，由于以前从来没有遇到过此类问题，致使我几经放弃，却又失而复得的经历。

这道计算热电偶测温误差的题是做出来了。但是我做得对不对，我还不知道。于是，我请教同事们，尤其是老工程师们："这道题我做的对不对？"遗憾的是，我没有得到回答。

工业炉组的同事们不时向我打听有无考试结果的消息，无奈我也不得而知。这时，工业炉组的崔福祥组长等得有点着急了。

"玉膜！去一趟东工（东北工学院的简称）工业炉教研室好吗？打听一下小尚考研结果如何。"崔组长对组里的张玉膜说。张玉膜是我大学本科时的同班同学。

张玉膜当天去了东北工学院，第二天，他从学校带回来了消息。他在工业炉热工教研室见到了教研室的唐铁训老师。唐老师告诉他："尚德义这次考得很好，而且他的专业课在本专业的考生中拔了头筹。"

崔组长悬着的心总算落了地。

当年 10 月初是研究生入学的日子。研究生入学后我才得知，我的专业课成绩获最高分 87 分。而且在东北工学院的被录取考生中，我的各科考试总成绩是第一名。

也多亏我在本科时学到的知识还算比较扎实，使得我在较短时间内，对各科的复习能较快地到位。而且，在设计院五年的工业炉设计工作对我报考的热能工程专业知识有相当的关联。也多亏了 7 年前的 1971 年，我和李常权等 4 位学长在弓长岭陈家小站相遇的小概率事件。这 4 位是我进入鞍钢设计院的引路人，对我以后的生涯有重要影响。我对他们怀有深深的敬意。

第 26 章语言培训遭封锁

一、 两个龌龊人

毛主席说："看它的过去，就可以知道它的现在；看它的过去和现在，就可以知道它的将来。"

这里的两个龌龊人是赫某和他的密友杨某。当年的赫某为了既能确保使自己出国深造，又能排挤同样获得出国机遇的我，便伙同其密友杨某干了见不得人的龌龊事。

杨某名字叫杨宝安，当时是东北工学院研究生科科员。本文披露的事实证明，杨某就是一位出卖灵魂的龌龊小人。赫某，这位出身于汉奸家庭，本科生期间与我同专业的同学，始终与新中国格格不入的叵测之心，给我的印象太深了。

可以肯定的是，当年杨某做的这种坏事，赫某肯定脱不了干系。这是因为，这一坏事除了最大受益人赫某之外，其他任何人对此都没有动机和机会。

二、 信息被隐瞒

刚刚结束十年文革动乱的中国科技事业，创巨痛深，人才匮乏，百废待兴，也给我这一代在文革动乱期间毕业的大学生，大展宏图的契机。

1978 年 6 月东北工学院按照国家的要求，在即将录取的研究生中举行了出国深造外语选拔考试。考试刚刚结束，我和赫某这两位老同学在考场中不期而遇。

大学毕业十年以来，我们两人对彼此的去向都一无所知，这次重逢后自然有许多话要谈。这时我才知道，原来赫某去了沈阳冶金修造厂做工人。据他说，他参加了学校的日语培训班，考试后情绪饱满自信。

我感到吃惊。同样参加本次出国深造外语选拔考试的我，之前根本就不知道外语培训班的存在。尽管这个培训班是为参加选拔考试的考生设置的，后来我发现，这是针对我的有预谋，精心安排的龌龊事件，对我的职业生涯和人生道路产生了重大影响。

三、 杨某的龌龊

1978 年 6 月初，我收到东北工学院研究生科的信函。信函中说，我已被东北工学院录取为硕士研究生，录取的消息将择日公布。并且此信通知我前去东北工学院办理出国深造外语选拔考试准考证。

我风尘仆仆地赶到东北工学院研究生科，只有一个人在办公。此人便是杨宝安科员，这是我第一次和杨某碰面。

杨某将近不惑，身材较矮而瘦削，眼睛较小，目光专注，挺直的腰板使他显得很干练。杨某听到我报上名字说明来意，立刻从椅子上站起来，走到我的身边，连珠炮似地和我说个没完。

初次相见，杨某就主动告诉我："你这次研究生入学考试的成绩很好，我们对你很满意。"他又若有所思地补充一句："赫某也考上了，他最怕你！"

杨某的这句突如其来不着边际的话，让我大惑不解。

"赫某还有什么值得惧怕我呢？难道我们两人还存在什么竞争不成？"此时的我被弄得丈二和尚摸不着头脑。

我的准考证办好了，这次外语选拔考试只剩三周的时间了。最为关键是，这次外语选拔考试考什么内容，杨某没有告诉我。

于是我问杨某，"东北工学院有没有为这次的外语选拔考试设立的日语培训班？"

"不知道！"此时的杨某两眼望着窗外，漫不经心地说。

我问杨某："赫某在哪？"回答还是"不知道！"

我有理由认为，杨某所谓的不知道赫某的住址之说是假话。但是我感到没有必要再继续问下去了，只好返回鞍钢设计院。

直到我和赫某在日语资格考试的考场中不期而遇时，我才知晓，那天杨某对我说他不知道赫某在哪里时，赫某早已被他送到日语培训班学习去了。赫某也是以日语为外语的，在选拔这次出国培训人员时，与我构成了直接竞争。

这就说明，当时杨某是昧着良心撒谎，对我隐瞒日语培训班的信息。我没有料到，这位我之前从未谋面的杨科员对我进行这样的暗算；我更没有料到的是，这是赫某的指使。

选拔考试结果公布了，赫某以些微高于录取分数线的考试成绩获得了出国深造的机会。而我与这次出国机会失之交臂。

我心有不甘。我对杨某隐瞒消息的原因愈发感到好奇。

四、 幕后的黑手

1978 年 10 月，硕士研究生正式入学。我才逐渐了解到我被隐瞒培训班信息的真正原因。此时，我参加出国深造外语资格考试已有三个月了。

就在我被通知办理准考证的 10 天前，赫某同学已经被杨某安排进入日语培训班培训去了。这证实了杨某对我隐瞒东北工学院的日语培训班信息。

杨某为什么这么做呢？我百思不得其解。

我和赫某有同样的资格参加这个东北工学院的日语资格考试培训班。我的总成绩在考生中名列第一名。出国深造是学校支持的。杨某却向我隐瞒外语培训班的信息，这是我落选选拔的直接原因。

事实上，这是杨某人为地制造单方向的利益输送所致。这种单方向利益输送在法律上被称为**"利益冲突"**（英文叫 conflict of interest）。**实际上，利益冲突在世界的任何国家都是触犯刑法的犯罪行为。**这种单方向利益输送，葬送了我这个身为学子难得的出国深造机遇，

可是，他到底为什么呢？

我很想知道杨某向赫某单方向进行利益输送的动机所在。

带着这个疑问，我在研究生入学之后曾亲自询问过杨某："为什么当时你明明知道外语培训班，然而却向我撒谎说不知道？为什么你亲自把赫某送入外语培训班，而你却偏偏向我说不知道赫某在哪里？"

面对这样的问题，杨某心里一阵紧张，目光闪烁，支支吾吾，老半天说不出个所以然来，最后结结巴巴编造出来一个理由：

"你如果参加这个培训班，存在住宿问题，所以没有通知你。"

"这算什么屁理由呢？"听了杨某不着边际的解释，我一阵恶心。至此，我再也不屑和这位恬不知耻的杨某理论了。

事实是，当时东北工学院就有招待所，我如果参加东北工学院外语培训班，我就住招待所，不会发生住宿问题。而且，我的住宿问题与他杨某毫不相干。他如此不着边际的胡扯，只会令我感到这里面的水很深。

我和杨某此前根本不认识，谈不到个人恩怨吧！那么，他为什么向我封锁培训班消息，专门向赫某搞利益输送呢？唯一合乎逻辑的解释是这位杨某被利用或控制了。顺藤摸瓜，分析焦点就集中到我的老同学赫某身上。

我从逻辑推理中得出了这样的判断：赫某是受益人，也应该是利用或控制杨某的人，他是杨某对我封锁培训班消息的唯一嫌疑人。杨某也一定会得到赫的回报。

五、 确认的佐证

我在弓长岭钢厂保卫科有过工作经历，已经熟悉了推理和判断的程序，确定案件的嫌疑人是需要佐证的。

"那么，到哪里寻找佐证呢？"我对此又感到有些茫然。

如要人不知，除非己莫为。这个佐证后来在偶然间得到了证实。

3 年后，我硕士毕业，留校在热能系工作。东北工学院更名为东北大学，工业炉热工专业已经成为热能系热能工程专业。

一天周末，我家里来了一位做客的热能系老师。我和这位老师的年龄相仿，平时也谈得来。这位老师在闲聊中，无意间向我透露了一个有关的信息，证实了我的判断。

这位老师和赫某在当年日语培训班中曾经在一起听过课，对赫某情况很了解。赫某和杨某两人的夫人在沈阳市冶金修配厂同一个办公室工作。多年的交往和平日的互相帮衬使两人的关系密切。他们两家之间经常走动，早已经不是秘密了。

这就更加证实了杨某说他不知道赫某的住址是撒谎了。对于他们之间的亲密关系，我却一直被蒙在鼓里，如今我如梦初醒。这位老师无心的话，解决了我心中所有的困惑。

杨某对我刻意隐瞒培训班的信息很明显就是赫某的主使，

将鞍钢夜大的老工程师庞老师的无私奉献精神，以及那位不知姓名的、慷慨赠送日语教材的善良的夜大办公室老师，同赫某及其密友杨某狼狈为奸的龌龊行为相比，两者的形象高下立判，天壤之别。前者反映出品格高尚，心地善良，顶天立地的中国人的形象，后者流露出恶意嫉妒，狼狈为奸，鸡鸣狗盗的损人利己的腐朽没落阶级的丑恶灵魂。两者的差距之巨大，实乃天地之别。

六、 杨某的下场

赫某于 1978 年顺利获得国家的出国名额，1980 年去日本攻读博士学位，1986 年在日本名古屋大学获得博士学位后回到更名后的东北大学，开始担任学校系主任，副校长，校长等重要职务。

我有一天突然发现之前一直在研究生部工作的杨某到热能系办公室帮闲（即在系办公室帮忙，但没有正式工作岗位），一个熟悉内情的老师向我透露杨宝安工作期间犯了错误，栽了一个大跟头。

自从其密友赫某当上校长以后，杨某感到背后有了靠山，不仅愈加邪性十足，胡作非为，而且变本加厉，放肆追求感官上的刺激。终于有一天，杨某捅了个马蜂窝，栽在了他垂涎已久的一位年轻女子身上，身败名裂。

杨某尽管平日里装得人模人样的，实则品质恶劣，很好色。平日里，他一遇到动心的年轻女子就垂涎三尺，千方百计沾点感官上的便宜。他对研究生部的一位年轻貌美的女职员已经垂涎多时，杨某经过无数次试探，可是每次都无功而返。

有一次，他借故把该女孩引入一个阴暗的室内复印资料。他突然将手伸向了这位年轻女同事的胸部，趁势把人家搂在怀里，开始上下其手。该女子"哇！"的一声尖叫，使出全身力气，拼命挣脱杨某的双臂，慌忙逃出门外，大喊"抓流氓啊！"，吓得花容失色，嚎啕大哭起来。众人闻声赶到，

此时杨某方只能呆呆站在那里，面如死灰。

这事传开后，按理学校应对杨某的流氓行为给予严厉处分。但是，当时任校长赫某却极力将杨某的丑事大事化小，小事化了，千方百计做受伤害的女子的工作，劝她把此事私了，可是，这位受到惊吓的年轻女子一直不依不饶，每逢见到这位杨某，都指着鼻子骂他"不是人！"。杨某难以在校机关继续立足。

在此情况下，赫某校长只好把这位身败名裂的密友兼恩人杨某安排在老家热能系办公室，杨某躲过了处罚，实际上被保护起来了。

七、 龌龊的校长

赫某从回国后即被提升为教授、系主任，1991 年被任命为东北大学副校长，1995 年接替校长职位，一直到 2011 年在校长的岗位上退休。 累计计算，他在东北大学副校长和校长职位上总共做了20 年。

赫某执掌学校行政大权的漫长的二十年，自己在科研上的成绩平平。这个期间，恰逢中国改革开放，国家的高等教育和科学事业蓬勃发展。他在任期内横行霸道，嫉贤妒能，排斥打击优秀的科学

人才，使得东北大学在全国高校的排名断崖式下跌，以前是在国内排名二十多名的重点高校，现在则一度和国家非重点大学为伍，给东北大学造成了无法弥补的严重破坏。

第 27 章 再入校门读硕士

在杨某的龌龊关照下，在东北工学院日语培训班培训了一个月的赫某，以些微高于分数线的日语考试成绩获得了出国深造的资格。与此同时，杨某在密友赫某的授意下，刻意向来自鞍山市的我封锁了东北工学院的日语培训班的信息。杨某的这一行为，使他成功地剥夺了我参加这个日语培训班应有的权利，致使我的出国深造的契机由于我的日语资格考试分数的些微差距而失之交臂。杨某的龌龊行为向其密友赫某施予单方向的利益输送，这是一种卑鄙的违法行为。

赫某假手他的密友杨某向我违法封锁这一对我来说至关重要的信息，既实现了他自己出国去日本深造，又成功地达到了排斥我出国深造的一箭双雕的卑鄙目的。此时，赫某的心情不知是多么的惬意。不久后，赫某便意气风发地东渡日本，赴名古屋大学读他的博士学位去了。

由于杨某昧着良心，刻意采取单向封锁消息的违法操弄，使我遗憾地失去了在 1978 年中国改革开放之初的千载难逢的出国深造的契机。从此，我便开始了我的东北工学院硕士研究生的学习生涯。

一、 研究生入学

1978 年,在中国实行建国以来第一次全国研究生统考的形势下,东北工学院研究生科很快就成立了。这一科长加科员算在一起才只有两位工作人员的研究生科，在成立之初临时挂靠于校科研处。按规模来讲，当年，负责招收研究生的东北工学院研究生科仅仅拥有一个由几十名研究生组成的研究生班。然而，谁能想到？此后几年，由于入学的研究生人数以几何级数的速度逐年增加，这个曾经名义上归校科研处管理的研究生科，很快发展成拥有数千师生的校研究生院了。

从大约 300 余名考生中选拔出来的东北工学院研究生班，在它形成之际曾经面临一个棘手的问题。那就是由于考生的考试成绩普遍不理想，学校在决定研究生录取分数线时犯了难。

这是因为，如果以考生各科考试的平均分数的及格成绩 60 分作为最低录取分数线的话，符合这个标准的考生是少得可怜的。显然，要保证足够的招生人数，必须降低平均录取分数线。然而，录取分数线又不能降得太低，否则，会大大降低入学新生的质量。学校的领导权衡再三，最后，还是不得不把录取平均分数线一降再降，以至于最后降到 40 分以下。即使这样，东北工学院的考生中也仅仅不到 50 人符合这一标准。

这么少的招生人数显然还没有满足学校的要求。在这种情况下，学校决心把研究生的人数再扩大一点。于是，在研究生入学以后不久，研究生科又在学校的在职教师中匆匆举行了一次考试。按考试的结果，学校又招收了 13 名教师作为在职研究生。这样，东北工学院录取的研究生总数才达到了大约 60 余名。

尽管我对我的研究生入学考试成绩很不满意，考试中也确实经历了诸多纰漏，我却被告知，我的研究生入学考试各科平均分数是 70 分。这一考试结果使我感到既惶恐又惊喜。惶恐的是我的研究生入学平均分数还是不能令人满意，仅仅超过及格分数线不远，无论如何还是很遗憾的。惊喜的是，这样的分数却使我的研究生入学考试成绩在东北工学院全体考生中名列第一。而且，我的各科平均成绩高出学校的最低录取平均分数线竟有 20 多分。

研究生入学以后，我被研究生科任命为全校研究生班班长。

这样的安排是由于杨某感到他有愧于我，借机给予我一个小小的精神安慰吧！然而，为了满足他密友赫某的恶意嫉妒心里，龌龊的动机，杨某对我施行违法封锁东北工学院设立的日语培训班的信息，使我的出国深造日语资格考试成绩以些微差距功亏一篑，导致我与出国深造的契机失之交臂。对于我的这一损失，他杨某永远无法弥补！

当然，从好的方面想，任命我为研究生班班长，毕竟是领导的信任，那我就不辱使命，尽力在研究生学习之余，多做一些为人民服务的工作呗！

二、我硕士导师

我的工业炉热工专业的研究生指导教师共有 4 位，他们分别是陆钟武、任世铮、宁宝林和郭佰伟老师。由于十年的文革期间大学中的提职工作完全停顿，前两位老师当时是副教授，后两位老师当时还是讲师。

陆钟武老师于 1950 年进入哈尔滨工业大学冶金系读研究生，1952 年夏，全国院系调整时转到东北工学院读研究生，1953 年研究生毕业，成为该校工业炉热工教研室讲师。1957 年反右派运动中，东北工学院工业炉热工教研室唯一一位副教授梁宁元被划为右派分子，降级调入有色冶金系任基础课讲师，陆钟武老师奉命接替梁老师留下的工业炉热工教研室主任的位置，成为该教研室的学术带头人。

据说，1958 年大跃进运动中，陆钟武老师组织教研室一批教师搞了一座烧煤双向换热式炼钢小平炉，简称东工式小平炉。随后，关于东工式小平炉的专著[1]和论文[2]出版。与此同时，关于东工式小平炉的创新事迹也上了国内各大报纸。

1962 年 9 月，我进入东北工学院工业炉热工专业读本科生。入学之初，教研室特意组织本专业的新生进行一番专业教育，其中的一项活动便是参观东工式小平炉的旧址。然而，当我们新生的参观队伍来到四年前建造的东工式小平炉旧址时，展现在我们面前的是一座用耐火砖砌筑的从来没有炼过钢，像大炉灶似的废墟。

然而，陆老师干 1965 年被选为全国青年联合会副主席，据说就与东工式小平炉发明者，这一全国性的"声誉"有关。换句话说，如果没有这一声誉，作为一位普普通通的大学老师，陆钟武老师很难被选上这一全国性的职务，势必将会有百分之一百的可能，和万千普通的大学老师一样处于默默无闻的状态之中。

陆老师的这一全国性职务不仅使他本人成了全国性人物，也提高了他在东北工学院在全国高校中的声誉。陆老师遂于 1984 年被任命为更名后的东北大学校长，与他当年这一全国性的职务不无关系。

任世铮老师 1945 年毕业于浙江大学化工系，1952 年任筹建的东北工学院工业炉热工专业讲师，主讲传热学，并对热价值理论和相似理论，以及炉膛热交换理论都有过研究。1962 年晋升为副教授。1981 年晋升为教授。

任老师是工业炉热工教研室年纪最长的老师。1962 年，我进入东北工学院读大学本科时就知道，他在工业炉热工教研室中的学术威望是很高的。当时我听许多高年级的学长介绍说"任老师是东北工学院工业炉热工专业教师中，在传热学领域造诣最深的老师。"

和任老师接触，以及听过他的授课后我发现，任老师对科学研究的期望是很高的。但时间一长也会察觉，他在传热学理论和实际联系方面，显得有些不足，而且在传热学科研问题的探讨中显得办法不多。

任老师在文革前指导过一位研究生。当年的研究生入学前不需要考试，是领导指定的。任老师的这位研究生叫盛中权，东北工学院工业炉热工专业 1960 年本科毕生。任老师给盛中权出的硕士论文研究题目是"热电偶对炉膛内辐射换热遮蔽系数的研究"。

这个题目可难坏了盛中权。尽管他苦苦思索，却感到无从下手。一晃，时间到了 1966 年文化大革命开始的时候，5 年时间过去了，盛中权也没有把热电偶的遮蔽系数搞出个名堂来。

文革中，在批判资产阶级反动教育路线时，盛中权针对"热电偶对炉膛内辐射换热的遮蔽系数研究"的硕士论文题目的不当之处进行了回顾，亲自登台对文革前研究生时期的硕士论文研究中，资产阶级反动教育路线对他的毒害进行了批判。他以"兔子尾巴上有几根毛？"为题声泪俱下地批判导师交给他的硕士论文题目"炉膛内热电偶的辐射换热遮蔽系数的研究"害他不浅，无谓耽误了他多年的青春时光。盛中权通过现身说法，对资产阶级反动教育路线的危害进行揭露和回击，确实在师生中产生了很大共鸣。大家对他的遭遇也表示同情。

本来，小小的热电偶对火焰炉内辐射换热遮蔽系数之小，可以说是微不足道，对炉内传热研究的理论和实际意义都不大。而且，由于炉膛内辐射热交换的机理极为复杂，如果把该课题交给研究生来做，还需要导师对该课题研究有明确的指导。然而，导师偏要他把这微不足道的热电偶的辐射换热遮蔽系数定量化，这犹如数兔子尾巴上有几根毛一样又难又毫无价值。况且，作为指导教师，你又不指导人家如何去做，这不是成心折磨人吗？

宁宝林老师和陆老师同年龄，在东北工学院建校初期是工业炉热工专业研究生，师从苏联专家那扎罗夫教授。后者兼任东北工学院院长顾问。宁老师于 1953 年研究生毕业后留在工业炉热工教研室任教。1962 年我作为本科生入学时，时任工业炉热工教研室主任的宁老师专门给我们专业的新生作报告，讲述由苏联专家援建的东北工学院工业炉热工专业的"辉煌历史"。宁老师特别强调他们的专业是重点专业，鼓励同学们努力学习，成为国家的栋梁之才。宁老师的口才了得，铿锵有力，他的讲话和讲课都很有感染力。宁老师主攻工业炉传热理论方面研究，工业炉热过程数学模型是他作为研究生导师的最新主攻方向。这一研究方向需要在传热理论和数学上都有较深的造诣。

郭佰伟老师和宁老师一样，也是在东北工学院建校初期工业炉热工专业研究生，师从苏联专家那扎罗夫教授，并于 1953 年研究生毕业后留在工业炉热工任教。郭佰伟老师比宁老师年轻一些，笔挺的身材显得很有活力。郭老师一直负责专业课燃烧学的教学，燃烧学是他作为研究生导师的指导方向。

三、 本专业研究生

工业炉热工专业有 5 名研究生，他们是赫某、蔡九菊、王为钢、王景文和我。蔡九菊，王为钢和王景文同学是文革中的工农兵大学生，年龄相对比较年轻。他们三人中年龄最长的蔡九菊同学比我小6 岁，而年龄最小的王为钢比我小 10 岁。研究生刚入学不久，赫某就去了日本深造，走前临时挂名为陆老师的硕士研究生。此外，其他几个人的指导教师到底是谁还没有确定。

蔡九菊同学是锦州人，他于工农兵大学生班毕业后留东北工学院工业炉热工教研室任教。蔡九菊在文革前即将读完了高中，只是由于文革的突然降临，没有来得及考大学。蔡九菊同学在文革中下过乡，当过知青，为人人缘很好，城府较深。虽然蔡九菊同学出身不太好，但却能在文革期间被抽调到东北工学院作为工农兵大学生，而且还入了党，实属不简单。

王为钢同学是鞍山市人。他于东北工学院工农兵大学生班毕业后被分配于广东省韶关冶金学院任教。王为钢给我的印象是少年老成，社会经验丰富，平时烟不离口，善交际，小道消息灵通。

记得研究生毕业前的一个晚上，王为钢从外面回来，向正在宿舍看书的我说"哥们，你夺魁了！"这一突如其来的小道消息把我弄糊涂了。

原来，不久前学校师资处举行了一次有 100 多人参加的包括校内中青年教师和即将毕业的研究生的高等数学考试，拟从中选拔冶金部举行的出国深造外语资格考试的人选。这次考试结束后很久没有进一步的信息了，我也逐渐把它淡忘了。据王为钢的了解，虽然这次考试成绩普遍不理想，我却是考试分数最高的一位。原来王为钢认识学校数学系的评卷老师，他是从那里得到的独家消息。

天下的缘分往往存在于偶然之间。没有料到的是，我还给王为钢介绍过女朋友，而且，后来他们成了夫妻。

我的妻子是弓长岭铁矿医院苏家门诊的中医生。卢医生和他的妻子是苏家门诊五官科医生。卢医生夫妇的大女儿卢英驰，不久前在鞍山钢铁学院毕业后，在鞍钢矿山设计院工作，已经到了谈婚论嫁的年龄。卢医生夫妇对女儿的婚事很着急。

一个暑假，我回弓长岭探家期间，卢医生的妻子特意抽空随我妻子来到我家中访问。见面寒暄后，卢医生的妻子开门见山，请我在我的学校中给她的女儿介绍一个男朋友。

孔子晚年的得意门生曾子曾把"为人谋而不忠乎？"，即"替别人办事是否尽心竭力了呢？" 作为他的三省之一，可见曾子对与朋友交往是否诚实守信这件事特别的在意。想到这里，我感到帮卢大夫夫妇这个忙责无旁贷。

当时，我所在的研究生班，像王为钢这样还没有女朋友的人似乎已经没有了。考虑来考虑去，王为钢算是一个合适的人选。我随即向王为钢谈了此事，并说妥择日安排两位年轻人见面的地点在鞍山火车站的站前广场。

我和王为钢准时来到鞍山市火车站前。由于我还没有见过卢英驰，需要慢慢观察一下。不一会，一个女孩在面前不远处低着头来回慢慢来回走过，像是找人。我估计此女孩可能是我要找的人，遂冒昧上前一问，原来正是卢大夫女儿卢英驰。

这一天，我拉王为钢来鞍山和英驰见面相亲，不仅王为钢，也是我头一次见到这位卢英驰侄女。眼前的这位学生装束的英驰姑娘婷婷玉立，明眸皓齿。微微一笑，更现如花似玉的容貌。显然，英驰侄女既拥有他父亲卢医生的英俊潇洒，又显现出她母亲的美丽端庄。我遂把英驰介绍给了为钢认识，并叮嘱他好生善待英驰，等待他们的好消息，然后抽身离开。

此后，这两位年轻人的关系迅速发展。王为钢研究生毕业后，他们便结了婚。

在英驰侄女结婚前，有一次回弓长岭探亲之际，特意前来拜访我夫妇二人。见面后，我听说她和王为钢正在热恋之中，很是高兴。那天，我们夫妇二人请英驰侄女一起吃晚饭。这是我至今最后一次见到英驰侄女。

1999 年，我在加拿大多伦多市家中见到赴加拿大的王为钢同学。谈话间，为钢介绍说他们夫妇已经有一个女儿。算起来，他们结婚已有 40 多年了。我想起当年我给英驰侄女介绍男朋友时，英驰还是一个 20 多岁天真烂漫的女孩，想不到如今已过花甲之年。当年卢大夫不到 50 岁的年龄。即将到知天命之年的卢大夫浓眉大眼，英俊潇洒，伟岸的身躯散发着中年鼎盛的气息，想不到如今年龄已有八九十岁了吧！想到这里，真感慨时光之飞驰和人生年华之短暂。

少壮能几时，

鬓发各已苍。

访旧半为鬼，

惊呼热中肠。

此时我想起了杜甫的诗句。真不知若有幸见到卢大夫夫妇时是一种什么情景？

王景文同学是哈尔滨人，毕业后被分配于哈尔滨市一个工厂工作。王景文和王为钢同学在文革之初在初中读书，比蔡九菊年轻一些。

研究生入学半年以后，每个人的导师才开始确定。我被分配给宁老师做研究生，做炉内传热数学模型方向研究，蔡九菊的指导教师是郭百伟，做燃烧学方面的课题，王景文的导师是陆钟武老师，做火焰炉热工方面研究，而王为钢跟随导师任世铮老师做相似理论课题研究。

四、 研究生的学习

研究生开学以后，紧张的学习开始了。

由于数学教研室谢绪凯教授出的又偏又难的数学考试题，使得研究生高等数学入学考试的成绩普遍低得可怜。于是，全校研究生入学后，随即被安排为期四周的高等数学复习，由数学教研室老师给研究生班集体上课。

研究生入学考试时，每位考生的外语考试科目各有不同，有的人用俄语，有的人用英语，而有的人用日语考试。在研究生入学后，学校决定研究生的外语课一律是英语。

为此，全体研究生被分成两个英语班，快班和慢班。英语基础好的研究生被编入快班，而英语基础较差或没有英语基础的研究生被编入慢班。我没有英语基础，遂被编入慢班。慢班研究生的英语教学从 ABC 等 26 个英文字母和读音规则开始。

学校为研究生班开设了五门应用数学课，其中有场论，线性代数，积分变换，数理方程，概率论，复变函数。按学校的要求，每个研究生选其中的三门课即可。由于我的硕士论文"火焰炉内辐射换热数学模型研究"对数学的要求较高，按导师宁宝林老师的要求，所有的应用数学课程，我都需要学。于是，我是全校研究生中唯一参加了所有的应用数学课程的学习和考试的人。

研究生的外语和应用数学课程的教学，分别由学校的外语教研室和数学教研室负责。其他课程，如专业课和专业基础课则分别由研究生所在的系的专业教研室和学校相关的专业基础课教研室提供。

除此以外，我还对外专业研究生的计算机和量子力学课很感兴趣。它们分别是给自控系和材料系各专业研究生开的课程。我认为计算机对任何专业都是很重要的课程，我不应该漏掉这门课的学习。量子力学是物理学一个重要的分支。读中学时就酷爱物理学的我对于这门研究生课程自然也不想错过。

于是，研究生开学后，我也跟着这两个系同学听这两门课。我连续听了几次计算机课，听的很上劲。但接下来听课期间，授课老师带领上计算机课的研究生参观学校的计算机房。当学生们跟随授课老师来到主楼的计算机房前，授课的郑怀远老师突然郑重宣布；"只能自控系的同学进去，不是自控系的同学就不要进了！"听到郑老师的话，我知趣地离开了。

通过这件事可以知晓，授课老师很不欢迎外专业的研究生上他的课，从此我就不再去听计算机课了。自从我被婉拒进入计算机房，索性量子力学课也不去听了，专攻本专业研究生的课程了。

回忆起来，我在研究生时期学习是很努力的。我每天早晨 6 点钟准时起床，洗漱完毕，就到南湖公园去锻炼和读外语。

沈阳南湖公园和东北工学院仅一墙之隔。解放后经过全面的规划和建设，南湖公园已成为具有北方园林艺术风格的重点公园之一。南运河流经园中，波光倒影，垂柳摇曳，游船荡漾。园内假山、雕塑、水中喷泉等景点各具特色。园内还建有溜冰场、游泳池、儿童乐园等。据说，1950年东北工学院建校之初，南湖公园被划归为东北工学院的一部分。后来，由于东北工学院对它管理不力，南湖公园便成为一个独立的单位了。

无论如何，早晨空气清新，寂静宜人的南湖公园，正是我前去晨练和读外语的好去处。况且，我的研究生宿舍在东北大学第三宿舍北部，距离南湖公园只有几十米之遥。

每当清晨，我利用那里早晨空气清新之际跑一跑步，读半个小时时间英语，晨读和晨练的时间很快过去了。

早晨7点钟去研究生食堂吃早饭，7：30准时上课。由此，我开始了一天紧张的学习生活，英语、数学各科课程轮流地上和复习，直到晚上9：30就寝，一天的紧张学习生活才告结束。

在研究生学习期间，学校给研究生准备了专门的自习室和学术研究室。有些研究生愿意在寝室里学习，因为寝室里的学习环境也可以。拥有20平方米的研究生寝室共安排4张床，研究生在这里自习条件也是不错的而且还很方便。有的研究生习惯于更加安静的地方学习，就去专门的自习室和学术研究室学习。

我在专门的学术研究室学习。感觉那里的环境不仅安静，而且学习气氛又很浓，学习效率更高。每当晚饭后和周末时分，学术研究室便是我的学习之地。

研究生的学习进行了将近两年的时间。期间，学校安排最好的老师给研究生上课。这些基础课老师们授课中不仅非常认真，而且个个身怀绝技。比如教各科应用数学的老师，把结构严谨，逻辑性极强的数学知识熟烂于心，以至于讲课时滔滔不绝，一气呵成。数学教授黄世壁至今还给给我留下一个很深的印象。每节课当他推导完最后一个公式，讲完最后一句话时，正巧下课铃声响来，使我们不由得暗暗称奇。

我在研究生时期学习的基础课程，包括英语，各科应用数学，为我研究生论文研究和以后的科研工作提供了珍贵的食粮，也使我感到受益终生。每当回忆那段研究生学习阶段，我总是满意的感到，我没有白白度过那段时光。

我在研究生学习时期各科考试成绩见表 27-1 和图 27-1。

记得有一次，我的鞍钢设计院老家，我读研究生之前的工作单位，鞍钢设计院工业炉科的李常权学长来沈阳出差。李常权学长就是我在本书中记载过的，我于八年前的 1971 年在弓长岭矿陈家小站奇遇的四位上帝使者之一。这次他来沈阳出差期间为了方便看望我，专门住宿于东北工学院招待所。

表 27-1 研究生学习时期各科考试成绩 [3]

学生 姓名	尚德义					
课程	线性 代数	场论	概率 论	积分 变换	数理 方程	英语
考试成 绩	90	100	100	98	98	94

东北工学院招待所和我住宿的研究生宿舍只隔着一条马路。来沈阳出差的当晚，李常权学长信步来到我的研究生宿舍。

当李常权学长迈入研究生驻地时，看到一楼入口处走廊左侧墙壁上贴着一张纸。他走近一看，原来是研究生班刚刚学完的应用数学概率论一科考试成绩单。只见我的名字排在名单前头，名字的右侧赫然标着 100 分的考试成绩。这一情景使为人热情善良的李常权学长又吃惊，又高兴。回到鞍钢设计院后，他逢人便讲他看到的这件事。

原来，这位李常权学长，1971 年作为上帝的使者，在弓长岭矿陈家小站从天而降，把我引入鞍钢设计院。我于 1973 年调入鞍钢设计院以后，在那里工作了整整 5 年的时间，于 1978 年考入东北工学院研究生班深造。时至 1979 年，他又到东北工学院见证我的研究生时期紧张的学习生活。李常权学长称得上是我生命中有缘份之人，也是我生涯中难以忘怀之人。

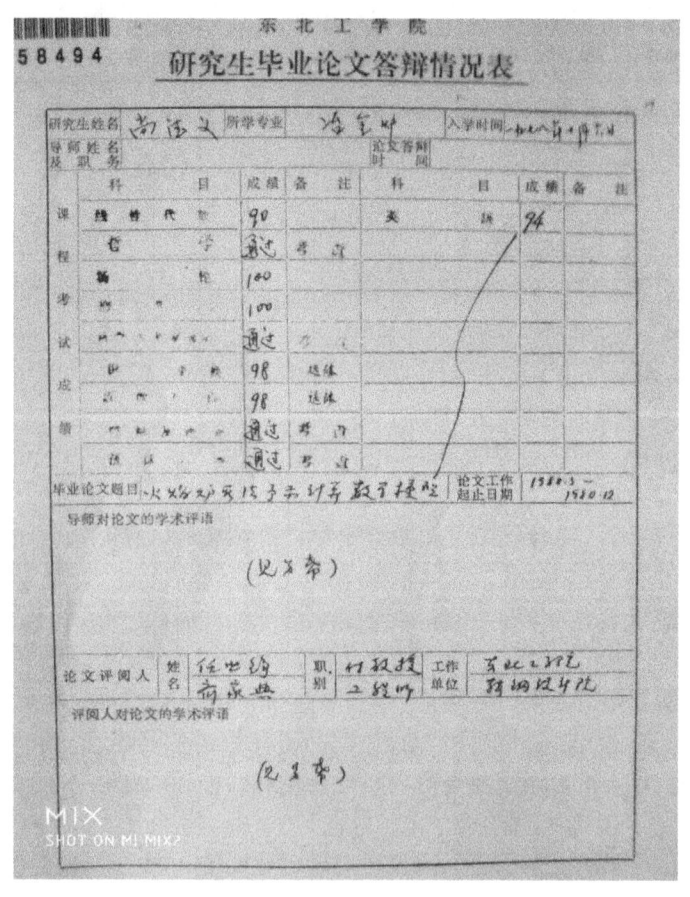

图 27-1 研究生考试成绩单（原件之拷贝）

五、 不平凡的事迹

我所在的东北工学院研究生班的研究生们既有文革期间毕业的老五届（1966 至 1970 届毕业的大学生），又有文化革命期间培养的工农兵大学生。其中，前者和后者人数之比大约是 1：3。研究生年龄最长的于 1965 届大学本科毕业，比我的 67 届大学本科毕业生还高两届。研究生年龄最高和最低之间相差足有 12 岁之多。实际上，作为中华人民共和国成立后首届经过统考后招收的研究生，他们之中几乎每个人都有不平凡的经历。

邵富群同学原来是本校 1969 届本科有色冶金系轻冶专业毕业生，大学本科毕业后去沈阳市苏家屯区当了一位中学教师。1968 年他报考东北工学院自动化仪表专业研究生，并被成功录取，毕业后留校任教，后来成为自动化仪表专业的博士研究生导师。

老刘和孙熙都是师范学院大学本科毕业生，毕业后都在中学教书。其中老刘是 1965 届本科毕业生，孙熙是 1968 届本科毕业生。1978 年，他们双双考入东北工学院成为采矿系研究生。在他们看来，仿佛师范学院和采矿的专业差异也仅仅是半步之遥。

李万兴同学作为炼钢专业的工农兵大学生，经常去听自控系无线电专业的课程。1978 年，他报考东北工学院无线电专业的研究生，并被成功录取。一个读外专业的大学毕业生能考上无线电专业的研究生，这样的经历在研究生班中成为一个奇迹。

黄小原同学据说原来是沈阳某工厂的厂办大学毕业生。1978 年他报考东北工学院自动控制系研究生，通过了入学考试，被成功录取。他的经历说明在学海中，人的潜力是无穷的，只要肯下苦工夫，奇迹就会发生。

1978 年全国第一批研究生统考招收的研究生人才辈出。其中，在我所在的这届研究生班中，刘相华和尚毅同学的事迹尤为突出。

他们为中国的现代化事业，为中华民族的振兴做出了杰出贡献。

刘相华同学生于 1953 年，他于文革期间（1973 年）从黑龙江省绥化林业机械厂进入沈阳东北工学院钢与合金压力加工专业读书，大学毕业后，被分配到黑龙江省双鸭山市会龙山钢厂建设指挥部。1978 年他参加建国后全国第一次研究生统考，被录取为东北工学院金属压力加工专业的研究生。刘相华同学是研究生班年龄最小的同学之一，比我整整小十岁。然而，他却在研究生学习中，展现出聪慧的天智和刻苦的学习精神，学习成绩优秀。研究生毕业后，相华同学又跟随导师白光润教授继续攻读本专业博士学位。博士毕业后，留校任教，继续从事轧钢领域教学和科学研究，期间曾两次被破格提职。博士刚刚毕业就去美国与波茨波罗公司，参加中美联合孔型设计。1990 年他应邀去澳洲莫纳什大学做高级访问学者。完成工作访问回国后，成为博士生导师。他身体力行，担任轧制技术及连轧自动化国家重点实验室主任期间，领导科研团队在超级钢（超细晶粒钢）开发，中厚板轧制自动化，钢材快速冷却，刚塑性有限元，人工智能应用等研究领域做出了杰出贡献，成为中国轧钢领域的著名专家和一位领军人物[4]。近年来他又在变厚度轧制理论与应用、极薄带轧制理论、工艺及设备等方面做出很多项创新成果，申报了130 多项发明专利，其中有多项专利已经用于工业大生产过程。刘相华同学成果之卓著，也使他成为了我所在的东北大学研究生班中最卓越的人物。然而，这样一位中国轧钢领域的著名专家和领军人物却至今与中国工程院院士无缘，这是中国科技界的一大憾事。

研究生班中另一位研究生尚毅同学 1966 年毕业于哈尔滨军事工程学院，毕业后留校任教。他的父亲邵凯是老革命，文革前任辽宁大学党委第一书记。邵凯在文革期间受到造反派的严重冲击，于1967 年自杀，含冤离世。邵凯本来姓尚，参加革命后改姓邵。尚毅在他的研究生毕业论文课题研究中，发明了关于线性规划的鞍形算法。

尚毅在他的硕士论文答辩中，答辩委员会中邀请的一位校外教授对他的毕业论文提出了一些比较尖锐的批评意见。出身于高干家庭，来自于哈军工的高材生尚毅同学，本来感到他的毕业论文中提出的线性规划新算法很有建树，不料却遭到这位教授的贬低，心里难以接受。于是，在论文答辩结束后不久，尚毅给这位教授打了一个电话，关于他的新算法和这位教授理论了一番。可能尚毅在电话中口气强硬一些，引起这位教授的不满。这位教授随后打电话向尚毅的指导老师告了一状。这一状非同小可，原定毕业后被留校的安排付诸东流。然而，金子迟早会遇到识货的人。尚毅在他的毕业论文中提出的线性规划鞍形算法，后来受到了中国国家发改委的认可和推广，并作为一项重大发明上了人民日报的版面 [5]。

2002 年，我从加拿大回国探亲期间，曾拜访过正在沈阳化工学院任教授的尚毅同学，当时他正指导研究生们做线性规划方面的国家项目研究。无奈人有旦夕祸福，当我于 2013 年再次回国探亲时，听说尚毅已于几年前因胰腺癌去世。得知噩耗，我扼腕叹息。据说，尚毅在弥留之际，仍念念不忘他那个被国家推广的线性规划新算法。

参考文献

1. 东工式小平炉：烧煤双向换热式平炉，冶金工业出版社，1958，pp 77，东北工学院。

2. 东工式 1.5 吨小平炉简介，《钢铁》1958 年 11 期。

3. 东北工学院研究生毕业论文答辩成绩表（研究生课程考试成绩单）。

4. 刘相华，学者主页 - 中国科技论文。在线 http://www.paper.edu.cn/scholar/person/NUT2MN3IMTz0kx5h

5. 尚毅创立大型线性规划新算法　我国学者对当代热门课题新突破，可能带来巨大效益深远影响，人民日报 1987-06-11 第 3 版（科

教·文化·体育）专栏

https://new.zlck.com/rmrb/news/37NEQCK2.html

尚毅创立大型线性规划新算法

我国学者对当代热门课题新突破，可能带来巨大效益深远影响，本报讯　记者艾笑报导：6 月 6 日，电子工业部组织知名数学和计算机专家，听取了沈阳电子研究所尚毅关于求解大型线性规划新算法的汇报。专家们认为：这位 44 岁的高级工程师，正在从事的是一项有重要学术价值和广阔应用前景的工作，应当引起高度重视。

第二次世界大战中，为确保胜利，美苏等国调集优秀的数学家、军事技术专家和工程师，研究武器、兵力的最优部署和军需供应的最优运输方案，因而产生了运筹学及其新分支——线性规划。战后，这门学科很快得到发展，在运输、建筑、钢铁、煤炭、石油、农业和国防等部门得到广泛应用。如一个大企业，怎样在各种条件限制下取得最高产值、获得最大效益？一个农业区怎样规划才能使产品既满足社会需要又能获得最大利润？通过线性规划方法，都可求得最优解。据统计，现在世界上使用的电子计算机，绝大部分时间都用于处理线性规划问题。

自 1947 年美国斯坦福大学教授丹捷格提出"单纯形法"以来，解决线性规划的计算方法一直都采用"单纯形法"。但是，这种方法只能在变量不超过 1.5 万或 2 万的情况下有效，解决大规模问题就不理想了。8 年前，苏联数学家哈奇扬提出了"椭球法"，虽比"单纯形法"理论上优越，但实际应用还有问题。1984 年，美国贝尔实验室青年数学家卡玛卡用射影几何原理求解大型线性规划问题，在解决 5000 维的线性规划问题时，比"单纯形法"的计算速度提高 50 倍。卡玛卡的新算法用于美国电话电报公司改建太平洋沿岸 20 个国家的庞大电话网计划，求出了具有 4.2 万个变量设计的最小投资数。卡玛卡这项引起轰动的新算法所编制的程序，贝尔实验室还处在保密中。因为如何提高计算机求解大型线性规划问题的速度，即寻求最佳算法，是当前国际科技界争相突破的热门课题。

1981 年，尚毅在解决一种类型控制问题时，找到用"鞍面法"来求解线型规划问题的思路。1985 年他提出正式算法，这种"鞍面法"比"椭球法"更简便，在解 1000 个变数、18 万个点的数字模型上，比"单纯形法"速度快 10 倍。专家们欣喜地认为：尚毅的思路新颖、切实，经过理论上进一步严格完善的数学证明和软件开发，将会成为我国独立完成的、别具特色的重要成果。

据悉，国家有关部门正考虑用尚毅的"鞍面法"解决大型水利设施和大规模企业改造工程，年内有可能实施。

第 28 章 研究生课题研究

一、 国内外炉内传热研究

高温加热设备，总称高温工业炉，如加热工业产品的工业加热炉，工业和民用锅炉，冶金熔炼炉，以及火箭发动机的燃烧室等，它们在冶金、化工、机械制造、电力、国防和民用工业部门都有重要的应用价值。

探索高温工业炉的最佳设计，最佳加热过程，最佳热效率，以及传热的最佳控制一直是致力于炉内产品加热质量和产量的重要任务。长期以来，这些研究成了摆在工程师和科学家面前的一个重要研究课题。其中，决定高温工业炉传热中炉内的温度和热流分布的正确预示，成为搞清炉内这些最佳过程的前提和重要研究内容。

已有的研究表明，在炉内温度超过 800 摄氏度的时候，影响炉内热交换的决定因素是炉内辐射换热。可见，高温工业炉内传热问题，主要是一个辐射传热问题。事实上，由于炉内辐射传热问题是及其复杂性，炉内的温度和热流分布的研究和预示，长期以来成为困扰高温工业炉内传热问题研究人员的最大难点。

这里，让我们以炉内的一个壁面涉及的热辐射为例，说明炉内辐射传热问题的复杂性。仅对于炉内一个壁面而言，它涉及的热辐射包含如下三个方面的因素：

- 该壁面对炉内其它壁面的热辐射；

331

- 炉内其它壁面对该壁面的热辐射；

- 该壁面对来自炉内其它壁面的热辐射的多重反射。

以上这三种因素交织在一起，使得关于炉内某一个壁面的辐射热交换非常之复杂，于是，搞清炉内壁面之间辐射热交换更是十分之困难。加上炉内气体介质对壁面的热辐射，以及对来自壁面的热辐射的吸收，构成了研究炉内辐射传热问题的艰巨性。因此，从传热学问世以来，直到上世纪 70 年代，科学家们在致力于高温工业炉如此复杂的传热问题的研究中，都没有获得实质性的进展。

1966 年后的十年文革使中国的科研事业，包括炉内辐射传热的研究处于停滞状态。然而这段时间却是国际上科学事业快速发展的时期。1967 年 H.C.Hottel 和 A.F. Sarofim [1]出版了他们的著作"辐射传热"，提出了著名的辐射换热的区域法分析模型。他们用区域热辐射平衡方法，对炉内辐射换热进行了较为透彻的分析，从而使火焰炉内温度和热流分布的预示成为可能。1974 年，F. Fitzgerald[2]发表了燃气加热炉内辐射传热的分析方法，进一步提出了区域热平衡法在连续加热炉内的温度和热流分布预示中的应用。

辐射传热区域法分析模型的提出，使国际上辐射传热的理论和应用研究提高到一个新水平，极大地推动了炉内辐射传热研究的发展。然而，由于十年文革期间的混乱局面的影响，辐射换热的区域法的研究在国内还没有开展过，导致中国的炉内传热方面的研究处于停滞状态，和国际上先进的研究水平产生了差距。

二、 硕士论文研究课题

1979 年，我开始做研究生课题研究的时候，中国的十年文革刚刚结束，进入改革开放时期。就在这一时刻，我开始了关于炉内辐射传热的硕士论文课题研究。

我的研究生指导教师宁宝林老师的研究方向是炉内传热的数学模型研究。在我的研究生课程的学习开始半年之后，宁老师就把研究"火焰炉区域法辐射换热数学模型"的研究任务交给了我，作为我的硕士论文的研究课题。该课题研究的目的是用区域法研究建立炉内辐射换热数学模型，在此基础上分析计算炉内温度和热流分布，为高温工业炉的最佳供热和现代化生产服务。

不言而喻，开展这一研究课题首先需要学习和掌握国外先进的辐射传热的区域法分析方法，在取彼之长的基础上，开展我们自己特色的研究工作。

此时，我的研究面临一个严峻的现实：由于炉内辐射传热区域法研究在国内尚属空白，我的炉内辐射传热区域法数学模型课题研究将是一个艰巨的任务，一个难啃的硬骨头。这对于刚刚进入科学殿堂的我，无疑是一个巨大的挑战。

我对课题的进一步分析，课题研究存在如下的难点：

a) 学习掌握炉内辐射传热的新的理论分析方法 – 辐射传热区域法；

b) 用辐射传热区域法建立炉内辐射换热数学模型；

c) 研究探索辐射直接交换面积的计算方法；

d) 正确预示计算炉内温度和热流分布。

解决以上这些难点在解决炉内复杂的辐射传热问题中至关重要，其中，辐射直接交换面积的分析计算，这一开创想的研究是解决炉内辐射传热问题的最大的难点和关键所在。

我知道,实践是最好的学习。我的炉内辐射换热数学模型的研究,也正是我学习掌握炉内辐射传热的新的理论分析分析方法——辐射传热区域法的过程之一。

在建立炉内辐射换热区域法数学模型的过程中,辐射直接交换面积涉及热辐射多重积分。辐射直接交换面积又分为三种类型,即表面区域之间,表面和气体区域之间,以及气体区域之间的热辐射多重积分。它们分别对应于四重至六重的多重积分的计算问题。这些非线性很强的热辐射多重积分,使区域间的辐射直接交换面积计算成为课题中最重要的首要研究内容。

三、 能有几成胜算?

"面对眼前的险隘关口,到底能有几成胜算?"我的心里犯了嘀咕。

当年,已经 36 岁的我,在东北工学院读研究生已经有一年多的时间。回顾过去的岁月,自从大学本科毕业起,我已有 10 年的工作经历。这些年来,我做的虽然都是非学术问题,但遇到的难关也不少。古人云"功到自然成。"那就是说,只要做出不懈努力,攻克难关也就是时间的问题了。

我想,人的岁月是一个不断遭遇和克服困难的过程,这一过程循环往复以至于无穷,使人生的阅历不断得以丰富。想到这里,我从心里发出了人生之慨。与此同时,一件件往事涌上了心头。

我想起了 1970 年,我从大学本科毕业刚刚两年,为解决妻子毕业分配所造成的两地生活而辛苦奔波的情景;我想起了从 1971 至 1973 年,为了改变自己面临的专业不对口局面,要求调往急需技术人才的鞍钢设计院所走过的漫漫长路；我想起了一年前的 1978 年，我的仓促的考研准备和难忘的考研经历。其中，更使我记忆犹新的是我不久前的考研准备和奋斗过程。

我想起在我准备报考研究生的时候，由于妻子的反对，我遗憾地错过了三个月的考研复习时间，以至于当我最后报名的时候，距离研究生考试只剩下两个月的时间了，这使我的考研复习准备时间更加捉襟见肘了。我想起，在我报考研究生的时候，我已经有十年的时间没有摸过大学课本了。那时，大学课本中我曾学过的知识，竟使我感到如此之陌生，以至于连高等数学中的入门知识，简单的微分和积分概念，和相应的简单的微分，积分公式，我都忘得几乎一乾二净了。

然而，经过我的刻苦努力，复习中的难题也都一个个地解决了。我的考研的简短复习时间中的冲刺也已证明，人的学习潜力是很大的，只要肯努力，学习中出现的任何困难都是可以克服的。

我的这些经历原来就是我克服一道道难关的历程。我的人生经验也使我认识到：在困难面前只要不气馁，不退缩，坚持走下去，困难总是可以克服的。而且和困难抗争的人，也会受到命运之神的眷顾。

我认为"科学研究也是一个再学习的过程。研究中遇到的困难，只要认真学习和探索，同样应该被克服。"想到这里，我对我的毕业论文课题研究中遇到的这样或那样的困难也就不感到畏惧了。

四、 攻克辐射直接交换面积计算难点

千里之行，始于足下。我感到，只有立刻行动起来才能有的放矢地，一个个克服眼前的困难。

与此同时，我的研究生导师宁老师在和我的谈话中也告诉我："解决当前的问题分两步走：1. 分析问题的困难所在；2. 思考和制定解决问题的方案。"我对此深以为然。

通过分析问题，我把探索计算辐射直接交换面积的热辐射的多重积分的方法作为我的研究课题的第一步。在这一问题的探索中，我采用多重积分的级数求和的方法，把非线性的多重积分化成级数和的形式，并在此基础上对辐射直接交换面积进行了大量的求值计算。

任意两个区域间的辐射直接交换面积的求值，都是一个复杂的计算过程。这样，要实现不同的直接交换面积的大量计算，将要花费难以想象长的时间。我感到，在保证计算结果的准确性的前提下，使辐射直接交换面积的计算得以简化，是我的课题研究中面临的紧迫任务。

对此，我陷入了长长的思索当中。

正当我为辐射直接交换面积的简化计算冥思苦想，却不得其门而入之际，我的研究生同学尚毅的一句话提醒了我。

"搞出个诱导公式来求值多好哇！"正在我为辐射直接交换面积的简化计算冥思苦想之际，站在一旁的尚毅同学若有所思地对我说。

尚毅同学是自动控制系研究生，哈尔滨军事工程学院 1966 届本科毕业，当时正在做有关线性规划的研究生毕业论文课题研究。

"对呀！探索了这么长的时间，就是应该搞出个计算公式来了！这么长时间我怎么就没有想到呢？还是遇事者迷呀！如果能搞出诱导公式，不仅可以省去繁琐无序的大量计算，并且具有解决辐射直接交换面积计算的重要的研究价值。"尚毅同学的话使我顿时恍然大悟。

于是，我把我的研究重心转入探索辐射直接交换面积中计算辐射多重积分的诱导公式的理论推导中。

功夫果然不负有心人。我的苦心探索终于没有白费，终于汇出了计算辐射直接交换面积的简化计算公式。

该公式的计算原理是：首先将区域的单元面积和单元体逐次细分，依次计算细分后的单元面积和单元体间的辐射直接交换面积。单元面积和单元体细分的程度以它们之间的平均射线行程为标准。单元之间平均射线行程相对较短的地方，其单元就加细细分；单元之间平均射线行程相对较长的地方，其单元就不必加细细分。这样的细分原则使得单元的细分程度得以有规律地实现，又能保证计算的精度。由此，计算辐射直接交换面积的迭代公式便形成了。而且，该公式的计算可以使用电子计算机用迭代的方式进行，以保证辐射直接交换面积的迅速而准确的数值计算。

我把这一研究进展报告了导师宁老师。宁老师看到我汇出的计算辐射直接交换面积的迭代诱导公式，大喜过望，对我说"这个新的东西很好，以前还没有想过。"

"应该给这个公式赋予一个新的名字。"宁老师对我说。

宁老师沉吟良久，忽然一拍大腿说"那就把它叫做计算辐射直接交换面积的逐次局部再分公式！"

在宁老师看来，这个诱导公式所使用的叠代运算计算方法是很有特色的发明，尤其是它使用单元面和单元体的逐次局部再分方法即简化了运算过程，又保证了计算的准确性。

于是，计算辐射直接交换面积的逐次局部再分公式便由此得名。

至此，新中国成立已经三十年。一直在高等学校研究炉内传热的宁宝林老师认为：炉内的传热问题的深入研究，炉内传热的集中表现，炉内温度和热流分布的预示计算，这一展示炉内辐射传热研究水平的集大成，在国内一直没有获得突破性的进展。此时，他的研究生提出的计算辐射直接交换面积的诱导公式，使炉内的温度和热流分布的预示计算成为可能。这一公式的提出是我国炉内辐射传热研究的一个里程碑式的进展。

五、 向教研室老师们做汇报

"你把这个公式给教研室的老师们讲一讲。"身为工业炉热工教研室主任的宁老师对我说。

不久以后，教研室主任宁老师通知我到教研室向全体老师介绍我推导的计算辐射直接交换面积的逐次局部再分公式。

那是我第一次登上东北工学院的讲台。而且，这一天登上的这个讲台非同一般，因为我所面对的是听取我的科研汇报的教研室全体老师，我所讲述的是我刚刚迈入科学殿堂后第一个可喜的科研进展。当时我还不知道，此后不久我会以教师的身份登上这个大学讲台，并将在这里贡献出我人生的很大一部分时光。

教研室的老师们对我推导的计算辐射直接交换面积的逐次局部再分公式报以热烈的反应。由于长期的封闭状态，国内炉内辐射传热的研究一直处于停顿状态，以至于炉内传热热流场和炉内温度场的符合理论和有实际应用价值的计算未能实现。此时，我推导的这一公式，使这些难题的解决成为可能。关于影响炉内传热的辐射直接交换面积的概念，老师们也都是头一次听到的。计算辐射直接交换面积的逐次局部再分公式在应用上也是很新颖实用的。这一公式的提出，无疑是研究炉内辐射传热问题的一个突破性的进展。

由于计算辐射直接交换面积的诱导公式的核心方法是迭代方法，可以用于计算机迭代计算，于是，我的研究生课题中计算辐射直接交换面积的一大难点就这样被解决了。这一研究突破使刚刚进入科学殿堂的我感到：科研中不管遇到多大的困难，只要不失去信心，坚持努力钻研，总会找到解决的办法。

由此，我也深深领悟到，"坚持"这个词听起来尽管并不陌生，但是要做到却很难。要做到这一点，遇到困难时不轻言放弃是至关重要的。

我的这一研究进展也使我感到，基础理论知识，尤其是数学，是解决科学研究中的难题的一种无形的力量。此时我又一次想起不久前在研究生的课堂上所学到的一系列应用数学课的系统的基础理论知识。我深深地感到：这些知识对于我目前承担的研究生课题研究，正在起着弥足珍贵的作用。

六、 学位论文研究进展

随着炉内区域法数学模型的建立，以及辐射直接交换面积的数值计算的突破性进展，我下一步论文研究的工作便是电子计算机上的大量计算了。

原来在文革刚刚结束的年代，电子计算机是一件很稀有的东西。当时，东北工学院计算中心还没有建立，个人手里的计算机 PC 机还是十几年以后的事情。计算工作需要去学校外面有计算机的单位去完成。而且，当时的计算机的信息传递是用穿孔的纸带来完成，用起来很不方便。然而，使用电子计算机毕竟是数值计算上的突破。我当前的计算工作，已经不是文革前我的大学时代所用的计算尺，文革中我在设计院中所用的计算器能够胜任的。

为了写出计算机程序，我自学了用于计算机程序设计语言。使用电子计算机计算也并不是一件轻而易举的，往往是一件繁琐的工作。为了计算程序的通过，需要反复修改程序，纠正计算程序中的每一个错误。这是一个十分细致的过程，来不得半点急躁，需要耐心，并在计算过程中经常压住内心的急躁之火，不断对程序语言进行纠错和调试。事实证明，如若获得最后一次的成功计算，往往会经历 99 次失败的过程。

时间转眼到了 1981 年。这一年，我的研究生研究课题就要完成了。我在我的毕业论文"火焰炉段法（区域法）预示计算数学模型"毕业论文[3]的研究中，实现了如下的研究进展：

建立了完整的炉内辐射换热区域法数学模型；

提出了计算辐射直接交换面积的逐次局部再分公式，实现了辐射直接交换面积的计算机计算。

对炉内辐射换热区域法数学模型进行了计算机求解，搞清了炉内的辐射传热，实现了炉内温度和热流分布的预示。

建立了一座实验炉。并且在实验炉上测定了在预定条件下的炉内温度和热流分布。

用理论预示计算结果进行了实验验证炉内温度和热流分布的实验测定结果，发现理论预示计算和实验测定的结果实现了很好的吻合。

七、 积分求值问题歧见

毕业论文完成后，我的研究生毕业论文答辩的时刻就要来临了。在毕业论文交付答辩之前，毕业论文需要交付教研室德高望重的老师预审。老师预审的反映很好，对论文的评价也很高。然而，任何事情都有例外。唯独任世铮老师对论文提出了不同意见。这使我出乎预料。于是，我特地前去向任老师请教。

任老师认为"论文中的辐射直接交换面积的多重积分的数值计

算会出现偏差，因此不应该用数值计算方法。既然辐射直接交换面积包含多重积分，就应该对多重积分直接积分求值来完成计算。"

我对任老师的话很不理解。于是我对任老师说"辐射直接交换面积包含的多重积分不能直接求值，这是因为它的非线性所造成的。"

见任老师没有说话，于是，我请教任老师"您认为如何积分求值呢？"

"把不能直接积分的辐射因子提到积分符号外面就是了。"任老师轻松地说。

我吃惊地发现任老师的建议太不负责任了。我想，"按任老师的意思，如果不能直接积分的话，只要把不能积分的辐射因子设定为常数，提到积分号外面，然后积分求值就可以进行了。可是这样的建议太大胆了，因为这样做在积分上是不被允许的，是违背数学定律的。"

于是，我对任老师说"这样做积分运算在数学上是不应该的呀！"

听到我的斩钉截铁的回答，任老师无话可说。

此时，面对告诉我如此离谱的积分方法的教研室德高望重的长者，我不禁感慨，不由得想起郭沫若曾经说过："科学是讲求实际的。科学是老老实实的学问，来不得半点虚假，需要付出艰巨的劳动。"

我清楚地认识到，面对如此工程实践背景很强的探索炉内辐射传热，炉内温度和热流分布的研究课题，理论计算的结果与实际存在些微的偏差是不可避免的。否则，就如确定"热电偶对炉膛内辐射换热遮蔽系数"，以及"数兔子尾巴上到底有几根毛"一样的一事无成。而在此请况下，数值计算是最逼近实际结果的，最现实的数学计算方法。君不见，现代科技，包括火箭飞行、宇航等等无不都是用数值计算方法逼近实际飞行状态和位置，然后通过测量结果修正计算的偏差。如果按任老先生的看法，排斥数值计算，科技进步是不可能实现的，工业、国防和科技现代化是不可能完成的。

八、 论文答辩

论文答辩的时间到了。硕士论文答辩是我三年来的研究生学习的总汇报。三年来，我可以说是日复一日地把自己投入到学习之中。我在学位论文研究中，感到题目难度大，时间紧，任务重，于是在学期之间放假探家的时间都集中精力投入到课题研究之中，全部毕业论文都是凭功夫中磨出来的。如今的论文答辩，就是检验这些功夫的效果了。

对于在答辩中需要回答答辩委员们和老师们提出的问题，我也做了一些准备。其中，我最担心的是任老师一定会提出一些问题。至于论文中提出什么问题，我并不担心，担心的是任老师会提出像审查论文时提出的那些刁钻古怪令人无语的问题。无论如何，那就兵来将挡，水来土掩吧！

结果证明我的担心是多余的，整个论文答辩过程是无惊无险。任老师在讨论的时候不仅没有提出问题，而且根本没有发言，却使我不免有些意外。

我的研究生毕业论文受到了肯定,这从论文评审人,指导老师,以及答辩委员会的评语中可以得到证实[图 28.1-4]。

论文答辩中，两位论文评审人都对我的毕业论文给予了肯定，打出的分数都是优秀。任世铮老师是论文评审人之一。任老师曾经对论文表示过不同意见。但是他对论文做了仔细的推敲之后，彻底改变了态度，对论文最终给出了较高的评价。尤其是另一位评审人齐家典工程师对论文给出了相当高度的评价。指导老师宁宝林老师对我的论文研究工作很满意，对我的论文也给出了很高的评价，打了优秀成绩。在论文评审人和导师的论文评语和分数的基础上，答辩委员会对我的毕业论文给出了优秀成绩。于是，在我的生命中，我进入科学殿堂的第一个研究课题"火焰炉区域法辐射换热数学模型"，随着我的研究生毕业论文答辩的圆满成功而告结束。研究生毕业论文答辩成绩（见图 28-1 - 28-4）

图 28-1 研究生毕业论文答辩委员会评语

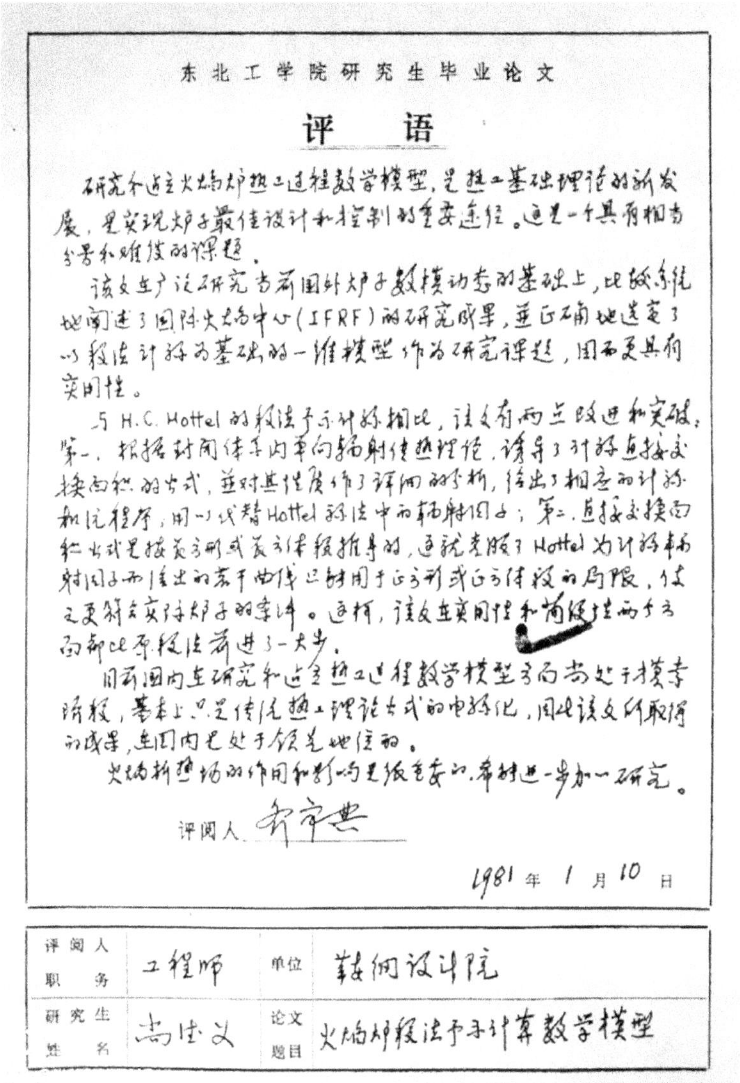

图 28-2 研究生毕业论文评阅人评语

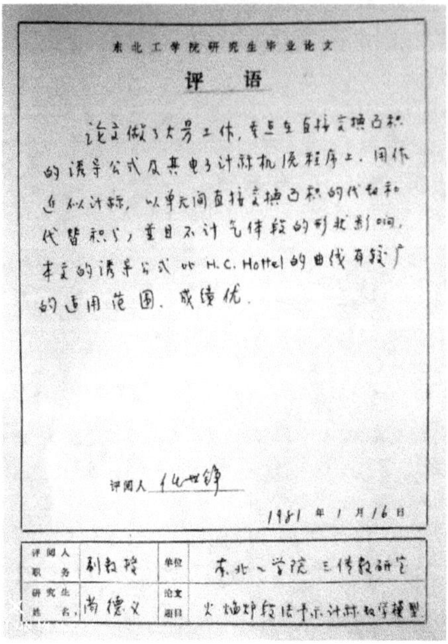
东北工学院研究生毕业论文

评 语

论文做了大量工作，重点在直接交换面积的计算公式及其电子计算机源程序上。同作近似计算，以单元间直接交换面积的代数和代替积分，并且不计气体较的形状影响。本文的计算公式比 H.C. Hottel 的曲线有较广的适用范围。成绩优。

评阅人

1981 年 1 月 16 日

评阅人职务	副教授	单位	东北工学院 三传教研室
研究生姓名	尚德文	论文题目	火焰炉段法平示计算数学模型

图 28-3 研究生毕业论文评阅人评语

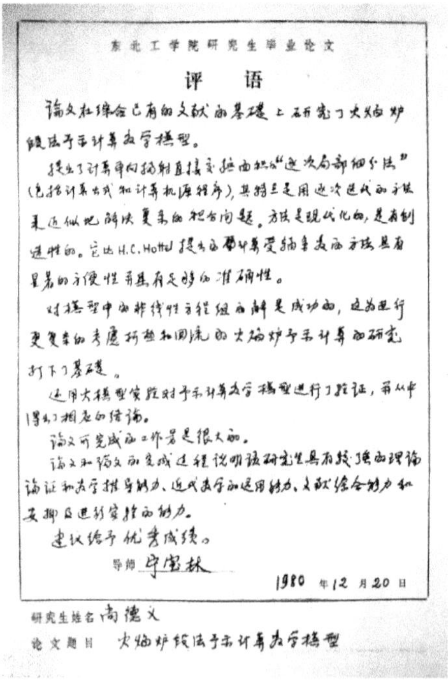
东北工学院研究生毕业论文

评 语

论文在综合已有的文献的基础上研究了火焰炉段法平示计算数学模型。

提出了计算单向辐射直接交换面积的“逐次局部细分法”（包括计算公式和计算机源程序），其特点是用逐次迭代的方法来近似地解决复杂的积分问题。方法是现代化的，是有创造性的。它比 H.C.Hottel 提出的蒙特卡罗法有更多的方便性并具有足够的准确性。

对模型中的非线性方程组的解是成功的，这为进行更复杂的考虑析热和回流的火焰炉平示计算的研究打下了基础。

运用火焰模型实验对平示计算数学模型进行了验证，并从中得出了相应的结论。

论文所完成的工作量是很大的。

论文和论文的完成过程说明该研究生具有较强的理论论证和数学推导能力、近代数学的运用能力、文献综合能力和安排及进行实验的能力。

建议给予优秀成绩。

导师

1980 年 12 月 20 日

研究生姓名 尚德文

论文题目 火焰炉段法平示计算数学模型

图 28-4 研究生导师对毕业论文的评语

参考文献

1. H. C. Hottel and A. F. Sarofim , Radiative transfer, McGraw‐Hill Book Company, New York, 1967， pp 52 pages

2. Fitzgerald, F., and Sheridan, A. T., Prediction of temperature and heat transfer distribution in gas-fired pusher-reheeting furnaces, journal of the Institute of Fuel 47, 390, 21-27 (Mar. 1974).

3. 尚德义，"火焰炉段法（区域法）预示计算数学模型"硕士学位论文，1981 年 2 月。

第 29 章走上大学的讲台

一、 申请由硕士导师指导攻博的努力

研究生毕业论文答辩结束后，有些研究生在指导老师的安排下继续攻读博士学位。据我所知，在硕士导师安排下继续攻读博士学位的有轧钢专业的研究生刘相华和吴迪，压力加工专业的研究生崔健中，机械制造专业的研究生蔡光启等。另外，热能工程专业的硕士生导师陆钟武老师听说也可以招收博士生。

听说陆钟武老师能够招收博士生，在研究生毕业论文答辩之后，热能工程专业的研究生蔡九菊，王为钢和我都向陆老师表示愿意在他指导下攻博的愿望。陆老师也欣然接受同时接收我们三位作为博士生。

然而出乎预料的是，第二天陆老师突然通知我们说："同时指导三位博士生有点吃不消，只能指导一位博士生，所以要从你们三人中选一位作为博士生。"

在这种情况下，我想："既然从我们三人中选一人，其中两人将被淘汰。三人中我的年龄最长，我应该有点担当，不和他们俩去争才是。"于是，我遂放弃了争取做陆老师的博士生。

当然，我放弃申请作为陆老师的博士生的机会也有我另外的想法。我想做一下努力请我的硕士导师宁老师作为我的博士生导师，继续我已经开辟的研究生课题方向的深入研究。

我认为，这一课题方向对于我来讲可谓轻车熟路，而且，我对

这一研究方向产生了浓厚的兴趣。我认为，这是一个具有理论研究深度，又有实际应用价值的研究方向。

实际上，我对于宁老师不能被学校授予指导博士生的资格很不理解。我认为：我在研究生时期由宁老师指导下所取得的优异成绩，足以说明宁老师具有指导博士生的能力和资格。目前，学校没有安排我的硕士导师宁老师指导博士生是不公平的。

我想"事情的转机往往存在于进一步的努力之中。"为了能在我的硕士导师宁老师的指导下继续攻读博士学位，我无论如何应该做一些努力去改变这样一个不公平的现状。

我首先向校研究生科表达了我的心愿。研究生科告诉我需要找校学术委员会负责人请求批准，并给了我一张表格，让我找校学术委员会负责人，当时的校长毕可桢和副校长苏士权签字。

我亲自跑到这两位校领导家里，顺利地得到了他们二人的签字。

我的外语课张喜山老师得知这一消息，对我风趣地说："别人都是老师提携学生，你却为你的硕士导师争取带博士生的资格，你倒是学生提携老师了。"

我满以为凭我研究生时期的学习和我的研究生课题研究的骄人成绩，我的心愿应该得到学校学术部门的支持，批准我的硕士导师宁老师指导我攻读博士学位的要求。

然而事情往往"理想很丰满，现实却很骨感"。出乎我的预料，我的这个要求最后没有得到学校批准。

这使我感到有些失落。

二、 不愿意留校任教

度过了三年来的研究生学习生活，研究生毕业分配就在眼前。几天来，研究生们都在考虑自己的毕业分配问题。申请由硕士导师继续指导我攻博的努力没有成功，我带着有些失落的心情开始考虑毕业后的去向。

当时，摆在我面前的毕业分配去向有三个选择：1、留在东北工学院任教；2、返回鞍钢设计院重操旧业；3、去鞍山市热能研究所做热能工程研究工作。到底应该选择哪一个单位？我着实费了一番思量，甚至经过了一番纠结。

对于大多数研究生而言，留在大学任教是理想的选择。三年的研究生学习生活使我们非常熟悉这一学术殿堂和培养人才的环境。对此，我也有同感。然而，当我十年前大学本科毕业刚刚离开这个学校的时候，这个学校给我留下的印象还是太深刻了。我还清楚地记得，在 1966 年开始的中国文化大革命中，东北工学院是沈阳市闹得最厉害的单位之一。

在文化大革命刚开始的时候，作为班干部的我被系领导任命为班里文革小组副组长。文化大革命兴起不久，群众的造反运动风起云涌，很快席卷了整个东北工学院和沈阳市。随着中央 516 通知的发布，整个学校各级党政机关瞬间瘫痪，并开始了长时间的无政府状态。不久，这种无政府状态更升级为武斗。本书第 16 章所提到的"六一血洗东工（东北工学院的简称）事件"便是沈阳市武斗的开始。

如今时间刚刚过去 14 年，这些混乱的局面仍然留在我的记忆里。因此，一想到留校工作这个选择，我心里就有点烦。

三、 曾打算去热能研究所工作

"回鞍钢设计院如何？"此时的我也考虑回老家鞍钢设计院工

作这个选择。

在东北工学院读研究生期间，我的人事和工资关系还一直保留在鞍钢设计院。鞍钢设计院每个月按时把工资寄给我。在我即将面临毕业分配的时候，鞍钢设计院干部科的有关负责人刘义章就曾来信明确地告之我："设计院领导希望你毕业后回到设计院工作。否则，即使你毕业分配到别的单位，设计院也不会给你开离院手续。"刘义章表达了坚决挽留我于鞍钢设计院工作的强烈愿望。

在鞍钢设计院领导看来：既然当前我的工作和工资关系在形式上还属于设计院管理，在行政上就是属于设计院的人。无论我研究生毕业后被学校分配到哪里，只要鞍钢设计院不放人，不给我开工作调转关系，我就什么地方也去不了。

然而，时代在进步，鞍钢设计院领导还没有意识到，他们的这种想法，此时已经是陈旧过时的老皇历了。

据我了解，我研究生毕业后的工作去向，已经不像设计院领导想象的那样必须返回鞍钢设计院工作。尽管不久前开始的改革开放，还没有使各基层单位人事管理有所改进，然而，对于我这届经过国家第一次统考所招收的研究生，国家对我们的分配去向已有规定。根据这个规定，研究生所在的学校对研究生有分配工作的权利。对此，研究生的原单位没有所谓不放人的权力。因此，鞍钢设计院领导所谓"只要我们不放人，不给你开工作调转关系，你就什么地方也去不了"的想法，只是他们的一厢情愿罢了。

这段时间，我也确曾想过研究生毕业后是否返回设计院工作。经过三年的研究生学习生活，刚刚进入科学殿堂的我对科学探索产生了兴趣，认为对于我来讲研究生毕业后的理想的去向应该是研究部门。如果在设计院和研究所中任选其一的话，我倒情愿选择研究所了。于是，对于研究生毕业后的工作去向，我的思维天平开始倾向鞍山市热能研究所而非鞍钢设计院了。

据我所知：鞍山市热能研究所是于文革刚刚结束后成立的热能研究单位，并于成立之初划归于冶金部领导。该热能研究所是在国家开始重视能源的时候应运而起的，于是，成立之初它便在同行单位中小有名气。目前，鞍山市热能研究所正处于成长壮大，招募科技人才之际，因此，刚刚进入科学殿堂的我便将鞍山市热能研究所确定为我的工作首选了。经过一番考虑，在研究生分配工作之初，我向东北工学院研究生科提出了去鞍山市热能研究所工作的志愿。

四、 改变了初衷

出于慎重，在向学校主管毕业分配的部门表达这一志愿后，我决定专程赶赴鞍山市热能研究所走一遭，看一看，并顺便找研究所领导谈一谈。毕竟鞍山市距离沈阳市不远，乘火车仅仅需要一个多小时，而且，我对鞍山比较熟悉，以至于热能研究所在鞍山市所处的大致位置我铭刻在心，去那里走一遭是很方便的事。

"既然决定了去热能研究所看一看，那就即刻出发好了。"想到这里，我决定第二天启程赶赴鞍山。

然而，在我去鞍山市热能研究所的路上，命运之神和我开了一个玩笑，以至于我鬼使神差地碰上了在鞍钢设计院工作的一位熟人。这位熟人的一席话，改变了我去热能研究所工作的初衷，也改变了我今后的人生走向。

我于第二天上午 9 点半钟在鞍山下火车，走出车站后举目一望，我所熟悉的鞍山又在眼前。在三年前去东北工学院读研究生时，我在鞍钢工作已有 10 年，这里的一草一木，每一条街道，甚至每一座建筑我都感到熟悉和亲切。此时，我信步向东横穿站前广场，在广场的尽头，沿着一条马路大步向东走去。我确信，前面不远的地方一定是鞍山市热能研究所。

正在人行道上赶路的我，忽然瞥见前面交叉路口上，一个人向我这个方向走来。"此人好眼熟啊！"当来人走近后，我定睛一瞧，原来此人是鞍钢设计院轧钢科的同事老张，和我曾经在同一个科，一位机修组的设计人员。

此时的我虽然已经离开鞍钢设计院近三年了，但由于原来都是轧钢科的同事，彼此很熟悉。然而，由于我俩不在一个专业小组工作，一时想不起来此人的名字，只记得此人姓张。

"什么风把你吹回来了？"老张风趣的问。分别三年来如今突然在马路上相会使老张感到很惊讶。

"研究生即将毕业，现在正在等毕业工作分配，想回鞍山工作。"我说。

"打算回鞍山什么单位工作呀？"老张问。

"打算去鞍山市热能研究所工作。"我回答。

老张听我说我要去鞍山市热能研究所工作，可就来了情绪。

"你去热能研究所看一看就会知道，它刚刚成立不久，虽然挂靠冶金部的名字，但是人员组成不行，也没有搞出什么象样的研究来。你去那里干哈？还是留在大学工作算了。"

老张的话提醒了我。我想，这几年我离开鞍山去沈阳读研究生，对鞍山市热能研究所毕竟知之不多。和我比较，作为本地人的老张，对鞍山市热能研究所毕竟知之较多，而且，由于他说的话都有道理。我的心里不得不给予考虑。

和老张分手后，我又站在原地思考了一会儿，终于打消了去热能研究所工作的初衷。

五、 决定留校任教

"既然决定不去热能研究所工作，索性今天也没有必要前去看一看了，直接打道回府便是。"我想到这里，便立刻转身，按原路返回东北工学院。

翌日，宁老师的科研组开会研究科研工作，特意通知我这位尚未毕业分配的研究生参加会议。会议期间，大家你一言我一语，正讨论得很热烈，宁老师突然意味深长地说"倘若尚德义留校工作的话，对我们组的工作就更是一个支持！我们很需要你。"

宁老师的话很诚恳，且语重心长。

本来我的炉内辐射传热研究就是在他的指导下搞出来的。这一研究成功在国内应该说是关于炉内复杂的传热研究的一个里程碑式的贡献。如今，宁老师对我能同意留校任教表示出如此的殷切态度使我很受感动。

于是，我爽快地说"那我就留下吧！"

"是真的吗？你决定了？"宁老师赶忙问。

"是的！"我肯定地回答道。

"那我明天就去学校把你留校的事情搞定了，好吗？"

我点头表示同意。我明白宁老师的意思是要尽快去找学校主管部门把我留校的事情办妥。

在宁老师的奔波下，我研究生毕业后留校之事很快确定下来了。不久，研究生科宋宝昌科长在宣布研究生分配最后的名单时，把我归于留校的人员中。从此，我成为东北工学院的一名教师。

不久以后，妻子世华偕同儿子和女儿从弓长岭地区迁入东北大学。妻子调入东北大学以后，被安排到学校附属医院做中医师。与此同时，当年 10 岁的儿子云飞和 8 岁的女儿云岭进入校内的望湖路小学读书。于是，自 1973 年我调入鞍钢设计院，经历了八年的两地生活，我和我的家人终于团聚了（见图 29-1）。

图 29-1 和家人在一起（1983 年在沈阳东北大学）
左起：我，女儿云岭，妻子世华，儿子云飞

后来回忆起这件事，在我看来，我在研究生毕业以后留在东北工学院任教一事，着实具有偶然性。

有趣的是，这一偶然事件发生在我那天去鞍山市热能研究所的途中。当时，正走在距离热能研究所咫尺之遥的途中，突然遇上鞍钢设计院老同事。这本来是极难发生的一件小概率的随机事件。然而正是这一瞬息之间发生的偶然事件，改变了我的生涯走向。这样的巧合和偶然在冥冥之中确定了我后来的的命运。这或许就是偶然之中存在必然吧！任凭我思考再三，我却无从知晓两者之间的必然联系。总之我感觉到，命运之神如此神秘，使我难以区分什么是偶然，什么是必然。

1981 年研究生毕业后，我留在东北工学院热能工程教研室工作。留校任教的我从助教做起。此时，东北工学院工业炉热工教研室已经改名为热能工程教研室，同时，该校的工业炉热工专业已经改名为热能工程专业。众所周知，中国大学教师职称分为助教、讲师、副教授和教授。助教是最起始的教师职称。以后的职称升级视资历、时机，和学术贡献而异。一般情况下，资历和时机往往是主要条件。

六、 留校任教后的工作

我在留校之初主要从事宁老师课题组的研究工作。

宁老师的课题组主要研究方向是"炉内辐射换热和炉内最佳热过程的研究"。这方面研究是我研究生课题研究的有机延伸。回忆起来，我研究生毕业后参加的课题组研究是宁老师课题组研究工作最活跃的时期。

在此期间，我参加了东北大学热能工程教研室主办的"全国冶金炉学术年会"，协助宁老师主办了由东北大学热能工程教研室发起的"火焰炉区域法数学模型学术会议"，参加了由中国工程热物理学会在苏州举办的"工程热物理学术会议，在东南大学举办的全国计算传热年会，以及在清华大学举办的国际传热学会议等等，并发表了一系列的学术论文。

与此同时，我和宁老师也开始在国内和国际杂志上出版我们合作的学术论文。这些论文研究是我的炉内辐射传热区域法研究生课题研究的继续发展。可喜的是，我们的研究在当时的国内热能工程学术界产生了一定的影响。其中的一些论文列举如下：

1981年，我研究生毕业后留校的那一年，和宁老师在东北大学学报发表了 "关于封闭体系辐射传热单向直接交换面积的研究"[1]。该论文详细论述了逐次局部再分法和辐射直接交换面积的诱导式的数学推导，用于工业炉内传热预示计算数学模型，及其用于电子计算机的求解方法。该诱导式使 H.C. Hottel 辐射传热区域法的预示计算和实际应用成为可能。这篇论文是我的关于炉内辐射传热段法（亦即区域法）的研究问世后，公开出版的第一篇学术论文。

1983 年我和宁老师在东北大学学报合作出版了"火焰炉段法（区域法）预示计算数学模型"[2]。该论文用辐射传热区域法对火焰炉内的温度和热流分布进行了预示计算。预示计算的过程中，导出的逐次局部再分诱导式在计算辐射直接交换面积上派上了用场。经东北工学院热能工程教研室实验炉的验证表明：论文研究中应用的计算辐射直接交换面积的诱导公式及其电子计算机程序，以及本文提出的火焰炉段法预示计算数学模型是合理，可靠的。

东北大学出版社在论文出版前的专家评审中，特意把这篇论文稿子送给王补宣先生审阅。王先生是清华大学教授，中国科学院院士，中国工程热物理学科的奠基人，也是国际传热传质学界最著名的学者之一。王补宣先生对该论文给予了很高的评价，而且，东北大学出版社特意把王先生对论文的评语示于论文的作者。

王先生热情洋溢的评语给了我很大的鼓励，从此，我和王先生结下了不解的师生之缘。这个缘分，成为了我得以坚定我未来事业的动力源泉。

五年后的 1988 年，我成了王先生的博士生，开始了不脱产地攻读清华大学博士的奋斗历程。

关于偶然性和必然性的关系，量子理论大师波恩（Born）说：

"偶然是一种必然，在任何我们熟悉的必然因果关系中，都有偶然的存在。偶然是宇宙的一种规则，它甚至比必然还要重要，还更符合科学的陈述。"

以我的上述经历，我对此深以为然。

东北大学出版社委托王先生为我的论文审稿一事，纯属是偶然的随机现象。然而，这一偶然现象却引出了我后来师从王先生攻博的结果。这使我感到偶然事件对人生的重要性，因为偶然事件孕育着必然性。

1984 年我和宁老师在工业炉杂志上发表的"电子计算机在工业炉中应用讲座"[3]论述了火焰炉区域法预示计算数学模型。通过炉内预示计算数学模型的讲解，我们阐明了十分复杂的工业炉炉膛内的热交换。

讲座中考虑了了影响炉内热交换的诸多因素，以及它们之间错综复杂的相互关系，指出在炉膛内大都含有不等温的介质的情况下，不同炉内的不等温气体介质都有其特有的比较复杂的流场、析热场、温度场。在炉内传热过程中，当介质和炉壁以及载热体进行热交换中，炉内介质温度不可避免地出现某种程度的不均匀。因此，从传统的炉内平均温度，平均热流的概念出发来计算炉内复杂的热过程，一定会产生很大的偏差。

1983 年我和宁宝林老师发表在日本《燃料和燃烧杂志》的"火焰炉分析计算数学模型"研究，是中国的热能工程和传热学界的研究者在国际上发表最早的一篇关于炉内辐射换热的研究论文[4]。

1988 年我和我的学生夏家群发表在德国《国际电热杂志》的"恒温扩散炉最佳能量输入的研究"的论文[5]，用辐射换热区域法实现了炉内热过程的逆向算法。它不同于通常的以炉内供能为已知条件，炉内温度和热流分布为待求结果的炉内辐射换热的研究。在这一研究中把炉内热流和温度分布作为已知条件，炉内最佳能量输入为待求的计算结果。毫不夸张地说，这篇论文开辟了工业炉内最佳供能理论研究的一个里程碑。

七、 西安大雁塔的启示

在恒温扩散炉最佳能量输入研究开始之前，我远赴国内知名的西安电炉厂考察。在参观考察之余，我顺便参观了西安大雁塔。

据史料记载，唐高宗永徽三年（652 年），为了保管从印度带回来的数百部梵本佛经，玄奘在大慈恩寺的西院主持修建了一座西域风格的藏经塔，后改称为大雁塔。

大雁塔位于大慈恩寺的北部，为楼阁式的方形砖塔，共七层，高度共计 64.1 米，塔身的最下层边长 25 米，呈棱锥状。各塔室内均绘有壁画，主要内容为玄奘西行取经的经过。塔底层南门外两侧的砖龛中各有一块石碑，其中一块为唐太宗李世民与贞观二十二年（648 年）为玄奘所翻译的经书撰写的总序《大唐三藏圣教序》，另一块为唐高宗李治为《大唐三藏圣教序》撰写的《大唐三藏圣教序记》。两块石碑均为褚遂良所写，保存较为完整，字迹清晰，极具历史价值。

史书记载，玄奘本姓陈，名祎、洛阳人。隋大业八年（612 年），玄奘幼年 13 岁，于东都洛阳淨土寺出家。武德五年（622 年），21 岁受具足戒。曾游历各地，参访名师，在钻研佛教经论中，因为感到各师所说不一，各种经典也不尽相同，于是决定西行求法，以解迷惑。为此，曾陈表朝廷奏请去西方求法，但未获唐太宗批准。于是玄奘决心"冒越宪章，私往天竺"。

贞观三年（629）朝廷因饥荒允许百姓自行求生，他即从长安出发，经姑臧出敦煌，经今新疆及中亚等地，辗转到达中印度摩揭陀国王舍城。进入当时印度佛教中心那烂陀寺，师从戒贤法师学习各种佛经论典，着重钻研《瑜伽师地论》，兼学梵书《声明记论》。不久，声名大起。五年后，游历印度东部、南部、西部、北部数十国。回到那烂陀寺后，戒贤让他主讲《摄大乘论》《唯识决择论》，《会宗论》三千颂，融合了空有二宗，批驳了师子光反对《瑜伽师地论》的观点，因而受到戒贤的赞赏。曾和"顺世论"者辩论获胜；还奉戒贤之命独自同小乘论师辩论并获胜。戒日王在曲女城为玄奘设无遮大会，玄奘宣讲大乘教义，获得更大声誉。于贞观十九年返回长安。玄奘西行求法，往返十七年，旅程五万里，带回大小乘佛教经律论共五百二十夹，六百五十七部。归国后受唐太宗召见。

唐太宗李世民对玄奘西行历游诸国的所见所闻颇感兴趣，让他详细记录下来。

玄奘就把它经历的 110 国的地理环境、风俗人情、历史及现状、土特产品以及传说故事等一一口述后，让徒弟们记录成一部《大唐西域记》。《大唐西域记》共十二卷，成书于唐贞观二十年（646 年），为玄奘游历印度、西域旅途 19 年间经历之游历见闻录。

我面对当年在西安大雁塔前的留影（**见图 29-2**），不由得想起在一千三百年前中国历史上这一伟大人物不平凡的一生，缅怀他的渊博的学识，过人的智慧，他对佛教的贡献，使我肃然起敬。而且，他在万里求法中所经历的九死一生的艰难险阻，始终保持毫不动摇的坚定信念，尤其令我钦佩。他的坚韧不拔的精神和过人的毅力，一直给予我此后的学术生涯中，克服和战胜困难的勇气。

图 29-2 在西安大雁塔前留影（1985 年）

参考文献

1. 宁宝林，尚德义，关于封闭体系辐射传热单向直接交换面积的研究，东北大学学报（自然科学版）1981, Vol. 2 Issue (3)：33-44

2. 宁宝林，尚德义，火焰炉区域法预示计算数学模型，东北大

学学报(自然科学版)，1983 年 02 期

3. 宁宝林，尚德义，电子计算器在工业炉中应用讲座，工业炉杂志，1984 年 02 期

4. B.L. Ning and D.Y. Shang, Mathematical models with Analysis and calculation of flame furnaces, Fuel and Combustion, Vol. 50, pp. 1-12, 1983. （标题中文译文：宁宝林，尚德义，火焰炉分析计算数学模型，发表在日本《燃料和燃烧杂志》1983 年底 50 卷第 1-12 页。）

5. D.Y. Shang and J.Q. Xia, Study into optimum energy input in constant temperature diffusion furnaces, Elektrowarme International, Edition B, No.3, 135-140, 1988. （标题中文译文：尚德义，夏家群，恒温扩散炉最佳能量输入的研究，发表在德国《国际电热杂志》B 版， 1988 年第 3 期 135-140 页）

第七篇

超越自我

第 30 章 赴德之旅忆当年

一、 洲际飞行

1978 年 6 月 23 日，邓小平作出了关于扩大派遣留学生的重要指示，中国改革开放新时期的留学工作由此掀起。

当时，正值中国改革开放的初期阶段，国内的科学事业正处于百废待兴的局面。于是，国家高校和研究部门陆续派出教师和研究人员赴国外的大学和研究机构学习和工作，掌握先进的工业化国家的科学和技术，并争取奠定国际合作基础。

1985 年夏季，我作为东北大学的教师获得了世界银行的奖学金，计划去德国的大学做为期一年的研究学者。为此，我曾在国家教育部委托的上海外国语学院培训了一年的德语。

1986 年夏季末的一天，上海外国语学院的德语培训班结束不久，我乘坐中国民航班机从北京机场起飞，飞往德国的法兰克福，计划在那里乘火车转赴德国克劳斯塔工业大学，开始我的为期一年的研究学者生涯。

我，当年 43 岁的中国研究学者，此次赴德国克劳斯塔工业大学（简称克劳斯塔大学），开始了我有生以来第一次出国旅行。此行的一切自然使我感到非常新奇。

飞机在北京机场上空向西飞行。祖国大地是那样辽阔，天空是那样高远，飞机飞越一座座城市，一片片森林，一座座连绵起伏的山脉，前面仍然是无边的天际。

飞机飞行了大约 5 个小时，才从祖国的新疆上空飞出了国境线，脚下是一片片连绵起伏的雪山之巅。这表明，我们来到了世界屋脊帕米尔高原的上空（见**图** 30-1）。啊！原来这就是帕米尔高原，就是史书上所记载的葱岭，我国的喜马拉雅山，昆仑山和天山山脉的交汇处。这一广袤地域处于地球之巅，堪称世界屋脊。从飞机窗口向下望去，只见一座座白雪皑皑的山峰，屹立在云层之上，层峦迭嶂，气势磅礴。

图 30-1 飞行在世界屋脊帕米尔高原上空

飞机再往西飞行，下面便是广阔的中亚沙漠和荒原。原来这是一仟四百年前，中国唐代著名的玄奘高僧当年长途跋涉赴印度取经经过的地域。由玄奘口述，门人辩机执笔编集而成《大唐西域记》中记载，此地当年是小国林立的荒凉区域。然而，历史发展到今天，这里却是富产天然气的地方。

在汉唐时这一广袤的地域曾是中国的领土，中国历代称之为西域的地方。汉朝在这里设立的西域都护府标志着西域正式纳入汉朝的版图。唐朝设立的安西都护府，统辖安西四镇，最大管辖范围曾一度完全包括天山南北，并至葱岭以西直达波斯。

唐朝以后，中国土地上经历五代十国，北宋南宋，由于处于分裂状态和统治阶级的腐败，中国国力开始衰弱，西域的领土也就大部分丢失了。自古以来，国力虚弱就会被动挨打，遭受侵略，领土不保。

飞机越过辽阔的中亚大地，到了中东和海湾国家的上空。透过机窗向下观望，崎岖不平的荒原逐渐代之以沙海，中间点缀着星罗棋布的绿洲，绵延不断。大自然也真是公平，昔日这一广袤的不毛之地，干旱少雨的地方，如今却富得流油。原来，许多国家，尤其是海湾国家地下埋藏的丰富的石油成了他们取之不尽的财富源泉。

飞机再往西飞行，越过小亚细亚半岛，便到了欧洲的上空。和中亚以及中东的干旱少雨的气候不同，潮湿的空气使欧洲尤其是西欧大地经常处于厚厚云层的笼罩之下，以至于在飞机上难得一见大地的芳容。当飞机在德国的法兰克福国际机场着陆的时候，飞机已经飞行了大约 17 个小时。与此同时，我也就结束了我的饶有兴致的洲际飞行。

二、 他乡遇善良

法兰克福是德国第五大城市及黑森州最大城市，德国乃至欧洲重要工商业、金融和交通中心。该市位于德国西部的黑森州境内，处在莱茵河中部支流美因河的下游。飞机到达德国法兰克福机场时天色已晚。一个在法兰克福的中国旅馆的大巴把我接到旅馆。当我在旅馆的前台预订旅馆的房间时，身上带的钱不够。我身上仅有 200 德国马克，而在旅馆住一晚也需要 200 马克。显然，如果交了房费，第二天乘火车的钱可就没有了。虽然说花钱住旅馆天经地义，可是眼下对于我来讲，这个钱可不能轻易花出去。

"到火车站去过夜好了，反正明天要赶火车。"我想。

主意已定，我便准备向旅馆柜台人员打听一下去火车站怎么走。

正在这时，我的身后忽然有声音传来，有人在问我，"要住宿吗？"

我急忙转过身去定睛一看，原来和我说话的是一位年轻姑娘。姑娘美丽的面容，优雅大方的气质顿时使我眼前一亮。姑娘身着的旅馆工作服表明了她的旅馆服务人员身份，一口标准的北京口音表明她来自于遥远的中国。

没想到他乡遇故知了。这声音使我感到很亲切。

"是的。手头的钱不够，准备前去车站对付一晚。总之明天还要坐火车，"我回答道。在匆忙中，我的声音多少带着一点不好意思。

"是第一次来德国吗？"姑娘问。

"是，去德国克劳斯塔大学做研究学者"我回答。此时，我的心情很快镇定下来了。

姑娘看出这位刚刚来自中国的研究学者囊中羞涩，想了一下说"跟我来吧，我给你想个办法。"

姑娘把我领到 2 楼靠楼梯的一个房间，打开门，把我让了进去。

"今晚就在这里住吧！"姑娘爽快地对我说。

这是一个较小的单人房间，里面有一张床。我估计这是旅馆服务员休息的地方。

通过简短的交谈，我知道，原来她是法兰克福大学 2 年级的学生，在这家中国旅馆勤工俭学做服务员。

真是天上掉下来个林妹妹！我庆幸在旅馆里巧遇这位好心的中国姑娘，帮我解决了眼前的困境。

此时的我很感动。然而，在这位美丽善良的姑娘面前我真不知说什么感谢话为好，老半天才从口里蹦出来一句"非常感谢！"

这位萍水相逢的姑娘看来很忙，只说了一声"不客气，晚安！"然后便走出房间，去做她的工作了。

姑娘走后，我才后悔刚才没有想到留下姑娘的姓名和电话，以备日后表示感谢之意。对此疏忽，我不得不暗暗感到自责。

环顾一下这个小小的房间，我想，也许间屋子是这位好心的中国姑娘晚上工作之余的临时休息之处。她今晚特意把自己住的房间腾出来帮她的中国同胞解决住宿上的困难。但不知今晚她本人如何解决住宿问题？想到这里，我心里油然升起一丝歉意。

第二天大清早，我便起来忙着赶路。临行前，我给这位不知姓名的姑娘留下了一个纸条表示感谢，便拖着行李赶赴火车站。

离开旅馆前，我把房间的钥匙还给了柜台值班人员。这是一位年老的白人长者。我向他打招呼表示再见。

"为什么不吃完早饭再走？"这位值班人员问我。

我告诉他"要赶火车，就不吃早饭了。"

三、 在德国的火车之旅

大清早，旅馆前马路旁的行人稀稀拉拉。我拖着行李箱在路旁站了一会，然后询问问一位步行上班的中年男子"去火车站怎么走？"

经路人指点，我知晓这里距离法兰克福火车站并不太远。我拉着行李箱转过两道街，法兰克福火车站就在眼前。

从车站前面望去，大街上一座座建筑物鳞次节比，错落其间的法兰克福火车站貌似一座普通的沿街建筑。从外面看，不同于国内大城市的火车站的宏伟外观，法兰克福火车站的外貌很不起眼。可是，一进入车站的正门，一座硕大的前厅映入眼帘，使法兰克福车站显得相当壮观。

来到火车站的售票窗口，我向售票的人员打听"去克劳斯塔大学应该买去那里的车票？"

"需要买到高斯拉的车票。"售票处的工作人员告诉他。

来到德国的第二天，我第一次经历了我来德后的第一次火车之旅。我乘坐的火车是从法兰克福出发向北行驶的普通列车。工业高度发达的德国有密集的铁路网，加上发达的公路网，火车车厢上看不到拥挤的现象，实际上压根就没有太多的人。

我很快找到了座位，放好行李，坐在座位上。刚一抬头，我的对面座位上有一对年老的夫妻正在注视着我。

"Guten tag！"这对老夫妻客气地向我打招呼。

"Guten tag！"我用德语向这对老夫妻问候。

这是一对老年的德国夫妻。他们早已经超过了退休的年龄。不过，这对老夫妻看上去身体很结实，精力也很充沛，他们在乘火车旅行的途中。看来德国老人很会享受他们的退休生活。

讲究礼貌的德国人愿意和我这位来自中国的研究学者交谈。这是我在德国的土地上首次与德国人沟通交流。我德语不很流利，感到此时正是练习德语的好机会。于是，我就和两位德国老者攀谈起来。

我们闲聊了一会儿，男性老者突然话锋一转，把话题引向了政治内容。"你认为你们的毛主席在文化大革命中所犯的错误，是坏人办坏事，还是好人办了坏事？"男性老者蛮认真地问。

我突然发现，德国人对政治还蛮感兴趣的呢！

"我认为毛主席发动文革的动机是好的。文革中所犯的错误是好心办了错事。"我回答道。

"你对你们毛泽东主席的功绩和错误是怎么评估的？是功绩大，还是错误大？"男性老者继续发问。

"毛主席的功绩还是大于错误的。毛主席是新中国的创始人，没有毛主席，中国将仍然是一个软弱和被人欺侮的国家。"我回答。

我回答到这里，这位德国老者就不再问下去了。我们的谈话又重新转入到轻松的话题。

列车从法兰克福北行至高斯拉之间，很少经过大城市，每站停留的时间都很短，只在哥廷根站，火车停留了较长的时间。

哥廷根这个名字，我还比较熟悉。位于该市的哥廷根大学是德国一所历史比较悠久的大学，是世界上诺贝尔奖得奖人数最多的大学之一。这所大学在历史上人才辈出，可以说是群星荟萃，其中我们中国人和中国学者比较熟知的有

数学王子之誉的数学家，哥廷根大学教授高斯；

数学家，哥廷根大学教授黎曼；

物理学家，美国原子弹发明者，哥廷根大学博士奥本海默；

物理学家，1918年诺贝尔物理奖得主，哥廷根科学院成员普朗克；

物理学家，1922年诺贝尔物理奖得主，哥廷根大学访问学者玻尔；

德国著名诗人，哥廷根大学法学博士海涅。

此外，就我所知，哥廷根大学还出了著名的流体力学家普朗特教授。他于 1904 年提出的流体边界层理论是流体力学发展的一个里程碑，把对流传热学的研究推向了一个崭新的阶段。

此时的我还没有料到，自从我来到德国，我的研究方向便从辐射传热转到对流传热的轨道上来了，而且，从此我的研究也和流体边界层理论结下了不解之缘。

由于我的对流传热的研究和流体边界层理论进行了紧密的结合，使我在实际流体对流传热研究中获得了系列的研究成果，这其中包括我出版的 5 本对流传热研究的科学著作及其科学贡献。这是后话。

关于普朗特教授还有一段与我们中国人有关的佳话。普朗特教授是冯·卡门教授的导师。后者由于德国希特勒迫害犹太人而流亡到了美国，在加州理工学院做教授，并成为美国著名的空气动力学家和火箭专家。和普朗特教授一样，冯·卡门教授也是才华横溢的科学家。他早期曾致力过对流传热学的研究，他推导出的流体边界层传热积分方程，如今已成为对流传热学引人注目的篇章。

在加州理工学院的冯·卡门教授，机缘巧合成了中国的火箭之父和两弹元勋钱学森教授的导师。而钱学森教授后来对发展中国的火箭和国防事业做出了无与伦比的贡献。在世界科学史上，普朗特、冯·卡门和钱学森三位世界著名科学家演绎了名师出高徒，青出于蓝胜于蓝的历史佳话。

1933 年希特勒上台，对犹太人进行残酷迫害。在 1933－1934 年间，德国大学就有大约 7000 人左右逃往美国。到 1940 年间，德国大约流失了 500 多名自然科学教授，450 名医学教授，和 300 名人文科学教授，导致德国科技倒退了几十年的水平[1]。而哥廷根大学也受到重创，大批知名的犹太籍科学家和学者被迫离开哥廷根，前往美国的普林斯顿、芝加哥等地。世界科学中心从德国转向了美国。

四、 克劳斯塔大学

我乘坐的列车从法兰克福出发，行驶到高斯拉大约用了两个多小时。高斯拉是克劳斯塔小城附近的一座县城。在高斯拉下车后，我搭乘公共汽车前往克劳斯塔小城。

与中国的大学集中于直辖市，省会，以及具有相当规模的工业城市不同，德国的许多大学设立在中小城市。我此行的目的地，德国下萨克森州的克劳斯塔工业大学（TU Clausthal）便位于克劳斯塔小城。

离开高斯拉，汽车很快上了哈茨山，沿着弯弯曲曲的山路向西南方向行驶。公路旁茂密的松树林笔直挺拔，连绵不断。令人惊奇的是，处于温带地区的哈茨山上，森林完全由针叶林覆盖，绝无任何阔叶树木混交期间。

孕育着克劳斯塔大学的山中小城克劳斯塔，是下萨克森州高斯拉县的一座山城。

克劳斯塔城的地域原来包括克劳斯塔（Clausthal）和采勒费尔德（Zellerfeld）两座相连的山城，两座城间的洼地标志着天然形成的"分界线"。1924 年，两个山城合并成 "克劳斯塔-采勒费尔德"（Clausthal-Zellerfeld）小城，简称克劳斯塔。克劳斯塔城是一个山中盆地，城市周围青山环绕，山上覆盖着的茂密松树林。在青山和松林的映衬下，克劳斯塔小城显得格外幽静而美丽。当地的气候非常宜人，是有名的疗养场所。该城只有几万居民，其中包括克劳斯塔工业大学（简称克劳斯塔大学）的几仟名学生，教师和工作人员。克劳斯塔城是一所典型的大学城，该城的很多居民在克劳斯塔大学工作。

克劳斯塔大学建立于 1775 年，它是德国大学中直属教育部的较小的工科类公立大学。该大学学院相对集中，如自然和物质学院，能源和经济学院，以及数学，信息和机械制造学院。克劳斯塔大学和位于德国北莱茵州的亚琛工业大学以及位于西柏林的柏林工业大学（当时德国尚未统一），按学校的德文字头总称为 ABC 大学。这3 所渊源于矿山和冶金为主体的所谓 ABC 工业大学，在德国享有盛名。

在中国的大学，系（department）是大学的基本单位，系下辖专业，系之上便是学院和大学。而德国的大学没有系，研究所是大学的基本单位。研究所所长由教授担任，相当于中国大学系主任。研究所既是教学单位，也是研究机构，设有加工车间和实验室，并雇用为数可观的工人和技术人员负责研究设备的加工制造。研究所的研究人员由博士生和为数不多的博士担任，他们承担科研项目的研究以及部分教学工作。研究所没有专门的教师。除了所长以外，一般的研究所有 1、2 位小教授（即级别较低的教授）。这和每个系都有许多教授，副教授，讲师和助教的中国以及美国和加拿大的大学区别很大。

我所在的研究所叫能源工程与燃料技术研究所（见图 30-1）。研究所成立于 1963 年，当时是克劳斯塔采矿学院的一部分，后来划入克劳斯塔大学。成立该研究所的目的在于为传热和工业炉领域提供高质量的教育和研究，并将研究成果转化为工业应用的实际用途。现任所长耶夏（Rudolf Jeschar）教授生于 1930 年，1957 年获得亚琛工业大学博士学位。之后，他在工业界工作了几年，并于 1966年被任命为所长。

研究所还有一位苏尔茨（R. Scholz）教授。他是耶夏教授的副手，我们私下习惯称他为小教授。他于 1968 年毕业于汉诺威工业大学机械工程专业，1972 年在克劳斯塔大学获得博士学位，1973-1976年，在热工程与工业炉研究所任首席工程师，1983 年担任教授。

东北大学陆钟武教授于 1984 年曾经访问过耶夏教授的研究所。他在和耶夏教授的接触中，曾推荐我来此深造并攻读博士学位。耶夏教授表示同意，并答应为我攻博提供资助。于是，1985年我在获得世界银行奖学金后，就决定去德国克劳斯塔工业大学深造。耶夏教授答应，世界银行奖学金结束后的经济资助，由他的研究所提供。

我到这个研究所的时候（见图30-1），东北大学热能系王佩忠同学已经来到该所学习了。王佩忠在东北大学热能系本科毕业，然后在上海同济大学学习了一年德语，又来到耶夏教授的研究所学习，至此已有一年的时间了。他是国家教委派出攻博的留学生。我曾经任课于他所在的班级。

图30-1 在克劳斯塔大学能源工程研究所研究访问（1986年）

王佩忠同学已为我在该大学的学生宿舍中安排好房间。

学生宿舍有专门的清洁工来打扫，保持得非常干净。宿舍里每人一个房间，室内不大，干净舒适。室内除了一个单人床，还有书桌、椅子、书架等必要家具和设备，有洗手池和淋浴室，设施完备。

宿舍里每十几个人共享一个厨房，用电炉做饭很方便。冰箱里有面包和牛奶，果酱、香肠，够一顿不错的晚餐。

参考文献

1. 陈洪捷《二十世纪德国的高等教育》。

第 31 章诚信是信任之源

一、 背信图利及后果

吃过晚饭我就听到敲门声。原来是王佩忠，他身后还有一个人。

"尚老师，这位 H 老师是昨天来的，和我们在同一个研究所。"王佩忠向我介绍道。

我抬头一看，吃了一惊。啊！原来这位 H 老师我早就认识。

在上海外国语学院培训德语时，我和 H 老师是培训班同学，只是分别在两个班上课。H 老师是华南理工大学的老师，文革时毕业，文革结束后不久，考上了华南理工大学的研究生。他的这些经历和我相似。

"你也到这个研究所来了。原来没听你说过呢！"寒暄过后，我同 H 老师攀谈起来。

听 H 老师介绍，他在华南理工大学是搞陶瓷窑炉的，本来认识克劳斯塔大学搞陶瓷窑炉的教授，也是陶瓷研究所所长。该教授曾应邀来华南理工大学 H 老师所在的系讲学。期间，H 老师的系领导向教授推荐他前去德国深造并攻读博士学位。这位教授爽快地答应了，并为 H 老师前去深造一事做了必要的安排。当他得知 H 老师即将成行的时候，特意为 H 老师安排好了来克劳斯塔大学后住宿的房间，可以说对 H 老师关怀备至，并对以后的合作高度期待。

H 老师昨天来到克劳斯塔大学以后变卦。他首先联系到耶夏教授，请求去他的研究所深造，并请耶夏教授能在他一年的国内资助结束后，资助他继续攻博。耶夏教授当即表态同意了他的请求。

耶夏教授的表态令 H 老师喜出望外。于是他立刻通知陶瓷研究所的那位教授，说他不去陶瓷研究所，而前去耶夏教授的研究所了。

H 老师自从来到耶夏教授的研究所，曾经爽快答应他的攻博请求的耶夏教授没有交给他任何研究工作，以至于他白天在研究所上班时无所事事，晚上去学校开的德语夜校继续学习德语。一年以后，H 老师的国内资助结束了，耶夏教授答应过支持他攻博的经济资助却没有兑现。在这样的情况下，H 老师遗憾地结束了他的德国之行。

二、 我的对流传热研究进展

我来研究所后，耶夏教授向我布置了"液体膜状沸腾传热传质研究"的博士论文题目，并给我提出了他的颇有深度的研究目标。

"美国教授斯帕罗（E. M. Sparrow，美国明尼苏达大学教授，国际著名的传热传质科学家）关于液体膜状沸腾传热研究搞得很不令人满意，实际上没有从根本上解决传热传质问题。这个问题交给你，你要在这项研究上有所突破，搞出克劳斯塔大学的水平！"耶夏教授对我说。

我去德国克劳斯塔大学研究访问之前，我的研究方向是炉内辐射传热和炉内热过程的研究。

我的辐射传热区域法的研究始于我的硕士研究生课题。我的硕士导师宁宝林教授曾把区域法称为"段法"。这是受冶金联合企业大型轧钢厂连续加热炉分段操作概念的启发。但是我后来认为，把"段"改成"区域"更为适合研究炉内的传热问题。比如，如果把"气体段"改称"气体区域"更为贴切。这就是我后来把"段法"改称为区域法的原因。这样称谓在学术上显得更为规范。

值得一提的是，我的辐射换热区域法研究在中国国内是开展最早的。我们研究的炉内辐射传热的相关研究论文 [3 - 7] 分别出版在国内外的杂志上，也是中国学者在国外杂志上最早发表的关于炉内辐射传热的论文。

我听说，耶夏教授的专业方向是窑炉的生产和传热过程。我认为和炉内辐射传热的研究方向有一定的联系。结果现在耶夏教授交给我的研究课题是"液体的膜状沸腾的传热研究"，对我来说，无疑是一次新的挑战。然而我知道，该课题具有重要的理论和实际应用价值，我只能成功，不能失败，对于研究中将遇到的诸多关键难点，我只有认真面对，不可掉以轻心。

液体的膜状沸腾的传热研究是对流传热学中一个难度颇深的课题。在深入分析确定壁面上的薄膜沸腾的流体流动和传热问题时，需要在边界层理论的框架内对出现的气膜和液膜两相流动的传热问题进行精确地描述。其中，紧贴壁面的气膜的自然对流，和由气膜的牵引产生的液膜的流动的耦合传热问题，是一个数学上称之为难点的 3 点边值问题。然而，科学界在膜状沸腾和凝结相变传热领域的研究中，3 点边值问题的处理仍然是一个难题。除此之外，气膜和液膜两相膜间界面上的多达 5 种不同类型的物理平衡需要在分析和计算中同时满足。这些问题使课题的研究愈加困难，也是在对流传热学的长期发展中，对于这一课题的探索，一直没有得到可观进展的原因。

而且，用边界层分析方法研究对流传热问题，流体边界层微分方程的处理是一个不可绕开的难点。对此，科学家们的共识是对平面流体边界层微分方程进行改造，即相似变换，把二维流体边界层微分方程，转化成一维常微分方程，以便于简化微分方程的求解和传热分析。

当时流行的相似变换方法是著名的 Falkner-Skan 变换方法。它是由德国科学家 V. M. Falkner 和 S. W. Skan 于 1930 年提出的，并一直在国际上广泛流行。

不久后我就发现，Falkner-Skan 变换方法在应用中有相当大的困难。这是因为，使用这一方法需要引入流函数和群论的概念，通过一系列复杂的理论推导，最后把流体边界层偏微分方程变换成一个由无因次中间函数 f 构成的常微分方程。理论推导的复杂性是 Falkner-Skan 变换方法在应用中的困难所在。

而且，Falkner-Skan 变换方法缺乏实际应用价值。这是因为，Falkner-Skan 变换方法，很难处理流体变物性问题。这就使得 Falkner-Skan 变换方法不适于解决实际流体的对流传热问题。

显然，为了探索和正确解决实际流体的传热问题，在处理流体边界层偏微分方程的相似变换时必须另辟蹊径，显然，这是一个难啃的硬骨头。

我做了无数次尝试和苦苦思索。每逢周末，常常是我一个人呆在房间里（见图 31-1）。窗子外面明媚的阳光，克劳斯塔小城美丽的风景，小鸟在窗前树上发出的悦耳的歌声竟丝毫没有引起我的注意。有时，我连午饭都没有吃，却浑然不觉。不知不觉之间抬头一望，窗外的天空黑了下来，远处已是万家灯火，一片寂静。此时，只有书桌上用过的厚厚的一迭草纸，记录着我当天冥思苦想的辛劳。

图 31-1 在克劳斯塔大学宿舍度过周末（1987 年）

我在国内的家人，妻子和儿女却在对我的思念之中，默默度过了 1987 年的春节。更令我感动的是，他们对亲人的思念与日俱增（见图 31-2）。

图 31-2 妻子儿女在国内家中度过春节（1987 年）

苍天不负有心人。通过 3、4 个月苦心探索，我终于找到了通往成功之门的钥匙。我终于用流体边界层控制体的力学分析，结合边界层微分方程量纲分析，通过一系列的数学推导，探索出平面流体速度场最优相似变换模型，作为流体边界层微分方程相似变换的基础。

不同于通过引入流函数和数论分析的理论上过于复杂的 Falkner-Skan 变换方法，我通过边界层控制体力学分析，结合边界层微分方程量纲分析获得了流体速度场最优相似变换模型，在此基础上，实现了流体边界层微分方程的最优相似变换。和 Falkner-Skan 变换比较，我的最优相似变换方法不仅理论上简捷易懂，数学上容易推导，应用上便于掌握，而且由于便于处理流体的变物性，表现出更高的实用价值。

我探索出的这一套独到的，关于流体边界层微分方程的最优相似变换新的方法，其理论核心是独创的平面流体速度场最优相似变换模型，解决了实际流体对流传热理论研究中的一大难点。

我决定把我接下来的研究分为分三步：

1. 气体边界层自然对流传热研究；

2. 液体边界层自然对流传热研究；

3. 液体自然对流膜状沸腾传热传质研究。

实际上这三部研究是互相独立的，又有密切的联系的研究课题。我把第 1 和 2 步研究作为第 3 步研究的基础阶段，而把第 3 步研究看作是第 1 和 2 步研究的集大成。我认为，只有做足做够基础研究，液体膜状沸腾传热传质研究这一难题才能得以攻破。

于是，我开始了我的第一步基础研究- 气体边界层对流传热研究。

三、 无信义则无信任

现在摆在我面前的任务除了科学研究，还有一年后的德语资格考试。按耶夏教授的要求，正式攻博之前，我需要通过德语资格考试。

当我来到克劳斯塔大学不久，学校就举行了一次德语考试，我却错过了这次考试，原因听起来很滑稽。

这次德语考试的报名时间是在我来之前的一个星期。当研究所询问王佩忠是否他能为我报名即将举行的德语资格考试，王佩忠则认为"不必！"，然后他把我的德语资格考试安排于一年以后。王佩忠同学没有征求我的意见，为我做出了推迟德语资格考试的决定，我知晓这件事的时候已经是一个星期以后的事情，为时已晚，无力回天。

"尚先生，你不必参加德语资格考试了。你把参加了中国外语学院的德语学习的结业证书拿来，我给你写封信，报到学校外事办（即外国留学生办事处）批准就是了。"苏尔茨教授告诉我。苏尔茨教授是耶夏教授的副手，我们中国人暗地里把他称为小教授。

苏尔茨教授为什么对我说这些？这是因为，他看到我整日一方面科研攻关，一方面学习德语，不仅很累，而且顾此失彼，影响工作效率，认为这样搞下去不是个办法。于是，他想帮我一下，以便我得以把我的工作重心集中于科学研究上来。

苏尔茨教授的话使我很受感动。本来，我当前的科学研究要求我百分百集中精力，不允许哪怕一点点的精力分散。

我接过苏尔茨教授起草并由他签名的，请求学校豁免我德语资格考试的信函，带上我的上海外国语学院的德语班毕业证书，一并交给学校的外事办主任芙劳女士。

依照惯例，如果研究所的教授请求豁免德语资格考试的话，学校外事办是不会不同意的。可是过了两天，我突然接到学校外事办的答复，驳回了苏尔茨教授对我的考试豁免请求。

我不久后得知，原来是苏尔茨教授没有事先请示耶夏大教授，耶夏大教授很不满，干脆把这件事搅黄了。这位德国大教授如此的意气用事使我惊讶不已。

既然耶夏大教授不同意豁免我的德语资格考试，我只好一面做科研，一面继续上德语夜校，准备德语资格考试。

终于到了第二学期的期末之前，我通过了德语资格考试，这时，我已经来到克劳斯塔大学两个学期之久了。

然而，两天以后的德语课上，德语老师当着诸位学生的面，走到我的桌子前，突然告诉我"你的卷子还不能通过。"

后来知道，此事又与耶夏大教授有关。

原来，耶夏大教授有意让我在尽量晚开始我的攻博，所以尽可能延长我的德语学习时间。事实上，一位叫马斯的博士生，正在搞跟我同样的研究课题的实验研究，他的博士毕业还遥遥无期呢！

于是，我只好一边科研，一边继续学我的德语，尽管我知道，在工作中学习德语应该是最好最有效的方法。

1987 年的夏末时分，我来到克劳斯塔大学整整一年了。这一天上班后，苏尔茨小教授打电话把我召到他的办公室。

"你国内的资助今天到期了，从现在开始我们给你资助。请你在合同上签个字。"苏尔茨小教授对我说。随即他拿出一本事先已经做好的合同书，翻到最后一页，让我在上面签字。

我兴冲冲地签上姓名，然后拿着人家给我的复印件回到了我的办公室。

回到办公室的我打开合同书浏览了一下，我要见识一下，这合同书到底是个什么东东。合同书足有十几页之多。读着读着，我发现有一个地方有点不对劲。

"怎么合同书上写着每月资助 800 马克？本来给我的邀请信上告诉我一年的国内资助之后，耶夏教授的研究所将每月资助我 1100 马克。"我感到诧异。我以为合同书上写错了，于是，拿着合同书去找小教授。

在苏尔茨小教授的办公室，我告诉他"合同书把资助金额写错了，本来是 1100 马克，不是 800 马克。"

"没有错，就是 800 马克"小教授肯定地回答。

"苏尔茨教授，当初你给我的邀请信中写的可是每月资助 1100 马克呀！"我对他说。

"邀请信上就是写的每月 800 马克。"苏尔茨教授的话愈发肯定。

此时的我百口莫辩。因为邀请函已经不在我的身边，它在我一年前过德国海关时，被海关官员拿去，以回去落实为名再没有还给我。可是，每月资助 1100 马克无论如何是事实。而且，临行前我国内学校的系领导和系里的许多老师都看过这封信，况且，在研究所计算机里也应该有存盘啊！如今，对面的德国教授竟然也罔顾事实，这是我没有料到的。

"都说德国人严谨，可是照样说假话。"小教授的表现使我感到震惊。

我一时被气的无语了。

"你们的大使馆也是资助你们每月 800 马克呀！"苏尔茨教授继续说。

"是的，大使馆没有说过每月 1100 马克。"我回应着。

实际上，我也不是特在乎资助的钱数。如果当初邀请信上注明的是每月资助 800 马克而不是 1100 马克，我也是没有什么可说的。现在的问题是突然从 1100 马克降到 800 马克，而且不作任何诚恳的解释，使我感到我的人格没有得到尊重。

"没有信义，就没有信任！"我心里想。

四、 谢绝德方资助，毅然回国

"实际上我不是为了钱才来到这里做研究，我主要的目的是学到科学知识，如果能做出合理的解释，我也可以愉快地接受这个合同。"我深有感慨地说。

"你在这里不会学到什么知识的。"听到我的上述感慨，苏尔茨小教授诚恳地说，同时，两只眼睛注视着我许久。

鉴于苏尔茨小教授说这句话时侯的诚恳模样，我相信他的话是心里话。这或许是借机表示对大教授的水平和能力的不屑，以及对他的出尔反尔的不满。本来这种资助金额的随意改动一定是大教授的决定。对此，他苏尔茨小教授只有遵照执行的份。

苏尔茨小教授的话听起来好像是向我交底，无非是暗示我不要在耶夏大教授的研究所过多的浪费时间。

无论出于什么目的，较为正直的小教授一语道出了耶夏大教授的这个研究所不是适合人才的培养之地。通过我一年来的观察和体验，我很以为然。于是，我当即告诉苏尔茨小教授，我决定立刻回国。

苏尔茨小教授突然听到我萌生回国的念头，立刻表现出大吃一惊模样，于是百般地挽留。

但我去意已决，随即我把借研究所的资料和书送回，把休息时间在咖啡室喝咖啡的账单也结算了。然后，我又给小教授打个电话，重申立即回国的决定，并对他和耶夏大教授表示谢意。此时的耶夏大教授据说正在休假。

不料，王佩忠和 H 老师下了班之后突然来到我的宿舍。他们受苏尔茨小教授的托付，为小教授做说客，转达小教授的挽留之意。以后，他们俩每天下班后便来到我的宿舍，继续传达小教授的挽留之意。直到一个星期之后，我告诉他们俩，中国大使馆给我寄来了回国机票，他们才死了心。

此时的我确信，我谢绝德方资助，毅然回国的这一决定使我得以避免宝贵时间的无谓消耗。

此时的我尚不知道，我不久前在对流传热流体边界层分析研究中，获得的流体边界层速度场最优相似分析变换方法，及其导致的流体边界层微分方程的最优相似变换，不仅使我在今后的日子里，终于如愿以偿地完成液体自然对流膜状沸腾传热传质研究，并且为对流传热学学科开辟了"实际流体对流传热学"研究方向。这是后话。

此时的我还不知道，我的这一方向的研究将使我获得了中国国家教委科技进步二等奖，我后来提出的实际气体自然对流传热系数公式，被国际学者鉴定为计算实际气体自然对流传热最精确的公式；

此时的我更不知道，在此后的蒸汽混合物膜状凝结传热传质的理论研究中，我将做出具有重要国际价值的突破性的研究贡献，发现和纠正了以美国著名科学家为代表的长期居于国际权威地位的该领域的错误研究结果，为该领域的研究提出了正确的方法，扭转了该领域研究长期处于踏步不前的停滞局面；

此时的我更加不知道，不久的将来，我将以杰出科学家和热流体学家的资格被分别登载于《世界名人录》和《世界热流体名人录》。

参考文献

1. Sparrow, E. M., & Cess, R. D. (1962). The effect of subcooled liquid on laminar film boiling. Journal of Heat Transfer, 84(2), 149-155.

2. V. M. Falkner and S. W. Skan, Aero. Res. Coun. Rep. and Mem. no 1314, 1930.

3. 宁宝林，尚德义，关于封闭体系辐射传热单向直接交换面积的研究，东北大学学报（自然科学版）1981, Vol. 2 Issue (3)：33-44

4. 宁宝林，尚德义，火焰炉区域法预示计算数学模型，东北大学学报（自然科学版）；1983 年 02 期。

5. 宁宝林，尚德义，电子计算机在工业炉中应用讲座，工业炉杂志，1984 年 02 期

6. B. L. Ning and D. Y. Shang, Mathematical models with Analysis and calculation of flame furnaces, Fuel and Combustion, Vol. 50, pp. 1-12, 1983.

7. D. Y. Shang and J. Q. Xia, Study into optimum energy input in constant temperature diffusion furnaces, Elektrowarme International, Edition B, No. 3, 135-140, 1988.

第 32 章自我超越话励志

一、 拒绝浪费

我成功研究的流体边界层速度场最优相似变换方法和模型与长期流行的，著名的 Falkner-Skan 变换方法相比较，有两大优点：

1. 该流体边界层速度场最优相似变换方法和模型，提供了相应的流体速度场的相似转换公式，摈弃了 Falkner-Skan 型变换的深奥晦涩的数学推演过程，易于学习和掌握。于是，可以较容易地用于实现流体边界层微分方程的相似变换。

2. 在流体边界层速度场最优相似变换方法和模型的应用中，边界层速度场最优相似模型易于实现和流体变物性模型有机的耦合，使流体变物性处理难题得以突破，从而实现流传热理论研究的实际应用价值。

在实现流体边界层微分方程最优相似变换的基础上，我首先进行了气体自然对流传热的边界层传热分析，并取得了预想的研究成果。

但是，我对德国的这个研究所感到失望。研究所教授长期对我不闻不问，而且数次以德语考试设置障碍，拖延我的攻博研究，使我的研究工作无限期地推迟，我逐渐萌生了提前回国的想法。加上研究所在资助金额上变化，我当即放弃在德国这个研究所攻博的初衷，毅然回国。

二、不虚此行

1987 年 9 月，我获悉南京东南大学即将召开第三届全国计算传热学术会议的消息，随即参加了这个学术会议。

在这个会议上，我发表了在克劳斯塔大学完成的"气体自然对流传热研究"学术论文（见图 32-1），向国内学术界展示了我的流体边界层速度场最优相似变换方法和模型，流体边界层最优相似微分方程，以及气体自然对流传热研究最新成果。

我新颖的研究引起了与会者同行的重视。我在德国克劳斯塔大学的科研已经结出了果实，使我得以树立基于边界层理论研究实际流体对流传热的理论和信心。

参加这次计算传热会议的人员很多，会务组根据会议参加者预先提交的论文内容，把论文宣讲人员安排在两个会议室进行学术宣讲和交流。

图 32-1 在第三届全国计算传热学术会议上作学术报告

我在在第一会议室宣讲完我的"气体自然对流传热研究"学术论文，便来到第二会议室听取辐射传热论文的宣讲。我在研究生时期就从事辐射传热研究，炉内辐射传热区域法数学模型研究是我的硕士论文。我的研究模型填补了国内学术界关于工业炉内辐射传热区域法数学模型的空白，实现了火焰炉内温度和热流分布复杂的科学预示。我发表在日本和德国杂志的学术成果论文，也是中国最早在国外发表的研究炉内辐射传热预示计算数学模型的学术论文。可以说我对炉内辐射传热的研究情有独钟。

上海交大一位年轻教师正在宣讲他的关于炉内辐射传热的学术论文。我高兴地发现，他的论文中采用了我的硕士论文中所发表的炉内辐射传热区域法数学模型。自己的研究成果，如今被兄弟大学的研究同行采用，我感到很高兴，一股自豪感在我的心里油然而生。

"尚老师，你的数学模型在计算中不收敛，这是为什么？"这位正宣读论文的上海交大的年轻教师，突然中断他的论文宣讲，转而向台下听讲的我发问。我随即大声反问道，"你正在宣讲的论文是谁做的？是我做的吗？"

"这是我做的。"

"既然宣读你做的论文，那为什么反倒问我为什么不收敛哪？"

"因为我使用的是你的数学模型。"这位年轻教师低声说。

我这时才明白，这位上海交大的年轻教师宣读的论文题目"关于轧钢工业炉内辐射传热研究"的炉内辐射传热的计算，采用了我所发表的炉内辐射传热区域法数学模型。这位年轻教师在求解数学模型的数值计算中遭遇了困难，吃了不少苦头。

借此机会，我和这位上海交大的年轻教师以及与会者们，围绕炉内辐射传热区域法数学模型数值计算中存在的所谓难以收敛的问题进行了热烈的讨论。

我告诉大家，我所开发的炉内辐射传热数学模型，不存在数值计算中求解困难，甚至不收敛的问题。这已经被我的研究实践证明了的。事实上，我的炉内辐射传热数学模型在数值计算中收敛与否，以及计算结果是否正确，取决于控制方程组中给出的诸多的辐射直接交换面积的计算是否准确。

我继续说，辐射直接交换面积是炉内辐射传热数学模型方程组中的系数，其求值本身就是一个复杂的计算过程。正确计算辐射传热数学模型方程组中诸多的辐射直接交换面积，是该数学模型控制方程组的数值求解计算得以收敛，和准确求解的重要前提条件。

据此判断，这位上海交大年轻教师所谓的数值计算难以收敛的问题，一定是在辐射直接交换面积的计算求值上出了问题。

果然，该年轻教师计算得出的炉内温度分布曲线，在炉尾部有上翘的趋势。这一结果违背了炉内热过程实际运行和传热规律，显然是错误的。而这显然是由于辐射直接交换面积计算的错误所致。正确的计算结果是炉内温度分布曲线向着炉尾的方向呈下降趋势。

我的话讲完后，与会者一一点头，会议室内一度紧张的气氛顿时平静了下来。

当天晚上，两位上海交大的年轻教师特地来到我入住的学术会议招待所的房间来拜访，顺便对有关问题向我进一步请教。

我对自己开发的炉内辐射传热数学模型的一些关键难点，向这两位年轻教师进行了详细的讲解和交流。这两位上海交大的年轻教师感到他们有机会参加这次学术会议，并结识我这样的研究同行，交流请教，受益匪浅。

后来每当我回忆起这件事，心里都十分感慨。我庆幸自己提前回国，使我得机会参加这一次全国计算传热会议，使我得以发现并消除了国内研究同行对我开发的辐射传热数学模型的误解，更重要的，使我得机会及时捍卫了我的辐射传热研究的正确科学成果，有利于炉内辐射传热研究得以坚持正确的轨道。

没有想到的是，之后我的研究方向却不由自主地转向对流传热，而且和对流传热研究结下了不解之缘。此后我再没有能得机会从事我曾经十分钟爱的辐射传热研究。

三、 自我超越

计算传热会议结束后，我返回了东北大学，继续着手流体自然对流传热的研究工作。

我首先考虑的是如何使我的气体自然对流传热研究具有实际应用价值。为此，经过了一番思量之后，我的思绪落在了流体物理性质的变化（简称变物性）对传热的影响上面。

流体的物理性质，如密度，导热系数，粘度和比热等与温度和压力密切相关。在普朗特提出边界层理论之前，流体的粘性在研究对流传热时是不被考虑的。而在流体边界层理论提出之后，尽管在研究中可以考虑流体物性包括粘性的影响，但是往往考虑的是平均物性，如平均密度，平均导热系数，平均粘度和平均比热的影响。

然而，用流体的平均物性，或者是用 Boussinesq 近似所进行的对流传热的理论研究还是不具备实用性。这是因为，流体边界层内温度梯度的存在，决定了边界层内各点温度的不同，也决定了流体边界层内各点的物性的差异。这方面问题的考虑之难，使得流体变物性对传热的影响理论研究，长期以来很缺乏，即使在普朗特提出流体边界层理论之后。于是对流传热的研究还是缺乏实际应用价值。

人们常说，励志名言，价值仟金。于是，深受感染的我决定对我的气体自然对流传热的研究赋予更高的使命——流体变物性对传热影响的研究。我深知：只有研究流体变物性的影响，才能使流体自然对流传热理论研究具有实际应用价值。我深信，研究流体变物性对传热影响的研究，是实现对流传热理论研究向实际应用价值方向升华的必要条件。

科学家很早以前便从事不同的温度和压力下的流体物理性质的测量。当时，有关的测量数据已经很丰富，许多流体变物性物理模型也相继被提出。然而，为了在理论上更好地进行流体变物性对对流传热影响的研究，需要对流体的变物性的物理模型提出更高的要求，使其具有在不同条件下的物性值得以准确的确定，以及变物性模型与边界层控制方程得以实现有机的耦合。

适合于传热研究的流体变物性模型的探索，是我在流体对流传热变物性影响研究中不可回避的一项首要任务。

在对流传热研究中，探索有针对性的流体变物性物理模型，探索出自己的研究道路，无疑需要一种创造。这一创造性的探索将导致我的流体边界层平面速度的最佳相似转换理论，和流体边界层偏微分方程相似变换的理论研究，同流体对流传热变物性影响的研究紧密地结合在一起，从而将我的研究推向实际流体对流传热的理论研究新阶段。这样一个新阶段将使对流传热的理论研究，破天荒地实现实际应用价值。我深信：这样一个新阶段的实现也将是一种对自我的超越。

四、 稿件被霸

第二届全国计算传热会议之后，我投了一篇论文给"中国工程热物理学报"。论文的题目是"自然对流传热边界层偏微分方程最优相似变换研究"，这是我在德国期间，在对流传热边界层相似分析和变换探索中获得的成果。

我早就知道，中国工程热物理学报是中科院的一家杂志，登载的内容是国内工程热物理方面的研究，其中包括传热学、热能工程、空调、制冷等科目的最新研究发展。听说该杂志在国内工程热物理学科是享有盛名的。

此前，我也看到了中国工程热物理学报的征稿启事。其中表示，杂志编辑部接到投稿的稿件后，两周内通知本人，并且就稿件的取舍，尽快与本人联系。

可是，我的稿件投出去以后，如石沉大海，没有任何音讯。我曾写信询问，却也没有回信。4 个月以后，我利用去北京出差的机会，特意去一次位于北京西郊中关村的中国工程热物理学报编辑部，打算问个究竟。

我在中关村找到中国工程热物理学报编辑部所在地。这个编辑部就是一个普通的办公室，是中国工程热物理研究所下属的单位。

进入编辑部后，说明来意，向工作人员询问"我投的稿子你们是否收到了？"

"稿子是什么时候寄来的？"

"大约 4 个月前。"我回答。

"请把稿子的题目告诉我！"

"自然对流传热边界层最优相似变换研究"我告诉他。

编辑部的工作人员在稿件登记簿上查了老半天，然后告诉我"登记簿上没有你的稿子。"

此时的我感到莫名其妙。"我的稿子明明是 4 个月前寄出的，你们为什么就没有收到呢？"我不解地问。

尽管我为稿子的无故丢失而焦急，工作人员还是一脸的无奈，因为来稿登记薄上没有记载，更谈不到稿子的踪影了。

正在工作人员和我为稿子的下落扯皮时，忽然看到一个人推门进来，手里拿着一份稿子。此人刚才还在办公室，不知何时离开的。

"稿子找到了，在这里。"这个人说。

看到这一幕，我明白了。我的稿子之所以寄出后 4 个月来渺无音讯，原来寄到编辑部后，不仅根本没有人给稿子登记，而且，早已被工程热物理研究所的其他研究人员顺手牵羊拿走，据为私有了。

这回我可真是长见识了，原来我只听说有人偷窃钱财，偷窃物品，还没有听说过有人偷窃稿子的。

该杂志编辑部的管理如此之乱，研究所的任何人都可以进来把人家的投稿拿走而不必通知编辑部。我的稿子在编辑部没有经过登记，就被别人偷走。

堂堂的中国工程热物理学报编辑部，简直就是工程热物理研究所的私产，连稿子的安全都保证不了，那还有什么资格值得信任？

想到这里，我感到有点后怕，后悔 4 个月前向该杂志社投这篇稿子。我随即从那人手里接过我的这篇稿子，紧紧攥在手里，径直向门口走去。

在我开门即将离开之际，后面传来编辑部人员的声音 "还投不投稿了？"

"不投了！"我说。

然后头也不回，大步离开这个令人可怕的杂志编辑部。

第33章提职风波忆当年

一、被出卖感觉

1988年末，东北大学进行了一次提职工作。

在这一次提职中，热能系有两位教师由讲师晋级为副教授。这两人分别是蔡九菊和陈海耿。

其中，蔡九菊是陆钟武教授的研究生，和我同时于1978年进入东北工学院（后来更名为东北大学）热能工程系（以下简称热能系）。陈海耿是我下一届研究生，于1979年进入东北工学院成为宁宝林教授的研究生。陈海耿与我可谓师出同门，按中国传统，是我的师弟。

热能系本次竞争副教授的教师只有3人，他们是我、蔡九菊和陈海耿。如今的评选结果表明，只有我落选了。这样的结果实在出乎我的意料之外。

从学术水平和学术成就来看，我至少不在这两位曾经的同学之下，而且毫不夸张地说，还略强。因此，我是应该被提职的。坦率地说，如果非要把我们三人学术成绩做一下排队的话，把我排在首位，我也会受之无愧。

实际上，提职评选结果的不公，也使热能系的教师感到吃惊。究其原因，评选结果的不公盖因于系里掌握评审权的人的黑箱作业。提职评选的过程既然是见不得阳光的，评选结果的公平是很难保证的。

　　评选前，按一般人的估计，蔡九菊如果获得两个副教授名额之一是可以预测的。他和我同是 1978 年入学的研究生，尤其他是现任校长陆钟武教授的研究生，应该受到重视，没有可能不被评上。于是，留给我和我的师弟陈海耿的便是另一个名额了。

　　按系里其他老师的估计，这另一个副教授的名额如果给予我，是最为合理的。从我和师弟陈海耿的学术实力比较来看，我哪一点不如我的师弟呢？我认为，我不仅在学历上比我的师弟陈海耿高一届，而且我的学术贡献也可以使我问心无愧地获得这一个副教授的名额。然而评选结果却偏偏把我的这个师弟选上了，把我淘汰出局了。这样的评选结果，怎能令我心服口服？

　　看一看我的学术成果吧！有什么理由在这次评选中偏偏把我淘汰出局呢？为了回答这个问题，可以考察一下我在东北大学任教期间的全部研究工作，为此，甚至可以追溯到我的硕士研究生时期。

　　在我的硕士研究生学位课题的研究中，我是国内首次引进美国著名科学家，美国麻省理工学院 H.C.Hottel 教授著名的炉内辐射传热先进的区域法理论的第一人。在我的研究中，我在炉内辐射传热区域法分析和计算中，提出了计算辐射直接交换面积的逐次局部再分法和相应的计算公式，实现了炉内辐射换热的预示计算。而且，我通过相应的实验测量，对炉内温度和热流分布的预示计算结果进行了验证，发现理论计算和实验验证的结果实现了很好的吻合，这使我在炉内辐射换热研究中，在国内获得了里程碑似的突破性进展。

　　长期以来，深入的炉内辐射传热研究在国内尚处于一片空白，国内一直没有涉足以炉内详细的温度和热流分布为目的的研究和预示计算，而且，炉内辐射传热的探索只能涉及到炉内平均温度和平均热流的考虑。这样的研究水平，限制了工业炉最优操作和最优运行的控制，结果，工业加热炉越来越难以满足国家各有关工业部门对日益增长的加热质量和产量的要求，束缚了国家工业现代化水平的提高。

我用区域法研究炉内辐射传热的硕士学位论文，以及发表在国内和国际的学术成果[3-7]，使我成为中国国内最早在国内外出版炉内辐射传热先进研究成果的学者。而且，我的研究成果也受到国内学者们关注和引用（如第 30 章提到的上海交通大学的教师同行，在他们的科研中将我的研究方法和数学模型用于钢厂加热炉内辐射传热的研究上）。

与此同时，我在火焰炉内辐射换热的深入研究成果。也使得中国得以改变此前关于炉内辐射传热研究的落后状态，并得以赶上国际先进的研究水平。可以认为，我的努力探索，成为中国在改革开放中，追赶世界先进科学水平的炉内辐射传热研究深入发展的一个里程碑。

与此同时，我的火焰炉内辐射换热的深入研究成果，及发表在国内外的研究成果论文[3-7]，使我为东北大学热能系做出了的独特的研究贡献，而且我所在的热能系的教师们对我的研究都很满意。也使我在国内同行中建立起了声誉。

我在导师宁宝林教授的指导下所获得的关于火焰炉内辐射传热研究成果，使我的导师宁宝林教授，由一个没有炉内辐射传热分析研究经历的，在同行中默默无闻的学者，从此在同行学术界具有了一定的威望，成为国内炉内辐射换热深入研究开拓者。

并且，东北大学还在冶金部的领导下。冶金院校各专业博士点的审批权掌握在冶金部手中。在此次提职工作之前不久，东北大学的热能工程专业被冶金部批准为博士点。事实上，我的开拓性研究成果，我发表在国外杂志的研究论文，为热能工程专业的博士点的申报成功做出了特殊的贡献。在专门为陆钟武教授申报博士导师准备的本校热能工程专业学术带头人申报博士点的材料中，我发表于国外学术杂志上的论文，被大吹特吹，被划归为该专业学术带头人（陆钟武教授）学术梯队研究成果，显然，这篇论文为他们博士点的申报成功起到了无可替代的作用。然而，令人费解的是，我这一研究成果，以及我发表在国际杂志上的论文，却在热能系不久后的提职副教授的评审中，被无情地无视了。

在当时，中国的改革开放还开始不久，中国的高校教师能在国外发表论文的人还是凤毛麟角。于是，对于能在国外杂志上发表论文的人的学术水平和能力，人们当然都很看重的。而且应该指出的是，该申报材料中所指出的唯一一篇由该专业教师发表的国外杂志上的论文，正是出自于我之手。

这说明，我发表在国外杂志的研究论文为该专业博士点的申报成功出了大力。遗憾的是，出了大力的我却在提副教授的评审中被忽视了，这太奇怪了！我的心里自然是百思不得其解。而且越想下去，我就越有一种被抛弃和出卖了的感觉。

"这是为什么？"我的心里当然想不通。

我不知道这个系的几位掌权者在该提职评审工作中是怎么做的。总之，他们的作为是黑箱作业。

这一黑箱作业使我为本专业申报博士点的成功所做出的令人瞩目的学术贡献，被令人费解地忽视了。这样的提职如此不公平，使我很难心服口服。

回想起来，这是我研究生毕业，进入东北大学这个学术殿堂以后，第一次在这个大学的热能系吃惊地发现学术不公和明目张胆地压制人才现象。身临其境，我真有一种被出賣了的感覺。

二、 定有嫌隙生

这次所谓的提职评审，其过程就是系里的几个掌权者的黑箱操作。这些人中就包括我的硕士导师，此时的系副主任宁宝林老师。显然，宁老师在我和我的师弟陈海耿之间的选择上，刻意拥抱了陈海耿而抛弃了我。

不久前，系里的一位前辈陈世海教授曾深有所指地对我说"你们课题组几个人中，杨泽宽和陈海耿是老宁的左膀右臂。"

这位耿直的教研室前辈陈世海教授说的话使我心里一震。这话的弦外之音，被我听出来了。其意思无非就是我虽然为宁老师的科研组的科学研究立下了汗马功劳，可就是上不了人家老佛爷的法眼。

无论如何，生性耿直的我在以后的时间里并没有把这话放在心上。我以为宁老师喜欢谁是他的事，他爱喜欢谁就喜欢谁，我凭自己的能力和工作吃饭，没必要在乎这些。

然而，事实证明，在这次提职评选时，系里几位掌权的学术巨头的黑箱作业中，宁老师罔顾学术贡献上的事实差距，固执地选择了学术水平和科学能力都明显在我后面的师弟陈海耿，而抛弃了我。这一事实着实应验了陈世海教授对我的暗示。

"唉！入不入老佛爷的法眼还真不一样！说你行你就行，说你不行，你就不行，不服不行！"我心里犯了嘀咕。

"那么我为什么就入不了老佛爷的法眼呢？"我百思不得一解。此时我的思绪在飞快地转动，搜索着有关的蛛丝马迹。

正在思索中的我忽然有所顿悟，"啊！一定是宁老师对我早有嫌隙？"

三、 嫌隙的成因

第一件事是关于我受邀做学术报告一事。我断定这就是嫌隙产生的原因。

随着我在高温工业炉炉内辐射换热研究的深入，我的研究的学术影响也在扩大。1983年，我研究生毕业已有两年。一天，我去鞍山市热能研究所出差，在返回沈阳之前顺便去鞍钢设计院看望一下工业炉科的老同事。谈话间，工业炉科的邹科长特意当面邀请我择机回到鞍钢设计院工业炉科做关于"火焰炉区域法预示计算数学模型"的学术报告。

鞍钢设计院工业炉科本来是我的老家，科领导代表工业炉科邀请我前去做学术报告，我感到非常高兴。

而且，这说明，从事工业炉设计的鞍钢设计院工业炉科的设计者们，对我的硕士以来的主要研究方向，炉内辐射传热和炉内热过程的研究，很感兴趣。此次应邀去鞍钢设计院工业炉科作科研汇报，这使我有机会旧地重游，并借此机会和昔日的同事们分享自己的研究成果，我何乐而不为呢？

想到这里，我当即欣然接受了鞍钢设计院工业炉科科长这一邀请，并决定回校后向宁老师报告这一消息。

"宁老师，鞍钢设计院工业炉科邀请我去做炉内辐射传热学术报告。"回校以后，我把我被邀请做学术报告的消息告诉了宁老师。

"你告诉他们，我去！"我的话刚刚落音，宁老师的话便突然以命令的口吻脱口而出。宁老师的突如其来的话使我着实吃了一惊。

我迅速地感觉到，这是话中有话，他的话分明含有两个意思：1，不同意我去鞍钢设计院做学术报告；2，指示我把这次去鞍钢设计院做学术报告的机会让给他，并为他做好前去做学术报告的联系和安排工作。

宁老师是在给我下命令了，都是私心引起的呀！

正在这时，我耳边忽然响起一个声音 "做事不由东，累死也无功。"

我知道，所谓的"东"就是 boss（顶头上司）。在这件事情上不管 boss 的要求是否合理，如果不按他的旨意去做，就是累死了也没有功劳，到头来还会落得一身不是，甚至可能遭致人家的怨恨。

我告诉宁老师 "好！我去和他们讲。"

三天以后，我去了一趟鞍钢设计院，面见工业炉科的邹科长。

"邹科长，我这次来是想为宁老师联系一下来做学术报告。我就不来了。请你们邀请一下宁老师好吗？"

邹科长知道了我的来意后，出乎意料地表示不同意安排宁老师前去做学术报告。

"我们知道这个炉内辐射传热的研究是你做出来的，所以请你来做这个学术报告。这个研究不是宁老师做出来的，他不懂。所以我们不请他做这个学术报告。"邹科长直截了当地对我说。

结果，由于宁老师不同意我去鞍钢设计院做学术报告，又由于鞍钢设计院对宁老师的拒绝，所以一个学术报告也没有做成。

如今回想起这件事，我仍然对宁老师的行为感到遗憾。我本来做过他的研究生，鞍钢设计院邀请我去做学术报告，本来也是对我的老师宁老师的肯定，对于宁老师自然也是一件光荣的事。

对于是否要向宁老师传达邹科长不同意他前去鞍钢设计院做学术报告这件事，我陷入了思考。我担心，以宁老师那么强的自尊心，如果告诉他人家拒绝他前去做学术报告，他会承受不了。然而如果不告诉他这件事，也会遭致他的无故揣测，甚至怀疑我对此做了什么手脚，使他前去做学术报告的愿望落空。

考虑再三，我终于二者相权取其轻，没有向宁老师传达邹科长不同意他前去做学术报告这件事，认为这样做总可以免去对他的自尊心的刺激。至于其他后果，我就顾不了啦！

过了一段时间，宁老师没有再向我问起此事。我以为，这件使我们两人不甚愉快的事终于渐渐烟消云散了。

四、 嫌隙的证据

第二件事是宁老师拒绝我合作出版炉内辐射传热科学专著的建议，这是宁老师心生嫌隙的证据。

随着我和宁老师科研团队的炉内辐射换热研究的深入进行，我们在国内同行中的影响越来越扩大，我感到写一本科学专著的的条件已经成熟，以便把辐射传热区域法的研究成果更好地总结和推广。

一天下班后刚吃过晚饭，我特意去宁老师家中向他建言。

"宁老师，我建议写一本关于炉内辐射传热的书，你看行不行？"

"你有什么打算？"宁老师问我。

"论述一下炉内辐射传热的的理论，并把我们这些年来的炉内辐射换热研究的成果融合进去，写成一本书。"我说。

宁老师没有回答。

我接着说："如果您没有时间写的话，初稿可以由我来起草，最后由你把关定稿，由你牵头出版。"

宁老师想了想，然后摇头说"不写！"

宁老师的回答大出于我的预料，因为我本以为他会同意我的提议。

我的本意已经说得很明白了：如果宁老师没有时间写，我可以替他起草这本书稿，再由他把关拿出定稿，牵头出版便是。这也可以反映出宁老师，我们这个科研组，我们的教研室，乃至我们热能系的科研成就和实力。这对促进科学事业的发展，更是一件有百利而无一害的事情。

如今宁老师却断言拒绝我的合作完成这本书的建议，使我百思不得其解。此时的我隐隐地感觉到，不知为什么，我的硕士导师和我似乎有了某种嫌隙，只是我却被蒙在鼓里。

想到这里，我的耳边突然想起了教研室前辈陈世海教授的声音"你们课题组几个人中，杨泽宽和陈海耿才是老宁的左膀右臂。"

此时此刻，我不得不相信陈世海老师的话的可信度。

"搞什么左膀右臂？分明是无端排挤人的把戏。这些离奇的东西都是私欲在背后捣鬼所致。"我想。

想到这里，我的心情很是沉重。

"原来是人家对自己有戒备了。"我猛然醒悟。

"那么宁老师到底戒备什么？况且我凭能力吃饭，又没有对不起过他。"此时的我还是一脸的困惑。

我终于感到，这不是一个好兆头。

五、 背后的流言

关于这次提职评选中受到排斥，系里有的老师背地里告诉我"你不久前出国，没有在国外拿到博士学位回来，所以系里就没有给你提职。"

我分明知道这是系里的掌握评选权力的人杜撰出来的流言蜚语，其目的无非是为他们黑箱作业辩护。

我知道这样的流言是见不得阳光的，否则，为什么不把评选的理由公布于众呢？为什么不在系里诸位老师面前摆一摆提职评选所必需的学术能力和成果，来区别我们三个人孰优孰劣呢？为什么要用流言蜚语来误导群众呢？

我认为"这样的流言不仅不能以理服人，却暴露出散布流言的人的格调太低了。对此，我的硕士生时期的导师宁老师显然脱不了干系。"

"难道提职副教授一定需要博士学位吗？陈海耿也没有博士学位呀！为什么就能提职？"我感到这显然是流言制造者的无稽之言。

"我这次没有拿到博士学位回来，能怪我吗？"我感到这是留言散布者对我的无理责难。

对于这件事，我倒有一肚子话要说。

原来这次出国去德国克劳斯塔大学耶夏教授的研究所，是当时的系主任，现任校长陆钟武教授主动给联系的。

当时的情况是，我已经获得了国家教育部公派出国做为期一年研究学者的名额，正在为此选择国外的有关大学，联系出国事宜。

正在这时，1985年初，还是热能系主任的陆钟武教授代表热能系出国访问国外的大学。他回国后给全系教师做了一次报告，介绍这次出国考察的观感和成绩。在这个会上，他当众宣布，他在访问德国克劳斯塔大学时，和耶夏教授做了多次交谈，介绍我去那里读博士，耶夏教授同意了他的要求。

陆教授继续说，耶夏教授表示，他将在我出国一年以后开始承担我的读博士时期的经济资助。

然后他私下又对我说"尚德义呀！我给你联系的克劳斯塔大学是德国最著名的 No.1 的大学。"

陆教授的这句话对我起了决定性作用。

我想，"既然这是德国最好的大学，那还有什么犹豫的呢！"于是，我当即决定去克劳斯塔大学深造。

可是，耳听为虚，眼见为实。当我来到克劳斯塔大学不久，我便发现这个大学远不是陆教授所吹嘘的那样，是德国最好的大学，而是在 1968 年，以一个矿业学院为基础扩充起来的大学。无论如何，它绝不是陆教授所说的"德国最好的大学"。

"所谓德国 No。1 的最好的大学"原来只是陆教授个人的想象，不客气地说是一个忽悠。事实证明他当时对德国的大学并不太了解。

当时正值中国改革开放初期，人们对国外的大学还少有了解。那时的人们还是盲目相信所谓的权威。陆教授一说克劳斯塔大学是德国的 No。1 大学，我就上劲了，被误导了。

回国后的我不久后师从中国热能工程和工程热物理学科的领军人物，清华大学教授王补宣先生，不脱产攻读清华大学工程热物理博士学位。经过 3 年不脱产的刻苦攻读，我终于以优异的成绩，获得了清华大学授予外校教师的第一个博士学位。而且，在此后的工作中，我对工程热物理和传热学学科的科学研究做出了独特的贡献。

回想起来，我的攻博经历，原来始于陆教授当年对我夸赞的克劳斯塔大学是德国 No. 1 的，最好的大学这一忽悠。它使我经历了一个跌宕起伏的攻博历程。

六、 别了！热能系

其实，我并不特别在乎提职一事，即使对于提职中常见的的论资排辈的传统习惯也不十分反感。我感到，对于一位高等学校的教师，最重要的是努力工作，努力提高自己的学术水平。至于什么时候提职，那是功到自然成的事情，也不必我瞎操心。

然而，你不操心，人家倒是替你操起心来了，偏偏借提职之机，提上来一个资历比你短，更没有什么特殊业绩的人来卡位做副教授，横在你的前面，借以排挤和羞辱你。这样做就令人难以忍受了。

中国有句俗话，叫做"打人不打脸，骂人不揭短"。其意思是说，尽管打人无好手，但脸是万万打不得的，仟万不要打人家的脸；骂人无好语，但揭短是最令人难以容忍的，仟万不要揭人家的短处。有点道德素养的人，一般都明白这个道理。思前想后，我认为老佛爷的行为与打我的脸无疑。

"这得多么大的仇才会做出如此损人不利己，自毁长城的打脸行为？"我对此实在难以理解，以至于我的心都伤透了。

"是离开这位昔日硕士导师，如今的老佛爷，以及目标短浅，擅长于邪魔歪道的这个热能系的时候了。"我想到这里，很快做出了决定。

热能系提职中不公平的黑箱作业，惹恼了本系另外两位资深且令人尊敬的付尚信教授和郎魁教授。他们是热能系热工教研室的教授，在热能系德高望重。这两位教授主动为我写了一封推荐信，把我推荐给大连理工大学热能工程专业的负责人崔峨教授。我拿到两位教授的推荐信后，立刻启程去大连。

从沈阳去大连乘火车只需要几个小时的时间。一路的风景不表。当我找到大连理工大学崔教授的热能工程教研室，只见办公室的门紧锁着。

我在门口等了一会儿，也没有见到有人回来。于是，我向其隔壁的办公室的人打听。

"请问，你们知道隔壁的崔教授办公室的人去哪儿了？"我问。

"崔教授出差了，昨天走的。"我被告知。

"他们教研室其他人在吗？"我问。

"其他的人都一起出差了"

"请问什么时候能回来？"我问。

"不知道，这次出差要走几个地方，可能一时半会回不来。"

碰巧，崔教授在我大老远赶来的头一天出差，而且带领全教研室的老师一起出差，这件事在我看来，真是太不凑巧，太稀奇了。于是，我只好悻悻地返回东北大学。

"这可算是我此生遇到的又一个小概率事件吧！"我对这一情景甚为感叹。

我后来时常感慨这一此生我又一次遇到的小概率事件。仿佛冥冥之中有一只巨手如影随形，总是在关键时刻操纵着我的命运，使我身不由己。

然而，我毕竟是一个执着的人，无论如何，我决心调离这个热能系的决定不会改变。

这个时候，我的研究生时期的一位老学友方觉同学向我伸出援手。方觉同学刚刚在德国亚森工业大学获得博士学位，回到东北大学钢冶系任教。在他的联系下，他的硕士生导师李殷太教授愿意调我到他的钢冶系炼铁专业教研室工作。

在办理调转手续的时候，钢冶系主任王文忠教授也对我表示欢迎。王主任认为，我的工作安排应该由钢冶系的角度上考虑。于是，我被安排在钢冶系炼钢专业教研室，并被委派为教研室副主任。

在我调离热能系之前，发生了一个小插曲。

当我向热能系领导申请调离该系时，热能系的领导说什么都不同意放人，企图用这一遭把我卡在热能系。

这可把我气坏了。

"现在是什么时候了？现在是在改革开放时期，人员的调转是正常的现象，原工作单位没有不放之理。实在不放，那就找个地方说说理吧！"我想了一想，遂向校教师工作处（简称师资处）走去。

我来到校师资处，正好段处长和胡副处长都在。这两位处长工作很负责，口碑很好，我对他们很尊重。于是，我开门见山地向他们表明来意。

"二位首长，我要调离热能系去钢冶系，钢冶系也联系好了，同意接纳。可是热能系就是不放人。你们给评评理，出手帮助我一下吧！"

"这不好办。我们和热能系是同级单位，关于此事，我们对热能系只有建议权，没有发命令的权利。"段处长对此显然感到为难。

"那我只好向上级告他们了。"我说。

"你想怎么告呢？"两位处长问。

"我准备先去省教育局去反映情况。"我说。

"你想怎么反映情况？"胡副处长问。

"我要和省教育局反映，热能系的博士点是唬出来的。他们上报申请博士点，博士导师材料中，盗用我发表在国际杂志的论文，说这是他们梯队的人研究出来的，为他们博士点的博士导师申报成功起到了无可替代的作用。可是，同样的国际论文，在对我的副教授提职问题的评选中，他们却不算数了。他们这种行为是弄虚作假，对我本人极不公平。"我当着两位师资处首长的面气愤地说。

听了我的话，两位处长小声交谈了一会，然后给热能系主任打电话。

"尚德义老师来师资处找我们，他要调到钢冶系去，钢冶系也同意接收。可是你们系坚持不放人。人家和我们说，如果不放人的话，要去上级机关告你们，尤其告你们在申报博士点中有弄虚作假现象。我劝你们还是别找麻烦，把人放了吧！"段处长对我刚刚反映的情况做了简单的转述。

听了段处长的话，热能系的领导自知其行为理亏，也生怕把事情搞大对他们不利，被迫当即同意放人。到了这个地步，我才得以离开了热能系，调入钢冶系。

"这一步走得实在不轻松！"我感叹道。

"无论如何，终于离开了这个专门擅长忽悠人的热能系，也算一件幸事。"想到这里，我感到如释重负，吐出长长的一口气。

七、 后来的事情

1. 关于东北大学热能系

东北大学热能系伴随我的大学本科（1962 － 1968 年），硕士研究生时期（1978 － 1981 年），以及研究生毕业后 7 年的留校任教时间（1981 － 1988 年）。自从 1988 年我离开这个系以后，再也没有和它有过任何关系。

我离开东北大学热能系以后，这个系的系主任陆钟武教授成为了中国科学院院士。尽管如此，细心的人们可以发现，自从 1988 年我毅然离开东北大学热能系，30 多年来，这个系的热能工程专业，在科学学术上成绩平平，乏善可陈。而它的兄弟专业，北京科技大学的热能工程专业，尽管没有出过科学院院士，却成为全国工程热物理重点学科之一，在全国学科评比上，远远走在了它的前面。

然而，热能系在这期间却为东北大学输送了两位校长，陆钟武和赫某师生二人。陆钟武当校长在 1984-1991 年。赫某当校长在 1995-2011 年，而且在 1991 - 1995 年做了 4 年副校长。

笔者算了一下，陆钟武和赫某二人执掌东北大学大权的时间共 27 年，约占同期的东北大学解放后 60 年校龄的 45%。东北大学在他们长期执掌大权期间，从原来全国比较著名的重点大学，沦落到实力和非重点大学为伍的境地。陆钟武和赫某两位校长给东北大学造成的损失之巨，使其回天乏力。

2. 关于宁宝林老师

宁宝林老师是我的硕士导师，应该说，对我有知遇之恩。在他的指导下，我在硕士论文炉内辐射传热区域法数学模型的研究取得了创新的成果，受到学术界的关注和好评。硕士毕业后，我留校任教，成了他的课题组的一员。在宁老师的领导下，我在科研中的工作成绩令人满意。在我们的共同努力下，宁老师在国内相关学术界被誉为炉内辐射换热区域法数学模型的开拓者，从原来一名普通教师，成了在相关学术界有较高声誉的教授。俗话说，红花得有绿叶来扶持，我也便成了扶持宁老师这朵红花的绿叶了。这时我们师徒间的关系达到了顶点，展望未来，我们踌躇满志。

但是，社会是复杂的，在社会生活中，人们免不了经受各种诱惑和挑战，在心理上产生变化。常常看到，也有些人在创业的时候，能够同甘苦，共同打拼，亲密无间。可是在胜利成果到来之时，表现出狭隘的心胸，不愿与曾一起打拼过，同舟共济的人分享，甚至对其百般压制，在关键的时候落井下石。正是在这种情况下，我和宁老师的师生之情也就消失了。于是，我离开了热能系，与此同时，我们两人也就此分道扬镳了。回想起来，这自然是一件很遗憾的事情。

自从我离开热能系，宁老师仍旧带着他的课题组从事炉内辐射传热的研究。这期间又一件事使我记忆犹新。

有一天，吃晚饭的时间，宁老师有一位姓宁的研究生突然来我家。这位宁老师的研究生对我说，"尚老师，我是宁宝林老师的研究生。宁老师交给我的研究课题是炉内一维传热区域法数学模型研究。我还不知道怎么搞。宁老师让我来问你是否有这方面的资料。"

我二话没说，当即从书架上找出一本我刚刚得到的，关于一维传热区域法数学模型研究的论文交给他。我认为，帮助这位研究生解除他的燃眉之急是我的责任，况且他还是我曾经的导师指导的研究生。如果我不出手相助，别人也帮不了他。

一年以后，热能系资料室的一位工作人员特意来我家告诉我一件令她气愤的事情。

原来，宁老师这位研究生的学位论文已经完成了，宁老师的课题组刚刚在教研室为他进行了预答辩。所谓的研究生预答辩就是在研究生正式论文答辩之前，由导师宁宝林课题组的老师们先听一遍研究生对论文的宣讲，给当事人把把关。

该研究生在宣讲中曾提到"感谢尚德义老师的帮助和指教"

此时，宁老师突然打断他的话，"不要提他！"意思是在论文答辩中不要提我的名字。看来宁老师对我的名字似乎有点违莫如深，谈虎变色的味道。

"不能提他！"宁老师的左膀右臂也随声附和。

当我得知这一情景时，一时呆住了，不知说什么好。

作为一位科研人员，起码不能罔顾事实，把自己的档次下降到如此无底线。面对此情此景，我只能替他们感到悲哀。

宁老师于 1994 年因病去世。他去世以后，有关炉内辐射传热区域法数学模型的研究就断了档，而他所信任的左膀右臂却没有谁能够接下这个班。

1988 年我从热能系调到钢冶系。当年，我师从中科院院士，中国工程热物理学科奠基人，清华大学教授王补宣先生不脱产地攻读清华大学工程热物理博士学位，并于 1991 年获清华大学博士学位。我于 1989 年承担了国家自然科学基金课题"有相变及无相变的流体自然对流传热变物性影响的研究"，该项目于 1991 年顺利完成，并获得 1994 年中国国家教委科技进步二等奖。

参考文献

1. H. C. Hottel and A. F. Sarofim ， Radiative transfer, McGraw‑Hill Book Company, New York, 1967， pp 52 pages.

2. 尚德义，"火焰炉段法（区域法）预示计算数学模型"硕士学位论文，1980 年 2 月。

3. 宁宝林，尚德义，关于封闭体系辐射传热单向直接交换面积的研究，东北大学学报（自然科学版）1981, Vol. 2 Issue (3)：33-44

4. 宁宝林，尚德义，火焰炉区域法预示计算数学模型，东北大学学报（自然科学版），1983 年 02 期

5. 宁宝林，尚德义，电子计算器在工业炉中应用讲座，工业炉杂志，1984 年 02 期

6. B. L. Ning and D. Y. Shang, Mathematical models with Analysis and calculation of flame furnaces, Fuel and Combustion, Vol. 50, pp. 1-12, 1983.

7. D. Y. Shang and J. Q. Xia, Study into optimum energy input in constant temperature diffusion furnaces, Elektrowarme International, Edition B, No. 3, 135-140, 1988.

第八篇

清华攻博

第34章清华奇缘拜恩师

一、 攻博的契机

我从德国回国后并没有放弃攻博的心思，我的心愿是师从清华大学王补宣院士，攻读清华的博士。于是，我在工作之余经常思索，如何寻找到这一契机。

我和王院士是在清华大学召开的国际传热学会议上首次相遇。对我来讲，这次相遇就是一个奇缘。它确定了我作为王补宣院士的弟子，开启攻读清华大学博士学位的学习和科研历程，也从此使我们师生二人结下了不解之缘。

1988年，我向清华大学北京国际传热学会议投稿，稿件被会议选中后，我收到了该国际传热学会议的邀请函。

在我打开邀请函的瞬间，我突然心血来潮，想借参加这次国际传热学会议的契机，向王补宣院士毛遂自荐，请他接受我作为他的学生，攻读清华大学博士学位。

在这次会议开始的时候，王补宣院士致开幕词。那是我第一次聆听他的声音。在会议中间的短暂休息期间，我走上前去冒昧向王院士表达自己的心愿，终于使我的愿望成真，成为王补宣教授的弟子，实现了攻读清华大学博士学位这一由来已久的心愿。

二、 心中的纠结

"有机会在这次国际会议面见王补宣院士，应该是我实现攻读清华大学博士学位愿望的千载难逢的机会。时机难得，不可错过。"我提醒自己。

然而，此时又一个声音从我的心底里发出："作为清华大学教授，中国科学院院士，中国工程热物理学科的奠基人，国际传热传质学界最著名的学者之一，王补宣教授在中国乃至在国际工程热物理学和传热学界具有崇高的威望，怎能随随便便接收弟子呢？况且，自己还是外校教师，此前和王补宣院士尚未谋面。如果这次会议上我冒昧地向人家毛遂自荐，自己的愿望到底能有几分成功的把握？"

不过，6 年前王教授就已经与我有过联系。

那是在 1982 年，我硕士毕业，我和硕士导师宁宝林教授向东北大学学报投了一篇题为 "火焰炉区域法辐射传热预示计算数学模型"的论文稿件。出乎意料，该稿件被东北大学学报编辑部特意寄送给国内工程热物理和传热学界的权威，清华大学王补宣院士审阅。

此后不久，学报编辑部收到了王补宣院士对论文稿件写的评语。

王补宣院士的评语对我的论文给予了很高的评价。编辑部很是重视，破例把王补宣院士的评语转给热能工程系。系里又转给了该论文的作者，我和我的硕士研究生时期的导师宁宝林教授。

王补宣院士的评语写了整整一页纸，对我的论文的评价很高。他的热情洋溢的话语使我很受鼓舞。看得出来，德高望重的王补宣院士在审阅我的论文过程中，着实花费了一番心血。

尽管我和王补宣院士此前未曾谋面，我们之间在学术上却有过令人愉快的交集。在这种情况下向王补宣院士毛遂自荐，还不能说是冒昧呢！想到这里，我胸中便鼓起了勇气。

可是，一想起在即将到来的这次国际会议期间，主动向王补宣院士表达自己的愿望，无论如何我的心里还在打鼓。这是因为，我恐怕一旦不知出于什么原因，我的愿望没能如愿，就太丢面子了。

尽管我反复思量了多次，但我毕竟不是一个优柔寡断的人，我强迫自己无论如何必须做出自己的选择。

"丑媳妇总得见公婆吧！如果总是患得患失下不了决心，那么师从王补宣院士攻博的愿望永远不会实现。"于是，我顾不了那么多杂念了，决心在这次国际传热学会议上向王补宣院士面谈，一试究竟。

说来也怪，下定决心后，我的信心也就上来了。

三、 恩师的接纳

1988 年 9 月的一天上午，清华大学北京国际传热学会议在清华大学主楼 2 楼会议厅隆重举行。宽阔的会议厅内坐满了来自海内外的与会学者。他们有人来自北美，欧洲和大洋洲，也有美国加州伯克利大学的校长田常霖教授。

会议主持人王补宣院士用英文致开幕词。在会议开始前，我在会议室前排找到一个座位，使得我能在王补宣院士致词时，尽可能坐得靠近一点。

正在致开幕词的王补宣院士是一位中等身材，面容慈祥的老人，耳朵上带着一个助听器。我早就听说王补宣院士自年轻时候起，助听器就没有离开过他。王院士身着一身退了色的蓝色中山装。尽管这套中山装看来已经穿了许多年，有些发旧，却十分整洁。这位德高望重的王补宣院士，是一位朴素，慈爱的长者。

会议中间休息的时候，我鼓起勇气，走向王补宣院士。这时，正准备步出大厅的王补宣院士看到我向他走去，停下了脚步，微笑地注视着我。我赶紧来到王补宣院士的面前。

"您好，王教授！"我停下脚步，向王院士问好。

"您好！"王补宣教授冲着我微笑地点头道。

此时，这位国际工程热物理和传热传质学界大师级人物，一位德高望重，和蔼可亲的长者，正在略带微笑地注视着我，仿佛在鼓舞我倾吐自己的心声。

我简单介绍了我的学习和工作经历，衷心感谢他6年前为东北大学学报评审我的稿件时对我的论文的肯定，最后我鼓起勇气，表达自己的愿望：希望成为王补宣院士的弟子，在他的指导下攻读清华大学的博士学位。

在此期间，王补宣教授始终面带慈祥。

我把自己的话说完，紧张心情难以平复，心脏砰砰直跳，生怕自己错过王院士说的每一个字。

然而，我的担心是多余的。

此时的王院士没有表示拒绝我的愿望和要求，而是微笑地向我点头。这就是说，王院士表示同意接受我作为他的弟子，攻读清华大学博士学位的愿望。

此时的我反而楞住了。刹那间我有点不敢相信。

在我发楞的瞬间，王院士还在微笑地注视着我。我心中的疑惑瞬间消失了。

当我得知我师从王补宣院士攻博的愿望确实成真，激动得眼泪都快流出来了。

这位慈祥的长者，详细嘱咐我如何去清华大学研究生院办理攻博所需要的手续。

此时的我终于感觉到，这是我许久以来最高兴和激动的时刻。

从此以后，在土院士的指导和教诲下，我开始了不脱产的攻读清华大学博士学位的奋斗历程，三年后，获得了清华大学工程热物理博士学位[1]。而且，我在以后的学术生涯中，一直在接受恩师的指教，并且和恩师合作发表过令我珍重的学术论文[2-12]，即使在我近十几年出版的科学著作中[13-17]，都蕴含着恩师宝贵的心血。在和恩师的长期交往中，我和恩师结下了难忘的师生之情（图34-1）。

图 34-1 难忘的师生之情

四、 恩师送出家

1996 年 7 月初，我作为挪威科学理事会聘请的高级研究学者，赴挪威科技大学应用力学系和系主任安德森教授执行合作科研。临行前，我去北京清华大学拜见恩师王补宣教授。

那天上午我进入清华园，步行大约 5 分钟，便来到恩师的住宅前。这是位于清华西南一隅的一座两层独立小楼。小楼前有一座宽大的庭院。我下意识地环顾一下四周，这一带的环境十分幽静，在偌大的清华园里，此地尤其是一个读书做学问的好地方。

我知道王补宣院士在清华曾经搬家数次。在文革的岁月里，王补宣院士作为清华大学的学术权威受到冲击，被赶出老教授的专门住宅，搬进了公寓房，和年轻教师住在一处。眼前的这所小楼是文革后落实老知识分子政策时，清华大学最近分配给王补宣院士的。

我来到王补宣院士住宅的一楼，走进一个宽大的书房兼会客厅。这是王补宣院士工作和接待客人的地方。

书房内，各种专业书籍和学术杂志琳琅满目，一个名为"国际传热传质杂志"很为显眼，整整摆满了几个书架。这是国际传热传质学最权威的杂志，而王补宣院士是该杂志的几位大编辑之一，负责杂志编辑部在亚洲地区的一切事物。"国际传热传质杂志"是月刊，每一期杂志都由位于美国的杂志社总部寄给王补宣院士。

已经跨入古稀之年的恩师其实身体仍然硬朗。恩师的洪亮又柔和的无锡普通话口音，慈祥的面容使我倍感亲切。当我向恩师告辞时，恩师站起身来，亲自把我送出庭院的门外，站在那里，目送着我远去。

五、 岂料竟永别？

斗转星移，草情草黄。22 年的时间过去了。2018 年 10 月，我有幸应清华大学能动系主任姜培学教授的邀请，在探亲期间，赶赴母校做一个学术报告。头一天，我重访了我的清华母校，并探望我久别的恩师，清华大学王补宣院士。

我对清华大学很熟悉，这是我攻读博士的母校。22 年过去了，清华大学如今更加美丽壮观。全新的建筑拔地而起，巨大变化远远超出了我的想象。

22 年后和恩师再度重逢，我难掩心里的激动。而恩师由于久病虚弱，只能在病床上见我了。

恩师半年前因病住院，动了大手术。出院时，恩师身体各项指标均已恢复正常。但因腿部肌肉严重萎缩，失去了行走能力，以至于只能静卧在床上。

时光流逝，却丝毫没有冲淡我们师生的情谊。恩师非常高兴，微笑着和我侃侃而谈。恩师声音之洪亮，根本不像久卧在床的老人。我告诉恩师，我明天即将在恩师亲自创立并长期工作服务的清华大学能动系做学术报告。恩师微笑着表示欣慰。但是他也告诉我"学术报告中说话口气要婉转一些，不要那么直来直去地批评人家为好。"

恩师已经阅过我发给他的学术报告。学术报告的题目是"实际流体对流传热学-理论和计算"。在前言中，我坦率地指出"对流传热学尽管已有一百多年发展和完善的历史，但目前的对流传热学的理论还是跟不上工业部门和民用有关部门日新月异的发展需要。一个重要的原因在于，至今，传统的对流传热理论难以实现对实际流体的对流传热做有应用价值的深入研究，以至于迄今对流传热的应用公式，还基本上依靠单纯的实验获得。"

原来，恩师的话正是针对我的这一段话。他认为这一段话显得过于直率，尽管描述的是事实，但在学术交流中这样表达，不容易被人家乐于接受。于是，恩师希望我还是叙述得委婉一些为好。

在科学和教育事业上耕耘了一生，功成名就，如今时年 90 多岁高龄，病卧在床的恩师，还在学术上如此关心我，希望报告会的效果更加理想，我已经热泪盈眶。

六、 惊闻此噩耗

2019 年 9 月 1 日早晨 7 点，刚刚起床的我，按惯例打开我的手机，突然在微信中发现一个令人震惊的消息：我的博士导师，清华大学教授王补宣院士已于昨日在北京不幸逝世。

这消息分别来自于我在上海的女儿，以及我的一位研究生时期的老同学，沈阳东北大学刘相华教授。他们同时告知国内刚刚报道的这一则消息。

随即，我赶忙和清华大学能动系主任姜培学教授联系。姜教授证实了这一则消息并告知："王先生是 2019 年 8 月 31 号下午 1 点 56 分逝世的。他这次在医院里将近 10 天，总体上没有太多痛苦，并且安详地过世的。"

突如其来的噩耗太出乎我的预料了。我呆呆地坐在床前，大脑顿时一片空白，好一会才回过神来。

本来就在 11 个月以前，我曾在清华大学能动系做学术报告期间拜访过恩师。当我看望恩师时，正值恩师大病初愈，刚出院不久。恩师的身体虽然有些消瘦，但气色和精神状态很好，加之听说身体各项指标均已经恢复正常，以至于当时我感到恩师的生命力还很旺盛。

离开恩师身边仅仅 11 个月，我却收到恩师逝世的消息。突如其来的噩耗，犹如晴天霹雳，使我的心理难以承受。11 个月前的那一次相见竟是我和恩师的永别，悲痛笼罩我的全身。

几十年来对恩师积累的崇敬和感情涌向心头，许多难忘的往事浮现在眼前。

我时常回忆起 1988 年 9 月这一天和王补宣院士的会面。这一天，我们在清华园举行的国际会议上第一次相见。王院士爽快地答应了我成为他的弟子，满足了从未谋面的我心中酝酿已久的愿望，使我实现了许久的梦想，得以在王院士的指导下攻读清华大学的博士学位。

想来是当年我硕士毕业后（1982 年）投给东北大学学报编辑部的稿件，被转送到王院士审阅。王院士对稿子的充分肯定和赞扬，表明我的论文已经给他留下了深刻的印象。6 年后，当王院士亲自见到我这个论文作者时，还对论文记忆犹新，于是，爽快地接受我作为弟子，我实现了攻读清华大学博士学位的愿望，这是我的生涯中最值得珍重的一件事情。

如今，恩师已经功德圆满，乘鹤西去。每当我想起恩师，感激之情油然而生，继而，强烈的失落感涌上心头。这时，我不由得想起唐朝诗人崔颢的诗作《黄鹤楼》中的两句诗：

昔人已乘黄鹤去，此地空余黄鹤楼。

黄鹤一去不复返，白云千载空悠悠。

……

想到这里，我仿佛置身于莫名的孤独之中。

斯人已逝，生者如斯。

恩师永远活在我的心中。

参考文献

1. 尚德义，清华大学博士论文，《炉内辐射与自然对流耦合的换热研究》导师：王补宣 1990 年.

2. D. Y. Shang, B. X. Wang, L. C. Zhong, An Innovative Similarity Transformation for In-Depth Research of Convection Heat and Mass Transfer. Science Journal of Energy Engineering. Special Issue: Convection Heat and Mass Transfer Vol. 3, No. 3-1, 2015, pp. 1-7.

3. D. Y. Shang, B. X. Wang, and H. S. Takhar, Measurements of the velocity field of the laminar boundary layer for water free convection along an isothermal vertical flat plate, Applied Mechanics and Engineering, Vol. 3, No. 4, pp. 553-570, 1998.

4. D. Y. Shang and B. X. Wang, An extended study on steady-state laminar film condensation of a superheated vapor on an isothermal vertical plate, Int. J. Heat Mass Transfer, Vol. 40, No. 4, pp. 931-941, 1997

5. D. Y. Shang, B. X. Wang and L. C. Zhong, A study on laminar film boiling of liquid along an isothermal vertical plate in a pool with consideration of variable thermophysical properties, Int. J. Heat Mass Transfer, Vol. 37, No. 5, PP. 819-828, 1994.

6. 钟良材，尚德义，王补宣《液体膜态沸腾自然对流变物性影响》－东北大学学报（自然科学版）1994 年

7. D. Y. Shang, B. X. Wang, Y. Wang and Y. Quan, Study on liquid laminar free convection with consideration of variable

thermophysical properties, Int. J. Heat Mass transfer, Vol. 36, No. 14, pp. 3411-3419, 1993.

8. D. Y. Shang and B. X. Wang., The deviation of heat transfer calculation for laminar free convection of gas due to ignoring the variable thermophysical properties, Warme-und Stoffubertragung, 28, 33-36, 1993.

9. D. Y. Shang and B. X. Wang, Measurement on velocity of laminar boundary layer for gas free convection along an isothermal vertical flat plat, 3rd UK National Conf on Heat Transfer / 1st European Conf on Thermal Sciences, Sep. 16-18, 1992.

10. D. Y. Shang, L. C. Zhong and B. X. Wang, A boundary layer approach of film boiling and the heat transfer with consideration with consideration of variable thermophysical properties along a vertical plate, Transport Phenomena, Science and Technology, 1992.

11. D. Y. Shang and B. X. Wang, Effect of variable thermophysical properties on laminar free convection of polyatomic gas, Int. J. Heat Mass Transfer, Vol. 34, No. 3, pp. 749-755, 1991.

12. D. Y. Shang and B. X. Wang, Effect of variable thermophysical properties on laminar free convection of gas, Int. J. Heat Mass Transfer, Vol. 33, No. 7, pp. 1387-1395, 1990.

13. D. Y. Shang, "Free convection film flows and heat transfer", (book) Springer-Verlag Berlin, Heidelberg, New York, 1st ed., 426 p, 2006.

14. D. Y. Shang, "Theory of heat transfer with forced convection film flows", Series (book) of Heat and Mass Transfer, Springer-Verlag, Berlin, Heidelberg, New York, 1st ed., 346 p. 2011.

15. D. Y. Shang, " Free Convection Film Flows and Heat Transfer - Models of Laminar Free Convection with Phase Change for Heat and Mass Transfer", Series (book) of Heat and Mass Transfer, Springer-Verlag, Berlin, Heidelberg, NewYork, 2nd ed., 535 p, 2013.

16. D. Y. Shang, L. C. Zhong, "Heat transfer of laminar mixed convection if liquid", Series (book) of Heat and Mass Transfer, Springer-Verlag, Switzerland, 1st ed., 226 p. 2016.

17. D. Y. Shang, L. C. Zhong, "Heat transfer due to laminar natural convection of nanofluids", Springer-Verlag, Switzerland, 1st ed., 202 p. 2019.

第 35 章攻博研究在清华

一、 学位论文研究方向

在博士论文研究之前，我曾在两个方向上做我的研究工作：

1. 火焰炉内辐射传热的研究。

火焰炉内辐射传热的研究是我自硕士研究生时期以来一直坚持的研究方向。回顾过去，我和我的硕士生时期的导师宁宝林教授曾在国内最早引入美国麻省理工学院 H.C. Hottel 教授的辐射传热分析方法——区域法，并在此基础上，提出了计算辐射直接交换面积的逐次局部再分方法，对复杂的辐射传热分析方法——区域法模型进行了改进，形成了自己独特的炉内辐射传热数学模型。而且，我们也是中国国内最早在国外杂志发表炉内辐射传热研究成果的研究学者。

2. 实际气体自然对流传热研究。

这是我不久前在德国做研究学者期间开始的研究方向。我在一年前回国后，继续这方面的研究工作，并且分别在东南大学和北京清华大学召开的国计算传热学学术会议上发表了这一研究的初步成果。

这里所谓的实际气体（以下简称为气体）是对于理想气体而言。理想气体不考虑物理性质的变化，而实际气体的物理性质是随温度变化而变化的。于是，为了提高气体自然对流传热理论研究的实际价值，气体变物性对自然对流传热的影响是不能回避的。

考虑气体变物性对自然对流传热影响，在前人的研究中是不多见的。事实上，长期以来，气体自然对流传热研究，大多采用 Boussinesq 近似，即除了在控制方程的浮力项考虑气体密度的变化以外，其他物理性质的变化不予考虑。

这是因为，考虑变物性对气体自然对流传热的影响，在研究中要面临许多困难。很长时间以来，由于电子计算器能力的限制，做这样的研究很费时费力。而且，方便可用的气体变物性模型，以及把它和气体边界层微分方程实现有机的耦合，都需要做更加深入的研究。在这些方面的研究上，要走的路还是很长的。

我相信，考虑气体变物性的自然对流这一研究方向，不仅具有很强的理论价值，而且，更具有很高的实际应用价值。因此，我认为坚持这一研究方向是很有意义的研究工作。不久前，我申请的一项"有相变及无相变的气体自然对流传热变物性影响研究"国家自然科学基金课题，就是我决心坚持这一研究方向的具体体现。这一申请课题当时正置于自然科学基金委的专家评审程序中。

根据我的研究经历和学术实践，王补宣院士交给我的博士学位研究课题是"炉内辐射和自然对流耦合的传热研究"。王院士显然希望我把上述两个研究方向结合起来，开展更加深入的研究探索。

接过王补宣院士交给的博士学位论文研究课题，我深感这一课题研究的颇具挑战性。首先，由于需要考虑复杂的炉内辐射和多重反射，火焰炉内辐射传热研究的复杂性，我在我以往的研究中是深有体会的。这个方向每走一步都面临很巨大的挑战。而且，气体自然对流传热变物性影响的研究，对我来说，更是一个传热学上具有前瞻性质的研究方向。这两个方向研究工作结合在一起，其研究的难度更是不难想象的了。

二、学位论文研究规划

经过一番思索，我制定出我的博士学位课题的研究规划。它包括如下几个方面的研究内容：

1. 研究可靠，实用的气体变物性理论模型

气体的变物性的模型是理论研究气体的变物性对自然对流传热影响的基础条件。关于这方面的探讨，科学家们做过许多研究工作，获得很多很重要的研究成果，并陆续提出过气体变物性模型。我需要在气体变物性对自然对流传热的影响研究之前，既可靠又实用的气体变物性理论模型。

2. 研究便于变物性处理的边界层速度场理论最优相似转换模型

该项研究的目的是使得速度场理论最优相似转换方法和模型，适合于用来处理气体的变物性。不久前，我在东南大学的全国第二次计算传热学会议，以及清华大学的国际传热学会议上，发表的边界层速度场理论最优相似转换模型，尚没有考虑变物性，显然是速度场最优相似转换模型的初级阶段了。在当前的论文的研究中，在考虑气体自然对流变物性影响中，这一模型需要结合气体变物性做进一步的改进。一句话，这样做的目的是使气体的变物性对自然对流传热影响的理论研究成为可能。

3. 研究实际气体变物性对自然对流传热的影响

确定了适合于变物性处理的气体变物性模型，和对流边界层速度场的理论最优相似转换模型以后，再研究气体的变物性对自然对流传热的影响，便是顺理成章的了。该项研究要深入探索气体种类，反映气体种类的气体温度参数，以及对流边界层边界温度对对流传热的影响。

4. 研究炉内辐射和气体自然对流耦合传热

完成气体的变物性对自然对流传热的影响研究以后，进一步开

发火焰炉内辐射传热数学模型。该辐射传热数学模型使得炉内辐射传热，和考虑变物性影响下的炉内气体自然对流传热实现有机的耦合。在此基础上，进行炉内温度和热流分布的预示计算。

5. 实验验证炉内温度和热流分布的理论计算结果

以上这 5 项研究环环相扣，缺一不可。他们都对整个博士学位课题研究，具有至关重要的作用。第 4 项研究是气体自然对流变物性影响，和炉内辐射耦合传热研究的集大成。第 5 项研究是验证理论研究结果的实验研究，用来验证气体自然对流变物性影响的理论研究，及其与炉内辐射传热耦合的传热于是计算结果的正确性。

6. 理论研究辐射换热区域法反问题

该项理论研究是抚顺市某工厂委托的研究项目的一部分。该工厂是恒温单晶热扩散炉的制造厂。长期以来，该厂制造的恒温单晶热扩散炉的有效热扩散长度上不去，影响炉子热扩散的效率。我接受的项目是开发一台具有较高有效长度的恒温单晶热扩散炉。在该项研究中，恒温单晶热扩散炉炉内最优供热热流分布的理论研究是一个核心问题。这是辐射换热区域法反问题的研究，理论上具有更大的挑战性。

三、 实际气体变物性研究和应用

博士学位课题的研究规划制定后，我首先开始气体温度变物性研究。

气体的状态方程表明，气体密度和他的绝对温度成反比。然而，气体导热系数，粘度和比热随温度的变化，却随着气体的温度的增加而增加，其变化规律表现出与气体密度的变化截然不同。

许多学者从事过有关气体物理性质随温度变化规律的研究，并且提出了相应的气体温度变物性的公式。一般来讲，对于研究气体的自然对流传热变物性影响，比较常见的是苏斯兰（sutherland）公式和幂指数公式。

比较起来，苏斯兰公式较为精确，但是较为复杂。这表现在用它处理气体的变物性有些不便，与考虑气体自然对流传热变物性影响的控制方程中更不能实现有机的耦合，于是也不能很方便地用于炉内传热分析和对炉内温度和热流分布的预示计算。

气体物性的幂指数公式形式极适合变物性的处理，适合用来研究自然对流传热变物性影响，也适合用于传热分析和预示计算。于是，我决定采取幂指数的形式来作为气体的温度变物性模型。

确定了用幂指数的表达形式来探索实际气体的温度变物性，下面的工作是确定一系列实际气体粘度，导热系数温度变物性的幂指数。

然而，在气体物理性质的研究上，在当时尚缺乏有关的研究结果可以用于准确地提供一系列实际气体的粘度，导热系数温度变物性的幂指数。因此，在采用幂指数的形式来作为气体的温度变物性模型的工作中，我还需要一段路要走。

人们常说，一流的研究工作需要一流的研究资料为依托。于是，我查阅了最新的，标准的气体物性测量手册。从这些手册中，我发现了一系列气体随温度变化的可靠的物性值，并从中获得了一系列气体物性值随温度变化的可靠的数据。以这些数据为基础，应用相应的数理统计和曲线拟合方法，我终于确定了一系列气体物性值随温度变化的比较可靠的幂指数。

我认为，我确定的一系列气体物性值随温度变化的可靠的幂指数，对于我的博士学位论文研究不仅是一个很重要的开端，而且，也是研究气体自然对流传热变物性影响的一项重要的成绩。

在气体变物性模型的深入研究中，我提出了气体温度参数的概念，比如气体粘度温度参数和导热系数温度参数，用以代表实际气体的粘性和导热系数的幂指数。而且，我在接下来的研究中，将把我获得的一系列气体的温度参数，作为探索不同气体的物性随温度变化规律的重要指针，由此使我探索气体变物性对对流传热影响的研究成为可能。

我把我的实际气体变物性的研究进展向导师王院士做了汇报。

王院士接到我的研究汇报后，很快给我写了一封信。信中王院士对我前一阶段的研究给予了肯定。王院士很欣赏我提出的处理气体变物性的温度参数法模型，以及在确定不同气体温度参数中认真的研究态度。从此，表达气体变物性的温度参数法模型连同不同气体的温度参数值便问世了，用于实际气体自然对流传热变物性影响的研究探索中。而且，我和导师提出的一系列气体温度参数也在以后的时间里经常受到国际上的引用。

同时，王院士也指出了其中的不足之处。他告诉我，在使用气体温度参数法处理气体粘度和导热系数的温度变化时，气体另一重要物理性质，气体比热随温度的变化也应该被考虑。他指出，既然气体普朗特数由气体粘度，导热系数和比热组成，比热随温度的变化和黏度，导热系数随温度的变化一样，都应该被考虑。

"导师的指导可真是高屋建瓴啊！"王院士的指导意见使我深感佩服。

我深深感悟到恩师的指导对我的学术成长至关重要。导师的及时指正，使我在研究探索处理气体变物性的温度参数法的应用中，进一步增加了气体比热温度参数的研究。我用气体比热随温度变化的标准测定值，确定了一系列气体的比热温度参数。这使我的气体变物性模型的研究和应用得以更加深入和完整。

此后，我在研究中进一步发现，对于单，双原子气体，空气和水蒸汽，比热随温度变化很小，以至于比热温度参数可以忽略不计。然而，对于多原子气体，由于比热随温度的变化较为明显，其比热温度参数不可忽略。这样的发现，使我对气体自然对流传热变物性影响的研究更加具有科学性。

四、 气体变物性对自然对流传热耦合影响

根据我的气体变物性的研究结果，我在气体变物性对自然对流传热影响的研究中，把单，双原子气体，空气和水蒸汽归纳为一组，把多原子气体归纳为另一组，分别对它们的温度变物性对自然对流传热的影响进行了深入探讨，得到了创新的研究结果，并获得了预示气体自然对流传热系数的公式。

该公式中的气体自然对流传热系数是气体诸温度参数，边界温度条件的函数。这就是说，对于给定的气体种类，和气体的边界温度，气体自然对流传热系数便是可知的。公式虽然简单，然而其来源可不简单，蕴含了有关的理论研究的复杂。

这些研究成果是我的博士论文[1]研究的重要组成部分，并且陆续发表在国际传热传质学界最著名的杂志，国际传热传质学报（IJHMT）上[2,3]。

而且，我用激光测速仪对大温差下气体自然对流速度场的测量结果，和相应的理论计算结果实现了很好的吻合[4]。这也从一个侧面证实了我的气体自然对流传热变物性影响研究的正确性。

总结起来，我的这一气体自然对流传热变物性影响研究，获得了如下的突破性进展：

1. 提出了考虑气体变物性的对流边界层速度场的理论最优相

似模型

我借助流体边界层控制体的力学分析，结合边界层微分方程量纲分析，通过演绎推理（Deductive reasoning）的方法，进一步导出了对流边界层速度场的理论最优相似转换方法和模型，在此基础上成功地完成了考虑变物性的边界层控制微分方程的相似变换，其结果使边界层控制微分方程得以实现最优相似简化，极大地简化了边界层控制方程的求解过程和传热分析。

应该指出的是，我导出的对流边界层速度场的理论最优相似转换方法和模型，在处理流体变物性的对流传热上，优于德国人发明的已有80多年历史，现今仍在国际上流行的Falkner-Skan变换[5]。这是因为，前者可以方便用来处理气体的变物性，使实际气体对流传热变物性影响的理论研究成为可能。而后者在处理气体的变物性上有很大困难，更难于用来研究气体变物性对自然对流传热的影响。

2. 提出了独到的处理气体变物性的温度参数法及其模型

我在引用气体物性随温度变化的幂指数规律的基础上，提出和应用了气体温度参数的概念，并且依据气体物性的标准测量值，获得了一系列气体温度参数的可信值，完善了处理气体变物性的温度参数法。在气体自然对流传热变物性影响的探索中，这一研究结果提供了物理层面的严格的数学描述。

3. 确立了气体对流传热理论研究的可信度和实际应用价值

我在严格考虑了实际气体的变物性对自然对流传热影响的研究获得了回报，实际气体自然对流传热系数的理论公式终于问世了。

值得指出的是，我的博士学位研究在气体自然对流传热变物性影响方面的贡献得到了国际传热学同行的重视和应用，仅举例[6 - 10]如下：

文献 [6,7] 的作者 G.Taton 等人在验证射频手术

（radiofrequency ablation）中由热像仪测量的温度场时，其温度测量结果用我和我的导师提出的预示气体自然对流传热系数公式进行了验证，发现验证的偏差值仅在 2%以内（即使在边缘附近）。该论文的作者 G.Taton 认为，我和我的导师王补宣先生提出的预示气体自然对流传热系数公式是国际上预示气体自然对流传热最精确的公式。

文献[8] 应用我和我的导师开发的确定气体变物性的温度参数法和一系列温度参数值，研究气体热物理性质对垂直锥体上气体自然对流的影响.

文献[9]应用我和我的导师开发的确定气体变物性的温度参数法和一系列温度参数值，进行气体自然对流的理论研究，得到的结果与我们相应的传热计算结果高度吻合。

文献[10]在厨房用多种火焰进行加热的研究中，应用了我和我的导师考虑变物性的气体自然对流传热系数的公式[2,3]，公式的计算结算和实验结果实现了很好的吻合。

国际上还有许多应用我和我的导师王补宣院士的气体自然对流传热系数公式[2,3]的实例，这里就不一一列举了。

五、 流体变物性影响研究的应用价值

我和我的导师王补宣院士提出的气体自然对流传热系数理论公式表明，我们的流体对流传热变物性影响的理论研究具有可靠的实际价值，从而打破了长期以来对流传热学的研究中，只有以实验为基础的经验传热公式才被认为具有实用价值的观点。

我认为，打破这一传统的观点是气体自然对流传热变物性影响研究的一个重要里程碑。这一成功的理论研究也成为我于 1994 年获得的中国国家教委科技进步 2 等奖，以及 1999 年我以杰出科学家资格被载于美国出版的世界名人录的重要原因。

气体自然对流传热变物性影响研究的这一良好开端，使我的研究方向从炉内辐射传热转到实际流体对流传热学的研究轨道。饮水思源，这样可喜的研究成果是我在导师王院士渊博的学识，严谨的学风，和严肃的科学精神的指导下完成的。这使我在历时三年的清华大学博士学位攻读中受益匪浅。至今，每逢回忆起在导师指导下的攻博历程，一种幸运感油然而生。

从此，我在以后的研究生涯中，陆续发表了关于实际流体对流传热学成果的 5 本英文科学著作和一系列研究论文，由此开展《实际流体理论对流传热学》的研究方向。我的研究表明，对流传热理论研究可以具有可靠的实用价值，而流体的变物性对对流传热影响的研究是使其具有实用价值的可靠保证。于是，我的这方面系统的理论研究，成为国际上实际流体对流传热学理论研究的一个里程碑。这是后话。

六、 炉内辐射和自然对流耦合传热的理论研究和实验验证

在气体自然对流传热变物性影响研究的基础上，我的学位论文研究开始转入炉内辐射和自然对流耦合的传热计算中。其中，最主要的工作内容是：

1. 炉内各表面和气体空间区域的划分。

2. 炉内各区域能量方程式的确定。区域能量方程式包括表面区域和其他区域间的辐射，气体区域对辐射的吸收和透射，表面区域的对流换热和导热等。

3. 用逐次局部再分公式计算区域间的辐射交换因子。这次研究采用辐射交换因子比以往的辐射直接交换面积是一个进步，因为前者更代表一般性，应用更广泛。

4. 求解炉内各区域的温度和热流分布。

用于传热预示计算的火焰实验炉是东北大学热能系的实验用煤气加热炉。所用的燃料是城市煤气，采用流量表记录煤气流量。于是，炉内的单位时间的供热量便是可控的了。此外，炉子顶部设有水箱作为炉子的载热体。水的温度和流量可以测量。这些都是求解炉内各区域的温度和热流分布数学模型的输入条件。

炉内温度和热流分布的理论计算和实验测量的结果吻合的较好。这说明炉内各区域间辐射交换因子的计算，气体变物性对自然对流传热影响的研究，以及炉内辐射和自然对流耦合传热的理论计算模型都是正确和合理的。

七、 恒温热扩散炉最佳供热（辐射换热区域法的反问题）的研究

该研究的过程如下：

1. 该项研究中采用的分析计算方法：辐射换热区域法。

2. 炉子几何条件的确定，包括炉子的形状（圆筒形），尺寸和壁厚。

3. 炉子区域的划分。研究中把炉内圆筒型表面分成若干体积相等的圆通形区域。

4. 建立各表面区域和端部区域的能量平衡方程组。每个表面的

能量方程中，包括内热源（电阻丝发热），和与其他各表面的辐射热交换。方程组中的未知条件包括个侧面区域的电阻丝发热之以及端面区域表面温度。由此构成了恒温单晶热扩散炉炉内辐射传热数学模型。

5. 恒温单晶热扩散炉炉内最佳供热热流分布的求解计算。

根据恒温单晶热扩散炉炉内最佳供热热流分布的计算结果所设计的新的恒温单晶热扩散炉，其炉内有效长度从原来的炉内长度的 1/2，增加了 23% 至 32% [11]。

参考文献

1. 尚德义，清华大学博士论文，《炉内辐射与自然对流耦合的换热研究》导师：王补宣 1990 年

2. D. Y. Shang and B. X. Wang, Effect of variable thermophysical properties on laminar free convection of gas, Int. J. Heat Mass Transfer, Vol. 33, No. 7, pp. 1387- 1395, 1990.

3. D. Y. Shang and B. X. Wang, Effect of variable thermophysical properties on laminar free convection of polyatomic gas, Int. J. Heat Mass Transfer, Vol. 34, No. 3, pp. 749-755, 1991.

4. D. Y. Shang and B. X. Wang, Measurement on velocity of laminar boundary layer for gas free convection along an isothermal vertical flat plat, 3rd UK National Conf on Heat Transfer / 1st European Conf on Thermal Sciences, Sep. 16-18, 1992.

5. M. Falkner and S. W. Skan, Some Approximate Solutions of the Boundary Layer Equations, Phil. Mag, 12, pp. 865, 1931.

6. G. Taton, T. Rok, E. Rokita, Temperature distribution assessment during radiofrequency ablation, IFMBE Proceedings 22, pp. 2672 - 2676, 2008;

7. G. Taton, T. Rok, E. Rokita, Estimation of temperature distribution with the use of a thermo- camera, Polish Journal of Medical Physics and Engineering, Vol. 14, Issue 1, pp. 47-61, 2008.

8. H. S. Takhar, A. J. Chamkha, G. Nath (H. S. Takhar, A. J. Chamkha, G. Nath, Effect of thermophysical quantities on the natural convection flow of gases over a vertical cone, International Journal of Engineering Science 42 (2004) 243 - 256)

9. Al-Rashed, S, Siddiqa, N. Begum, and Md. A. Hossain. "Influence of Variable Thermophysical Properties on Natural Convection Flow", Journal of Thermophysics and Heat Transfer, Ahead of Print : pp. 1-8 (http://dx.doi.org/10.2514/1.T5023)]。

10. Y. Gao, Q. K. Liu, W. K. Chow, M. Wu, Analytical and experimental study on multiple fire sources in a kitchen, Fire Safety Journal 63, pp. 101 - 112, 2014.)

11. D. Y. Shang and J. Q. Xia, Study into optimum energy input in constant temperature diffusion furnaces, Elektrowarme International, Edition B, No. 3, 135-140, 1988.

第36章清华攻博话往事

一、 不脱产的紧张攻博

在攻读清华大学博士学位期间，我还同时承担着东北大学的教学任务，其中包括：

1. 东北大学本科生和研究生的传热学教学；

2. 受沈阳工业学院邀请，为本科生讲授传热学；

3. 赴沈阳，抚顺，鞍山等市讲授传热学函授课程；

4. 应邀为东北大学炼钢专业本科生编写传热学教材《冶金连铸传热过程》；

5. 指导本科生，研究生的毕业论文和毕业设计。

在这样的工作环境下，我的工作便是在东北大学和清华大学两边兼顾。这对于我来讲，最大的问题是总感到时间不足。为此，除了尽可能利用周末的休息时间工作之外，我还需要利用好寒暑假期，和其它业余时间从事于学位论文研究和撰写工作。

每当晚上，孩子和劳累一天的妻子已经入睡，夜深人静之时，却是我做博士学位论文的时间。于是，我经常从晚上 9 ：00 工作至凌晨 2：00，做我的博士学位论文课题研究和撰写工作。

那个时候，我还有一个吸烟的习惯。每逢思考关键问题，我必点起烟。仿佛如果不吸上这口烟，就不能思考似的。结果每当晚上工作的时候，我和妻子的卧室里便烟雾缭绕。尽管妻子理解我这个坏毛病，从来没有对此提出过抱怨，但是现在回想起来，我仍然感到对妻子很歉疚。

我想戒掉吸烟的习惯，但很长时间都没有成功。直到 1996 年，我在挪威科技大学做挪威研究基金会教授级研究学者，与挪威科技大学应用力学系主任安德森教授做合作科研期间，由于吸不惯国外的烟草，再加上没有见到周围的同事有吸烟的人，觉得这个吸烟的坏毛病不改是不行了，于是下决心把它戒掉。后来，我就真没有再吸过一支烟。

二、 博士资格考试

我的博士论文答辩安排在 1991 年 3 月中旬。清华大学博士论文答辩时间一般是在 5 月份，可是我 3 月下旬要去德国斯图加特大学做一年研究学者。所以，研究生院安排我提前两个月答辩。

清华大学有论文博士和博士的分别。对于攻读博士的工厂工程师以及研究所研究人员，不需要通过博士资格考试，只通过论文答辩就行。这些人所攻读的博士也被称为论文博士，除此之外，攻读的清华博士学位被称为博士。后者包括在校的博士生，以及高等学校的外校教师，他们需要通过博士资格考试。我作为高等学校的外校教师，需要和清华大学的博士生一样，在论文答辩之前通过博士资格考试。

我攻读的清华大学工程热物理专业的博士资格考试的科目有：传热学、自然辩证法、外语 3 门课程。

传热学考试是口试。

热能工程系特意安排三位教授做为这次考试的考官，他们分别是清华热能系的罗棣薆教授；力学系工程热物理专业的边博慧教授和陈熙教授。这 3 位教授分别负责工程传热学，辐射传热和传热学数值计算方面的考试内容。

考试的前一部分内容是传热学基础知识，比如辐射角系数的概念等等。我在东北大学就是教传热学的老师，对于这些基础知识可以说稔熟于心，回答得也很令人满意。然而对于深入的工程问题，我就不见得很熟悉的了。比如罗教授提出一个问题"电冰箱的发泡是做什么的？"这已经不是传热学的问题了，而是个制冷专业的电冰箱保温材料问题，一下子就把我难住了。再有，边老师提出的一个辐射物理学方面的理论问题，超出了我所搞的工程辐射传热的范围，也一下子把我给考住了。

自然辩证法的考试是论述一个专门问题。

至于论述的是什么问题，我已经忘记了。本来，这 3 门课程的考试当中，我最没有把握的是自然辩证法。可是自然辩证法的考试却有惊无险地获得通过。

然而，外语考试却使我涉险过关。按清华大学研究生院的要求，博士资格考试需要考两门外语。本来我在去德国克劳斯塔大学做研究学者之前，通过了国家教育部的英语 EPT 考试，还在上海外国语学院学习了一年的德语，持有上海外国语学院的德语培训毕业证书。然而，清华大学研究生院主管人员认为，有关成绩单和证书已经超过两年，不能算数。于是我参加了清华大学的英语资格考试。

尽管参加英语资格考试笔试的只有我一个人，考试却是很正式的。

英语笔试由清华大学外语教研室的一位老师监考完成的。外语考试的成绩是 70 分以上，虽然成绩不高，总算是通过了。

然而，对于德语考试，我无论如何没有时间参加了。这是因为，对于德语考试，我需要准备两周到三周的时间，而我的出国日期还有半个月的时间了。这对于我是一个难题。

幸好，这个时候我的导师王院士说话了。

"你们不要再难为他了，他已经够努力的了。"王院士对研究生院的主管领导说。

在这种情况下，清华研究生院的有关领导手下留情，免除了我的德语资格考试。但是为了不降低外语资格考试的标准，专门给我安排了一次有关传热传质学内容的英语口试。

英语口试由三位热能系的教授主考，主考官是李天铎教授。口试的时间是一个半小时。

英语口试的内容是《国际传热传质杂志》近期的一篇论文。按要求，先由我浏览论文，时间限制在 15 分钟之内。然后由主考官就论文的内容，用英语向我提问 5 个问题，由我用英语回答。据说，提问的内容是考官们一个星期前准备好了的。

我在回答问题时没有发生什么困难，基本上都答出来了。最后，主考官指定论文中的一个段落，让我读出来。

我在英语口试中的表现使考官们很满意，于是我的英语口试成绩获得了一致通过。

口试结束后，主考官李天铎教授指着杂志中的这篇论文，当着我的面对其他考官同事很有感触地说"这篇文章不是很容易的，对我们来说也是很难的，考试中能回答到这样的程度还是难能可贵的。"

三、 有惊无险的答辩

在攻读清华大学博士学位中，我最难忘的一天当然是我的博士论文答辩的那一天。那一天论文答辩中出现的一个插曲，使我终生难忘。

那是 1991 年 3 月的一天。

我进行完论文宣读和答辩之后，被要求离开答辩会场，等待下面一个环节，即答辩委员会对论文答辩进行评论。

本来，经过攻博期间的千辛万苦，克服了数不尽的难题，我满以为我的学位论文无论深度和广度都是没得说的，因此对于答辩的评论结果，我倒比较坦然。然而，出乎我的预料，在答辩委员会对论文进行评论期间，有的答辩委员对论文中我提出的考虑流体变物性的边界层能量偏微分方程提出了质疑。

该教授认为我在边界层能量偏微分方程中，把气体比热当作变量有悖于热力学教科书中的定律，是不正确的。此言一出，一石激起千层浪。另一位答辩委员干脆认为我提出的表达方式是错误的，理由是热力学上没有见到这样的表达式，由此建议我的博士论文重新修改，另行择机答辩。

眼见答辩委员会的气氛一边倒了，我的博士论文答辩就要泡汤了，在这紧要关头，我的导师王补宣院士说话了。

王院士认为，我提出的边界层能量偏微分方程，把比热当作变量正是我的博士论文中的一个创造。本来实际气体比热不是常数，但热力学长期以来研究的是理想气体，所以热力学书上一直把气体比热看作是常数。于是，王院士认为我的博士论文中对比热如此表达不仅是正确的，而且恰恰反映出这是论文作者的一个科学独创。

图 36-1　在清华大学博士论文答辩时合影（1991 年）

左起：张正教授，过增元教授（答辩委员会主席），王补宣院士（博士导师），我，李有章教授，周大刚高工，马同泽教授，杜建华（会议秘书，清华博士生）

王院士的据理论述力排众议，使大家的认识统一在正确的轨道上，于是，我的博士论文答辩终于有惊无险，获得通过 ［图 36-1，2］。

王院士后来有一次和我回忆此事时，语重心长地说："错误的东西也能打死人哪！"这句话太对，太深刻了！

实际上，不仅科学上，而且在社会上发生这样的事情并不罕见。如今，恩师已经乘鹤西去，这句话已经成为他老人家留给我的至理名言。每当我想起恩师的这句富有哲理的话语"错误的东西也能打死人哪！"我总是不由得心潮澎湃，感慨万端。

图 36-2　和恩师王补宣院士在清华大学合影（1991 年）

当然，我的论文答辩委员会的一些教授们的错误认知，也在一个侧面反映出当时中国的学术界在学术是非上还存在一定的上升空间。如今，三十年过去了，我真切盼望国人在对待学术上的如此重要的是非问题的认知和态度上，会有一个今非昔比的变化。

这件事使我深感我的博士导师王院士的学术造诣和科学理论功底之深，非常人能及。当年，我的这一所谓有悖于热力学定律的"错误"已经登载于我后来陆续出版的科学著述和论文中。当年一度被认为的所谓"错误"也早已做为一个科学独创和贡献为国际上的科学同行学者所接受，而且被越来越多地在他们的学术论文和著作中采用。

这一科学独创和贡献属于我的恩师王补宣先生。我为有这样一位学术上如此高屋建瓴眼光的恩师感到无比幸运和自豪。

与此同时，我也感到科学上也真是奇妙无穷，令人感慨，科学上的认知无有止境。

四、 博士导师的评语

我于 1991 年 3 月被授予清华大学工程热物理博士学位。我被告知,这是清华大学授予外校教师的第一个博士学位。

恩师对我的博士学位论文非常满意,在给我的博士论文评语(见**图**36-3)写道:"该博士论文的深度,超出了通常的博士学位论文"。

对此,恩师郑重地告诉我"我指导过许多博士生,此前从来没有给过他们任何人这样高的评语。"

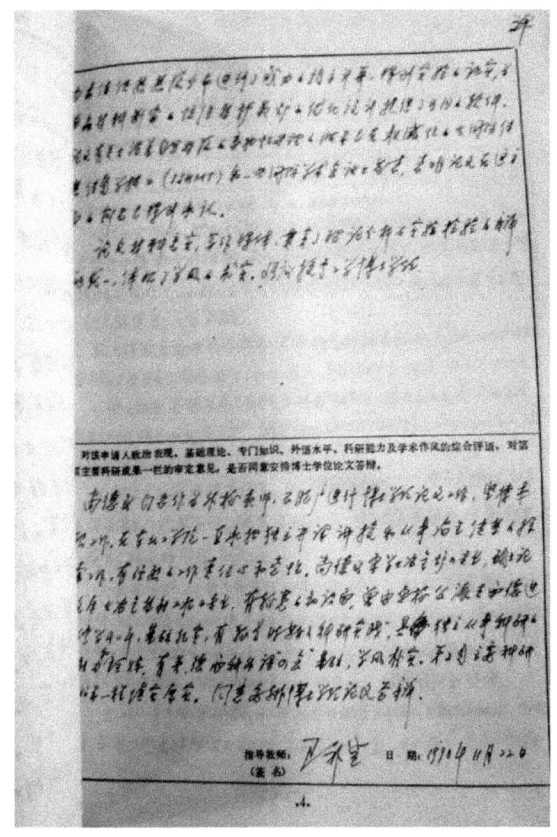

图 36-3　博士导师清华大学王补宣院士对博士论文的评语

五、　对导师的怀念

1991 年初，我的博士论文刚刚提交于导师王院士审阅，导师家里发生了一件不幸的事情，师母逝世了。师母的肾炎已经有十几年了，一直在做透析治疗，经历的痛苦就不用说了，前些天病情加重，不幸逝世。师母的病逝使王院士一家人处于巨大的悲痛当中。

当时，正赶上南京和西安两地召开热能工程和传热学方面的学术会议，清华大学热能系的许多教师前去参加学术会议。师母病逝后，王院士家里少人去问候，显得冷冷清清。

我给北京化工学院的张正教授打电话，告知消息。张正教授是文革前由王院士指导的研究生。张正教授接到电话后，来清华和我见了一面。我们商量了一下，要为导师做些什么。我们决定以我们两人的名义给师母送上一个花圈，表示哀悼。我表示，花圈由我前去购买。

然后，我乘公共汽车去海淀区五道口等地寻找卖花圈的地方，几经辗转，终于在一个临街的铺子上买到了花圈。由于公共汽车上拥挤，花圈又大，携带花圈不方便乘公共汽车，我捧着花圈返回清华大学。

当时正值初春季节，北京的风很大，为了使花圈不至于被大风刮坏，我只好捧着花圈侧身顶风一步步慢慢行走，终于走到清华热能系。系办公室孙主任见到我捧着花圈进来，有些吃惊。原来偌大的热能系的教师基本都由于参加学术会议出差在外，罕有人送来花圈。

晚上，我来到王院士家中看望我的导师。在这之前，王院士已经知道了我给师母送花圈的事。我轻轻敲过门，门很快打开了。王院士看见我来了，走过来紧紧握住我的手，连声说"谢谢你了，尚德义！"

我说 "请导师不要这样说，这是我应该做的！"

"哪有那么多应该的呀！"王先生激动地说。

王院士说到激动处，想起了他当年从美国普渡大学回国，于1949年10月2日赶到北京大学工学院参加工作。他作为海外学子在新中国成立后，积极回国参加教育工作是一个炎黄子孙应尽的责任。可是，到了文革的时候，红卫兵造反派偏偏让他交代 "为什么在中华人民共和国成立的第二天，你匆匆赶到北京？你是带着什么任务来的？"荒唐地怀疑他对国家的忠诚。

"我回国是参加祖国的教育事业，哪有什么别的任务呢！"王先生激动地说。

平时温文尔雅的王先生从不轻易表露自己的感情，此刻，见到他的弟子给师母送的花圈，终于掩饰不住刚失去亲人的痛苦，激动地向他的弟子诉说着新中国成立后，急于报效祖国的心情，却不被红卫兵造反派理解的内心痛苦。

王院士教书育人，诲人不倦和严谨的治学精神在清华大学是出了名的。对此，我有着刻骨铭心的深切体会。

治学严谨的王院士对论文的要求之严格，在对论文的批改中的事无巨细，以至于论文中每个字，每个标点符号的不当之处他都不放过，都严格把关，修改得使人服服帖帖。最后，使我感到，恩师交还给我的才是一篇完美的，无懈可击的我的博士论文。

每当我回忆起恩师，总是想起中国著名歌唱家廖昌永教授献给他的恩师，著名歌唱家和声乐教育家周小燕女士的的一首歌。这首歌的名字是《老师，我总是想起您！》，其中的一段歌词记录如下：

啊！亲爱的老师我怎能忘记你，

我怎能忘记你，

你时时刻刻常在我心里，

常在我，你常在我心里。

每当我有了创造得到荣誉，

啊！老师我总是想到了你，

想到了你。

想到你慈祥的面容，

想到你深切的教义，

啊！从心里默默地向你敬礼，

向你敬礼。

啊！亲爱的老师我怎能忘记你，

我怎能忘记你，

小花儿吐出芬芳，

怎能忘记园丁的培育。

啊！亲爱的老师，

我怎能忘记你，

我怎能忘记你，

你时时刻刻常在我心里

常在我，你常在我心里。

　　我是著名歌唱家廖昌永教授的歌迷，非常欣赏他的歌。我感到，他的声音具有震撼力，浑厚又高亢，豪放又不失温柔。廖昌永是少见的抒情男中音，他的歌唱听起来真是余音袅袅，歌声绵长。我有一次在电视上欣赏他的独唱音乐会，被他的这首歌深深地打动。

此后，我每当想起我的恩师王补宣院士，这首歌便在我的耳边回荡，我的眼前便浮现出我的恩师慈爱的面容，以及对我不倦教诲的画面。

此情此景总是使我那么深情和激动，热泪盈眶。

任凭时间无情地流逝，恩师的音容和淳淳教诲永远留在我的记忆中。

恩师的精神永存！

第九篇

承载荣誉

第 37 章科学基金的申请

一、 确定研究课题

在 1986 年出國之前，我的研究方向是火焰爐內輻射傳熱研究。1987 年 9 月，我在德國克勞斯塔大學從事的工作是液體膜狀沸騰的研究。在這一年的國外研究工作中，我對流體邊界層理論有了自己的心得，探索出處理流體邊界層問題的新方法-邊界層流體速度場最優相似轉換方法，使探索流體變物性對對流傳熱的耦合影響成為可能。該方法已成為需要引用流函數和群論的 Faknar-Skan 變換[1]的更好的替代方法[2, 3]。

回国后，我将研究课题确定为"流体的物性变化对无相变及有相变的自然对流传热的影响研究"，把对流边界层传热作为研究手段，旨在深入探索流体自然对流传热变物性的影响。研究课题涉及到三个比较重要的关键词，它们是：对流传热，流体边界层，变物性影响。

二、 流体边界层的重要性

"流体边界层"这一关键词是指在流体对流传热研究中，要从流体边界层这一微观物理现象入手，旨在搞清实际流体对流传热这一宏观现象。这是为什么呢？

回顾流体力学和对流传热学的发展历史，不难发现流体边界层这一重要的物理现象对流体力学和传热学的重要性。而流体边界层理论的问世，才使流体边界层引起科学界的重视，也使对流传热学的研究发生了革命性的变化。

说到流体边界层的重要性，还要从流体力学的发展历史和边界层理论的问世说起。

流体力学这门科学发展到十九世纪末叶，开始沿着两个截然不同的方向推进。一个方向是理论流体动力学，它是从无摩擦、无粘性流体的 Euler（欧拉）运动方程出发而发展起来的，并达到了高度完善的程度。然而不幸的是，这种所谓经典流体动力学的结果与实验结果却有明显的矛盾。在这种情况下，一些工程师们便在大量的实验数据的基础上，提出和发展了一门高度经验性的流体力学学科-水力学，来解决在工业技术迅速发展中所出现的上述问题。

比较水力学与理论流体动力学这两个流体力学的分支我们看到，由于在研究方法上大不相同，而导致它们的研究结果大相径庭。二十世纪初，在理论流体动力学和水力学的基础上，德国哥廷根大学的力学家 Ludwig Prandtl（普朗特）教授，借助于理论研究和几个简单的实验，证明了高雷诺数绕固体，紧贴物面的流体可以分成两个区域：一是物体附近很薄的一层边界层，又称流动边界层，或附面层，其中粘性摩擦起着主要的作用；二是该层以外的其余区域，这里摩擦可以忽略不计。这就是 Ludwig Prandtl（普朗特）教授对流体流动所做出的天才构想。1904 年,他把这一构想公之于世 [4]，形成了当时风靡于流体力学界著名的 Ludwig Prandtl（普朗特）流体边界层理论。

普朗特的流体边界层理论精确地分析了实际问题中所出现的粘性流动，成功地对粘性流动的重要意义给出了物理上透彻的解释，发现了理论流体动力学的缺陷，从而，找出了传统的理论流体动力学研究结果与源于实验的水力学的研究结果存在明显矛盾的原因。普朗特的流体边界层理论的奇妙之处在于：把上述两个背道而驰的流体动力学分支统一起来，建立起理论和实验之间的紧密联系，促进了流体力学的异常成功和快速发展。这是 Ludwig Prandtl（普朗特）对边界层理论做出的重大贡献。

一个多世纪以来，随着流体力学的巨大进步，Ludwig Prandtl（普朗特）的流体边界层理论也获得了迅速的发展。在这期间出现了大量的论述流体边界层理论发展的论文和著作，其中最知名的著作当属 Schlichting（史里希廷）所著的 Boundary-Layer Theory（边界层理论）[5]。自从 1955 年该书的英文版问世以来，至 2017 年已经再版到第九版。足见 Ludwig Prandtl（普朗特）的边界层理论影响之巨。随着流体边界层理论的问世和发展，流体边界层研究就成为近代流体力学一个重要研究分支，而普朗特本人理所当然地成为近代流体力学的奠基人，被当代科学家誉为诺贝尔奖的无冕之王。他虽然未能来到中国，但却为中国培养了着名流体力学专家、北京航空学院的创建人之一陆士嘉教授（陆士嘉是普朗特培养的唯一一女学生、也是他的关门弟子）。他与中国更深关系在于，他的亲传弟子、被誉为 20 世纪最伟大的航天工程学家 Von Karman（冯.卡门）教授为中国培养了钱学森、钱伟长、郭永怀三位大师级科学家。

三、 边界层理论对对流传热学的影响

在 Ludwig Prandtl（普朗特）流体边界层理论问世之前，对流传热的研究基于传统的无粘性流体的 Euler（欧拉）运动方程，研究结果与实验结果存在很大的矛盾。直至 Ludwig Prandtl（普朗特）流体边界层理论问世以来，对流传热学的研究才得到飞速发展和长足进步。

流体边界层理论对于对流传热学的影响之所以如此巨大，这是因为它揭示流体边界层在壁面附近流动的剧烈变化及其规律，披露了流体边界层这一自然现象的真实存在，并进一步反映出对流传热这一宏观现象的机理和微观本质。因此，对于对流传热深入而严格的研究，从边界层的流动和传热分析入手是一个合理和最佳的选择。

换一个角度出发，我们还可以发现一个有趣的现象：流体边界层是流体力学和对流传热学中广泛存在的物理现象。这意味着，流体边界层的研究是流体力学和对流传热学的交叉学科。随着现代科学的长足进步，科学领域的有识之士越来越认为，重大的科学成果往往出现在不同学科的交叉点上。也就是说，流体边界层的研究，这一流体力学和对流传热学的交叉学科，可以作为对流传热学研究成果的源泉。

这一新的研究课题，使我的研究重点从辐射传热转到对流传热的轨道上来。回想起来，在一年前我出发去德国克劳斯塔大学做研究学者之前，我未尝料到这一点。然而，这一刚刚确定的新的研究课题，在我后来的长期研究生涯中，流体边界层理论在我的对流传热领域研究中获得了充分的发展，于是我也便和流体边界层和膜传热结下了不解之缘。其中也体现在我后来陆续发表的 5 部关于边界层和膜流动传热研究的英文科学著作 [6-10] 中，这是后话。

四、 流体变物性对对流传热的影响

影响流体对流传热的流体物理性质包括密度、粘度、导热系数和比热等。在常压下，这些物理性质都与温度相关。那么，为什么考虑流体自然对流传热的变物性影响研究如此受到我的重视呢？这是因为，考虑变物性影响的对流传热研究，是实现流体对流传热研究的实际应用价值的必要条件。

自从 Ludwig Prandtl（普朗特）流体边界层理论问世以来，对于自然对流，在边界层流体物理性质的处理中，长期以来采用 Boussinesq 近似。

Boussinesq 近似是这样规定的：除了流体边界层动量方程的浮

力项中的密度考虑随温度的变化，所有的物理性质都采用常物性。而且，其物理性质取自边界层平均温度，即流体主流和壁面温度平均值。

然而，流体边界层的厚度非常之薄，常常在一个毫米以下。而且在这一个薄层内，流体介质的温度一下子从壁面的温度变化到流体的主流温度。可想而知，薄薄的边界层内温度的变化是多么剧烈。由于流体变物性的作用，边界层内各点介质的物性不同。因此，Boussinesq近似就会产生很大的传热偏差。我们知道，对流传热率取决于贴壁流体介质的温度梯度，在这种情况下，Boussinesq近似的有效性就受到了质疑。而且，随着温差（即壁面温度和流体主流温度的差）的增大，Boussinesq近似所产生的传热预示偏差就会越大，以至于其可靠性就越来越难以被容忍[11]。鉴于工程上有意义的问题往往涉及到大温差，因此，严格来说，Boussinesq近似只有理论意义，缺乏实际价值。因此，只有考虑流体变物性的对流传热研究，才具有实际应用价值。

鉴于考虑流体变物性的研究的应用价值，在我的新的研究课题的规划中，我计划把变物性影响研究作为流体边界层传热分析中不可缺少的一环。这就是说，对于流体对流传热，我将采取流体边界层分析方法，进行深入的探索。研究中着眼于流体变物性对对流传热的耦合影响，以求在传热学研究中获得新的进展和实际应用价值。

鉴于流体变物性对对流传热的重要影响，国际上许多学者已经开始或者正在从事这方面的研究，他们的研究也在不断地取得新的进展。然而，展望未来，这一方向的研究还有巨大的发展空间和很长的路要走。我也力争把流体变物性的研究和它对对流传热的影响紧密地结合起来，旨在获得新的研究成果。

五、 研究计划

常言道，良好的开端是成功的一半。

要想这一研究课题取得成功，那么就需要在研究工作开始之前，制定一个周密细致的研究计划，以便可以沿着这个研究方向坚定、有序地开展下去。

我在研究计划中把这一方向的研究分为理论研究和实验研究两部分，理论研究包括如下的四项内容：

1. 考虑变物性影响的实际气体自然对流传热研究；

2. 考虑变物性影响的实际液体自然对流传热研究；

3. 考虑变物性影响的液体自然对流膜状沸腾传热传质研究；

4. 考虑变物性影响的蒸汽自然对流膜状凝结传热传质研究。

看来，在理论研究中，每项研究都包含有考虑变物性影响的研究内容。这就是说，考虑变物性影响的研究是我坚持实际流体自然对流传热这一研究方向的核心内容。

对比上述 4 项理论研究可以发现，每一项研究都构成一个独立的研究领域。然而，如果把整个研究看作一个大的整体，我还是把第 1 和 2 项对实际气体、液体的对流传热研究，看作为第 3、4 项膜沸腾和膜凝结传热传质研究的基础阶段，而把第 3、4 项研究看作是第 1、2 项研究的集大成。

选定了研究方向，我自信：只要做足准备工作，做好 1、2 项基础研究，研究中持之以恒，一点一滴，一步一步地积累研究成果，则 3、4 项的膜状沸腾和凝结传热传质研究的难题便有希望得以解决。

实验研究包括：

5. 大温差下气体自然对流边界层速度场的实验测量；

6. 大温差下液体自然对流边界层速度场的实验测量。

上述实验研究的目的，是验证理论研究结果的可靠性。

六、 申请自然科学基金

要想做好科学研究，研究经费必须提前到位。为自己制定的科研方向筹措研究经费，我决定先去校科研处走一遭。

1987 年的东北大学科研处和它后来的摊子相比，工作人员少得多了。由于没有像后来的科研处设立那么多的科室，运作上也就显得更为灵巧精悍。我来到校科研处说明来意，打听申请科研经费事宜。我被告知科研处下属的科研科周湘玲科长负责此事，于是我直接去科研科找周科长面谈。

来到科研科，看到一位 40 多岁的女同志（当时国内人们之间还亲切地以同志称呼）正在工作，她就是周科长，据说是刚从部队转业的。

此时，屋子里已经有好几位老师，周科长正和一位老师谈话。不用说，谈的内容都是科研方面的。这位周科长说话很诚恳，办事很干练。

轮到我谈话时，我简短说明来意，然后开门见山地问周科长"想询问一下有什么科研项目可以申请。"

"我建议你申报一下国家自然科学基金项目"周科长知道我正在从事的研究方向和我所做的前期研究工作后，对我提出建议。

她的话音未落，便迅速取出一份国家自然科学基金申请表格交给我，请我回去填写，并告诉我一个星期内把申请表填写完毕，并请系主任签字批准，然后交回科研处。

根据我回国后早已拟定妥当的研究方向，我可算是有备而来。我以"有相变及无相变的自然对流传热变物性影响的研究"为题，填写了国家自然科学基金申请表。填好表后，我很快找系主任签了字，把完整的申请材料交还给校科研处。

由于每年一度的国家自然科学基金项目的评审工作将在来年的年初结束，为了给刚刚回国的我解决燃眉之急，周科长以校科研处的名义，资助我 5000 元人民币作为我回国后科研启动经费。如今，我再一次感谢校科研处的这一支持，它使我得以解除刚刚回国后一段时间科研经费的短缺的燃眉之急。

七、 双喜临门

然而，我申请的国家自然科学基金在评审过程中不是很顺利。我提出自然基金课题申请几个月以后，去了一趟国家自然科学基金委。当时，我已经开始在清华大学攻读博士学位，就利用在清华大学学习时间，抽空到国家自然科学基金委了解情况。在那里，我第一次面见能源学科主任李素芬女士。

李素芬女士是中国科技大学 1965 届毕业生，比我早两届从大学毕业。大家在见面时都尊称她为李老师。她告诉我："今年报上来的自然科学基金申请课题，经过一段时间专家评审和筛选，发现你的申请课题有一定的竞争力。但由于国家自然科学基金资助的名额限制，国家的改革开放和经济发展刚刚起步，国家投放在自然科学基金上的经费有限，基金课题的评选也受到国家经济发展的制约，许多很不错的课题都不见得能评上。所以，对于你的申请课题的评选也说不上十分乐观。对此，要提前有个思想准备。"

听了她介绍的国家自然科学基金课题的评选之难，听得我一楞一楞的。显然，她无非就是告诉我，我不要对国家自然科学基金的评选结果抱太大的希望。

又过了两个月的时间，评选结果出来了。我于 1988 年申请的"有相变及无相变的流体自然对流变物性的影响研究"课题，获得批准立项，成为 1989 年度中国国家自然科学基金委员会（以下简称国家自然科学基金委）资助的国家级科研项目。此前，我被清华大学研究生院批准，不脱产地攻读该校博士学位已有半年的时间。

我自然对评审结果感到非常高兴。长时间以来，对评选结果的不确定性的焦虑感一扫而光。尤其是，我的申请课题在让我感到不是很有希望的情况下，能得以起死回生，使我感到喜出望外。

静下心来我才察觉，李素芬女士当时说的话也许是放了一个不大不小的烟幕弹。

"也许这就是所谓的领导艺术吧！"我想。对于李素芬女士，我有一种感觉，仿佛这是一位心计较重，擅长技巧之人。

我于不久前开始不脱产攻读清华大学的博士学位，眼前又有刚刚获得令人瞩目的中国自然科学基金课题项目的资助。这两件事一扫我在克劳斯塔大学回国后，在热能系经历的提职风波给我带来的心理阴霾，令人欣慰。

参考文献

1. V. M. Falkner and S. W. Skan, Some Approximate Solutions of the Boundary Layer Equations, Phil. Mag, 12, pp. 865, 1931.

2. D. Y. Shang and B. X. Wang, Effect of variable thermophysical properties on laminar free convection of gas, Int. J. Heat Mass Transfer, Vol. 33, No. 7, pp. 1387-1395, 1990.

3. D. Y. Shang and B. X. Wang, Effect of variable thermophysical properties on laminar free convection of polyatomic gas, Int. J. Heat Mass Transfer, Vol. 34, No. 3, pp. 749 755, 1991.

4. L. Prandtl, Über Die Flussigkeitsbewegungbei Sehr Kleiner Reibung, Proc. 3d Intern. Math. Koug. Heidelberg, 1904.

5. H. Schlichting ,K. Gersten,Boundary-Layer Theory, Springer，9 Ed.，2017.

6. D. Y. Shang, "Free convection film flows and heat transfer", (book) Springer-Verlag Berlin, Heidelberg, New York, 1st ed., 426 p, 2006.

7. D. Y. Shang, "Theory of heat transfer with forced convection film flows", Series (book) of Heat and Mass Transfer, Springer-Verlag, Berlin, Heidelberg, New York, 1st ed., 346 p. 2011.

8. D. Y. Shang, " Free Convection Film Flows and Heat Transfer - Models of Laminar Free Convection with Phase Change for Heat and Mass Transfer", Series (book) of Heat

and Mass Transfer, Springer-Verlag, Berlin, Heidelberg, NewYork, 2nd ed., 535 p, 2013.

9. D. Y. Shang, L. C. Zhong, "Heat transfer of laminar mixed convection if liquid", Series (book) of Heat and Mass Transfer, Springer-Verlag, Switzerland, 1st ed., 226 p. 2016.

10. D. Y. Shang, L. C. Zhong, "Heat transfer due to laminar natural convection of nanofluids", Springer-Verlag, Switzerland, 1st ed., 202 p. 2019.

11. D. Y. Shang and B. X. Wang., The deviation of heat transfer calculation for laminar free convection of gas due to ignoring the variable thermophysical properties, Warme-und Stoffubertragung, 28, 33-36, 1993.

第 38 章荣获科技进步奖

一、 无悔的进取

国家自然科学基金项目申报成功，使我在紧张的攻博期间，面临两个任务：

1）博士学位课题研究；

2）自然科学基金项目研究。

为了圆满完成这两项任务，我只有加倍努力工作于科学探索。然而，这两个研究任务之间也有互相联系的地方。这是因为，自然科学基金项目研究，是我博士学位课题的部分内容。

人在奋斗过程中，总是周而复始地面临各种问题。我在自然科学基金研究中发现，我需要大量的计算。当时正值上世纪 90 年代，当时计算条件的限制，我的计算工作遇到了麻烦。

我们用的 PC 机是 286 计算机，它适应不了我要求的这种复杂而又庞大的计算任务。即使运用东北大学计算中心利用世界银行贷款，从德国进口的西门子计算机，计算速度也不敢恭维，也很慢，每进行一次计算得花费半个多小时。而我的研究课题需要大量的计算次数和海量的计算时间。这样下去，什么时候能得以完成计算工作，不堪设想。而且，如果在研究中需要不断地调整程序，还需要等待操作员来完成。这样，操作起来也很不方便。

由于国内的客观条件，和我的科研要求相比有相当大的差距。我就想，如果能利用国外的大学里好一点的计算机来完成，也许能获得事半功倍的效果。

人在顺利时，往往"说曹操曹操就到"。过了不久，我幸运地获得了一个校际学者研究访问的机会。这时已经到了 1991 年 3 月，我刚刚完成清华大学博士论文答辩，带着自然科学基金的研究任务，风尘仆仆地来到德国斯图加特大学，开始了我的为期一年的研究工作。

这就是说，一方面，我来到德国斯图加特大学是以研究学者的名义，作为期一年的科学研究。除此之外，我个人还有一个目的，需要利用那里的先进的计算条件，在作校际交流课题研究的同时，还要进行国家自然科学基金课题的研究。

德国斯图加特大学可以追溯到 1829 年，2004 年为该校建校 175 周年。1900 年该校获得了工程类学科的博士授予权，1967 年该校改名为斯图加特大学。这所大学位于德国工业高度发达的巴登-符腾堡州的首府斯图加特，是德国九所顶尖理工大学联盟 TU9 成员，也是德国历史最悠久的工程技术高等学校之一。

斯图加特大学有两个校区。一个校区在斯图加特市中心，叫 Stadtmitte(城市中心)校区；另一个校区坐落于一个叫作 Vaihingen 的市郊城镇，叫 Vaihingen 校区。两个校区之间通过地铁相连，路程大约只要 10 分钟，来往非常便捷。

我所在的技术热力学与热过程工程研究所（Institute of Technical Thermodynamics and Thermal Process Engineering）位于斯图加特大学 Vaihingen 校区。所长斯提芬（Karl Stephan）教授是德国著名的传热学家，他的传热学理论造诣很深，在国际传热学界卓有名气。他的办公室内陈列着他出版的许多传热传质学领域的著作。斯提芬教授为人谦虚，温文尔雅，具有学者的风范。

在研究所工作期间，我有幸参加了研究所举办的唯一一次郊游，并在此次郊游期间和斯提芬教授及研究所部分同事留下了一张珍贵的合影（见图37-1）。

"尚先生，你有没有想做的研究题目？"我刚来到斯提芬教授的研究所时，斯提芬教授在和我的谈话中询问我想做什么样的研究题目。

"我想作蒸汽膜状凝结传热研究这个研究题目。"我说出了我的想法。

膜状凝结及其传热研究最早可以追溯到努塞尔特（Wilhelm Nusselt）教授。他于1916年用分析的方法研究在垂直等温平板上饱和蒸气的层流膜冷凝问题 [1]，开启了蒸汽膜状凝结研究的先河。他的这一研究已经加入了大学传热学教科书中。

图37-1 和斯提芬教授及研究所部分同事合影
（前排左起：斯提芬教授，我，研究所另一位教授）

提起努塞尔特教授，我有必要介绍一下这位德国传热学界的先驱和传奇式人物。努塞尔特于1882年11月25日出生在德国纽伦堡。1907年在慕尼黑工业大学（Technische Universität München）学习机械工程，并于1913年至1917年在德累斯顿大学任教。在此任职期间，他在不了解白金汉 π 定理的情况下无师自通，开启了对流传热的量纲分析，并为进一步的传热分析打开了大门。在 1917 年至 1925 年间在瑞士和德国任教和工作后，他被任命为慕尼黑工业大学理论力学系主任。在那里，他在传热学领域取得了重要进展。1957 年 9 月 1 日在慕尼黑去世。在流体力学和传热学中使用的努塞尔特数 Nu 便以他的名字命名。

我和斯提芬教授说，我认为当前蒸汽凝结传热的研究还有许多上升的空间。科学发展到今天，我们已经有必要应用边界层研究的方法，严格研究蒸汽凝结传热中汽-液双膜流动和传热问题，探索其凝结传热传质系数，以便提高凝结传热研究的理论和实际应用价值。斯提芬教授对我的想法表示赞同。

为了更好地支持我的科学研究，斯提芬教授特意推荐阿达麦克博士（Dr. Adamek）与我合作。阿达麦克博士为人和蔼可亲，温文尔雅，博士毕业后，曾经在美国宾州大学做过研究学者，专攻蒸汽凝结问题研究。

我和 Adamek 博士的合作进行得很愉快。我们的课题研究在我离开斯图加特大学前圆满完成，我们合作的论文也于不久后发表在国际杂志上[2]。这是我在德国斯图加特大学一年的工作结晶。

斯提芬教授的研究所拥有一个中等规模的计算中心，主机联网管理着分散在各个办公室的几十台电脑，由斯提芬教授专门指定的研究所员工（通常是指在研究所边工作边读学位的博士生）Mitarberter 管理。

计算中心的隔壁摆放着一排终端机。研究所的应届毕业生也可以利用这些计算机做他们的学位论文。我在这里也选择一台电脑，用于每天的研究工作，长期以来为计算机的计算能力不足而发愁的问题就此解决了。

我通常在下班后的 2-3 个小时内，继续留在研究所做我的自然科学基金课题的研究，每天工作时间是 10 个小时以上。这样的工作时间使我不仅得以按时圆满完成校际交流的研究课题，也充分保证了我承担的中国国家自然科学基金的研究工作，利用国外的计算条件得以卓有成效的开展下去。

二、 自然科学基金课题的理论研究成果

我对国家自然科学基金课题的研究，取得了满意的研究成果：

1. 提出了牛顿流体层流对流边界层速度场的最优相似理论和转换方法。与德国人发明了 80 多年的 Falkner-Skan 变换相比，我提出的方法摈弃以流函数（Flow function）和群论（Group theory）为基础的 Falkner-Skan 变换，避免了繁琐、深奥、过于抽象的理论推导。我提出的边界层速度场的最优相似理论和转换方法，是通过流体边界层控制体力学分析，结合边界层偏微分方程量纲分析方法研究出来的。在处理实际流体对流传热研究中，我提出的新方法便于掌握，实用广泛。尤其是，它使流体变物性对对流传热影响的深入研究成为可能，是深入研究实际流体对流传热学的重要理论方法。

2. 我提出了一套完整的处理实际流体变物性的理论模型，其中包括：处理实际气体变物性的温度参数模型、实际气体的导热系数、粘性和比热的温度参数等新概念，用相关物理量随温度变化的标准实验测量值，确定了不同气体的温度参数；提出了液体（水）变物性的温度多项式模型；提出了蒸汽混合物变物性的浓度和温度加权模型。这些模型使实际流体变物性影响下的对流传热传质理论研究，得以具有实际应用价值。

3. 我提出的流体边界层速度场最优相似转换理论和方法，以及流体变物性的理论模型，由于具有实际应用价值，很快获得了国际学术界同行学者广泛认可，并陆续得到应用。

4. 我在研究中提出了实际气体自然对流传热系数公式，该公式已被国际科学界同行学者所应用，并被鉴定为国际上计算气体自然对流传热最精确的公式 [3，4]。该公式在国际对流传热学研究中，首次实现了对流传热学的理论研究结果付诸于实际应用。该公式的提出的意义还在于，这一研究成果改变了对流传热研究中，只有以实验为基础的经验公式才具有实际价值的固有观点。

由于上述贡献，我以杰出科学家的资格，被收录于 1999 年美国出版的世界名人录。

三、 大温差下气体和液体自然对流速度场的实验测量

关于国家自然科学基金课题的实验研究-大温差下的气体和液体自然对流速度场的实验测量，分别在东北大学和沈阳 601 研究所的激光测速仪上展开。实验中分别以空气和水为介质来进行气体自然对流和液体自然对流速度场的实验测量。其中，空气自然对流速度场的实验测量在东北大学的激光测速仪上进行，该实验测量装置示于图 37-2 中。而水自然对流速度场的实验测量在沈阳 601 研究所的激光测速仪上展开（见图 37-2 和 37-3）。

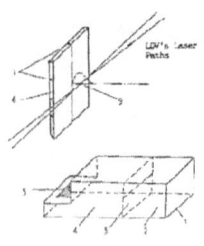

图 37-2 空气自然对流速度场的实验测量装置示意图

1.微粒发生器，2. 驱蚊香室，3. 垫片， 4. 储存烟雾室，

5. 铜线网，6. 等温平板

大温差下气体和液体自然对流速度场的实验测量旨在验证流体的变物性对层流自然对流速度场的影响。与考虑流体变物性相应的计算结果的比较发现，实验测量得到的速度场与相应的速度场数值计算结果吻合得很好。于是，可以发现考虑流体变物性影响的的流体边界层速度场的理论和计算结果是可靠的。由于考虑流体变物性影响下的流体边界层温度场和速度场是耦合的，而且流体对流传热决定于边界层的温度场，所以，考虑变物性影响的边界层传热相应的理论计算结果是可信的。

图 37-3 水自然对流速度场的实验装置和测量
左 1 汪洋（我指导的学生），左 2 我

四、 自然科学基金研究获奖

我的国家自然科学基金课题研究于 1992 年圆满结束，取得了令人瞩目的研究成果和重要进展 [5、6、7、8、9]，1995 年我获得中

国国家教委科技进步 2 等奖（见图 37-4）。获奖项目的题目与我申请基金的题目大体相同，是"流体的物性变化对有相变及无相变的自然对流换热的影响"，我是第一获奖人。

我的自然科学基金研究课题的获奖，基于我在博士期间研究课题中气体自然对流传热变物性影响的研究进展，为我从炉内辐射传热的研究，扩展到对流传热的研究领域奠定了基础，蕴含着恩师王补宣院士的宝贵心血。

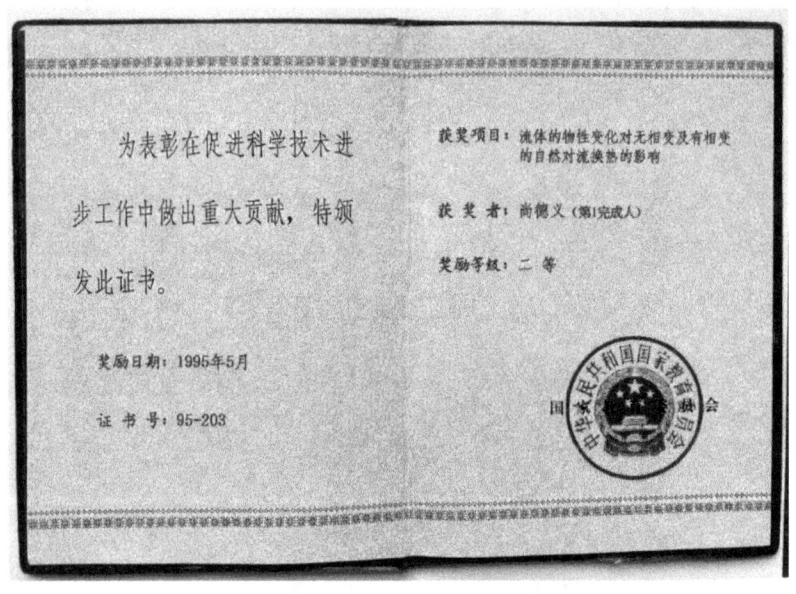

为表彰在促进科学技术进步工作中做出重大贡献，特颁发此证书。

奖励日期：1995年5月

证书号：95-203

获奖项目：流体的物性变化对无相变及有相变的自然对流换热的影响

获奖者：尚德义（第1完成人）

奖励等级：二等

图 37-4 国家教委科技进步奖证书

我的国家自然科学基金课题研究的获奖，也得益于德国斯图加特大学斯提芬教授为我提供的良好学术环境，他对我做访问学者工作的邀请恰逢其时，斯图加特大学先进的计算条件提高了我的研究效率。而且，那里快捷的科学信息交流也使我及时获得科学启迪。这些都帮助我在较短的时间内圆满完成自然科学基金课题的研究任务，并成功获得国家教委科技进步二等奖。在此再次向德国斯图加特大学、向该校计算中心、特别是向斯提芬教授表示感谢！没有他们的支持，以当时在东北大学落后的计算条件，将会在很大的程度上拖这一课题研究的后腿。

国家自然科学基金课题研究的成功获奖，也使我得以在此后不久的挪威研究基金会的课题激烈竞争中，脱颖而出。

五、 从羡慕嫉妒恨说开去

然而，祸兮福所依，福兮祸所伏。我出国进行研究学者的研究工作，不料，却遭到东北大学校内一些人的嫉恨。

"尚德义想出国就出国，什么好事都摊上了。"这些人背后时不时进行议论。

"尚德义呀！你出国太频繁了！"说这种不负责任话的人还有当时刚刚卸任的东北大学校长陆钟武。

我不由得想起了一句成语"燕雀安知鸿鹄之志"。我出国进行的是研究工作，我没有借出国之机，在国外游山玩水，我出国是为了促进祖国研究事业的发展。哪有在国外游山玩水，就能得到国家科技进步奖的？

我当然知道，这些人是见不得别人的好。

君不知，这些抱有羡慕、嫉妒、恨，陈腐思维的人常常是由于羡慕而导致嫉妒，又由嫉妒而生恨。这些人，自己做不了什么事，全凭一张嘴，却专门算计别人。所谓人言可畏，就是指这些人拨弄是非的能力非同小可。

说到出国期间在国外的生活，长期远离自己的家庭，妻子儿女，孤身海外，那是无边的寂寞。只有献身于祖国科学事业的责任感和上进心，促使我在那里顽强地拼搏。这些"羡慕嫉妒恨"之流怎能理解我的内心世界呢？

说起这位前东北大学校长陆钟武教授，他说这样的话时出于一种"羡慕、嫉妒、恨"也许没有人相信，但我是相信的。对此，我想起了一件事。

1981年，我留校任教，硕士导师、课题组长宁宝林老师让我去面见陆钟武老师，请他修改一下我起草的英文论文稿件。可是陆钟武老师接过稿子后，一味对稿子横挑鼻子竖挑眼，把稿子形容得一塌糊涂，却一个字也没有修改。我只好灰溜溜地拿着稿子回来了。

后来，这篇稿子却原文发表在国外学术杂志上了，成了东北大学热能系在国外发表的第一篇学术论文。此后不久，陆钟武教授在向冶金部申请博士点时，在申报材料中把我这篇当时在本系唯一在国外发表的论文，说成是他领导的学术梯队的国际论文。而事实上，我却并不是他梯队的人。

这件事至今回忆起来，仍然觉得很可笑。

这位陆钟武教授，早在1958年在做东北工学院冶金炉教研室主任期间，就在大跃进的形势鼓舞下发明了"东工小平炉"，并获得在报纸上大肆宣传，《钢铁》1958年11期以"东工式1.5吨小平炉简介"为题做了报道，同年冶金工业出版社等媒体也做了介绍。由此，这位默默无闻的教研室主任声名鹊起，享誉全国。尽管这台小平炉因违背科学规律而胎死腹中，他却凭借东工式小平炉发明人的名声，于1965年被选为全国青联副主席，并于文革后1984-1991任东北大学校长。1991年他从校长岗位离任时，又推荐他的学生赫某任东北大学校长，之后赫某竟当了20年东北大学副校长及校长，给东北大学造成巨大损失。

六、 在波鸿鲁尔大学作学术报告

在德国斯图加特大学研究访问期间，我应邀访问了波鸿鲁尔大学并在那里做了一场学术报告，题目是 "气体自然对流传热的变物性影响"（见图 37-5）。波鸿鲁尔大学（德语：Ruhr-Universität Bochum；RUB）是位于德国境内北莱茵威斯特法伦州的知名的公立综合类研究型大学，世界著名。该校建立于 1962 年，是联邦德国时期成立的第一所大学，也是德国最大的大学之一。

邀请我的是波鸿鲁尔大学热流体力学研究所（Institut für Thermo- und Fluiddynamik, Ruhr-Universität Bochum）的 H. Herwig 教授，工学博士，一位活跃在热流体和传热学领域的学者。

Herwig 教授的研究课题领域和我非常接近，他对流体自然对流变物性影响的研究有很深造诣。令我感到欣慰的是，Herwig 教授研究所的一位非常热情的同事，他在我做学术报告开始前特地嘱咐 Herwig 教授，要和我俩共进午餐（见图 37-6），我又意外又高兴。

图 37-5 在波鸿-鲁尔大学做学术报告（1992 年）

（我的身后是 Herwig 教授）

图 37-6 和波鸿鲁尔大学教授合影（1992 年）

（左起：Herwig 教授，我，Herwig 教授研究所的同事）

Herwig 教授非常好客，专门设家宴招待我这位来自中国的学术同行。他的夫人，一位心理学教授，亲自下厨为我们做饭。我在德国同行教授家里用餐，喝着德国啤酒，享用教授夫人兼大学心理学教授亲自下厨做的牛排、各种叫不出名的菜肴和可口的色拉，大家你一言、我一语地亲切交谈，感到非常惬意。这次的学术交流给我留下了难忘的印象。

参考文献

1. W. Nusselt, Die Oberflichenkondensation des Wasserdampfes, Z. Ver. D Ing. 60, pp. 541-569, 1916.

2. D. Y. Shang and T. Adamek, Study on laminar film condensation of saturated steam on a vertical flat plate for consideration of various physical factors including variable thermophysical properties, Warme-und Stoffübertragung30, pp.

89-100, 1994.

3. G. Taton, T. Rok, E. Rokita, Temperature distribution assessment during radiofrequency ablation, IFMBE Proceedings 22, pp. 2672 - 2676, 2008;

4. G. Taton, T. Rok, E. Rokita, Estimation of temperature distribution with the use of a thermo- camera, Polish Journal of Medical Physics and Engineering, Vol. 14, Issue 1, pp. 47-61, 2008.

5. D. Y. Shang and B. X. Wang., The deviation of heat transfer calculation for laminar free convection of gas due to ignoring the variable thermophysical properties, Warme-und Stoffubertragung, 28, 33-36, 1993.

6. D. Y. Shang and B. X. Wang, Effect of variable thermophysical properties on laminar free convection of gas, Int. J. Heat Mass Transfer, Vol. 33, No. 7, pp. 1387-1395, 1990.

7. D. Y. Shang and B. X. Wang, Effect of variable thermophysical properties on laminar free convection of polyatomic gas, Int. J. Heat Mass Transfer, Vol. 34, No. 3, pp. 749-755, 1991.

8. D. Y. Shang and B. X. Wang, Measurement on velocity of laminar boundary layer for gas free convection along an isothermal vertical flat plat, 3rd UK National Conf on Heat Transfer / 1st European Conf on Thermal Sciences, Sep. 16-18, 1992.

9. D. Y. Shang, B. X. Wang, Y. Wang and Y. Quan, Study on liquid laminar free convection with consideration of variable

thermophysical properties, Int. J. Heat Mass Transfer, Vol.
14, No. 14, pp. 3411 - 3419, 1993.

第39章 承载祖国的荣誉

一、 责任和挑战

1996年春节我收到了一封邀请函。

这封邀请函使我很高兴。1994年我的自然科学基金课题研究，获得国家教委科技进步二等奖后，研究经费的短缺使我的热流体研究方向的继续探索被迫中断了两年。这一来自于挪威国家研究基金会国际科研合作的邀请函表明，我的研究方向得到了挪威国家基金会的认可，被迫中断的研究课题得以继续，我能够迎接新的挑战。

邀请函寄自于挪威科技大学的安德森（H. Andersson）教授。这位挪威科技大学应用力学系（Department of Applied Mechanics, Norwegian University of Science and Technology）系主任，参加撰写过非牛顿流体力学百科全书 [1] 的国际知名流体力学家，在邀请函中通知我，他代表挪威研究基金会（Norwegian Research Council）邀请我作为基金会的教授级研究学者，赴挪威科技大学应用力学系与他执行科研合作，从事"非牛顿流体幂律流重力下降膜动力学和传热学研究"。

非牛顿流体幂律流重力下降膜是非牛顿流体沿自由表面流动的一种物理现象，是人们日常生活以及工业活动中一种普遍存在的现象。由于降膜原理的明显优势使液膜在短暂时间内可以实现传热的明显效果，它应用于各种工业生产，诸如聚合物和塑料制造，食品加工以及设备固体表面涂层，以及冷却器，蒸发器和滴流过滤器等液膜的传热。而且它对于热敏材料的应用也具有很大的实用价值。

传统的对流传热学涉及的流体是牛顿流体，牛顿流体流动和传热是人们的关注热点。然而，对于非牛顿流体幂律流而言，牛顿流体仅仅是非牛顿流体幂律流的幂律指数等于 1 时的一个特例。因此把牛顿流体对流传热的研究，扩展到非牛顿流体幂律流对流传热的领域上来，是我要面对的覆盖范围更广的研究课题，研究的难度也大大增加。

这个研究课题，是于去年 5 月我和安德森教授合作向挪威研究基金会提出申请的。我们认为，这项非牛顿流体力学和传热学交叉的研究课题，具有很高的理论和应用价值。由于安德森教授在非牛顿流体动力学研究方面有很深的造诣，而该领域对于我来说是一个新的研究领域，于是，我们合作进行非牛顿流体幂律流动力学和传热学这一交叉领域的研究，将使我的科研领域有很大的拓展和上升空间。就是说，我可以在国际科研合作中开阔自己的科学视野，扩展自己的科学研究领域，做出新的科研成绩。同时这项国际科学研究课题也解决我科研经费短缺的问题。

挪威是地处北欧的一个经济发达的工业现代化国家。相当于中国自然科学基金委员会的挪威研究基金会，欢迎和支持具有挑战性的研究课题，每年从国际上邀请在科学领域卓有建树的少数科学家，来挪威和同行一起开展合作科学研究。挪威研究基金会明文规定，他们的研究基金专门授予具有国际声誉的优秀科学家和学者，候选人也是通过激烈竞争筛选出来的。

这封邀请函表明，我和安德森教授的研究课题，在激烈竞争中脱颖而出，就展示出我的科研水平和能力已经受到了国际上的认可，我非常高兴。

我后来得知，当年获得挪威研究基金会邀请的国际研究学者只有我一位中国人。这是一项国际荣誉。此项荣誉与其说是给予我个人的，倒不如说是赋予我的祖国——中华人民共和国。这项荣誉更多地意味着我的肩上承载着祖国所托付的一份责任。

二、 经费短缺

这一国际合作科研课题最早应该追溯到 1988 年。

那时我从德国访学回国。我的研究课题被批准获得了中国国家自然科学基金会的资助。1992 年，该课题的研究获得了圆满的成果，并于 1994 年获得了中国国家教委科技进步 2 等奖。

在这一课题的研究中，我提出的牛顿流体边界层最优相似的理论，边界层速度场最优相似的变换方法，处理流体边界层流体变物性的独特的理论方法，以及流体变物性对对流传热影响的研究获得了引人注目的研究成果。

其中，我提出的流体边界层速度场最优相似的理论和变换方法，优于流行了近 80 年的 Falkner-Skan 变换。Falkner-Skan 变换通常被用来处理 Bousenesq 近似问题，难以用来处理流体变物性对对流传热的影响，在实际应用中受到了限制。而我提出的理论和方法由于能够用来针对实际流体对流传热的变物性影响研究，具有实际应用价值。我提出的处理流体变物性的物理模型，包括处理气体物理性质（导热系数，粘性和比热）随温度变化的温度参数（幂指数）模型，处理液体物理性质随温度变化的多项式模型，以及蒸汽混合物物性随温度和浓度变化的温度和浓度加权模型，受到了国际上研究学者的重视和应用。

我的研究论文发表于重要的国际杂志上。这些研究成果后来陆续得到学术界同行的重视和应用。其中，我提出的实际气体自然对流传热系数理论公式，后来被国际同行科学家鉴定为计算气体自然对流传热最精确的公式。该理论公式研究的成功在国际传热传质领域第一次表明，对流传热理论研究也可以实现可靠的理论和实际应用价值，从而打破了只有以实验为基础的经验公式具有实际应用价值的传统观念。

但是非常奇怪的事情出现了，我之后每次申请的自然科学基金研究课题都不成功。基于经费短缺，我的研究处于停滞状态。

我本来认为，凭我在前不久的国家自然科学基金课题研究的成绩，我的科研实力在国内同行中已经得到了认可，以至于我的更有竞争性继续的申请课题，顺利地通过评审将不会存在问题。可我的两次自然科学基金课题申请都未能成功，这使我很是无奈。

"由于国家的资源有限，狼多肉少，获得国家自然科学基金的难度很大！"这是自然科学基金委官员安慰落选的资金申请者的话。

然而基金评审中不透明的运作方式还是让我毫无办法。实际上，对自然科学基金评选中的暗箱作业感到无奈的不止我一人。许多人一定知道颜宁教授的事情吧！她在清华任教期间科研成绩卓著。但也是由于同样的原因，她连续两年自然科学基金的申请都失败，使她的研究无以为继，结果这位杰出的清华学者不得不远赴美国继续她的研究。

三、 暗箱作业

我申请的研究课题归口在自然科学基金委能源组评审。

据能源组主任李素芬女士事后告诉我：每次我的申请课题都受到了很好的评价，之前每道关口都顺利通过，却都在年末最后一次评选中被排除在外，采用的是投票，录取率是二比一。我的课题都在这最后阶段中翻了车，却没有告知何种原因，我很不服气。

我认为，自然科学基金评选中一个严重的弊端是基金评选中没有执行回避原则。在被邀请作为投票的评审委员中，不可避免地就有基金课题的申请者或者与课题申请者同一个学校或研究所的人。

按理说，基金课题候选人的工作单位中如果有被邀请的评审人，则该评审人应该回避。然而基金委从来没有考虑这些问题。这就不可避免地给任人唯亲的不正之风提供了可乘之机，甚至为腐败行为提供了方便之门。

为了避免上述的问题，我曾向基金委有关负责人提出在评审投票中执行回避原则的建议，遗憾的是没有得到任何响应。

我还提出在最后一次投票选择基金课题申请的优胜者，即具有二比一淘汰率的投票之前，基金委务必安排课题申请人进行课题答辩的建议，否则，难以避免本来应该得到资助的课题被不合理的投票方式给淘汰掉了。然而这样的建议也没有得到基金委的任何响应。

甚至，当我得知我的自然科学基金申请课题已经落选的时候，打电话李素芬女士，强烈要求给我提供答辩的机会，并要求去北京面见基金委的领导，请他们秉公处理。可是这位基金委能源组的负责人却千方百计欺骗我，致使我错过了解决问题的契机。

人们常说，巧妇难做无米之炊。对于一位科学工作者，研究经费是科学研究的先决条件和物质保障，否则，科学研究便成了无本之木，无源之水。作为从事热流体和传热学基础理论研究的学者，我的课题强烈依赖于国家自然科学基金的经费。一方面，国家自然科学基金课题标志着国家对学者研究潜力和价值的认可。一旦失去这一认可，研究者便被边缘化了；另一方面，国家自然科学基金是课题研究的重要经济资助来源。失去了这一资助，研究便成了无源之水，研究进展步履艰难。

当时的自然科学基金评审过程中，存在严重对人不对事的现象，特别基金最后一轮评审投票中，为数不少的人不见得对课题一视同仁，对根据不同的课题申请者投出不同的票。社会越来越严重的拉关系，走后门的恶劣风气也很自然表现在自然科学基金的评审中。相当比例的自然科学基金申请的获胜者，并没有相应的研究基础和能力，课题研究截止的时候，交上去研究总结了事，根本谈不到什么象样的研究成果和论文。这种现象见怪不怪了。

令我啧啧称奇的是，这种人只要换一个研究方向，用新的课题来申请，一样拿到课题资助。我深深佩服这些人的能力，不知他们使了什么高招，使他们能无往不胜。当然，最后也没有见到这些人拿出什么象样的研究成果来交差。这显然是对研究资源的无谓浪费。而且有人却仍然以他自己获得自然科学基金的次数之多而大肆炫耀。

显然，自然科学基金委没有对浪费资源的惩罚机制是自然科学基金评审中最大的不公正，以至于这种对科学基金的无谓浪费越来越被无视。这到底为什么？从事自然科学研究的我，对于这些情况所涉及的社会问题的复杂性，望而生畏。我知道，复杂的社会关系网络也是导致我的两次自然科学基金申请被拒绝的主要原因。

"送点礼吧！这种事不送点礼那是不行的！"同情我的朋友劝我脑筋放灵活一点，以免吃眼前亏。

然而我不为所动。我对当前社会上形成的拉关系，走后门的社会现象具有一种根深蒂固的抵触和蔑视。从我的祖先继承下来的刚正不阿的性格和在科学事业上一定要有所作为的价值取向，也使我对社会上这种歪风打心眼里感到厌烦。我认为这样做无异于自贬身价，玷污了洁白之身。

"无论如何，我不能做违心的事，我要凭自己的能力去争取。"我一再地告诫自己。

四、 刻意欺骗

在得知申请的基金课题第 2 次落选的当晚，我立刻给自然科学基金委负责能源学科的李素芬主任打电话。

"李主任，我对这个评审结果有意见，所以我将明天去北京找基金委领导谈这件事，并要求对我的申报课题提供一次答辩的机会。"

听我说要去北京自然科学基金委谈一谈课题评选之事，可把李素芬吓坏了。我俩的电话刚挂打完，她就急急忙忙打长途电话给东北大学科研处，要求他们务必稳住我。

科研处当即给我的系主任王文忠打电话，系主任又立刻给我打电话。

"明天你不要去北京！"电话那头的王文忠以命令口吻对我说。

"为什么我就不能去？"我问。

"你不要去好了！"王文忠在电话另一头再次重复他的话，但不作任何解释。

我说："王老师，你没有权利这样绑架我，我上北京见李素芬谈问题，并且要求基金委给我的申请课题一个答辩的机会。"

"你不要去！"王文忠第三次强调。

"不去解决不了问题。我一定去！"我说，随即挂断了电话。

过了大约半个钟头，王文忠又打过来电话。这一次，王文忠不再重复上次的命令，而是心平气和地告诉我："明天自然科学基金委的张玉清去哈尔滨办事，路过沈阳，顺便下车来见你。""他见我有什么用吗？"我问。

王文忠告诉我："国家基金委已经请辽宁省自然科学基金委帮助你解决基金问题。明天张玉清来找你就是来协调辽宁省基金委，帮你解决基金问题。"

在这个关键时刻，我做出了一个错误决定：第二天不去北京了，而是等待张玉清的到来。

我后来得知，张玉清也根本不是国家基金委的人，和李素芬也没有任何工作关系，充其量只是和李素芬平级的专门负责冶金学科的，来自于北京有色金属研究院的一位借调人员。

第二天我果真见到了张玉清。然而在我们两人的谈话间，他绝口不提昨天在电话中托付王文忠系主任向我讲的话，只是让我自己去找辽宁省自然科学基金委去谈，并假惺惺地告诉我："我们和辽宁省自然科学基金委联系好了，关于你的基金资助之事，他们会帮你解决，你自己去找他们就行了。"

当我找到辽宁省自然科学基金委的办公室，向他们转述张玉清的话，辽宁省自然科学基金委的负责人员告诉我，张玉清根本没有和他们联系过。

事实证明，张玉清说给我的那些全是骗人鬼话。这些人只是帮助李素芬演一场戏，糊弄一下我而已，目的是稳住我，无论如何使我不去北京，他们之间互相勾结，互相袒护的演一场戏，哪管别人死活？其心可真是黑到家了！然而，这场戏演被他们演得如此逼真，居然终于把我给骗了。当我发现这全是猫腻的时候，时机已过，木已成舟了。

当时中国官场腐败之风虽然已很猖獗，像自然科学基金评审这样比较重要的事情，腐败仍然是运行于暗处，即便如此，表面文章还是要做的。如果我去北京面见基金委领导，领导很有可能满足我的要求，给我提供答辩的机会，我得到基金资助还是很有把握的。严酷的现实使我对国家自然科学基金委的公正性失去了信任。

五、 寻找国际合作契机

之后我给李素芬主任又打了一次电话，"李老师，今年的自然科学基金的申请又泡汤了。由于没有自然科学基金资助，我原来的研究势头不得不中断了，这怎么办呀！"由于对自己有竞争力的研究方向被迫中断的遗憾，我的话中带着忧伤。

李素芬在电话中对我说："现在国内的自然科学基金资助是僧多粥少。在这种情况下你可以申请国外基金会的课题资助，做国际科研合作。开展国际科研合作本来是改革开放后，国家支持的。"

我是一个认真的人，认为李素芬主任的话有道理。于是，我心里又燃起了希望之火。

我明白，科学是老老实实的学问，要想获得一流的科学研究成果，需要有一流的研究起点。要实现这一切，最好的方法便是"走出去，请进来"。

我的研究实践使我体会到，所谓"走出去" 就是向现代科技发达的国家学习，向他们的现今的科学水平看齐，在研究实践中实现赶超。"请进来"便是把国外发达国家先进的科学技术带回来，为我所用，为我们国家服务。

回顾我此前的科研实践，我在克劳斯塔大学和斯图加特大学的访问学者期间的研究工作中的科学启迪，对我的国家自然科学基金课题的研究的起到了很大的积极作用，也是我不久前获得中国国家教委科技进步二等奖的一个重要原因。于是我感到：开展国际科学研究，不正是和走出去请进来的构想一脉相承吗？

想到这里，我被李素芬主任的建议说服了，于是便着手寻找和创造国际科研合作的机会。我也憧憬着，通过国际科研合作，把新的研究成果带回国内，服务于我的祖国。

可是，争取国际科研合作契机的努力谈何容易。它一方面需要我本人具有相当高的科研实力和业绩，才能受到国外科学家的信赖，愿意和我科研合作；另一方面，需要自己拿出有竞争力的研究课题，以获得国际上的科学基金资助。然而，自己到底行还是不行？我曾经在心里打鼓。反复想来，觉得我不做努力，这一目标是不会实现的。于是我打定了主意，决心前去一试，尽力去争取。

六、 好险

1995 年，我应德国斯图加特大学热能工程研究所（Institute of Thermodynamics and Thermal Engineering, Universität Stuttgart）所长哈诺（E. Hahne）教授的邀请，去那里做为期一年的研究访问学者。哈诺教授是国际著名的传热传质学家，是著名的《国际传热传质杂志》的欧洲地区编辑。在哈诺教授的研究所，我除了每天做研究所的相关研究工作之外，还要安排时间继续做我不愿意放弃的热流体和传热学的深入研究课题。这种访问学者的研究工作也只是万不得已的临时安排。

在哈诺教授的研究所的工作之余，我也在继续寻找国际科研合作的机会。

我的努力没有白费，我终于在半年之后的 1996 年初，收到了本文开头所提到的邀请函，即由安德森教授代表挪威研究基金会邀请我赴挪威科技大学进行国际科研合作的信函。

如今，20 多年过去了，我对当天在斯图加特大学主校区图书馆查阅资料信息的情景记忆犹新。

德国斯图加特大学热能工程研究所位于斯图加特市西郊 Vaihingen（范英根）地区。斯图加特主校区位于斯图加特市的 Stadtmitte（市中心）。进入主校区，眼前展现一条笔直宽阔的林荫大道。林荫大道旁的宽阔草地上绿草如茵，参天的古松纵横交错。放眼望去，和两边草地相接的是排列整齐的一幢幢各式建筑，这些是斯图加特大学管理和服务机构，以及各种类型的研究所。

这里的图书馆虽然不算太大，但这里具有世界各国基金会的数据。然而，众多的相关资料浩如烟海，以至于我翻阅了两个小时还是不得要领。当我快要崩溃的时候，不经意地翻出了挪威国家基金会的部分。此时，我突然眼前一亮。

在那些浩如烟海，繁琐的相关资料中，我发现这部分资料言简意赅。我从直觉感到，对我来讲这是一个靠谱的资料。于是，我选择挪威基金会作为申请对象。这真是踏破铁鞋无觅处，得来全不费工夫。

我立刻给挪威研究基金会写信，请求获得申请表格。我很快收到了回复。挪威研究基金会在回复中告诉我，他们对于基金课题申请者有如下的规定：

1. 申请者需要具有博士学位；

2. 申请者需要递交呈报课题的研究计划；

3. 申请者需要在挪威的大学中有一位和课题方向一致的，有名望的教授作为合作者，并由他来向基金会递交课题研究计划。

从挪威研究基金会的回复中，我发现我已经满足了前两条要求。第三项要求我还不具备。这是因为我对挪威的大学和相关专业的教授还不甚了解，我心里还没有底。

幸运的是，我所在的研究所刚刚收到一份在英国某大学即将召开计算传热国际学术会议的预告小册子，其中标明，该会议的执行委员会主席是挪威科技大学应用力学系主任安德森教授，并指出，安德森教授主攻非牛顿流体动力学。我知道："流体力学和对流传热学属于交叉学科，近代国际上的许多研究发现不正是来自于交叉学科吗？"于是我给安德森教授发去了一封电子邮件，并附上自己的英文简历和刚刚撰写的课题研究计划，以及近些年发表的主要相关论文[2-9]，请求科研合作，并请安德森教授审阅我的课题研究计划，然后上报给挪威研究基金会申请批准。

隔日，我收到了安德森教授的回信。安德森教授对于我的研究的计划表示赞同。他还告诉我一个消息：他接到我的邮件和所附的研究计划时，距离基金会接受申请的截止日期仅有三天了。所以他昨天就把申请材料打印寄出了。按基金会的规定，材料的接收日期以邮戳的日期为准，否则，就会错过基金会当年的申请日期。

好险呀！，我捏了一把汗。

翌年(1996年)收到安德森教授代表挪威研究基金会的邀请函，心里阴霾顿时消散。

参考文献

1. H. I. Andersson and F. Irgens, Film flow of power law fluids, Encyclopaedia of Fluid Mechanics, Gulf Publishing Company, Houston, Texas, 9, pp. 617-648, 1990.

2. D. Y. Shang and H. S. Takhar, Extended study on relationships of heat, momentum, and mass transfer for laminar free convection between inclined and vertical plates, J. Theo. And Appl. Fluid Mech., Vol. 1, No. 1, pp. 16-32, 1995.

3. D. Y. Shang and T. Adamek, Study on laminar film condensation of saturated steam on a vertical flat plate for consideration of various physical factors including variable thermophysical properties, Warme-und Stoffübertragung 30, pp. 89-100, 1994.

4. D. Y. Shang, B. X. Wang and L. C. Zhong, A study on laminar film boiling of liquid along an isothermal vertical plate in a pool with consideration of variable thermophysical properties, Int. J. Heat Mass Transfer, Vol. 37, No. 5, PP. 819-828, 1994.

5. D. Y. Shang, B. X. Wang, Y. Wang and Y. Quan, Study on

liquid laminar free convection with consideration of variable thermophysical properties, Int. J. Heat Mass transfer, Vol. 36, No. 14, pp. 3411-3419, 1993.

6. D. Y. Shang and B. X. Wang., The deviation of heat transfer calculation for laminar free convection of gas due to ignoring the variable thermophysical properties, Warme-und Stoffubertragung, 28, 33-36, 1993.

7. D. Y. Shang and B. X. Wang, Measurement on velocity of laminar boundary layer for gas free convection along an isothermal vertical flat plat, 3rd UK National Conf on Heat Transfer / 1st European Conf on Thermal Sciences, Sep. 16-18, 1992.

8. D. Y. Shang and B. X. Wang, Effect of variable thermophysical properties on laminar free convection of polyatomic gas, Int. J. Heat Mass Transfer, Vol. 34, No. 3, pp. 749-755, 1991.

9. D. Y. Shang and B. X. Wang, Effect of variable thermophysical properties on laminar free convection of gas, Int. J. Heat Mass Transfer, Vol. 33, No. 7, pp. 1387-1395, 1990.

第十篇

恶魔影子

第40章国际科研遭封杀

一、 系主任表示赞同

我收到邀请函的时候，大学还在放寒假，开学至少还有一周。只有外事处的人在值班。我决定去走一遭，通报一下。

在学校外事处我见到了值班的高英学处长。高处长告诉我，我需要等到开学后再继续办理申请出国科研合作事宜。在这一过程中，主要办理两件事：系主任和校人事处的批准手续。我的全部思绪集中在即将开展的国际合作科研的构想中。

学校开学后，我先见了王文忠系主任，请他批准这一国际科研合作。王主任也是钢冶系的教授，解放初曾经在苏联留学，不久前又在瑞典皇家工学院深造。当他看到挪威国家基金会的国际科研合作邀请函后，立即表示支持，并在表格上写道"同意出国合作科研，出国期间有关的教学工作，系里可以安排解决。"

我在国内和国际的科研领域终于开辟了一个可喜的开端。我得以满怀信心地迎接未来国际合作科研的巨大的挑战。

二、 国际合作惨遭封杀

我拿着邀请函又来到校人事处的时候，见到45岁左右的孙x学处长，他原来是采矿系1978级学生，毕业留校做政治辅导员，后来被提拔为系副主任，又被提拔到校人事处做副处长和处长。

孙 x 学处长 1.70 米左右的个子，长着一张白净的瓜子脸，尖下颏，给初见面的人一种城府，老练的感觉。以我对人的阅历，这样的人头脑会很灵活，善于在社会上周旋，尤其是他那遇事认真的样子很容易受到上司的信任。这也无怪乎多年来此人一直是官运亨通了。实际上，我们这次见面后不久，听说这位人事处长又荣升为东北大学的党委书记了，并在这个岗位上一直做了下去，直至退休。

他接过我递交的出国执行国际科研合作申请和挪威研究基金会的邀请函，漫不经心地看了几眼，然后缓缓地对我说："学校不同意你的出国合作科研申请。"

"学校不同意你的出国合作科研申请。"在我听来仿佛不应该是从校人事处长口中发出的。

于是我又问了一遍："是不同意吗？"

"是的，不同意。"孙处长又确认了一遍。

处长大人的断言拒绝令我大吃一惊，使刚才还在心情亢奋，踌躇满志的我，仿佛被出其不意地浇了一盆冷水。

此时此刻，我也不知道心里是怎样的五味杂陈。

我愣在那里，只觉得眼前发生的事情莫名其妙，一时理不出个所以然来。过了好一阵，我才回过神来。

"请问孙处长，有什么理由可以给我解释一下吗？"我问孙处长。

他对我说："学校领导不同意你的申请是因为你是教授，教授只应该在校内做贡献。"

为什么教授只应该在校内做贡献，而不能做国际科研合作？我做国际科研合作究竟犯了那条校规？

想到这里，我好奇地问这位人事处长大人："教授只应该在校内做贡献，这是什么理由呢？难道教授就不应该出国科研合作吗？这不是没有道理的事吗？"。

可是这位校人事处长大人却不正面回答，只是一味地兜圈子。

现实使我不得不正视的是，作为一位教授，在这所国家的高等学校里，我处于权力结构的底层。我没有支配自己的国际科研合作的工作权力，尽管这一权力应该是一位教授份内的事情。如今，我的这一权力却被学校的领导层剥夺了，显然，身居领导位置，拿着国家工资的人在胡言乱语中，冠冕堂皇地滥用权力。事实是，这个学校的所谓的领导在行使权力的时候，不必摆事实，讲道理，也不需要了解你的科研工作到底重要与否。因为这不是他们行使权力时所关心的事情。事实表明，他们只关心他们手中的权力和运用权力的权术，至于国家的科学现代化，国家的兴亡，看来不是他们关心的内容。

尽管人事处长的断言拒绝和随心所欲的理由使我的心里难以理解和容忍，我还是费尽口舌向他解释，据理力争。

"不要再强词夺理了。如果再有意见，那就去找赫校长！"已经变得不耐烦的处长大人无端地结束了谈话，下逐客令了。

"那就找校长去呗！校长本人是留学回国人员，一定会理解国际科研合作的重要性，况且还是自己的老同学，想来一定不会让我失望的。"我天真地想。

我辞别了孙处长，三步并作两步上了三楼，在别人的指引下，在走廊的尽头进了赫某校长宽大考究的办公室。见到校长，我说明了来意，叙述了我的出国申请刚刚在人事处受阻的情况，请求校长批准我的出国申请。

三、 封杀令制定者

"这事归人事处管，你去找人事处解决。"赫校长稳稳地坐在他的宽大的高背靠椅上，冷冷地对我说。

"人事处解决不了这一问题，只好找校长你来定夺"我回答说。

"人事处如果管不了，那要人事处干嘛！"坐在靠椅上的赫校长理直气壮地大声说。

"这话也对呀！"我的脑子里没有多想，又返回了人事处。

回到人事处，孙处长让我找人事处刘洪林副处长谈。

我面前的刘副处长看样子是一位 35 岁左右的年轻人。在人事处处长办公室，我和这位刘副处长谈了起来。

"孙处长和赫校长推来推去，他们都说这事应该由对方管。到底谁说的对呀？"我问。

"不放你出国的决定实际上是赫某校长做出的。这样的决定人事处本来无权作出。"刘副处长和我兜了一阵圈子后，再也不耐烦和我周旋下去了，索性对我和盘托出。刘副处长转述赫某校长对此事的决定：

"我们不支持他这件事！"

直到这时，我才恍然大悟，原来赫某校长刚才对我说的慷慨激昂的话，是刻意向我打官腔，故意耍我。至此我才明白，原来是东北大学的掌权者，我大学时期的老同学赫某拒绝了我的国际科研合作的申请，并使我跑上跑下受到他们的愚弄。

此前，我万万没有料到，封杀我的国际科研合作的始作俑者正是这位曾经的大学本科同专业同学，到日本深造后便受到上级的高度重用，现在是校长的赫某。善良的我哪里知道，这位汉奸之子正在用恶意嫉妒的眼光窥视着我，意欲瞄准机会对我进行无情的打压，破坏和封杀。此时，我才恍然大悟，刚才人事处长给我浇的那一盆冷水，是在执行这位校长赫某对我的封杀令。

中华人民共和国高等教育法第十二条规定：**国家鼓励和支持高等教育事业的国际交流与合作。**

中华人民共和国劳动法第六条规定：**国家鼓励和保护劳动者进行科学研究、技术革新和发明创造。**

以我的常识，国际合作科学研究在中国其他大学都会毫无悬念地受到学校领导的大力支持，但在这里却遭受到断言的拒绝。

于是，我给各级领导写信揭发赫某校长破坏，封杀我的国际科研项目的违法行为，请求领导上能认真对待，秉公处理这一事件。可是这些申诉和请求都石沉大海。

我一直认为，从我的科学生涯来看，我为了祖国的科学现代化目标而努力工作，其实一直是国家期望我们科学工作者做的事情。如今，为了同样的目标而工作的我却受到恶意嫉妒官僚的公开打击和迫害，无人能站出来替我说话。这使我感到无限的困惑，失望和茫然。

我自从上小学以来，就是一个天真无邪的小学生，如今已经是一位在科学上有一定成就的大学教授了。在我生涯的漫长的时间里，我对祖国有了根深蒂固的情感，对共产党的领导已经产生了强烈的信任和依赖感。

按照中国高等教育法这一规定，本来我向学校申请的国际科研合作理应获得国家依法保障。但为什么这一法律在东北大学却行不通？为什么还有如此无视国法，限制和侵犯基本人权的丑恶行径？而且这种丑恶行径竟无人能管？

第 41 章 西安交大伸援手

一、 违法封杀的根本目的

赫某校长十年前从日本带着一纸博士从日本留学回国，受到上级的重视，很快被任命为东北大学校长，但是他的工作重点没有放在提高学校科研水平上面，就连他本人科研团队的研究都松松垮垮，乏善可陈。

与此同时，我作为教授，在科学研究中身体力行，是国家自然基金的获得者，做出了世界性的科学成果，获得了国家教委科技进步二等奖，我研究课题，还被挪威研究基金会批准为国际科研合作项目，而我也被授予教授级科学奖学金。赫某利用他手中校长的权力，不惜违反国家的法律，直接破坏和封杀我的国际科研合作。

另外，赫某校长还做了两件破坏我的国际科研合作的事情，其一是"制造谣言"，其二是"阴谋换人"，这使我更看清了这位校长赫某对我的恶意嫉妒。

二、 制造谣言

赫某和投靠他的亲信大肆散布谣言"尚德义出国太频繁了！这次出国可能就不想再回来了！"

常言道"谣言总是比真相跑得快"。

这个来源于赫某校长以及他的亲信的谣言，不久就传到我的耳朵里了。

我寻求国际合作是我在我的科研经费短缺情况下的无奈之举，也是在中国国家自然科学基金委能源科李素芬主任的建议下进行的。这是我从事国际科研合作这一努力的直接原因。

至于出国次数的多少，应该是根据需要决定的。而前两次的出国学术访问，无非是为了学习国外大学的先进的研究水平和经验，以便启发我的学术灵感。而且我的出国学术交流都是经过学校派遣的。况且这种学术访问也都是处于改革开放的中国大肆提倡的，应该说是人所共知的。而且，这些学术活动也都大大促进了我的科研和学术水平，并为学校的科研水平提高和祖国的科研事业出了力。

无端地认为别人出国学术交流活动就是风光去了，全不知人家在国外是如何刻苦地做研究工作。如果不是为自己选择的研究生涯做出更好的成绩，为国家甩掉科学技术落后的帽子的强烈愿望，谁愿意一个人在那种远离亲人的国外，忍受无边的寂寞？回忆起此前出国研究访问时在国外举目无亲，无边寂寞的生活感受，心里很是感慨。

"这种谣言的制造者擅长于把怀疑和想象当作事实，来丑化他所嫉妒的人。我无意驳斥那些歪曲我出国合作科研动机之人。我认为谣言止于智者。这种谣言不仅不值一驳，只会暴露出谣言制造者的别有用心。

三、 阴谋换上自己人

谣言制造公司的老板又施展出 "换人" 的伎俩。

我的邀请函被赫某校长无理拒绝后不久，我有事去系办公室。我刚刚锁上自行车，身旁停下来一个骑自行车的人。我抬头一看，此人是一位叫李 x 宽的年轻教师，隶属于赫某校长研究团队的一名成员。

"尚老师，既然学校不让你去，那你就推荐我去呗！"李 x 宽一边扶着自行车，一边对我说。

李 x 宽的话如此突兀，以至于我顿时愣住了，过了几秒钟才回过神来。原来李 x 宽指的是要代替我去挪威搞合作科研。

我问李 x 宽"你和我的专业背景，研究领域都不同，如何能承担我的国际科研合作项目呢？"

"那我就慢慢学呗！"李 x 宽回答。

"这样的国际科研合作项目要求很快出成果，没有时间允许你慢慢学的。"我告诉李 x 宽。

此时，李宝宽哑口无言，怏怏而去。

这位年轻教师李 x 宽是流体机械专业刚刚毕业的博士，和我的传热学研究领域基本上相距十万八千里。博士毕业以后，李 x 宽进入赫某校长科研团队工作。

李 x 宽和我的专业领域，研究方向相差如此之远，对我的科研课题又没有任何研究基础，却想承担我的这一项国际科研合作课题，实在是想入非非，弄不好，把课题研究搞砸，是大概率事件。到那时所造成的损失不仅我个人承担不起，国家威信的丧失更是一件天大的事。

李 x 宽是赫某研究团队的人，消息才如此灵通。显然，如果没有赫某向他示意由他代替我的国际科研合作，他李 x 宽是不会有底气向我提出如此荒唐的无理要求？唉！赫校长这不是假公济私吗？其心可真够黑的了！此时的我全明白了。

四、 陷入沉思

我开始给东北大学党委书记蒋仲乐，主管东北大学的冶金部领导，国家教育部部长等领导写信，据理说明此次国际科研合作对学校和国家科研发展的重要性，请求上级党政领导给予支持。然而，将近半年时间过去了，这些信都石沉大海。

我在国内长期接受的教育使我知道，不管遇到什么样的困难，只要去找上级领导，没有解决不了的。相信有关领导一定会帮我排忧解难。

可如今，我需要上级领导帮助我解决国际科研合作遭受学校顶头上司的阻力和封杀时，我已经得不到上级领导的支持了。

五、 路在何方

5 个月过去了，接近邀请函最后的有效期限了。按邀请函规定，如果错过 6 月份，邀请函便会失效。

我的国际合作科研之路虽然被赫某阻断了，但我不相信就再没有路了。既然路是人走出来的，我便可以寻找其他可行的途径绕过他这个障碍。总之，我惹不起你，那我躲着你还不行吗？天性本来就顽强的我却忽然看到了希望。

六、 西安交大伸援手

我想起西安交热能动力学院院长陶文铨教授。1987 年，我曾参加在东南大学举办的全国计算传热学术会议，在该学术会议中结识了陶文铨教授。陶教授已经成为中国传热学领域崭露头角的学者，而且，他的谦虚，和蔼，和平易近人学者风范也给我留下了很深的印象。他师从中国传热学和工程热物理学科前辈，美国伊利诺伊理工大学博士，西安交通大学教授杨世铭先生。1980年，陶文铨教授曾赴美国明尼苏达大学传热实验室深造。

我给陶教授打了一个电话。我向陶院长介绍了我本人的情况和当前的困境，请求陶院长帮忙协助，把我的工作调转到西安交大，并希望使我被东北大学阻挠的国际合作科研得以顺利执行。

陶院长（不久后他被选为中科院院士）对我的工作调转要求当即表示欢迎，并承诺，他要立刻对此着手联系。

第二天，陶教授打来电话告诉我，西安交大新成立的化工学院很需要人，化工学院院长郁有章教授对我表示欢迎。

听到陶院长的及时答复，我非常高兴，当即表示同意。

在陶院长的支持下，我的这一工作调转要求很快得到西安交通大学化工学院的接受。而且向我表示支持我的出国合作科研一事，可以立刻安排我出国合作科研，并告诉我，当合作科研工作完成后，回国到西安交大工作。

七、 西安交大派我从事国际科研合作

闻名于世的西安交大可真是一个办实事的大学。它对科学工作者的事业的爱惜和尊重使我感受到了温暖。这和校长赫某把持下的东北大学嫉贤妒能，对科学人才的冷酷排斥以及对他们所献身的科学事业的无情打压和破坏形成了鲜明的对比。围绕一个国际科研合作一事所经历的风风雨雨，使我品尝了人间温暖。

西安交大很快给东北大学发来了商调函。

接到西安交通大学的商调函，我赶忙去找东北大学校长赫某。然而，高高在上的校长赫某不是那么好见的。我费了一番周折终于可以进入赫校长宏大气魄的办公室。

我递上西安交大的商调函，请他签字放行。

我以为在趾高气扬的赫校长手里，商调函又会成为废纸。不料，赫校长只对我递过来的商调函看了几眼，头也没抬，默默地在上面签上了他的名字。

此时，校长赫某没有任何迟疑，就同意我调转到西安交大，这使我不由得心中一愣 "太阳真的从西边出来了？"

"无论如何，校长赫某既然同意我调离东北大学去西安交大，那么我今后的一切都由西安交大来安排，他校长赫某就没有任何干涉的可能了。"想到这里，我感到，摆在我前方的科学进取之路上的一块大石头就此消失了，不禁心旷神怡。

不久，我和我妻子的人事档案被调入西安交大。

当西安交大收到东北大学寄出的关于我的商调函之前，近半年的宝贵时间都被赫某把持的东北大学的阻挠下无谓的流失了。此时已临近我出国合作科研邀请信中要求的报到截止日期。这表明，我在出国前已经不具备足够的时间办理他所需要的一系列调转和迁移手续去西安交大。

在这一出国时间紧迫的情况下，摆在我面前只有两个选择：

1.　如果西安交大领导同意我先出国合作科研，那么我便可以在国际合作科研工作结束后，再回国办理人事调转去西安交大工作；

2.　否则，我也会义无反顾地调转去西安交大工作。

"既然东北大学在人事上已经同意放行，并且你的人事档案也交给了我们，你就放心出国吧！科研结束后回国再办理余下的调转手续是迎刃而解的事。"西安交大化工学院院长郁有章教授暖暖的话语使我很受感动。

在启程赴挪威的头一天，我专门向东北大学我工作时的系主任王文忠教授和杜尧君人事副主任告别。我告诉他们"我的人事档案已经被调到西安交通大学，而且在我出国最后期限临近的情况下，西安交大的领导安排我先行出国合作科研，在我的国际科研合作工作结束后，再安排我到西安交通大学报到工作。"

第 42 章 工作着是快乐的

一、古朴的挪威科技大学

在西安交大领导的支持下，我终于来到挪威的特隆赫姆市（Trtondheim），挪威科技大学所在的城市。

特隆赫姆市是挪威的中部城市，位于挪威西海岸，频临大西洋。特隆赫姆市区的主体部分和最繁华的地区位于尼德河在特隆赫姆峡湾的交合处的一块冲积平原。这就是特隆赫姆的市中心了。该市是挪威第三大城市，很接近北极圈了。

我的国际科研的合作者兼东道主，挪威科技大学应用力学系主任安德森教授特地到机场迎接我的到来，和他一起来到机场迎接我的还有他的一位博士生。我后来得知，这位博士生是瑞典人。由于北欧四国（包括挪威，瑞典，芬兰和丹麦）互相免签，他可以在挪威像挪威本国人居留和一样上学读书，而不需要签证。这对他们国家间的人员往来和交流很是方便。

安德森教授已经等待我将近半年之久，见到我的到来非常高兴。安德森教授对我表示了热烈的欢迎。我们虽然初次见面，但安德森教授像见到老朋友一般对我这位长途跋涉来到挪威执行科研合作的客人问寒问暖，关心备至。

"我给你的的邀请信发出去快要半年了，很长时间没有见到你的到来，还以为你遇到什么麻烦，来不了了。"

"安排自己的工作和家里的事情费了点时间。"我轻描淡写地说。此时我没有心思告诉他我为了这次出国科研合作，在东北大学所经历的那些麻烦事情。

挪威科技大学为我安排了很好的生活和工作条件。在我到来之后，安德森教授就安排我住进了该大学早已为我安排好的公寓，内有宽大的卧室兼书房和会客厅，并设有专用的厨房和洗手间。安德森教授为我提供了很好的工作条件，并为我安排了专门的办公室，配置了最新的计算机用于我的科学研究。

风格古朴的挪威科技大学（NTNU）（见图44-1）位于挪威特隆赫姆市（Trondheim），学生人数大约 40,000 人，是挪威最大的顶尖工科大学，在欧洲享有极高的声誉，曾有五位校友获得诺贝尔奖。它的主校区座落在与海港区域相邻的一座高地上。这里也是我所在的应用力学系所在地。学校拥有世界一流的技术和学术实力。是挪威全国最顶尖的工程学与工业技术的研究中心，

图44-1 古朴的挪威科技大学

和中国的大学不同的是，应用力学教研室只有安德森一位正教

授，其他的教师有的是副教授，也有的是年轻的助理教授（助理教授相当于国内大学的讲师）。然而，由于挪威人崇尚民主和平等，平时感觉不到教授的权威和教师职位上的分别，看到的只是教师们的各司其职。挪威人工作整体勤快且有责任感。在教师的队伍当中，系主任也其他教师一样，看不出来有什么分别。甚至大学的校长也看不出来任何的权威，而我在该校科研合作一年多的时间内，就没有见过该校的校长。

在这里，大学校长的称呼不是我们所谓一校之长的一种权力的象征，而主要表现在一位德高望重的教授和学者的形象以及学术威望。这和东北大学校长赫某那样在科学上无所事事，却大摇大摆，盛气凌人，趾高气扬，颐指气使的傲慢和横行霸道的形象完全不同。

二、 一心扑在科学研究上

来到挪威科技大学的第二天，我便开始了我的紧张研究工作。

项目研究课题在对流传热研究中尚属首次。自从传热学问世100余年以来，对流传热理论研究所涉及的流体都是牛顿流体。关于涉及非牛顿流体的对流传热理论研究，由于流动和传热的复杂性，科学家尚缺乏相应的理论研究经验。这对该国际合作科研的合作者我和安德森教授来说是一个很大的挑战。我知道，这一个创新性研究课题的研究工作，是一场全力以赴的挑战！

我合作科研项目的東道主安德森教授所在的應用力學系位于挪威科技大學主校區。主校區则位于特隆赫姆市中心區域東南方向一個小山頂上，和平坦的市中心區域相距不遠。

每天清晨吃過早餐，我便匆忙離開公寓前往學校。公寓東面不遠的尼德羅斯大教堂附近的尼德羅斯大街是我去大學主校區上班的必經之路。尼德羅斯大街南北走向，大街的一頭向北伸向市中心北面盡頭的海港碼頭。那裏，一座古老的維京戰士雕像聳立在碼頭邊的廣場之上。大街的另一頭向南指向大學主校區的方向。從教堂附近的尼德羅斯大街出發向南步行 10 分鐘，尼斯河映入眼簾。這是特隆赫姆的母親河。特隆赫姆廣闊而平坦的市中心區域，特隆赫姆平原，便是由于這條河千百萬年的衝擊形成的。

擡眼一望，只見一座雄偉壯觀的尼斯大橋橫跨在尼斯河上。我大步走在橋上，環顧四周，一片寂靜，微風撲面，沁人心脾。橋下平緩的河面上，河水靜靜地流過，悄無聲息。走過大橋不遠，只見左前方有一座小山。山坡上有一條寬闊平坦的路面，直通山頂。向著山頂極目所望，一座巨大建築在晨霧中映入眼簾，這就是挪威科技大學古老的主樓，也是挪威科技大學的地標建築。這裏有大學圖書館，以及學校的各服務機關。大學主樓後面廣闊的平地上分布著大學主校區的各個系和研究所的建築。我正在工作的應用力學系 就坐落其間。

爲了挽回由于校長赫 x 成的肆意破壞所浪費掉的長達半年之久的寶貴時間，我每天早上上班之早，以至于我到辦公室後開始工作的時候，系裏往往空無一人。我也是系裏最晚下班的人。

夏季來臨，接近北極圈的特隆赫姆市規定一切工作單位都在下午 3 点下班，以补偿人体由于漫长的冬季所造成的紫外线吸收的缺失。届时，整个学校除了我本人，已经见不到其他人影了。

三、 研究工作初见成效

经过安德森教授修改补充和进一步讨论，一个详细的修改方案被确定下来了。

这项研究对我们是一个很大的挑战！

研究方案是包括搞清影响非牛顿流体幂律流下降膜传热规律及其影响因素，以及在此基础上提出预示其传热系数的理论计算公式。这些都超出了前人的研究成果。而且，因为理论研究的难度很大，研究的风险也是存在的。

我还是有信心的。

为了保证这样一个具有很大挑战性的研究课题的研究效率，应用力学系特地给我配置一台新计算机。对我来讲可真是雪中送炭。我们的研究工作主要任务是理论上的开发，其中包括大量的数值计算，如果计算能力跟不上，将会延误研究工作。

非牛顿流体对流传热的研究，当时在国际上刚刚起步。对于我来讲，我的关于非牛顿流体幂律流下降膜对流传热的研究还没有前人的成熟的理论研究经验可循。

普朗特数作为一个重要的物理参数，在流体动力学和传热学的研究中具有重要的理论和应用价值。然而，对于非牛顿流体，由于物理性质的复杂性，牛顿流体的普朗特数并不适用于非牛顿流体。这是研究过程中第一个难题。要使研究工作得以顺利开展，首先要解决这一难题。

为了解决这个难题，我对幂律流体边界层微分方程做了认真的分析，终于提出了非牛顿流体幂律流的普朗特数。由于该普朗特数与幂律指数和坐标变量有关，我和安德森教授把它称为幂律流体的局部普朗特数。这一发现之重要，可以称之为非牛顿流体幂律流边界层对流传热学研究的一个里程碑。

与此同时，我提出了用于非牛顿流体幂律流重力下降膜的速度场最优相似转换模型。该模型比传统的 Falkner-Skan 型变换模型更容易处理相关控制微分方程中幂律流体复杂的物理参数。从而大大简化了对复杂的幂律流对流传热的理论分析和数值计算，并使我得以获得了在局部 Prandtl 数从 0.001 到 1000，幂律指数 n 在

0.2≤n≤2 范围内精确的数值解。

从数值解的分析中发现传热系数的变化规律，它随着局部 Prandtl 数增加而增加，随着幂律指数的增加而减少的规律。在此基础上，我经过严谨的数学分析，建立了数值解的分布系统，并用数学上的拟合方法，获得了预示非牛顿流体幂律流加速下降膜的传热系数公式应用于实际工程中。

我时年 53 岁，依然每天工作在 10 个小时以上。

在我的办公室，每天早晨正式工作之前，我要留给自己一点时间阅读和思索研究新思路，以及寻找课题研究工作的新的制高点。

四、朴实的人间真情

繁忙的科学研究工作，远离国内的亲人使我的心理交织在对科研成功的渴望和对亲人的怀念之中。在此期间，挪威同事的关照也使我感受到人间的情谊和温暖。

午饭时候，系主任安德森教授的应用力学教研室宽敞的会客厅内集中了 20 来位教研室教师在用餐，教师们在餐桌前各就各位，有说有笑，气氛温馨。

系里的教师们的午餐非常简便，每吨午餐照例吃着自己带来的面包三明治和牛奶。大吃大喝似乎不是挪威人值得重视的传统习惯。应用力学系教学楼前面的大楼是学校的服务中心，里面有书店，食品店，还有食堂。食堂的价格很贵，系里的教师，其中也包括系主任安德森教授从来不去食堂吃饭。

"去食堂吃饭的都是什么人？"一次在午餐时我问身边的同事。

"绝大多数人是留学生。"同事回答说。

一天中午正在应用力学会议室和大家一起用午餐的我看到系主任安德森教授走进来,手里拿着一个长条的用纸裹着的面包。

"我刚刚在前面店里买来一条面包才花 6 个克朗(挪威克朗为挪威的货币单位,一挪威克朗略高于一元人民币的价值),很便宜,建议你也去买一块。"安德森教授关心地对我说。

"谢谢!"我对安德森教授的关心表示感激。

安德森教授的工资看起来并不高,平时的生活水平和其他教师没有什么区别。他衣着朴素,每天乘公共汽车上下班。然而,其他的副教授和年轻教师却开着汽车上下班。尽管挪威是一个工业发达,富裕得近乎流油的国家,但工资的差别不大,而且最高的工资水平是受到限制的。

挪威国家对石油收入考虑的比较长远,更多地思考将来石油枯竭时怎么办。据挪威同事说,挪威每年从国家石油收入中,拿出近500 亿美元作为石油基金存入挪威国家银行,专门留给下一代人。

同时,挪威也是十分好客又十分尊重人类生存权益的国家。据挪威同事讲,一位外国妇女,不管是否在挪威工作,哪怕是在挪威旅游,如果赶上在挪威临产,挪威医院都会给予住院接生。不仅接生和住院期间一律免费,而且,当产妇和婴儿出院的时候,挪威国家还赠送 3 万挪威克朗于产妇以表示挪威政府对人类的尊重。

我见到的挪威男人大多心情平和,性格内向。和男子比较,挪威女子倒是很开朗。据说,在青年男女恋爱中,总是女人比男人主动。挪威人普遍对中国人很友善,没有像某些西方人往往摆出盛气凌人的架势,也没有像某些德国人那样具有明显的排外情绪。崇尚民主和人权的挪威,看不出官民之间的差别。而且官员们自律,廉洁,对人友善,给我留下了很深的印象。

我记得,有一次我去当地移民局办理签证时,当我走进移民局的办公室，只见移民局的官员们对我这位中国人很是友善，笑脸相迎。当彼此打完招呼后，官员们便一团和气地对我开上几句玩笑，使周围顿时呈现出一派友善温馨的氛围。移民局的官员在轻松友好的气氛中处理签证事宜，整个过程使我感到既轻松又自然。

心思细腻，乐于助人的挪威同事给我留下了很深的印象。

一位教研室老师周末来我的公寓做客时看到，我的公寓内缺乏一台电视机，感到我在业余时间在空旷的公寓内不免有些寂寞，看在眼里，记在心上。于是，在一个周五下班之前，这位老师突然走进我的办公室。

"我们利用周末时间出去一趟好吗？"这位老师问。

"有什么事情吗？"我问。

"你的公寓里需要一台电视机。否则，你周末一个人在家很寂寞的。"这位老师说。

第二天早晨，这位老师早早就开车来到我的公寓前，载着我按照广告去寻找电视机的卖主。通过讨价还价，终于买到了比较满意的二手电视机。这台电视机确实使我每天下班以后的生活不至于太寂寞了。挪威同事乐于助人的美德使我很感动，也使身处海外的我感受到人类之间的温情。

五、　安德森教授送棉靴

地处挪威中部，接近北极圈的特隆赫姆冬天雪很大。每到冬季，三天两头大雪纷飞，漫山遍野白雪皑皑，城市扫雪工作时常会来不及，人行道上更是积有很厚的积雪。我穿的棉鞋鞋帮很短，步行时鞋里面容易被灌进冰雪。

一天早上刚刚上班的我听到有人来敲门。打开门，是安德森教授，他右手拎着一双干干净净的棕色反毛棉皮靴。

"穿上这双鞋，走在路上就不会冻脚了。"安德森教授的话温和而平静，眼含深情。

我双手接过安德森教授送来的棉皮鞋，这是一双八成新的高筒牛皮靴子，鞋子里面衬有厚厚的一层动物绒毛。我不知这是什么动物的绒毛，我把靴子放在脚上一试，尺寸刚刚合适。我穿在脚上感到又舒适又温暖。在特隆赫姆的数九寒冬，安德森教授的雪中送炭使我感受到了挪威同事的温暖情谊。穿上安德森教授赠送的棉靴，我感动得一时说不出话来，一股暖流涌遍全身。

"这个周日到我家里去吃午饭吧！我太太和我欢迎你去做客。"周三刚上班，安德森教授的电话邀请使我很高兴。

周日，我刚刚吃过早饭，安德森教授便来到我的公寓接我去他家。两人乘公共汽车，半个小时后来到安德森教授的公寓大楼。

安德森教授住的公寓大楼位于临近特隆赫姆市平坦的市中心区西部边缘的一座半山腰上。他们的家是一个3间卧室加一厅的公寓。其中一间是夫妇二人的卧室。另一间是教授的图书室兼会客室，图书室内左右两侧拥挤的书架上摆满了教授夫妇的各种书籍，琳琅满目。第三间是教授夫妇的书房。

在安德森教授的家庭客厅里，我受到教授夫妇热情欢迎。在这里，我第一次见到安德森教授的妻子。这是一位身材修长美丽的中年女子，温柔而大方。她告诉我，这几天她正在读一本介绍中国的英文小说。为了迎接我这位中国学者，她正在恶补中国知识。

图 44-2 我和安德森教授在一起

午饭时，安德森教授夫妇用挪威特产的鲑鱼招待我。这是用挪威传统方法清蒸的鲑鱼，味道很香。安德森教授告诉我，鲑鱼皮很有营养，他爱吃鱼皮，但有的人不爱吃。我试着吃了两口，感到很好吃。

席间安德森太太问了我许多关于中国的事情，包括地理、气候、人文等等，我都一一作答。

"听说中国好大呀！"安德森教授夫人惊讶地说。

"是的。中国的面积和欧洲差不多。但是中国工业底子还很薄弱，现在到处都在建设，还需要时间赶上世界先进水平。"我说。

在安德森教授家里做客，我感受到北欧人对神秘、古老而又年青的中国很感兴趣。

我向安德森夫妇建议"中国的历史很悠久，有很多历史古迹和名山大川，如果到中国旅游，可以看到不同的时期的历史遗迹和各地独有特色的风景。"

安德森夫妇表示，如果有机会，一定去中国旅游，领略一下遥远中国的风土人情，历史和文化。

在安德森教授家里，我参观了安德森教授的图书室。我发现平易近人、性格内向，做人、做事都不肆张扬的安德森教授原来是一位读书狂。他的藏书之多，密密麻麻地布满了整个书房两侧的书架。

参考文献

1.　H. I. Andersson and F. Irgens, Film flow of power law fluids, Encyclopaedia of Fluid Mechanics, Gulf Publishing Company, Houston, Texas, 9, pp. 617-648, 1990.

第 43 章 恶魔般如影随形

一、 万里之遥的限期指令

树欲静而风不止。树需要一个安静的环境，而风却不停息地骚扰使它得不得安宁。

我正在挪威科技大学进行紧张工作，满以为可以在科学研究上专注地放手一搏。远隔万里之外的东北大学的校长赫某，却在干扰和破坏我的工作。

我在挪威才待了 1 个多月，收到东北大学的一封信，是赫某指示系主任王文忠发来的。信中说"在你离开学校以后，东北大学曾经召开过党委会研究你的私自出国问题，并限你于 9 月 15 日之前回校工作，或把你的人事关系转出东北大学，否则，东北大学给予你除名处理"。

这封信犹如一颗定时炸弹，使我专注的心绪受到了破坏。

二、 限期令的实质

我已经看穿了赫某虚伪和恶意。他无非是打着冠冕堂皇的旗号，持续破坏我的科研。而西安交大领导对我的国际科研合作给予了足够的信任和支持，批准了我的工作调转要求，接受了我的人事档案，并建议我先行出国，安排我回国后，再办理调转手续。我正是在这样的背景下来到挪威科技大学，开始我的紧张的合作科研工作。在出国前，我已经向系主任王文忠汇报了。我感到自己的所作所为是问心无愧的。

智者千虑，必有一失。尽管我的人事档案已经调入西安交大，但我的人事关系还在东北大学。赫某迫不及待地抓住我在出国前已经没有时间办理人事调转手续这一事实这一点作为千载难逢的借口，整治正在准备调走的教授，对他本人尽管没有实质上的任何好处，却可以满足他整人的快感。

三、　施展淫威

施展淫威是赫某对我的迫害手段。

几乎在接到赫某的限期令同时，正在校医院上班的我的妻子忽然被校医院院长通知去赫校长办公室一趟。

"按学校的规定，你要把你住的东北大学房子交出来！"一个严厉的声音从赫校长的宽大的皮椅子上向我的妻子发了出来。

"这样严寒的冬季里你让我们往哪里搬呀！"我妻子问道。

"这我不管！反正你必须搬出去！"校长赫某的语气冰冷。

我的妻子正在校医院上班，属于东北大学的职工。我们住的房子已经根据学校政策购买至个人手中，校长赫某本来就没有权力命令学校职工搬出自己出钱购买的住宅。

远在挪威的我近于愤怒了："校长赫某凭什么要把一位东北大学的在籍职工赶出东北大学的家属宿舍？（当时我们还很单纯，完全没有意识到我们花钱购买的房产，我们是有自己的居住权和使用权的。另外，根据赫某人一贯作风，我也十分担心，他可以利用手中职权，撕毁购买合同。）

然而，在彼时的东北大学，这位校长赫某正掌握着无限的权力，更无法律可言的。如果说法律，他就是司法，他让你搬出，你必须得搬出。

四、 深深的无奈

无论如何，他不会让我活得好，哪怕我远离他万里之遥。

我自己又一次忽视了对这位的防范。

由于西安交大的支持，我顺利出国。赫某发现他对我的极力阻挠破坏并没有收到实际效果，感到他的校长权威受到了挑战，对我更加耿耿于怀，又寻找借口，施行计划的，进一步的整治。我出国前夕，校长赫某已经批准我调转到西安交大，并且把我的档案调往西安交大，还有什么理由和必要以校党委会的名义打击报复呢？

此时沈阳正值严冬腊月，大雪纷飞，北风呼啸，寒风刺骨。校长赫某亲自下达的命令我妻子儿女搬离东北大学的指令，不早不晚正好选择在这样一个时机。

我不得不担心家人的安全。于是，我和西安交大领导商定，请他们先把我和妻子两人的档案转回东北大学，再由我妻子按国家政策，从东北大学取出我的档案，送到沈阳市人才中心，以便我于第二年完成合作科研工作回国后，能如约从人才中心取出档案，去西安交大报到。并且为此我也和东北大学进行了沟通。

事后证明，我为了我妻子和家庭的安全做的这一决定使赫某校长钻了个空子，给他提供了拥有并违法扣留我的人事档案，并以此对我进行更加疯狂迫害的一个绝佳机会。这是后话。

第十一篇

德不配位

第 44 章 德不配位的校长

在本章，我需要介绍一下本书的相关人物赫某校长，以便能深刻地认识他的所作所为之症结所在。当然，由于客观原因，我还不是对他了解最为全面的人，相反，东北大学的很多人对他的了解都比我多得多。

一、 赫某校长其人

2021 年 2 月 24 日，我和一位东北大学的毕业生有一段谈话。我们的谈话围绕着在东北大学校任上长达 20 年的赫某展开。下面简单回忆一下这次谈话内容。

东大校友："尚老师你好，我是东北大学校友。赫某是如何的身世？我很好奇。"

答："赫某是日本侵略者统治中国东北时期伪满汉奸翻译官之子。为了了解赫某的为人，及其在校长任上对东北大学的严重破坏，建议你读一读我在 Facebook 中的"东大沉沦谁之责？"这篇文章。"

东大校友："您的文章我读了很多篇。东大的沉沦是发生在他当校长期间，这是所有东北大学校友的共识。关于他的伪满翻译官家世，还有更详细的吗？这种家庭背景，怎么在阶级斗争的年代还能安然无恙，后来他怎么当官的？"

答："除了他的伪满翻译官家世，其他的背景材料不是我能掌握到的问题。你提出的问题困扰我多年，至今我也百思不得解。但有一点可以肯定：只有带着阶级仇恨的人，才会对一所中国原来比较著名的重点大学长期破坏，学校水平断崖式下跌，实力甚至次于许多非重点大学了。令人遗憾的是，此种情况竟确确实实在中国发生。"

东大校友："如果大胆推测，如果他父辈在伪满做过翻译官，辽沈解放之后，他的父辈才进入了共产党的编制。这个推测依据是，有翻译才能的人，国民党和共产党不会弃之不用。东大的没落原因复杂，没有与时俱进改革，学科不全，没有医学院，都是原因。现在已经是教育部的"双一流" B 类院校了。"

答："哇！你的推测太大胆了。胡适说，大胆推测，小心求证。看来这个赫某父亲日伪汉奸具体的经历，需要进一步求证弄清呢！"

赫某在文革后中国实行改革开放，放弃阶级斗争的形势下，才得以留学日本。赫某由于此前的研究生入学考试成绩平平，通过他的密友杨某对我封锁日语培训班信息，人为造成了我和赫某的不公平竞争，使赫某以略微超过录取分数线的成绩通过选拔。赫某实现了既获得留学日本的机会，又排斥同专业的我。

平时谨小慎微，战战兢兢的赫某在日本获得博士学位回国后立刻受到国家重用，很快被任命为东北大学校长。然而，赫某自从当上大学校长后，当即换了一副面孔，趾高气扬，目中无人。自此，东北大学有贡献的学者和科学人才受到明目张胆的排斥和迫害，他是主要责任人和主使，东北大学科研水平落后，实力飞速滑落，正是在他的 20 年的校长任期内发生的。

赫某给东北大学造成的沉沦趋势，直到他离任才停止。但是，赫某校长历时 20 年的破坏已经使东北大学元气大伤，回天乏力。尽管后续的校长的努力在一定程度上止住了东北大学下滑的态势，使这所大学不久前被教育部定为中国"双一流 B 类大学，然而，和原来与其并驾齐驱的全国著名的那些大学相比较，东北大学已经相形见绌，且被远远地抛在了后面。

原来，当年与东北大学并驾齐驱的国内那些比较著名大学几乎无一不是双一流 A 类大学。如果没有赫某在 20 年校长任上的倒行逆施，肆意伤害，东北大学本来就应该在双一流 A 类大学之列。

二、 赫校长的经历

赫某于 1943 年出生于辽宁南部地区盖县，他的父亲是日本关东军的翻译官。

我和赫某同年出生。辽南和辽北地区当时升学的政审标准不同。这是因为，辽南地区像赫某父亲的日伪翻译官有相当高的比例，在政审中也就被网开一面。这使得赫某在那个年代，得以幸运地通过政审，上了高中，大学里他和我分别是工业炉专业 1966 和 1967 届毕业生，以至于使他后来在日本获得博士学位，回国后乘直升机迅速坐上了东北大学校长的宝座，

三、 松松垮垮的科研团队

赫某在日本名古屋大学做博士学位期间所学的专业是冶金反应工程学，殊不知冶金反应工程学是一个古老的专业。无人知道他的冶金反应工程学学得怎样，只知道他在回国后立即放弃了冶金反应工程学，而从事他没有工作经验和学术背景的冶金数值模拟的研究工作。

当然，他的冶金数值模拟的研究工作是由他的科研团队的人来做，他自己不需要动手。至于赫某博士是否会做，只有天知道。但有一点可以确定，他的研究团队的冶金数值模拟的研究工作成绩平平，乏善可陈。

尽管赫某刚开始当校长的时候，由于国家经济上还很穷，科研经费捉襟见肘，然而，身为校长的赫某手头却握有大量科研经费，并掌握着规模可观的科研团队。按理说，这位挟日本博士和东北大学校长双重光环的赫某，正处于在发展祖国科学事业上大展宏图的时候。那就让我们看一看这位日本博士赫某，在他 20 年的校长任期中到底为东北大学创造出了什么样的"成就"。

大凡一個科研團隊的科研成果，帶頭人和成員的科學態度和奉獻精神是不可缺的。可是他這位校長兼一個科研團隊的帶頭人對科學研究不感興趣，無所事事，導致他的研究團隊的科學研究松松垮垮。

1996 年 5 月的一天上午，我去位于东北大学冶金学馆 2 楼的赫校长的课题组找人。我刚一推门，眼前的情景使我大吃一惊。

此时，在我眼前，一个偌大的研究室看不出一丝研究气氛，眼前呈现的是一群人挤在一张桌子周围观看两位下象棋的人。原来，众人正在给这两位下象棋的人支招，大家指指点点，吵吵嚷嚷好不热闹。

更令人惊奇的是，这个校长的科研团队，在工作时间大模大样的下象棋也不怕别人看见，以至于看到我这个陌生人进来，没有丝毫不好意思，棋盘两边下棋的人照样纹丝不动地在思考，围观的人群照样七嘴八舌地为两位棋手支招。眼前的情景倒使我一度怀疑自己找错了门。

"这哪里像我心目中赫某校长科研团队的研究室？分明是一个娱乐场所。"这里的气氛令我感到困惑。

连自己的科研团队都如此的松松垮垮，更不用说抓全校的科学研究了。怪不得这位日本博士赫某在当校长的 20 多年里，学校的科学研究和整体实力每况愈下，一个好端端的东北大学从当初的全国高校排名 20 余名的国家重点大学，在他退休告别校长岗位之时，竟一度沦落到 53 名，与非重点大学为伍了。

四、 学术欺诈

东北大学材料系贾教授是从事电磁冶金方向的研究。为了申请科研经费，贾教授首先找到赫某校长探讨合作，赫某提出要做项目负责人。

"我是大學校長，如果我不做項目負責人，課題項目將不會批下來。"赫 x 成對賈教授說。

贾教授的申请书因此改为赫某做项目负责人，得到批准。但是，实际上课题的所有研究工作是由贾教授承担。贾教授一边承担科研课题的全部研究工作，一边替赫某培养研究生。

但在課題結束後，對課題研究報獎的時候，赫 x 成把人家賈老師拋棄了，在上報的報獎材料所附的雜志論文複印件上，做手腳把人家賈老師的名字給處理掉了。這個項目後來得了獎。

贾老师几乎做了全部的工作，但是得奖名单中却没有他的名字，贾老师当然不服，到处去告状。告了一年多，也没有结果，气得贾老师生了一场病。但后来不知什么原因，贾老师突然不告了。据知情者说，此事是被赫某用钱 "摆平"了。

赫某校长用卑劣的造假手段，进行学术欺诈，剥削和侵吞他人的劳动成果，无法无天，事后又用贿赂封住了受害者的嘴。这在他二十年校长期间，只是一个小小的例子。东北大学高校排名在他当校长期间直线下滑、断崖下跌的原因就不言自明了。

五、 令人畏惧的校长

2003 年我携妻子回国探亲期间，一位东北大学热能系的教授朋友请我吃了一次饭。他讲述亲眼所见一件事，我深感震惊。

赫某任校长期间，校内设立有一个高级教师餐厅。这个餐厅拥有几百个座位，里面还有精致考究的小餐厅专门招待首长。

一天中午，餐厅内已经座无虚席。大家正在用餐，大门打开了，一个人走了出来，后面还有两位跟班。

眼尖的人看见走在前面的人是全校的最高首长赫校长，顿时诚惶诚恐，刷的一下从座位上站了起来。见此情景，旁边就餐的教师先是一愣，立刻也站了起来，其他就餐者都齐刷刷地站了起来，向这位全校的最高首长赫某校长行注目礼。

赫校长不为所动，昂首挺胸，旁若无人，径直向前走去。餐厅里只听到赫校长哒哒的脚步声。几百名就餐者一直整齐站立着，恭恭敬敬地目送着赫某校长向首长专用餐厅走去，直到小门关闭。

多年来，我一直在想，校长有何等的威严，能使大厅里几百位就餐的教职工突然齐刷刷地起立，规规矩矩地对你行注目礼，而你却能对这一切视若无物？如果不是这位教授朋友向我描述他的亲眼所见，我会以为这种现象只能发生日本统治者和汉奸横行，中国同胞沦为亡国奴的伪满洲国，很难相信这种事竟然发生在当今的中国。

就连中华人民共和国习主席见到群众时，还向群众微笑招手致意呢！你赫某是什么人？区区一位大学校长，何德何能，竟然摆出太上皇的权威，在大学里接受群众的顶礼膜拜，混账透顶！

实际上，除了他的少数亲信之外，都对他的恶行恨之入骨。怪不得该校的广大群众背地里送给他"土匪"的绰号。然而，这些人对于赫某的恶行的逆来顺受的表现，使我感到非常吃惊。我只能对在他威权下的这些低眉顺眼，明哲保身的人民表示遗憾。

赫某校长在东北大学群众的顶礼膜拜面前，表现出的冷酷，藐视和霸道，与当年日本统治者对待中国人的藐视和傲慢何其相似？

有一次我从北京下飞机后乘高铁回沈阳老家。当列车路过天津车站，上来一位40多岁的人坐在我对面的座位上。此人是天津市政府的一位中层干部，去吉林省四平市出差。谈论中他知道我的老家在辽宁省，意味深长地说道："好像辽宁省那个地方有点奇怪，那里，下层的老百姓都有点怕官。"至此，这位先生的话解开了困惑我心中已久的谜团。

我对这位先生的话深感认同。辽宁这个地方固有的问题值得中国的领导人重视。我们常说八年抗战，实际上，辽宁人民曾受日本人的统治14年之久，当亡国奴受苦受欺压的时间最长，感受最深。所谓老百姓怕官，其实是老百姓对横行霸道官员的恐惧心理。东北大学的教职工对赫某的唯唯诺诺，低眉顺眼，显然出于这种畏惧心理。

六、 恶意嫉妒的东大校长

1991年我以第一完成人的身份完成的国家自然科学基金课题研究获得了中国国家教委科技进步二等奖。这一规格的奖项在当年辽宁省的高校中仅有四项，其中东北大学和大连理工大学各有两项，我的研究项目便是这四个获奖项目之一。很明显我为东北大学争得了荣誉。

期间，我发表的实际气体自然对流传热系数公式，后来被国际学者鉴定为计算气体自然对流传热系数最精确的公式。这表明我的相关学术成果获得了国际上学术界的认可，并使东北大学获得了荣誉。1999年我还以杰出科学家的资格被载于美国出版的世界名人录（Who's Who in the World）。

从以上成就中可以了解到，我是有责任心，有抱负，并且有科学成就和贡献的学者。我的科研理应受到学校的鼓励和支持。

可是我这位对科学有贡献的学者不能容于赫某校长。他对我的科学研究成就恶意嫉妒，对我的努力和进取予以限制，打击和破坏。包括无理阻碍我与挪威研究基金会的国际科研合作项目，勒令我家人在寒天腊月搬出大学住房。

如今赫某校长退休离职已经十年了，他的继任者们尽管极力扭转东北大学的落后局面，但由于赫某在任期间的巨大破坏，使这所中国著名大学已经积重难返，回天乏力，目前仅从教育部那里讨个"双一流" B 类院校称呼。这个称呼其实是东北大学的耻辱。之前与东北大学并驾齐驱的那些国内著名大学都腾飞起来了。

七、 滥用权力，违法破坏国际科研合作

1996 年，作为东北大学教授我收到挪威国家研究基金会的国际科研合作的邀请。该国际科研合作的课题是从事 "非牛顿流体幂律流重力下降膜动力学和传热学研究"。这是一项来之不易的国际科研合作项目，之于我和东北大学而言，它承载着祖国的荣誉，巨大的责任和挑战。而且，支持高等学校教师和科研人员的科学研究和国际科研合作是中国高等教育法和劳动法法律条文规定的内容。作为高等学校的校长，赫某理应举双手表示赞成。然而，赫某却滥用校长的权力，践踏国家的法律，对我的国际科研合作项目进行残酷的封杀。

赫某封杀我的国际科研合作采用两面手法：一方面炮制"教授只能在校内做贡献"的谬论，把国家高等教育法和劳动法支持的高等学校教师的国际科研合作，暗示为不务正业；另一方面，在背地里放话："尚德义就是为了出国。他说出国就出国，太不象话了！"而且对此大做宣传，几乎全校都知道我尚德义想出国就出国，别的什么也都不做。他的话还真迷惑了一些不明真相的群众。计算机系

就有一位这样的教授，这位王珍祥教授和我只是认识，和我没有任何关系。有一次在马路上碰到我，他跳下自行车冲我走来。

"怎么又要出国呀？"王珍祥劈头盖脸地指责我。

我申请出国做科研合作，他王珍祥是怎么知道的呢，而且，生那么大的气？你王珍祥了解我吗？"

后来我才知道，其实这都是赫某给我造的舆论所起的效果，弄得全校满城风雨。他赫某有大把的时间，把谎言说成一千遍，使校内群众认为，我出国就是全校的罪人，而我则百口莫辩。

读者从本书披露的事实可以判断我当年出国是为了什么？是为了科学事业，还是为了游山玩水？请问，如果热衷于出国游山玩水的人，能在国外没日没夜地拼命做他的科学研究？为什么他的研究能做出国际性的贡献？为什么能获得教委科技进步二等奖？由此可见，我是为了出国而出国的人吗？

我曾向沈阳市和平区人民法院对赫某提起诉讼，起诉他对我一系列的违法打击迫害行为。不料，一个月以后，和平区人民法院却以"此案是群众和领导的个人纠纷问题"为由驳回了我的申诉，不予受理。

沈阳市和平区人民法院为什么在这一常识性的判断中故意混淆概念是非，做出如此不公平的判断？可以看出，法院是刻意帮赫某的，把他对我的打击和迫害的违法行为，故意轻描淡写地说成是个人纠纷问题。本质上，个人纠纷也是可以上法院的，这是为什么？

赫某校长德不配位的行为记载于我的这本回忆录中，经得起时间和历史的考验，是非功过，让后世做出判断。当然，披露的这些内容对我的母校东北大学也不光彩，但我别无它法。我只是相信，做了龌龊的事，就不要指望可以逃避历史的谴责和惩罚。

八、醉生梦死的赫校长

图 41-1 东北大学校长赫某在全国人民代表大会上睡觉

(http://blog.tianya.cn/blogger/post_show.asp?blogid=19
91149&PostID=16809775)

这位无所事事的东北大学校长赫某，竟无视国家的信任和人民的托付，在全国人民代表大会上，把庄严的大会堂当作他的卧室，在人大代表都聚精会神关心国家大事，听取报告时公开睡觉（见图41-1）。在大会堂丢尽了东北大学的脸面。事实表明，如果把这位醉生梦死的赫某称为给东北大学带来灾祸或者晦气的人毫不为过。

参考文献

1. 毛泽东，实践论，1937 年 7 月。

第 45 章东大沉沦谁之责？

一、 赫某的贡献

赫某在东北大学校长任上为所欲为、对学校的发展不予重视，不仅自己本身的研究团队松松垮垮，嫉妒、打击有作为有贡献的学者，给东北大学造成了巨大的破坏，致使这所国家著名的重点大学人才匮乏，学校声誉呈直线持续下跌。

这位给东北大学造成巨大破坏的校长赫某，离职前不仅没有受到任何批评和处分，还受到教育部领导赞扬，真是太幸运了。

本文将根据确凿的数据和统计数据披露，在赫某担任东北大学二十年校长期间，他对这所大学造成的巨大破坏，为上级领导在任命高等学校校长时，提供一个反面的借鉴。

二、 东北大学往日的辉煌

东北大学的历史渊源比较久远，最早可以追朔到 1907 年由奉天师范学堂更名而来的奉天两级师范学堂，该校为东北地区当时的最高学府。1909 年奉天两级师范学堂更名为奉天两级师范学校，这是我祖父当年就读的学校。我的祖父就是我的学长。1918 年，奉天两级师范学校更名为当时中国六大高等师范学校之一的沈阳高等师范学校。这六大高等师范学校也是当时国内最高学府。1923 年国立沈阳高等师范学校与奉天公立文学专门学校合并为东北大学。

东北大学成立之初，广招良师，章士钊、梁漱溟、罗文干、冯祖恂、刘先州、梁思成、林徽因等等一批名师执教，当时的东北大学可谓英才荟萃，俊彦云集。梁思成、林徽因创办的建筑系是中国第一个建筑系。当时的东北大学是国内名列前茅的著名大学之一。

1950 年成立的东北工学院（后来恢复其原校名东北大学）再现东北大学的辉煌。第一任校长是国内著名炼铁专家靳树梁。

1952 年中国院系调整，东北工学院从综合大学变成以冶金学为主的工科大学，归冶金部领导，钢冶系便成为该大学的主体专业，以至于校长都是与钢铁冶金有关的专家。1964 靳树梁校长逝世后，接任的毕可桢教授是抚顺钢厂的总工程师，国内著名炼钢专家。接任的东北大学校长陆钟武和赫某也都出自原钢冶系。

1958 年，东北大学成功研制出我国第一台仿真电子计算机。

1986 年全国共有 32 所高校被批准有资格设研究生院，东北大学名列其中。考虑到其中 3 所大学后来被合并，1986 年国家公布第二批研究生院名单后，国家批准设立研究生院的大学便减到 29 所。这个名单上的大学，是当时全国实力最强的大学，也公认的国内著名大学。按当时的学校实力，东北大学排第 24-25 名，应该是一个最保守的估计。

三、 赫某校长对东北大学的破坏

令人可惜的是，此后东北大学在全国大学中的综合实力排名迅速下降（见表 46-1 和图 46-1），而表 46-1 和图 46-1 所引用的数据皆来自于文献 [1]。其中可以看出，东北大学综合实力迅速下降的时间是在赫某校长（1995-2011 年）的任期内。可以肯定的是，赫某校长给东北大学造成的损失时间持续最长，破坏力度最大。

	东北大学	北科大	大连理工	湖南大学
2002	27	32	23	45
2003	27	32	30	45
2004	27	36	26	43
2005	29	37	27	43
2006	31	35	27	40
2007	32	33	25	34
2008	34	31	24	33
2009	34	31	24	33
2010	46	30	22	32
2011	46	30	21	32
2012	46	30	21	32

表46-1　2002—2012年武书连中国大学实力排行榜(节选)
(赫某任校长期间) [1]

表46-2所涉及的数据分别来自于武书连2013-2020中国大学排行榜[2、3、4、5、6、7、8、9]，而图46-2，系由表46-2绘制而成。

泰晤士高等教育公布的2020年亚洲大学排名中，东北大学被列为中国国内大学综合实力第48名[10]。这个名次，高度吻合于表46-2，和图46-2所列出的武书连2020年东北大学在中国大学中综合实力排行榜。

图 46-1 武书连 2002-2012 中国大学综合实力排行榜
（赫某任校长期间）（数据来自表 46-1）

横坐标：时间（年）
纵坐标：综合实力排行
系列 1 为东北大学；
系列 2 为北京科技大学；
系列 3 为大连理工大学；
系列 4 为湖南大学

　　武书连是中国管理科学研究院原秘书长、研究员，中国管理科学研究院《中国大学评价》课题组组长。1991 年开始《中国大学评价》课题研究，是中国持续研究大学评价时间最长、发表相关论文最多、被引用次数最多的学者。[11]

时间（年）	2013 [2]	2014 [3]	2015 [4]	2016 [5]	2017 [6]	2018 [7]	2019 [8]	2020 [9]
实力排行	42	41	42	44	47	50	48	47

表 46-2 武书连 2013 － 2020 年东北大学在中国大学中综合实力排行榜

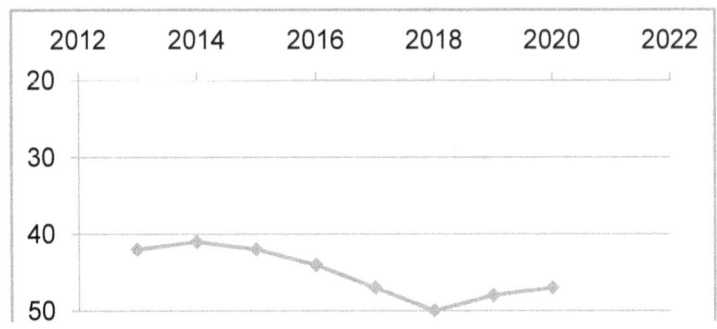

图 46-2 武书连 2013 - 2020 年东北大学在中国大学中综合实力排行榜（数据来自表 42-2）

横坐标：时间（年）
纵坐标：综合实力排行

　　武书连排行榜包括综合实力、专业实力、教师平均学术水平、教师绩效、本科毕业生质量、新生质量等分项排名。综合实力排名体现学校整体实力，专业排名体现学科实力，而教师学术水平和绩效排名则体现师资的真实水平，从新生质量排名和本科毕业生质量排名的对比中，还可以看到大学人才培养资源转换的效率。我认为，武书连大学综合实力排行榜能够较为真实地反映大学综合实力，是中国诸多大学排行榜中较为科学和公允的排行榜。

　　表 46 - 1 和图 46-1 中选择 4 所大学做比较，除了东北大学之外，还选了 3 所大学，它们分别是北京科技大学，大连理工大学，和湖南大学。其中，北京科技大学，大连理工大学和东北大学都是原国家重点大学，它们在文革前和文革后的相当长的时间里和东北大学的综合实力相差无几。而湖南大学原来是一所国家非重点大学，在文革前和文革后的相当长的时间里，它的综合实力很低。

　　2002 - 2012 年的 11 年间，北京科技大学和大连理工大学的综合实力总的来讲是处于一个上升状态，而湖南大学处于一路快速上升状态，其综合实力直逼北京科技大学。可惜的是，这 4 所大学中唯独东北大学的综合实力一路快速下滑，以至于后来，其综合实力不仅远远低于北京科技大学和大连理工大学，而且远远低于原国家非重点大学湖南大学。要知道，2002-2012 年的 11 年间，是中国乘改革开放东风，国民经济各条战线，包括教育事业发展最快的十年，也是国内各个大学综合实力蓬勃发展的 10 年。

然而，在这 10 年期间，唯独东北大学的综合实力不升反降，而且大幅度下降，真令人唏嘘不已。

1991 年-1995 年赫某任东北大学副校长；

1995 年-2011 年赫某任东北大学校长。

这漫长的 20 年相当于东北大学建校时间的三分之一。而这 20 年正是东北大学的科学和整体实力每况愈下的时候。

四、 惊闻东北大学被挤出前 50 强

2010 年，我突然在京华时报上看到中国人大学高等教育研究中心 2010-06-28 发布的消息"最新的中国大学 50 强排名"。好奇心驱使我寻找东北大学的名次。首先映入眼帘的是博士时期的母校清华大学，被列为第二名。接着，我便寻找本科和硕士生时期，也是我长期从事教学事业的东北大学。然而，从头到尾，未见到东北大学的名字。原以为看得不够仔细，便又从头到尾详细地查了一遍，但仍不见东北大学的踪影。

"这就奇怪了"，我心里想，"是不是搞错？"。

本来，在我 1996 年离开东北大学出国之前，东北大学虽然算不上国内出类拔萃的高校，也是一个小有名气的高等学府，在全国高校排名介于 20—30 名之间。当时，全国仅有的 30 个左右被教育部授权开办研究生院的高校中，就有东北大学。为什么如今东北大学连 50 名都进不去了呢？百思不解之下，我浏览了表后面有关说明。

本来，与去年相比，该排行榜总排名相对稳定，只是两所在京高校新进榜，挤掉了去年在榜的两所东北高校。而下榜的两所高校之一竟然是东北大学。我异常震惊。

当年的国内大学排行榜中，东北大学当年竟然低到可怜兮兮的第 53 名，破天荒地排在了许多非重点大学的后面。

诚然，高校排行榜也不一定百分之百的准确无误。但像东北大学名次被挤出前 50，如此大起大落的统计误差是万难出现的小概率统计事件，只有从东北大学本身去找原因。面对这样的严重问题，连续当了 20 年东北大学校长的赫某难辞其咎，需要深刻自我反省。一所好端端的一个东北大学是如何在他的长期掌管下坠入谷底的。对此，东北大学的上级领导部门更有责任仔细查一查其问题的症结所在。而且，广大有良知的东北大学师生也绝不可对赫某长期在校内的倒行逆施等闲视之。

赫某把东北大学从全国高校排名 20 几名拉到 50，刚刚卸下东北大学校长职务，又立刻出任营口某民营大学校长去了。谁知道这位不具备人生价值的人，又会把下一所民营大学弄成什么样子？

自 2011 年至 2020 年，赫某退休离开东北大学校长职务已经 9 年了，东北大学被赫某拉入谷底的落后状态就再没有回升上去。看来，欲改变东北大学由赫某造成的断崖式下降所形成的落后态势，是一件难以完成的事情。

五、 亏心的肯定

恶意嫉妒，整人内行，对学校科研外行且无兴趣的校长赫某，在他当校长的 20 年里可以说是劣迹斑斑，罄竹难书，给东北大学造成了不可估量的巨大损失和破坏。从法律上讲，赫某应该受到国法的制裁。

赫某退休时，2011 年 1 月 19 日，教育部党组成员、中纪委驻部纪检组组长王立英同志在东北大学宣布了教育部的任免决定中说："因年龄原因，赫某不再担任东北大学校长职务…… 教育部领导亲自对赫某在当校长期间对东北大学的发展成绩给予充分肯定，对他在东大发展中的贡献给予高度评价。"［12］

"充分肯定"和"高度评价"根据在哪里？赫某给东北大学造成如此破坏，教育部领导要么不知情，要么知情却故意视而不见。某些领导实际上是为赫某的违法恶行长期保驾护航的保护伞，需要追根溯源。几乎可以肯定，长期利益交换和腐败行为一定存在！

参考文献

1. 武书连 2002-2012 中国大学排行榜
https://baike.baidu.com/item/%E6%AD%A6%E4%B9%A6%E8%BF%9E%E4%B8%AD%E5%9B%BD%E5%A4%A7%E5%AD%A6%E6%8E%92%E8%A1%8C%E6%A6%9C/14072158?fr=aladdin

2. 武书连 2013 中国大学排行榜综合实力前 350 名
http://edu.sina.com.cn/gaokao/2013-04-09/1027376513.shtml

3. 武书连 2014 中国大学综合实力 100 强
http://edu.sina.com.cn/gaokao/2014-01-06/1639406571_2.shtml

4. 武书连 2015 中国大学综合实力 100 强
https://baike.baidu.com/item/%E6%AD%A6%E4%B9%A6%E8%BF%9E2015%E4%B8%AD%E5%9B%BD%E5%A4%A7%E5%AD%A6%E6%8E%92%E8%A1%8C%E6%A6%9C

5. 武书连 2016 中国大学综合实力前 200 名
https://www.sohu.com/a/70245116_184627

6. 武书连 2017 中国大学综合实力前 400 名
http://edu.sina.com.cn/gaokao/2017-01-11/doc-ifxzkfuh6917707.shtml

7.　武书连 2018 中国大学综合实力前 200 名

http://www.kaoyan.com/baokao/zexiao/5abb79aeaccd5.html

8.　武书连 2019 中国大学综合实力前 200 名

https://baijiahao.baidu.com/s?id=1629066841148629447&wfr=spider&for=pc

9.　武书连 2020 中国大学综合实力排名前 300 名

https://www.sohu.com/a/394260048_344863

10.　泰晤士高等教育公布的 2020 年亚洲大学排名。

https://www.jjl.cn/article/639904.html

11.　武书连先生与他的中国大学排行榜. 中国好教育[引用日期 2014-05-11]

12.　中新网，2011 年 1 月 20 日报导

第 46 章 代价高昂的教训

东北大学的声望从中国著名的重点大学断崖式下跌，盖因丁选择了德不配位的赫某当了 20 年的校长。

说到对赫某的任命和长期失察所导致的教训，我认为，最大的教训莫过于以下三点：

1. 选择高等学校的领导人的时候，应该注重品行；

2. 选择高等学校的领导人的时候，应该注重真才实学，不唯学位至上；

3. 在高等学校中，一定要强调依法办学。

一、 要重品行

赫某在东北大学校长任上的所作所为完全证明了这一点。

据说，赫某在日本留学期间受到组织上的重视，不久就在中国驻日本使馆宣誓入了党。日本学成回国的赫某本应该努力工作，认真抓好学校教学，支持科研，把东北大学的整体实力搞上去，来报答国家的信任和培养。然而，这位赫某校长却反其道而行之，他高高在上，贪恋权势，作威作福，威风八面，趾高气扬，不仅不认真培养科技人才，相反嫉妒成性，刻意打击卓有成就的科技才俊，使一个好端端的著名的国家重点大学——东北大学的排行直线下跌。显然，这些问题皆来源于赫某的品行不端。

而且，也真不知这位赫校长从他的父亲那里学到了什么，才能把一个好端端的东北大学糟蹋成如此不堪？面对赫某给东北大学和国家带来的重大伤害，真不知当年大胆提拔赫某的上级领导持何感想？这到底是为什么？这一严峻的现实值得人们深思。

赫某对我国际科研合作的压制和破坏行为，表面上是恶意嫉妒层面的个人恩怨问题，实质是赫某利用国家赋予的行政权力无理剥夺教授的科研工作权利，他实际上把我和其他教授员工都看成了他的奴隶，必须听话，否则开除，砸掉饭碗。这个问题上的态度，也是衡量一个负有领导责任和权力的人的价值观和思想取向的判断标准。

公平的竞争可以促进国家科学发展和技术进步，也是科学工作者乃至他们负有领导责任的上司应该共同遵守的职业道德和价值观。可是，赫某的所作所为使我大吃一惊：这位肩负国家信任和委托的大学校长哪里具备这样的良知，职业道德和价值观？

二、 要重真才实学，不唯学位至上

赫某从日本回国后，之所以能够以火箭的速度升为教授，系主任，副校长，校长，一直升到东北大学校长，并在东北大学掌权长达 20 年，都是因为他的日本博士光环。日本博士光环没有改变他对待科学事业松松垮垮，不学无术，学风不正，学术欺诈的恶习，以至于其科学成果平平，乏善可陈。他的博士光环，仅仅是有个名称而已。他在科学事业上理所当然地一事无成，更导致他领导下的本来好端端的东北大学的科学实力断崖式下跌。

挟日本博士光环，受到国家高度重视的赫某，本来就是"盛名之下，其实难副"。可见，选择一所大学的负责人，重真才实学，不唯学位至上至关重要。

三、 要强调依法办学，不能凌驾于法律之上

本来是全国著名的东北大学，竟选择了赫某这样一位德不配位的人做校长，让他在校长岗位上，作威作福20年，实在是荒唐。对此，当初对他任命和长期失察的有关领导是时候认识到自己的责任，总结教训。而且，这一教训如何汲取更是一件重要的事情。

作为一位曾经遭受过赫某持续迫害的科学工作者，我本来应该在有生之年，尽可能多地投身于我未竟的科学事业，然而我不得不花大把的时间将此人暴露于光天化日之下，使善良的人民不至于再受这种心怀回测的伤害，以利于中华民族复兴的伟大事业。而且，在如何汲取教训的问题上，强调依法办学是重要的一环。

赫某当年打击迫害我的理由是："尚德义就是为了出国。他说出国就出国，太不象话了！"而且他对此大做宣传，弄得全校都知道了，他的目的是想借此舆论把我搞臭，好大的阵仗！在他的蛊惑下，几乎全校都知道我尚德义想出国就出国。

为了促进科学交流，发展我国高等学校的科学事业，国家支持开展和国外大学的校际交流和国际科研合作，并已经形成了国家法律。

中华人民共和国高等教育法第十二条规定：**国家鼓励和支持高等教育事业的国际交流与合作。**

中华人民共和国劳动法第六条规定：**国家鼓励和保护劳动者进行科学研究、技术革新和发明创造。**

既然有了国家的相关法律规定，支持校内教师为创造更好的科学成果所进行的国际科研合作，就应该是校长赫某份内的工作。然而，赫某不仅置国家的法律于不顾，却反其道而行之：他肆意践踏

国家法律，不仅他自己的科研团队无所事事，无所作为，而且对我的国际科研合作的积极努力横加指责和破坏，肆意剥夺有贡献的学者为了国家的荣誉的科研工作权力，真可谓好事不做，坏事做尽！

一个令人深思的重要问题是，国家的法律为什么不能走进赫某把持的东北大学，以至于国家的法律在赫某的心目中犹如一张废纸？

事实胜于雄辩。从本书中披露的事实不难判断我当年出国科研合作到底为了什么？是为了科学事业，还是为了游山玩水？一个为了出国游山玩水的人，为什么能做出国际性的贡献？为什么不久前能获得国家教委科技进步二等奖？

我为祖国和东北大学争得了荣誉。这些荣誉必须有艰苦努力的付出才可以做出来，更不是一个沉迷于出国游山玩水，无所事事，碌碌无为之辈能够获得的。

当年，我曾向东北大学党委纪委写信揭露控诉他打击和迫害我的，这一上了国家法律条文支持和保障的国际科研合作，以及它的居心叵测的违法行为。这封信是由我的系主任王文忠教授受我的委托，转交上去的。本来，按我党的组织原则，学校党委应该调查落实我对赫某的指控，给予公正的处理。我这一正义行动，却变成了赫某对我进行进一步的残酷打击和迫害的借口，我只能又一次无语了。

2018 年末，我曾向辽宁省沈阳市和平区人民法院对赫某提起诉讼，起诉他对我的国际科研合作的一系列违法和迫害行为。不料，一个月以后，辽宁省沈阳市和平区人民法院却以"本案系因劳动者退休问题而引起的纠纷，不属于人民法院受理范围。"为由，驳回了我的申诉（见图 47-1）。

实际上，凡是有点常识的人都知道，这种打击和迫害有贡献的学者的行为触犯了国家的高等教育法和劳动法，绝不是和领导的个人纠纷问题。和平区人民法院为什么在这一常识性的判断中故意混淆概念是非，做出如此不公平的判决？

支持高校教师的科研工作及其为国家利益，为国争光的国际科研合作的合法权益的国家法律，如何在国家司法部门落实，如何树立国家法律的权威和严肃性，更是一个重要的问题。而且，强调依法办学更是保证中国的高等学校教师的权益和学校正常发展的重中之重。

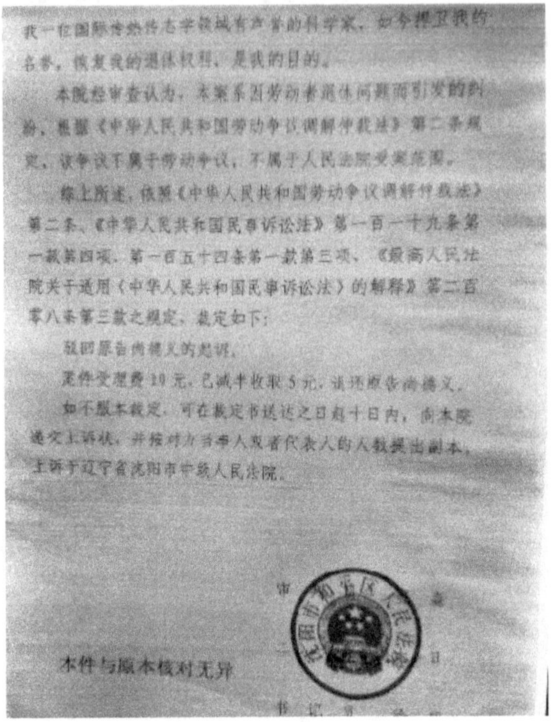

我一位国际传热传质学领域有声誉的科学家。如今捍卫我的名誉，恢复我的退休权利，是我的目的。

本院经审查认为，本案系因劳动者退休问题而引发的纠纷，根据《中华人民共和国劳动争议调解仲裁法》第二条规定，该争议不属于劳动争议，不属于人民法院受案范围。

综上所述，依照《中华人民共和国劳动争议调解仲裁法》第二条、《中华人民共和国民事诉讼法》第一百一十九条第一款第四项、第一百五十四条第一款第三项、《最高人民法院关于适用〈中华人民共和国民事诉讼法〉的解释》第二百零八条第三款之规定，裁定如下：

驳回原告尚德义的起诉。

案件受理费10元，已减半收取5元，退还原告尚德义。

如不服本裁定，可在裁定书送达之日起十日内，向本院递交上诉状，并按对方当事人或者代表人的人数提出副本，上诉于辽宁省沈阳市中级人民法院。

本件与原本核对无异

图 47-1　辽宁省沈阳市和平区人民法院裁定书

后记

经历两年半时间时断时续的撰写，我的回忆录《拼搏人生》上册已于昨日脱稿。

这本回忆录记录本人从儿童时起，直至 1996 年前后在中国国内长期的学习、生活和工作经历。本书记录了

1) 儿时的经历，家庭、亲人、长辈和兄长的厚爱；

2) 读小学、中学、大学时的学习生活；

3) 文革时期在工厂和设计院的工作；

4) 文革后参加全国首次研究生统考，以第一名的考试成绩成为东北工学院（后更名为东北大学）硕士研究生；

5) 研究生毕业后留校任教的教学和研究工作；

6) 出国研究访问；

7) 清华大学不脱产读博，并被清华大学授予外校教师第一位博士学位；

8) 科学研究生涯，国际学术交流及学术成果获奖等情景；

9) 1996 年出国前，受中国高等教育法和劳动法保护的国际科研合作，却备受出身于日本汉奸家庭，与我同专业的东北大学教授赫某校长的恶意封杀和摧残的不公平遭遇。

本书真实地描写本人国内长期学术和工作生涯中接触的各种各样的大量人和事，以及复杂多变的人生经历的美和丑，欢乐和忧愁。

本来，十年前我就应该开始我的回忆录的撰写。但那时我还舍不得时间全力以赴搞这个。那时我的研究生涯正处于兴头上，无暇顾及写回忆录这样的事。从 2004 年至 2018 年，我用 14 年的时间完成了 5 部英文科学著作的研究，撰写和出版。其实，2018 年当我出版第五部科学著作的时候，我还计划再搞第六部著作 "纳米流体强迫对流传热变物性影响" 的撰写和出版。研究计划都已经做好了，只等动手去做。

在 2018 年我回国探亲。这次短暂回国探亲，改变了我的初衷。在那次回国探亲期间，我应清华大学能动系主任姜培学教授的邀请，专程去我读博士时期的母校清华大学能动系做了一次学术报告。学术报告的题目是 "实际流体对流传热理论和计算--实际流体理论对流传热学"。然后我返回沈阳探望亲友。我和妻子散步，不知不觉间走到东北大学南门附近，出乎预料地邂逅刘相华夫妇。刘相华是我读东北工学院（现已更名为东北大学）研究生时期的同学，此时早已是东北大学的教授。这次邂逅无疑是一次幸运的小概率事件，并由此促成了我们和老同学崔建中，刘伟杰教授的餐聚。

正是那次聚餐中大家的谈话，使我产生一个紧迫心情着手写自己的回忆录。那次聚餐中大家的谈话更使我认识到，多出版一部科学著作只能意味着自己的学术贡献量的增加，但一本回忆录却能代表我的一生。而且，我强烈地感到，对自己一生的公平判断需要靠自己去争取，不能一味地相信群体。不能任凭某些居心叵测之人，会利用谎言和下作手段置换群体记忆。

我意识到，赫某这位心怀叵测之人，编织的谎言竟能主导群体的判断。历史证明，像赫某这样的狡猾之人还往往很容易得逞于一时。

我在写回忆录的时候，有两处使我感到非常的痛苦。一是写我的至亲长辈的时候，二是写赫某的时候。

每当我写我的奶奶和母亲时，更多的时候不是写，而是刻骨铭心的思念。奶奶的过早去世，使我感到自己的无能为力和遗憾，只能处于深深的怀念之中。母亲的去世使我感到深深地内疚，以及无所作为，未尽孝道的刺痛心脾般的负罪感，使我处于无尽的痛苦之中。在写作期间，奶奶，母亲和兄长的尊容无时无刻不浮现在我的眼前，直达我的心灵深处。于是我时不时地鼻子发酸，潸然泪下。

由于爷爷离世早，我们祖孙没能谋面。但我的血管中流淌着他老人家的血，我们祖孙心有灵犀。我很敬重祖父他老人家在 918 事变时所表现的民族气节和傲然风骨。

每当我写赫某的时候，总是控制不住愤怒。1978 年，我被他伙同其密友研究生科的杨某狠狠地整了一下，导致我出国深造契机丧失。后来我虽然得知杨某目的利益输送，但木已成舟，我作为一位人微言轻的研究生还能咋样？

这件事我只对陆钟武教授抱怨过。陆钟武教授当时是我系研究生导师的首席，后来不久被任命为东北大学校长。陆钟武教授说："尚德义呀！事情已经过去了，不要去想了，算了吧！"陆老师没有把这个当回事。在赫某出国前，还收为他的挂名研究生。

18 年后，赫某再一次出于恶意嫉妒对我下狠手。当他凭借日本的一纸博士，迅速当上东北大学校长后，他自己便可以利用手中的权力捏造罪名，假公济私，残酷封杀我的国际科研合作了。他当时大权在握，谁能对他如何？

赫某这个掌权者确实法力无边，他整我竟是一件非常容易的事情。这位东北大学校长，只是一味做他的恶意嫉妒，倒行逆施的坏事，随心所欲地整人，还不受任何限制，而他的下属们也只是为他们这个上级服务，没有人管我的死活。尽管我为了国家的科学事业正奋斗在国际科研合作，为国争得荣誉的第一线。而这一伙人，不仅无所事事，却放开手脚狠整奋斗在科学事业第一线，为国家争得荣誉的学者。这个国家，这个体制，怎么能持续下去？

此后，不愿意甘心挨整的想法使我在挪威国际科研合作结束后继续在国外科研，同时等待这位无所事事，专干整人坏事的赫某校长换届下台后再回国。可是，这位校长风头正劲，到届也不下台，硬是在校长任上一坐便是 20 年，并在 2002 年瞄准时机把我除名，由此剥夺了我的退休权利和待遇。我于第二年加入了加拿大籍。这一步显然就是我的唯一选择了。无论如何，我的一生是问心无愧的。

今天，我终于完成了我在国内长期学习和工作生涯的回顾。与此同时，赫某的表演，恶行和本来面目也被彻底地暴露了。无论如何可以说，这本回忆录反映了除恶扬善的时代正能量。

本书完稿的瞬间，我长出了一口气，心里感受到一种久违的畅快。

2021 年 8 月 24 日完稿于加拿大首都渥太华寓所

作者联系邮箱：deyishang@yahoo.ca

www.ingramcontent.com/pod-product-compliance
Lightning Source LLC
Chambersburg PA
CBHW070856120626
46546CB00001B/20